KB215124

JOB

일러두기

- 이 책은 《박영선의 욥기 설교》(2017)의 개정판입니다.
- 이 책에서는 개역개정판 성경을 인용하였습니다.
- 이 책은 사철 노출 제본 방식으로 만들어졌습니다.
  사철 노출 방식으로 제본된 책은 활짝 펼쳐져 읽기에 편합니다.

박영선의 욥기 설교

2017년 11월 26일 초판 1쇄 발행
2021년 11월 22일 2판 1쇄 발행
2024년 3월 29일 2판 4쇄 발행

지은이 박영선
기획 강선
편집 문선형, 정유진
디자인 잔
경영지원 함초아
펴낸이 최태준
펴낸곳 무근검
주소 서울특별시 송파구 올림픽로 4길 17 A동 301호
홈페이지 lampbooks.com **전화** 02-420-3155 **팩스** 02-419-8997
등록 2014. 2. 21. 제2014-000020호
ISBN 979-11-87506-62-1 03230

무근검은 남포교회출판부의 새로운 이름입니다.
무근검은 '하나님의 영광은 무겁고 오래된 칼과 같다'라는 뜻입니다.

박영선의 욥기 설교

박영선 지음

그 때에 여호와께서 폭풍우 가운데에서
욥에게 말씀하여 이르시되

(욥 38:1)

교우들에게

　　신자의 신앙생활은 현실이라는 정황에서 출발합니다. 진심과 소원을 가졌으나 현실은 쉽게 길을 열어 주지 않습니다. 소원과 현실의 괴리가 신자로 갈등하게 하며 몸부림치는 기도를 하게 합니다.

　　고통과 좌절로 생긴 원망과 체념, 이것이 신자의 신앙생활에서 가장 흔하게 마주하는 일입니다. 우리의 절실한 필요에 하나님이 왜 응답하시지 않는지, 우리의 헌신과 진심에 마땅한 보상과 만족을 왜 허락하시지 않는지 몰라서 우리는 놀라고 자책하며 숨죽여 살아갑니다.

　　욥기는 이러한 문제에 대한 성경의 답이요, 위로입니다. 고통과 환난은 형통과 안심으로 해결되어야 할 문제가 아니라고 말합니다. 한 알의 밀알이 땅에 떨어지는 것은 없어지는 것이 아니라 땅에 심기는 것입니다. 그래야 썩어 많은 열매를 맺을 수 있습니다. 신자도 그렇습니다. 우리는 고난에 삼켜지는 것이 아니라 심기는 것입니다. 그리하여 마침내 고난이 우리를 풍성하고 충만한 인생으로 결실하게 할 것입니다. 고난은 비료이며 자양분인 셈입니다.

욥은 티끌과 재 가운데에서 회개합니다. 하나님이 욥을 만나 그의 항변을 들어 주시며 그가 몰랐던 자신의 자리를 깨닫게 하신 다음에 말입니다. 여느 피조물과 다른, 하나님의 창조 사역의 동반자라는 욥의 자리를 고난을 통하여 알게 하십니다. 욥은 그 수치와 더러움 가운데에서 영광을 입게 됩니다. 부활하는 것입니다. 우리도 인생에서 경험하는 모든 눈물과 후회 속에서 영광스러운 운명을 결과로 받게 될 것입니다. 업적도 명분도 아닌 성도 개개인의 독특한 실존으로 말입니다. 고난에 담긴 신비와 명예로운 신자의 자리를 각자의 정황과 실존 속에 확인하는 인생이 되기 바랍니다. 여러분과 함께 남포교회를 섬기게 하신 하나님께 감사합니다.

2017년 가을

박영선

욥기는 흥미로운 책입니다.

그 시대 배경을 사사 시대일 것으로 추정하는 학자들도 있습니다. 사사 시대라면 이스라엘 역사에서 가장 곤혹스러운 시대상이 난무하던 때입니다. 이 난맥상 속에서, 그 학자들의 추정이 옳다면, 하나님은 욥을 들어 자신의 성실하심과 은혜의 능력을 증거하신 셈입니다. 그런데 욥기는 사사기나 룻기와 달리 창조의 능력을 들어 하나님을 증거하고 있습니다.

인간은 본성적으로 윤리 종교를 가지고 있습니다. 인과응보가 가지는 보응의 원리, 권선징악으로 대표되는 윤리적 가치, 지성이면 감천이라는 샤머니즘이 그것입니다. 우리는 신앙인이라면서도 이런 것들을 벗지 못한 채 하나님과 그분의 권위나 의지나 계획을 도외시할 때가 많습니다. 스스로 세운 이상과 윤리를 신앙의 핵심으로 오해하기도 합니다. 자신이 이해했거나 소원한 것에 몰두하기도 합니다. 이렇게 하여 성경과 다른 종교를 만들어 내고 거기에 매달림으로써 참으로 헛된 고생을 합니다.

욥기는 하나님이 누구신지를 분명하게 선언합니다. 창조 세계의 모든 존재와 그 질서와 내용과 목적이 하나님에게로 말미암는다고 말입니다. 이러한 하나님을 욥이 어떻게 알게 되느냐 하는 것이 욥기의 중요한 주제입니다. 그는 자신이 만든 종교의 부족함을 알게 되는 데서 출발합니다. 윤리와 도덕, 열심과 헌신을 기울여도 행복과 평화라는 답은 얻어지지 않습니다.

욥은 뜬금없이 극심한 고난 속으로 들어갑니다. 왜 그리된 것일까요? 그의 친구들은 욥이 잘못하여 벌을 받는 것이라고 거듭 주장합니다. 그러나 욥은 그것을 수긍할 수 없었습니다. 벌을 불러올 원인이 자신에게 없었다는 것입니다. 이렇게 반박은 했지만, 그렇다고 그에게 다른 설명이 있는 것도 아니었습니다. 이 납득할 수 없는 현실을 그는 자연주의자들처럼 체념한 채 살아가거나 아니면 죽어 버릴 수밖에 없었습니다.

이 막다른 현실에 하나님이 찾아오십니다. 하나님은 그에게 줄곧 자신이 만든 피조물들을 보라고 말씀하십니다. 그것들의 존재와 가치와 의미가 하나님에게 있다고 하십니다. 하나님이 그것들을 존재하게 하셨듯이 그분이 피조물의 존재 의미와 목적과 결과의 주인이라고 하십니다. 창조 세계는 필요와 원리의 결과물이 아니라 하나님의 기쁘신 뜻에 따른 실재입니다. 창조 세계는 물질의 존재에 그치지 않고 그 안에 하나님의 기쁘신 영광을 담아냅니다. 하나님의 영광이 곧 피조물의 영광이 된다는 말입니다.

이 지점에서 욥이 마침내 고백하는 내용은 이렇습니다. "내가 주께 대하여 귀로 듣기만 하였사오나 이제는 눈으로 주를 뵈옵나이다"(욥 42:5). 즉 그가 창조의 능력과 신비와 영광을 보게 됩니다. 하나님의 구체적 영광을 보는 것입니다. 시므온이 아기 예수를 안고서 "내 눈이 주의 구원을 보았사오니"(눅 2:30)라고 고백하듯이 말입니다.

욥기는 모든 기독교 신앙인들에게 한번은 풀고 가야 할 숙제였습니다. 이제 그 길을 하나 뚫은 기분입니다. 후배들이 그 길을 포장하고 번지수를 달고 개선하고 더 쓸모 있는 길이 되게 해 주기를 빌어 봅니다.

박 영 선

추천사

김 정 우

총신대학교 신학대학원 명예교수

나의 지음(知音) 박영선 목사는 성경에 등장하는 수많은 인물들 중에 욥을 가장 닮았다. 그는 총신에서 신학교를 다닐 적 (1976-1978년)에, 기도할 때마다 늘 '나의 침 삼킬 동안도 나를 놓아 주지 않는 주님'(욥 7:19)이라는 고백으로 시작하였다. 그 당시 그는 우리들 중에 가장 배경도 좋았고, 인물도 좋았고, 운동도 잘했고, 최고로 명석하였는데도 속으로는 늘 앓고 고달파하고 더 깊은 곳에서는 분노가 이글거리고 있었다. 사역의 전성기 시절에 그는 거칠고 독한 말들을 설교단에서 쏟아 낸 적이 있었다. 그땐 민망하기도 했지만, 지금 생각해 보면 그것도 욥의 모습이다. 그는 1970년대 이후 복음주의 운동으로 대변되던 '신앙의 공식들'이 진지하면서도 얼마나 뿌리가 약한 것인지, 그래서 신앙생활은 잘하지만 생활신앙과는 얼마나 거리가 먼 것인지 온몸으로 저항했던 것 같다. 마치 친구들에게 질기게 항변하는 욥처럼. 그는 평생 욥처럼 아팠고, 소외되었고, 분노했고, 저항했고, 고뇌했다. 사실 그는 욥처럼 외로운 사람이었다. 물론 나는 그가 욥처럼 의로운 사람이라고 믿는다. 나는 그가 분노하던 대상인 복음주의 진영에서 태어났고 그 안에서 자랐지만, 정작 내게는 그가 한 번도 화를 낸 적이 없었고, 늘 따뜻하고 열린 친구였다. 그의 분노의 레토릭과 내면의 인간성 사이에 근본적 차이가 있음을 세상 사람들은 잘 모르는 것 같다.

이제 박영선 목사는 그의 사역의 정점(頂點)에서 마치 백조의 노래처럼 욥기 설교를 들려주고 있다. 이 책에서 박영선은 침잠해 있으며, '분노하는 욥'(3-31장)에서 '관조하는 욥'(42:1-6)으로 차원을 이동한 모습을 보여 주고 있다. 마치 그 자신이 욥기 42장까지 다 통과한 것처럼 느껴진다. 그의 말은 글이 되었고, 시가되었다. 그래서 가끔 시들을 인용하며 그 안에서 놀고 있다. 비로소 그의 진솔한 감정들이 딱딱한 설교 틈 사이에서 녹아 흘러나오고 있다. 정제된 감성으로 표현되는 것은 그의 설교에 일어난 놀라운 변화이다. 옛날에는 그의 감정이 주로 분노로 표출되었는데, 이젠 서정적인 느낌으로 표현되고 있다. 그는 '영성'이라는 말을 사용하지 않지만, 그는 분명히 깊은 산속 샘에서 맑은 물을 퍼 올리는 영성가이다. 그는 어디에서도 칼뱅이나 개혁주의를 말하지 않지만, 단단한 개혁신학으로 하나님의 주권과 인간의 책임, 그리고 인간의 책임을 넘어 우리를 완성해 가시는 창조주 하나님의 은총을 끊임없이 말하고 있다. 그는 인간의 윤리와 도덕과 정의가 정죄의 도구가 되는 위험과 죄인까지도 바르게 만들고 세우시는 하나님의 정의를 한결같이 대비하며 생명을 살리는 정의를 우리 삶에서 실천할 것을 요청하고 있다.

욥기는 구약성경 중에서 가장 어려운 책이다. 그건 구약을 전공한 나에게도 마찬가지다. 일단 욥기에 나오는 등장인물들의 입장을 파악하기도 어렵고, 끝도 없이 반복되는 논쟁을 정리하기도 어렵고, 제3라운드까지 치러지는 논쟁에서 각 라운드의 특징과 발전을 찾는 것도 쉽지 않다. 또한 갑자기 등장한 엘리후의 됨됨이와 그의 입장을 평가하기도 어렵다. 책의 마지막 부분에 나오는 하나님의 연설이 어떻게 욥의 고난에 대한 궁극적인 대답이 되는지 알기도 어렵다. 박영선은 이 모든 문제들을 명료하게 풀어 간다. 본질을 꿰뚫는 혜안으로 세 친구들의 입장을 드러내며, 한국 교회에 왜곡되어 있는 믿음의 개념과 절묘하게 연결하면서 목회적으로 적용해 간 그는 설교자로서 욥기를 알기 쉽게 해석할 뿐 아니라, 우리 믿음의 지평을 인과응보의 단순 공식에서 신자의 고난 배후에 숨겨져 있는 창조주의 거룩한 목적으로 넘어서도록 도와준다. 그는 욥기를 통하여 우리가 일상적으로 경험하는 질병, 모순, 허무, 혼돈, 죽음 같은 하나님의 숨어 계심이 사실은 변장된 하나님의 임재라고 논증한다. 그는 하나님의 부재에 대한 욥의 경험과 우리의 경험이 예수 그리스도의 십자가의 죽음과 부활에서 완성됨을 정경적 관점에서 전하고 있다.

이 책은 박영선이 평생토록 경험하고 씨름한 하나님의 부재(不在)에 감추어져 있는 하나님의 현존(現存)과 임재(臨在)에 대한 그의 고백이고, 간증이며, 설교이다.

차례

01

1:1 우스 땅에 욥이라 불리는 사람이 있었는데 그 사람은 온전하고 정직하여 하나님을 경외하며 악에서 떠난 자더라 2 그에게 아들 일곱과 딸 셋이 태어나니라 3 그의 소유물은 양이 칠천 마리요 낙타가 삼천 마리요 소가 오백 겨리요 암나귀가 오백 마리이며 종도 많이 있었으니 이 사람은 동방 사람 중에 가장 훌륭한 자라 4 그의 아들들이 자기 생일에 각각 자기의 집에서 잔치를 베풀고 그의 누이 세 명도 청하여 함께 먹고 마시더라 5 그들이 차례대로 잔치를 끝내면 욥이 그들을 불러다가 성결하게 하되 아침에 일어나서 그들의 명수대로 번제를 드렸으니 이는 욥이 말하기를 혹시 내 아들들이 죄를 범하여 마음으로 하나님을 욕되게 하였을까 함이라 욥의 행위가 항상 이러하였더라 6 하루는 하나님의 아들들이 와서 여호와 앞에 섰고 사탄도 그들 가운데에 온지라 7 여호와께서 사탄에게 이르시되 네가 어디서 왔느냐 사탄이 여호와께 대답하여 이르되 땅을 두루 돌아 여기 저기 다녀왔나이다 8 여호와께서 사탄에게 이르시되 네가 내 종 욥을 주의하여 보았느냐 그와 같이 온전하고 정직하여 하나님을 경외하며 악에서 떠난 자는 세상에 없느니라 9 사탄이 여호와께 대답하여 이르되 욥이 어찌 까닭 없이 하나님을 경외하리이까 10 주께서 그와 그의 집과 그의 모든 소유물을 울타리로 두르심 때문이 아니니이까 주께서 그의 손으로 하는 바를 복되게 하사 그의 소유물이 땅에 넘치게 하셨음이니이다 11 이제 주의 손을 펴서 그의 모든 소유물을 치소서 그리하시면 틀림없이 주를 향하여 욕하지 않겠나이까 12 여호와께서 사탄에게 이르시되 내가 그의 소유물을 다 네 손에 맡기노라 다만 그의 몸에는 네 손을 대지 말지니라 사탄이 곧 여호와 앞에서 물러가니라 …… 20 욥이 일어나 겉옷을 찢고 머리털을 밀고 땅에 엎드려 예배하며 21 이르되 내가 모태에서 알몸으로 나왔사온즉 또한 알몸이 그리로 돌아가올지라 주신 이도 여호와시요 거두신 이도 여호와시오니 여호와의 이름이 찬송을 받으실지니이다 하고 22 이 모든 일에 욥이 범죄하지 아니하고 하나님을 향하여 원망하지 아니하니라 (욥 1:1-22)

고난_ 하나님의 흔드심

욥기를 설교한다고 말하자 제 아내가 말렸습니다. "당신이 설교하면, 꼭 그대로 우리가 그렇게 되어 버리더라고요. 그러니까 좀 신나는 걸로 해요!" 신나는 것이 뭐가 있을까요? 계속 복 받는 이야기가 성경 어디에 있을까요? 환난과 고난, 의심과 시험을 벗어나 있는 이야기가 성경에는 없습니다.

　욥기를 이해하려면 우선 욥기 1장을 잘 읽어야 합니다. 욥기 1장에는 욥기를 이해하는 데에 필요하고 중요한 전제가 깔려 있습니다. 즉 욥은 그가 받는 고난에 대해 아무런 원인을 갖고 있지 않다는 것입니다. 이후에 일어나는 욥의 고난이 그에게 책임이 있다거나 이유가 있다고 말할 수 없다는 이야기를 앞에서 미리 해 놓은 것입니다. 욥기는 욥이 잘했지만 그래도 그에게 뭔가 부족한 점이 있더라는 이야기를 하는 데에 관심이 있지 않습니다.

마지막 장인 42장도 중요합니다. 결국 욥이 갑절로 복을 받았다는 이야기를 합니다. 욥이 무엇을 잘못했다는 이야기는 없습니다. 하나님이 욥에게 준 답은 이것입니다. 그에게 모든 창조 세계를 보여 주시면서 '너는 저 창조물들과 다르다. 지금 내가 너에게 보여 주는 저 모든 것과 너는 다르다. 너는 내 옆에 있는 자다'라고 하십니다. 귀한 손님이 집에 찾아오면 집안의 보물이나 진귀한 것을 꺼내 보여 주듯이 욥에게 피조물들을 보여 주시면서 '너는 저 피조물들과 다르다'라고 하신 것입니다.

욥기는 1장 중반부터 욥이 여러 어려움과 재난을 겪는 모습을 보여 줍니다. 이런 힘든 과정이 내내 이어지다가 42장에 가서야 결론에 이릅니다. 욥이 하나님이 마련해 두신 궁극적 자리에 이르기까지 긴 과정이 필요했듯이, 우리도 하나님이 원하시는 그 자리에 가기 위해서는 이런 과정을 꼭 겪어야 합니다. '꼭'이라는 단어 때문에 당황스러울 수 있겠지만, 인생에 쉬운 길이란 없습니다. 이 길을 통과해야 합니다. 이 길은 하나님의 뜻이고 하나님의 방법입니다. 이렇게 대략적인 큰 그림을 가지고 시작해야 합니다. 욥기를 읽으면서 하나님이 당신의 자녀에게 복 주기 위하여 어떤 과정을 요구하시는가를 놓치면, 욥기는 어떤 사람이 괜히 고생한 이야기에 불과해집니다.

까닭 없이

욥기는 하늘에서 열린 회의에 사탄이 들어오는 장면으로 시작합니다. 하나님이 사탄에게 묻습니다. "너는 왜 그렇게 바쁘게 돌아다니냐?" 우리의 이해로 해석하면 이런 뜻입니다. 너는 왜 그렇게 내 통치를 누리지 못하고 만족하지도 순종하지도 않고, 발 벗고 나서서 휘젓고 다니느냐는 뜻입니다. 그러면서 "욥을 봐라"라고 하십니다. 사탄이 대답합니다. "욥이 까닭 없이 잘하겠습니까? 하나님이 잘해 주시니까 잘하죠." 이 대답 속에는 '내가 괜히 그러겠습니까? 하나님이 제 마음에 안 들게 구셔서 그렇죠' 하는 반항이 들어 있습니다. 사탄은 지금 욥과 싸우는 게 아니라 하나님과 논쟁을 벌이고 있습니다. "너 왜 그 모양이냐?" "저는 하나님이 마음에 안 듭니다." "욥은 잘하지 않느냐?" "욥을 쳐 보십시오. 그가 까닭 없이 하나님 앞에 순종하겠습니까?" 이렇게 해서 욥기가 시작됩니다.

'까닭 없이'라는 말은 어렵습니다. '이유 없이'라는 뜻인데, 이런 맥락에서 보면 사탄의 발언은 욥이 하나님을 섬기는 데에는 그만한 이유가 있기 때문이라는 것입니다. 하나님을 섬기는 데 항복하고 수긍할 만한 충분한 조건이 채워졌기 때문에 욥이 순종한다는 의미입니다. 사탄은, 욥에게서 그 조건을 거두어 가면 욥은 반드시 하나님을 원망할 것이라면서 하나님을 부추깁니다. 하나님은 사탄의 제안을 받아들여 욥에게서 그 조건을 제거해 보라고 하십니다. 여기에서 '조건'은 사탄이 불만으로 생각하는 것들을 가리킵니다. 사탄에게도 주었더라면 사탄 역시 만족했을 요건 말입니다. 욥기에서 하나님이 제거한 것은 하나님 쪽에서 볼 때는 조건이 아니지만 사탄에게나 욥에게는 조건이었습니다. 이후에 닥치게 되는 재난에 대한 욥의 반응에서 보듯이 말입니다.

하나님은 조건으로 삼지 않으시는데 우리가 조건으로 삼는 것들 때문에 고난이 있습니다. 이 고난을 통과해야 하나님과 우리의 관계가 우리가 생각하는 조건이 아닌, 하나님이 우리에게 요구하시는 조건에 의하여 유지된다는 깨달음에 이르게 될 것입니다. 이 깨달음이 없다면 우리는 우리가 생각하는 조건을 그저 충족하기 바빠집니다. 10절에 '주께서 그와 그의 집과 그의 모든 소유물을 울타리로 두르심 때문이 아니니이까' 하는 말씀에서 '울타리로 둘렀다'는 표현은 사탄의 이해 범주를 보여 줍니다. 즉 하나님이, 욥이 가진 이해의 범주를 만족시켰기 때문이라는 것입니다. 뒤집어 보면 사탄은 하나님을 향하여 "제게는 하나님이 그 울타리로 둘러 주지 않으셨습니다" 하고 불평하는 셈입니다. 사탄이 하나님에게 '제게는'이라고 표현했을지는 잘 모르겠지만 말입니다.

욥기를 읽다 보면 우리의 이해 범주가 드러날 것입니다. 우리의 이해가 충족되지 못할 때, 우리는 사탄처럼 불평할 수도 있고, 욥처럼 한탄할 수도 있습니다. 욥은 그 비명 속에서 진정한 이해의 범주 즉 자신의 틀을 넘어서서 하나님의 이해 범주와 통치의 깊이를 깨닫게 됩니다. 그런데 그 비명이 자기의 욕심을 채우지 못한 불평에 불과하다면 그는 사탄에 방불할 것입니다. 이것은 모든 성도가 선택의 여지없이 거쳐야 할 과정입니다. 이 이야기를 로마서 5장에서 확인해 볼 수 있습니다.

> 그러므로 우리가 믿음으로 의롭다 하심을 받았으니 우리 주 예수 그리스도로 말미암아 하나님과 화평을 누리자 또한 그로 말미암아 우리가 믿음으로 서 있는 이 은혜에 들어감을 얻었으며 하나님의 영광을 바라고 즐거워하느니라 다만 이뿐 아니라 우리가 환난 중에도 즐거워하나니 이는 환난은 인내를, 인내는 연단을, 연단은 소망을 이루는 줄 앎이로다 (롬 5:1-4)

1절에 있는 바와 같이 우리는 이미 구원을 얻은 자이며 예수 그리스도로 말미암아 하나님과 화평을 이룬 자입니다. 또한 2절에서와 같이 하나님의 영광을 바라고 즐거워하는 약속과 소망 가운데 있습니다. 이렇게 이미 일어난 일과 장차 우리가 누릴 영광 사이가 현재인데, 이 현재의 상황을 3절에서는 '환난 중에도 즐거워하나니'라고 표현합니다. 성경이 현재에 대해 이렇게 선언하였기 때문에 이미 얻은 구원과 그 구원의 영광된 성취 사이는 '환난'이라고 말할 수밖에 없습니다. 왜 꼭 환난이어야만 할까요? 환난을 통해서만 인내를, 인내가 연단을, 연단이 소망을 이루기 때문입니다. 소망은 당연히 그 앞에 나온 '하나님의 영광'을 목적합니다. 환난이 인내를 만들고, 인내가 연단을 만드는 과정 속에서 우리는 자신의 이해 범주를 깨고, '까닭 없이'

라고 제시된 사탄의 고소의 근거를 깨고, 우리의 이해와 욕심과 조건을 깨고 하나님의 뜻과 넘치는 지혜 안으로 인도함을 받게 될 것입니다.

하나님의 고난

욥기 말미에서 하나님이 욥에게 "너 우박 창고를 보았느냐?"라고 물으시고, 또 "너 내가 지은 짐승들을 봐라!" 하고 말씀하시는 장면이 나옵니다. 하나님이 우리에게 당신이 창조하신 세계를 보라는 말에는 인간은 분명 창조물 중 하나임에도 불구하고 다른 모든 창조물과 구별되는 존재 곧 하나님 통치의 대리자로 명명 받은 것을 깨달으라는 뜻이 들어 있습니다. 하나님은 우리를 동역자로, 대등한 동반자로 부르십니다. 우리가 하나님의 형상으로 지음 받았다는 말이 바로 이 뜻입니다. 또한 우리에게 통치와 결정, 선택의 자유까지 허락하셔서 하나님이 우리를 다른 피조물과 구별하십니다. 이것은 굉장히 놀라운 지위입니다. 그런데 우리는 그 지위를 버리고 그냥 편안하게, 우리가 아는 이해의 범주 내에서 우리가 할 수 있는 일을 행하는 것으로 만족하려고 합니다. 우리가 기대하고 소원하는 결과를 하나님에게서 얻으려고 그 울타리 안에 있고 싶어 하는 것입니다.

사탄이 하나님의 통치에 순종할 수 없는 이유로 제시한 답을 가지고 하나님은 어떻게 하십니까? 그 답을 욥의 인생에 거십니다. 욥의 인생이, 사탄이 옳은가 하나님이 옳은가를 증명하는 내기에 사용된 셈입니다. 욥은 억울할 수 있습니다. 욥이 잘 못하면 사탄이 이기고 욥이 잘하면 하나님이 이기는 싸움에 걸 려들어서 고생하게 된 것입니다. 그러나 사탄이 자신의 잘못과 짐을 덜 핑계로 삼으려고 욥을 끌어들인 것과는 다르게, 하나님은 당신의 하나님 되심을 욥이라는 한 인간에게 거셨다는 것을 기억해야 합니다. 하나님은 당신의 명예를 욥이라는 한 인간에 게 걸고 계신 것입니다. 그의 한계와 변덕과 연약함에도 불구하고 말입니다.

이 지점에서, 까닭 없이는 인간이 잘할 리 없다는 사탄의 도전에 맞서 욥에게 재난을 허락하시는 하나님의 이해 범주가 우리의 이해 범주와 어떻게 다른가가 드러납니다. 하나님이 우리로 당신을 이해하게 하기 위하여 우리가 깨기 싫어하는 그 이해의 범주를 깨트리십니다. 이로써 욥은 고난을 당하게 됩니다. 하지만 이를 통해 인간이 자신의 이해 범주를 벗어나 하나님의 이해 범주로 들어올 수 있는 길이 열립니다. 곧 고난을 통해서만 들어올 수 있는 그 길을 하나님이 열기로 하신 것입니다.

사실 하나님이 이렇게까지 하실 필요가 뭐가 있을까요? 자식이 힘들어하는 것을 좋아할 부모가 어디 있습니까? 제가 할아버지가 되고 보니 자식들이 손주들을 야단치는 것을 보는 일이 제일 노여웠습니다. 그러고 보면 할아버지, 할머니가 아이를 버려 놓는다는 말이 맞습니다. 손주가 야단맞는 것을 참을 수가 없습니다. 그런데 하나님이 그것을 참고 계시다는 것을 알아야 합니다. 하나님은 우리가 어떻게 하나 어디 한번 보자, 잘못하면 심판해야지, 하면서 관망하고 계시는 것이 아닙니다. 하나님의 이해 범주를 드러내시고 우리를 항복시키기 위하여, 그 아들 예수를 이 땅에 보내시는 그 아픔으로 우리에게 고난을 주고 계십니다.

욥이 당하는 고난, 우리가 겪는 고난은 결국 하나님의 고난입니다. 그 아들을 보내신 하나님의 고난입니다. 예수께서 '나의 하나님, 나의 하나님, 어찌하여 나를 버리셨나이까'(마 27:46)라고 울부짖었을 때 하나님이 웃고 계셨겠습니까? 예수가 십자가에 달렸을 때 아버지의 아픔으로 온 하늘이 어두워지지 않았습니까? 하늘이 울었습니다. 아버지가 우는 것입니다. 바로 그 마음입니다. 그 아들을 보내신 하나님이 같은 마음으로 욥에게 고난을 허락하시는 것입니다. 이것은 욥의 고난이 아니라 하나님의 고난입니다. 이 고난을 통해 '까닭 없이'가 가리키는 이해의 범주를 깨트리는 것입니다.

이해 범주가 깨어지는 자리

욥기 1장 후반부에는 욥의 사환들과 종들이 재난을 고하러 오는 이야기가 나옵니다. 그들은 전부 재난이 '갑자기' 일어났다고 보고합니다. 갑자기 일어났다는 것은 그 일이 벌어질 '까닭 없이' 일어났다는 말입니다. 그럴 이유가 하나도 없었다는 것이죠. 왜 이유가 없을까요? 인간의 이해 범주를 벗어나 있는 일이 지금 벌어지고 있기 때문입니다. 우리는 어떤 결과가 나타나면 그 일이 일어난 원인과 이유를 찾으려고 합니다. 그래서 그런 일이 일어날 수밖에 없었다고 납득하고 싶어 합니다. 그런데 욥에게 일어난 사건은 이유가 없습니다. 왜 이런 일이 생길까요? 하나님이 일하고 계시기 때문입니다. 사탄이 일하고 있는 것이 아니라 하나님이 일하고 계십니다. 마태복음 6장에 가 봅시다. 이 말씀을 욥기와 연결하여 이해해 본 적은 없었겠지만, 여기에 생각할 중요한 내용이 있습니다.

> 너희를 위하여 보물을 땅에 쌓아 두지 말라 거기는 좀과 동록이 해하며 도둑이 구멍을 뚫고 도둑질하느니라 오직 너희를 위하여 보물을 하늘에 쌓아 두라 거기는 좀이나 동록이 해하지 못하며 도둑이 구멍을 뚫지도 못하고 도둑질도 못하느니라 (마 6:19-20)

'보물을 땅에 쌓아 두지 말라.' 땅에 쌓아 놓은 보물은 우리의 이해 범주 안에 있는 보물입니다. 하늘에 쌓아 둔 보물은 하나님의 범주에 속한 보물입니다. 땅에 쌓은 보물은 도둑이 훔쳐 가기도 하고, 녹이 슬기도 합니다. 그것은 하늘의 보물과 비교해서 하찮은 것입니다. 이제 이 이야기를 어디로 끌고 가느냐 하면, 21절 이하를 봅시다. "네 보물 있는 그 곳에는 네 마음도 있느니라 눈은 몸의 등불이니 그러므로 네 눈이 성하면 온 몸이 밝을 것이요 눈이 나쁘면 온 몸이 어두울 것이니 그러므로 네게 있는 빛이 어두우면 그 어둠이 얼마나 더하겠느냐"(마 6:21-23).

여기 '어둠'은 모르면 헤맬 수밖에 없는 상태를 가리킵니다. 허망한 일에 소진되는 인생을 살 수밖에 없다는 것을 말합니다. 이어 24절을 봅시다.

> 한 사람이 두 주인을 섬기지 못할 것이니 혹 이를 미워하고 저를 사랑하거나 혹 이를 중히 여기고 저를 경히 여김이라 너희가 하나님과 재물을 겸하여 섬기지 못하느니라 (마 6:24)

'네 이해 범주와 하나님의 이해 범주를 섞어서 사용할 수는 없다. 네가 하나님을 초월자로는 이해한다고 해도 그분의 목적에는 순종하지 않고 다만 하나님을 수단으로 생각하는 거라면, 너는 결국 하나님을 섬기는 것이 아니다'라는 말씀입니다. 욥이 왜 고난을 받았습니까? 욥이 잘못해서 받았다라고는 답할 수 없습니다. 옳고 그름의 문제가 아니기 때문입니다. 이것은 하나님의 뜻과 사람의 뜻 사이의 간극에서 일어나는 문제이며 진정한 가치와 영원한 것의 주인이 누구인가 하는 문제이기 때문입니다. 자기 고집을 놓지 않는 한, 그것을 깨지 않는 한 그 답을 얻는 자리에 나아갈 수 없습니다.

그런데 그 자리에 그렇게 나아가는 것을 사람들은 재난, 고통, 환난으로 이해합니다. 우리가 싫어하는 자리입니다. 하나님의 뜻과 목적에 참여하는 이것이 우리에게는 자신의 이해 범주를 벗어나고 우리가 장악하고 조작할 수 있는 한계를 벗어나는 일이기 때문에 두려워합니다. 그 범주와 한계가 깨지는 것을 우리는 고난이라고 합니다. 욥기는 마치 이렇게 이야기하는 것 같습니다. 이런 고난이 싫고 두렵다고 말하는 자는 하나님을 믿는 자라고 말할 자격이 없다고 말입니다. 마태복음 6장을 마저 좀더 보겠습니다.

> 그러므로 내가 너희에게 이르노니 목숨을 위하여 무엇을 먹을까 무엇을 마실까 몸을 위하여 무엇을 입을까 염려하지 말라 목숨이 음식보다 중하지 아니하며 몸이 의복보다 중하지 아니하냐 (마 6:25)

의복을 사기 위해서 죽을 사람은 없습니다. 음식을 위해서 죽을 사람도 없습니다. 몸이 더 중요하고 목숨이 더 중요합니다. 몸이 있고 나서 옷을 입는 것이고, 목숨이 있고 나서 음식을 먹는 것입니다. 그런데 우리는 어떻게 삽니까? 하나님이 하나님의 뜻을 위하여, 하나님의 목적과 약속을 위하여 우리를 지으셨는데, 우리는 우리의 이해 범주로 우리를 보장해 주고 안심하게 하는 일에 목숨을 걸지 않습니까. 하나님의 목적은 우리인데, 우리는 우리 자신의 진정한 가치에 대해서는 아무 생각이 없고, 오로지 무엇을 입을까 무엇을 먹을까에만 하나님을 끌어오고 있습니다. 이제 26절부터는 그 유명한 '공중의 새를 보라. 들에 핀 백합화를 보라. 오늘 있다가 내일 아궁이에 던져지는 들풀을 보라'라는 말씀이 나옵니다. 왜 이런 말씀을 하실까요? 생각해 보라는 것입니다.

나이가 들면 좋은 게 있습니다. 기운도 빠지고 외롭고 슬프고 고통스럽지만, 그래서 죽음을 생각하게 됩니다. 그러면 현실을 보는 눈이 달라집니다. 젊었을 때는 청바지에 목숨을 걸고 설악산에 목숨을 겁니다. 그러나 나이가 들면 그런 데에 목숨을 걸지 않습니다. 나이가 들면, 생각하는 것이 매일매일 해야 할 씨름입니다. 먹을 것을 걱정해야 하고 사회에서 자기 자리를 확보하기 위해 애를 써야 하는데, 그 애쓰는 것이 하나의 재난입니다. 그 재난을 겪어야 비로소 이 고생을 하면서 계속 살아야 한다는 말이냐, 나는 뭐냐, 내가 할 수 있는 게 뭐냐, 평생 이 고생만 하다 죽을 인생을 계속 살아야 하느냐, 하는 고민을 하게 됩니다. 그러면서 점점 자신이 가진 이해 범주가 사실은 별것 아니라는 도전에 직면하게 됩니다. 편안하면 이런 생각을 안 합니다. 자신의 이해 범주가 얼마나 보잘것없는 것이냐 하는 도전, 하나님이 창조주로서 우리를 창조하실 때 가졌던 목적의 위대함이 무엇인가 하는 도전을 받지 않게 되는 것입니다. 그것은 큰 비극입니다.

우리 모두가 욥

어려움에 직면하십시오. 살 가치가 있다는 것이 무엇인지, 나는 누구인지, 나는 어떻게 되어야 하는 존재인지를 생각하십시오. 세상에서는 이런 것이 기껏해야 대의나 도덕으로 나타납니다.

대의나 도덕은 자신을 위해 적용하는 가치가 아니라 다른 사람들을 향해 자기 확인을 하는 가치에 불과합니다. 대의나 도덕으로는 우리 영혼이 만족할 수 없습니다. 기독교 신앙 안에 들어와야 비로소 하나님이 나를 얼마나 위대하게 만드셨는가를 발견하고, 그 안에서 가장 근본적인 가치를 확인하게 됩니다.

잠시 다른 종교 이야기를 해 볼까요. 하나님이 주시는 도전 없이 인간 스스로가 정직하고 끈기 있게 자신이 가진 모든 한계와 자신의 이해 범주를 벗어날 길이 무엇인가를 생각하자, 그 답은 '생각하지 않는 존재가 되는 것'밖에 남지 않았습니다. 몰아(沒我) 곧 내가 없어지는 것입니다. 이 방법밖에 없습니다. 나라는 존재가, 자기가 가진 이해 범주 속에서는 자기의 가치를 확인하고 유지할 방법과 능력이 없어 부정의 극단으로 간 것입니다. 그래서 비워 버립니다. '무소유'란 가져서 짓는 죄로부터 도망간 것입니다. 그런데 안 가지는 것이 무슨 적극적인 선이란 말입니까. 가져서 짓는 죄를 극복할 방법은 없고 가진 것을 제대로 쓸 능력은 없으니까 안 가지는 것으로 나간 것입니다. 이런 것이 어떻게 답이 되고 또 멋진 일이라 할 수 있겠습니까.

우리는 가족으로 얽혀 있기 때문에 도망갈 수 없는 책임 아래에서 전전긍긍하며 살아갑니다. "산다는 게 얼마나 힘이 드는가?" 그 이야기를 하게 됩니다. 그러다가 우리가 할 수 있는 게 별것 아니라는, 자신의 이해 범주를 깨트리는 하나님의 손길을 만나게 됩니다. 왜 하나님은 내가 이 고달픈 인생을 계속하여 살도록 방치하시는가, 왜 나는 오늘도 공중의 새를 바라보며 마음을 다스려야 한단 말인가를 생각하게 됩니다. 우리는 고통스러울 때면 차라리 내게 생각할 능력이 없었더라면, 내가 다만 저 비둘기였다면, 다만 저 매미였다면, 그저 한 줌의 먼지였다면, 하는 식으로 생각하고 맙니다. 그런데 이런 고달픔이야말로 하나님이 우리를 한낱 그런 존재로 만들지 않았다는 것을 보게 하시려는 하나님의 흔드심입니다. 여기에 우리가 붙들려 온 것입니다. 교회에 와서만 비로소 이 도전 앞에 서는 것이 아니라 매일의 삶 속에 하나님이 이 손길로 우리의 심령을 깨우십니다. "일어나라. 답하라. 너 아직도 네 생각과 네 확인 속에 숨어 내가 너를 만든 뜻을 외면하고 도망갈 수 있다고 생각하느냐?" 이 부름의 자리에 불려 와 있는 것입니다.

욥은 특별한 사람이 아닙니다. 우리 모두가 욥입니다. 놀랍습니다. 그런데 우리는 이 고민을 애써 다른 것으로 대체합니다. 전도, 기도, 성경 읽기가 대표적인 것들입니다. 이런 행위 자체가 나쁘다는 말이 아닙니다. 그러나 그리로 도망갈 수 있는 것도 사실입니다. 자신을 깨트려 하나님의 통치에 자신을 위임하며 하나님에게 인도를 구하고 붙잡아 달라고 씨름해야 하는 이 도전에 직면한 자의 갈등과 고뇌는 외면한 채 전도, 기도, 성경 읽기 같은 것으로 때우려고 합니다. 교회는 무엇을 하는 곳입니까? 요즘은 교회의 사회적 책임, 시대적 책임, 국가적 책임을 많이들 이야기하는데, 그것이 교회의 가장 근본적인 사명은 아닙니다. 우리 각 개인이 신앙적으로 자신을 이해하고 인간과 인생을 이해하는 틀을 확보하기 전까지는 모두 도망가고 변명하는 자리에 걸치고 앉아 있을 뿐입니다.

"하나님, 더 이상 바라지 않습니다. 그저 제 자식들 건강하고 남에게 손가락질 받지 않고 살게 해 주십시오." 이런 기도는 기독교를 하나도 모르는 것입니다. 예수님이 십자가를 지셨다는 말을 부인하는 것입니다. 하나님이 우리를 위하여 고민하시고 애쓰시고 마음 아파하시며 일하고 계신다는 사실을 외면하는 것입니다. "하나님, 이만하면 됐습니다." 이 기준은 우리가 정하는 것이 아닙니다. 그러니 하루하루 열심히 살아가십시오. 고민하고 울부짖으십시오. "도대체 어떻게 하라는 말입니까?" 하고 말입니다.

욥기에는 욥의 이런 비명이 한참 동안 계속됩니다. 그러니 우리도 그렇게 비명 지를 수 있습니다. 그것은 필요한 과정입니다. 그 깊이로 들어가야 환난은 인내를, 인내는 연단을, 연단은 소망을 이룹니다. 우리는 지금 어디쯤 있을까요? 환난에 있을까요, 인내에 있을까요, 연단에 와 있을까요? 나이가 들어 모든 것을 손에서 놓아야 할 때가 되면 하나님이 다만 우리를 소모하여 쇠진하게 하고 탈진하게 하신 것이 아니라, 우리를 정금같이 제련하려고 일하셨다는 감사 앞에 서게 될 것입니다. 이런 인생이 우리 모두에게 허락된 줄 아는 기대와 믿음과 각오가 있기를 바랍니다.

기도

하나님 아버지, 은혜를 감사합니다. 하나님의 일하심 앞에 우리
는 숙연해질 수밖에 없습니다. 하나님이 진심을 가지고 모든 것
을 동원하여 우리를 하나님의 자녀로 만들어 가고 계시는 것이
인생이고 역사라는 것을 욥기를 통하여 배웁니다. 그러니 하루
의 시련을, 하루의 시험을, 하루의 도전을, 하루의 인내를, 하루
의 고통을 소중히 감당하게 하옵소서. 예수님 이름으로 기도합
니다. 아멘.

02 2:1 또 하루는 하나님의 아들들이 와서 여호와 앞에 서고 사탄도 그들 가운데에 와서 여호와 앞에 서니 2 여호와께서 사탄에게 이르시되 네가 어디서 왔느냐 사탄이 여호와께 대답하여 이르되 땅을 두루 돌아 여기 저기 다녀 왔나이다 3 여호와께서 사탄에게 이르시되 네가 내 종 욥을 주의하여 보았느냐 그와 같이 온전하고 정직하여 하나님을 경외하며 악에서 떠난 자가 세상에 없느니라 네가 나를 충동하여 까닭 없이 그를 치게 하였어도 그가 여전히 자기의 온전함을 굳게 지켰느니라 4 사탄이 여호와께 대답하여 이르되 가죽으로 가죽을 바꾸오니 사람이 그의 모든 소유물로 자기의 생명을 바꾸올지라 5 이제 주의 손을 펴서 그의 뼈와 살을 치소서 그리하시면 틀림없이 주를 향하여 욕하지 않겠나이까 6 여호와께서 사탄에게 이르시되 내가 그를 네 손에 맡기노라 다만 그의 생명은 해하지 말지니라 7 사탄이 이에 여호와 앞에서 물러가서 욥을 쳐서 그의 발바닥에서 정수리까지 종기가 나게 한지라 8 욥이 재 가운데 앉아서 질그릇 조각을 가져다가 몸을 긁고 있더니 9 그의 아내가 그에게 이르되 당신이 그래도 자기의 온전함을 굳게 지키느냐 하나님을 욕하고 죽으라 10 그가 이르되 그대의 말이 한 어리석은 여자의 말 같도다 우리가 하나님께 복을 받았은즉 화도 받지 아니하겠느냐 하고 이 모든 일에 욥이 입술로 범죄하지 아니하니라 11 그 때에 욥의 친구 세 사람이 이 모든 재앙이 그에게 내렸다 함을 듣고 각각 자기 지역에서부터 이르렀으니 곧 데만 사람 엘리바스와 수아 사람 빌닷과 나아마 사람 소발이라 그들이 욥을 위문하고 위로하려 하여 서로 약속하고 오더니 12 눈을 들어 멀리 보매 그가 욥인 줄 알기 어렵게 되었으므로 그들이 일제히 소리 질러 울며 각각 자기의 겉옷을 찢고 하늘을 향하여 티끌을 날려 자기 머리에 뿌리고 13 밤낮 칠 일 동안 그와 함께 땅에 앉았으나 욥의 고통이 심함을 보므로 그에게 한마디도 말하는 자가 없었더라 (욥 2:1–13)

고난_ 하나님의 일하심

욥기 1장에서는 하나님과 사탄 사이에 욥을 두고서 일종의 내기가 벌어져 욥이 까닭 없이 억울하게 고난을 받게 되었다고 말씀드렸습니다. 그럼에도 욥은 범죄하지 않았고 하나님 앞에 자신의 신앙을 지켰습니다.

발바닥에서 정수리까지

본문은 다시 하늘에서 열린 회의에 하나님이 사탄에게 "그것 봐라. 이 어려움에도 불구하고 욥이 믿음을 지키지 않았느냐?"라고 말하는 장면으로 시작합니다. 그러자 사탄이 '가죽으로 가죽을 바꾸오니 사람이 그의 모든 소유물로 자기의 생명을 바꾸올지라'라는 말로 대꾸합니다. '본체를 치십시오. 옷을 찢어 봤자 새 옷으로 갈아입으면 그만 아닙니까? 가죽으로 가죽을 바꾸오니, 사람은 자기 생명을 지키는 일이면 자기가 가진 모든 것을 버립니다. 그의 뼈와 살을 치시면, 그는 당장 주님을 저주하고 말 것입니다' 하는 이야기입니다. 그러자 하나님이 "그래?" 하고 응하시면서 고통스러운 제2라운드가 시작됩니다. "좋다. 그러나 그의 생명은 건드리지 못한다." 이렇게 욥의 고난이 시작됩니다.

1장에서 욥은 억울하게 가족과 재산을 잃고 간신히 버티고 있는데, 2장에 와서는 그의 몸까지 어려움을 겪습니다. 2장 7절에 있는 대로 발바닥에서 정수리까지 종기가 나게 됩니다. 이 구절은 비유처럼 읽을 수도 있습니다. 우리가 살면서 어려움을 겪게 되면 '발바닥에서 정수리까지 안 힘든 데가 없다'라고 말하듯이 말입니다. 그만큼 신자들이 인생을 살면서 뼈 아픈 고통을 겪습니다. 신자뿐 아니라 사실 모든 인간이 다 고난을 겪습니다. 인생을 살면, 누구나 이런 극심한 고통에 처해지는 것이 현실입니다.

사람들과 대화하다 보면 "저 사람은 왜 저래? 난 이해가 안 돼"라고 말하는 사람들이 있는데, 이 말은 자기가 무식하다는 뜻입니다. 우리가 상대방에게 "왜 그런 일을 당해? 왜 그 꼴로 있어? 왜 일을 그렇게 했어?"라고 지적하는 것은 사실 상대방의 책임을 추궁하는 것입니다. "난 이해가 안 돼"라는 말은 자기가 모르는 일이 세상에 많다는 것을 자기도 모르게 고백하는 것입니다. 그런데 우리는 상대방을 내 뜻대로 강요하는 데에 이 말을 많이 씁니다. 아무도 이해할 수 없는 일이 세상에는 얼마든지 있습니다. 제가 수면제를 먹어야 겨우 잠든다고 하면 "왜 먹어? 중독되면 큰일이야"라고 말하는 분들이 있습니다. 누가 모릅니까? 잠이 안 오는데 그럼 어떡합니까? 당장 하룻밤을 자는 게 얼마나 시급한 일인지 모릅니다. 차라리 수명이 단축되는 게 낫다고 생각될 정도입니다. 자신이 어려움에 처했던 때를 돌아보면, 하루가 일주일보다 길다는 말이 무슨 뜻인지 알 것입니다. 하루가 길고도 깁니다. 제 아내가 하는 말이 설교자가 힘든 이야기를 하면 성도들이 정말 힘들어지니 고달픈 이야기 대신 복 받는 이야기를 하라고 합니다. 욥기가 복 받는 이야기라는 것을 이제 할 참입니다. 시작이 묘하게 됐습니다.

떼어 내려는 사탄과 붙드시는 하나님

사탄이 하는 일은 하나님과 우리의 관계를 깨는 것입니다. 그의 목적은 오로지 하나님과 우리의 관계를 깨는 데에 있습니다. 우리는 하나님에 대해서 모르는 게 많은데, 그 틈을 사탄이 비집고 들어옵니다. 사탄은 무조건 하나님을 반대합니다. 그래서 하나님이 진심을 기울인 존재들의 마음을 돌려놓으려고 합니다. 인간을 하나님에게서 떼어 놓는 것이 사탄의 유일한 보람이며 삶의 이유입니다. 어떤 일이든지 우리를 하나님에게서 멀어지게 한다면, 사탄의 시험을 받고 있다고 생각해야 합니다. 이런 진단은 아주 중요합니다. 물론 현실적이고 상황에 맞는 답을 우리가 찾아야 하고 잘못이 있다면 반성도 해야 합니다. 그러나 가장 근본적인 문제는 사탄의 시험이라는 것을 아는 것이 중요합니다.

사탄은 욥기에서 중요한 역할을 하지만 그 역할이 2장에서 끝납니다. 욥기는 사탄의 떼어 놓음과 하나님의 붙드심의 싸움을 그리고 있습니다. 하나님에게서 욥을 떼어 놓으려는 사탄의 방해는 2장에서 끝나고 3장부터는 전부 하나님이 욥을 붙드시는 싸움입니다. 욥의 한탄으로부터 시작해서 친구들의 충고와 답변이 내내 이어지고 이에 대한 욥의 끝없는 불평과 억울한 호소가 계속되는 것은 다 하나님이 욥을 붙들고 계시기 때문입니다. 욥기는 이 내용을 이렇게 표현합니다.

> 사탄이 여호와께 대답하여 이르되 가죽으로 가죽을 바꾸오니 사람이 그의 모든 소유물로 자기의 생명을 바꾸올지라 이제 주의 손을 펴서 그의 뼈와 살을 치소서 그리하시면 틀림없이 주를 향하여 욕하지 않겠나이까 여호와께서 사탄에게 이르시되 내가 그를 네 손에 맡기노라 다만 그의 생명은 해하지 말지니라 (욥 2:4-6)

생명을 해하지 말라는 것은, 생명을 주신 이가 그 책임을 끝까지 놓지 않겠다는 표현입니다. 사탄이 와서 욥을 흔들 수는 있어도 그를 하나님에게서 분리할 수는 없다는 선언입니다. 그러면 떼어 내려는 사탄과 붙드시는 하나님 사이에서 인간이 어느 쪽에 붙느냐가 관건일 것입니다. 성경은 하나님의 붙드심이 사탄의 분리 작업보다 엄청나게 끈질기다는 사실을 욥기의 분량으로 말해 줍니다. 사탄은 2장까지 나오고 포기하고 마는데, 하나님은 42장까지 끌고 가서 욥이 항복할 때까지 안 놓으십니다. 다만 그 사이에서 욥이 죽어납니다. 죽어난다는 표현은 본문 말씀에 고난과 고통으로 나와 있어서 그런 것이지, 사실 그것은 대단한 복입니다. 하나님이 우리를 결단코 놓지 않으신다는 사실은 성경의 어떤 약속보다도 우선하는, 성경에서 제일 강조하는 하나님의 하나님 되심에 대한 선언입니다. 하나님은 당신이 지으신 존재에 대하여 영광과 승리와 우리의 항복을 목적하고 계십니다. 그것을 방해할 수 있는 것은 아무것도 없습니다.

인간의 가치

여기에서 문제가 되는 것은 하나님과 사탄 사이에 낀 욥입니다. 욥에게 이런 고난과 고통이 생기는 것은 인간이 가진 특별한 가치 때문입니다. 우리는 이 가치를 아담의 타락 사건을 보여 주는 창세기 3장에서 확인할 수 있습니다.

> 그런데 뱀은 여호와 하나님이 지으신 들짐승 중에 가장 간교하니라 뱀이 여자에게 물어 이르되 하나님이 참으로 너희에게 동산 모든 나무의 열매를 먹지 말라 하시더냐 여자

가 뱀에게 말하되 동산 나무의 열매를 우리가 먹을 수 있으
나 동산 중앙에 있는 나무의 열매는 하나님의 말씀에 너희
는 먹지도 말고 만지지도 말라 너희가 죽을까 하노라 하셨
느니라 뱀이 여자에게 이르되 너희가 결코 죽지 아니하리
라 너희가 그것을 먹는 날에는 너희 눈이 밝아져 하나님과
같이 되어 선악을 알 줄 하나님이 아심이니라 여자가 그 나
무를 본즉 먹음직도 하고 보암직도 하고 지혜롭게 할 만큼
탐스럽기도 한 나무인지라 여자가 그 열매를 따먹고 자기
와 함께 있는 남편에게도 주매 그도 먹은지라 이에 그들의
눈이 밝아져 자기들이 벗은 줄을 알고 무화과나무 잎을 엮
어 치마로 삼았더라 (창 3:1-7)

인류의 조상 아담이 타락하는 과정을 보여 주는 창세기 3장의
내용에서 하나님이 인간을 하나님의 부속품으로 만들지 않았다
는 사실을 알 수 있습니다. 하나님은 아담과 하와가 아예 선악과
근처에 갈 수 없도록 막아 놓지 않으시고 선악과에 접근할 수 있
고 선악과를 따 먹을 수 있게 두셨습니다. 다만 금지 명령을 내
리셨을 뿐입니다. 이는 인간에게 선택권을 주셨다는 것을 의미
합니다. 자유를 주신 것입니다. 인간은 독립된 인격적 존재로 지
음을 받았고, 그 독립된 인격성 속에 선택권을 가집니다. 인간은
독특한 존재입니다. 하나님이 만드신 피조물이면서도 본인이
무엇이든지 선택하고 결정할 수 있는 권리를 가진 존재입니다.

"너희가 저걸 먹으면 하나님과 같이 되니까 하나님이 못 먹

게 하신 거야"라는 속삭임이 사탄의 시험입니다. '하나님은 너희에게 충분하신 분이 아니다. 너희에게 충분할 만큼 선하신 분이 아니다. 너희에게 다 주지 않으시고 뭔가를 유보해 놓으셨다. 절반만 허락하셨다'라는 생각을 불어넣어 하나님이 주신 금령을 어기게 만듭니다. 왜 하나님은 인간에게 이러한 금령을 주셨을까요? 인간이 가진 이 선택권은 인간의 운명에 지대한 영향을 미칩니다. 하나님이 인간을 당신의 금령 아래에 놓아두시면서 다른 안전장치를 두지 않으셨다는 사실은 굉장히 놀랍기도 하고 한편으로는 불편하기도 합니다. 우리도, 우리 선조들도 잘못했기 때문입니다. 그러나 이것은 분명히 인간에게 준 특별한 권리입니다.

그런데 이 권리는 하나님의 권위 아래에 있는 권리라는 점을 알아야 합니다. 하지 말라는 명령 아래에 있는 권리입니다. 이 권리로 그 위에 있는 권위를 치고 나오자 어떤 결과를 보았습니까? 자신이 벌거벗었다는 사실을 알게 되었습니다. 보호막이 해제되자 자신이 연약한 존재, 유한한 존재라는 사실을 알게 된 것입니다. 지금 욥기에서의 싸움이 무엇입니까? 욥기의 서두에서 무엇을 말했는지 욥기 1장으로 다시 돌아가 봅시다.

여호와께서 사탄에게 이르시되 네가 내 종 욥을 주의하여 보았느냐 그와 같이 온전하고 정직하여 하나님을 경외하며 악에서 떠난 자는 세상에 없느니라 사탄이 여호와께 대답하여 이르되 욥이 어찌 까닭 없이 하나님을 경외하리이

까 주께서 그와 그의 집과 그의 모든 소유물을 울타리로 두
르심 때문이 아니니이까 주께서 그의 손으로 하는 바를 복
되게 하사 그의 소유물이 땅에 넘치게 하셨음이니이다 이
제 주의 손을 펴서 그의 모든 소유물을 치소서 그리하시면
틀림없이 주를 향하여 욕하지 않겠나이까 (욥 1:8-11)

사탄이 하는 말입니다. "하나님이 욥을 울타리로 둘러 보호하셨
기 때문입니다. 그 울타리를 걷어 보십시오. 그래도 욥이 믿나 보
십시오." 하나님이 욥과 그의 모든 소유를 울타리로 두르셨기 때
문에 하나님을 잘 믿는 것이니 이제 그 울타리를 걷어 보라고 합
니다. 이는 창세기 3장에 나온 타락의 현장에서 인류의 조상 아
담과 하와가 자기들의 권리로 하나님의 권위를 깨트려서 그 울
타리를 스스로 박차고 나온 일을 생각나게 합니다. 울타리를 걷
어 버리면, 벌거벗은 채로 강렬한 태양 아래서 고통 받거나 또
는 얼어 죽을 추위 앞에 선 것 같은 냉혹한 현실을 맞게 될 것
입니다.

하나님이 당신의 권위를, 우리의 권리를 억압하는 데 쓰지
않으시고 그의 권위 곧 그의 울타리로 우리를 보호하신다는 것
을 우리가 인정하여 자발적으로 순종하기를 바라신다는 점을
욥기는 보여 줍니다. 그러기 위해서는 인간이 자신의 권리로 하
나님의 권위를 부수고 나올 수 있는 위험과 모험을 하나님이 허
락하셔야 했습니다. 하나님은 당신이 두르신 울타리가 사탄에
의해 부서지는 것을 감수하십니다. 이것은 우리가 울타리 안에

서 행복해하고 안심하는 정도로는 하나님이 만족하시지 않는다는 이야기가 됩니다.

우리는 그 울타리를 잘 알고 있습니다. 우리가 많이 기도하는 내용이기도 합니다. 나이 들면 하는 기도가 있습니다. "하나님 아버지, 새해가 밝았습니다. 그저 우리 가족들 속 안 썩이고 잘 살고 남에게 손가락질 받지 않고 아프지 않고 살게 해 주십시오. 제발 이 일 년이 후딱 지나가게 해 주십시오." 이것이 우리가 요구하는 울타리입니다. 좋은 일보다 괴로운 일이 훨씬 많다는 것을 아니까 빨리 지나갔으면 하는 것입니다. 그러나 하나님은 그렇게 안 하시겠답니다. 그러니 이제 각오해야 합니다.

하나님이 우리에게 선택권을 주시고 독특한 지위를 허락하시면서 당신 앞에 항복하는 길을 열어 놓으신 것이 다 하나님의 창조에 속합니다. 하나님의 창조는 다만 어떤 사물이 존재하게 하는 정도에 그치는 것이 아니라 그 존재가 고유한 가치와 영광을 마음껏 발휘하게 하는 것을 포함합니다. 인간에게 가장 큰 영광은 하나님의 영광을 드러내는 것입니다. 하나님이 우리에게 허락하신 자유에는 하나님의 권위를 거부할 수 있는 자유까지 포함되어 있습니다. 하나님은 우리가 그 자유를 가지고 하나님 앞에서 자발적으로 선택하여 하나님의 울타리 안에 기꺼이 자신을 바치기를 원하십니다. 이렇게 하여 하나님의 하나님 되심을 드러내는 것을 당신의 영광으로 삼으십니다. 이것이 기독교 신앙입니다. 우리에게 선택의 자유를 허락하시되 하나님은 그것을 항복시킬 더 큰 울타리, 더 깊은 울타리를 두르시고 더 오래 걸리는 창조의 일을 계속하시겠다는 것이 욥기의 내용입니다.

요한복음 5장에 가 봅시다. 예수께서 중풍 병자를 고치신 사건에서 하나님의 일하심을 언급하는데, 욥기에서 본 하나님의 일하심을 여기서 발견할 수 있습니다.

> 그 후에 예수께서 성전에서 그 사람을 만나 이르시되 보라 네가 나았으니 더 심한 것이 생기지 않게 다시는 죄를 범하지 말라 하시니 그 사람이 유대인들에게 가서 자기를 고친 이는 예수라 하니라 그러므로 안식일에 이러한 일을 행하신다 하여 유대인들이 예수를 박해하게 된지라 예수께서 그들에게 이르시되 내 아버지께서 이제까지 일하시니 나도 일한다 하시매 (요 5:14-17)

하나님이 이제까지 일하신다고 합니다. 예수를 보내신 것이 하나님의 창조 역사의 연장입니다. 피조물을 존재하게 할 뿐만 아니라 으뜸가는 피조물인 인간의 반역을 받아들여 타락을 허락하시고 그 타락을 회복하여 부활 생명으로 이끄셔서 하나님이 시작하신 창조를 완성하는 일을 지금도 하고 계십니다. 예수를 보내신 데서 우리는 하나님의 일하심을 보았습니다. 하나님은 지금도 일하십니다. 욥기에서 하나님이 내내 욥과 함께 일하십니다. 그를 설득하시고 그가 마음껏 자신의 입장을 변명하고 억울해하고 분하게 여기고 고함지르는 것을 다 받아 주십니다. 여러 답변을 제시하는 가운데 욥이 자신의 길을 찾도록 인도하시고 함께하여 그가 스스로 하나님 앞에 입을 닫고 무릎을 꿇게 하십니다.

창조의 하나님

우리는 욥기 내내 인과율을 볼 것입니다. 세 친구가 와서 원인과 결과의 법칙으로 말미암는 응보의 원리를 욥에게 계속 이야기합니다. '네가 뭔가 잘못한 것이 있기 때문에 지금 이 일을 당하는 것이다. 하나님은 불의하시지 않다. 공연히 너에게 재난을 주셨을 리가 없다. 그러니 생각해 봐라. 부지불식간에라도 잘못한 일이 있을 것이다.' 이런 이야기입니다. 그런데 욥기 1장은 어떤 전제가 깔려 있었습니까? 욥에게는 부지불식간에 지은 잘못도, 죄도 없다고 했습니다. 자녀들과 잔치를 베푼 후에 혹시라도 자녀들이 지었을지 모를 죄를 위해서 욥이 제사를 지냅니다. 욥이 흠 없이 살았다는 것이 욥기의 전제이자 설정입니다. 욥에게는 벌을 받을 아무런 이유가 없다는 전제를 깔고 욥기는 시작됩니다.

욥에게 조금이라도 흠이 있었을 것이라는 친구들의 공격에 맞서 욥은 끝까지 버팁니다. 그래서 우리가 마주하는 문제는 욥에게 잘못이 없다면 왜 재난이 일어나느냐, 하나님이 왜 이 재난을 막아 주지 않으시냐, 하나님이 불의하신 분이 아니냐 하는 질문입니다. 그러나 욥기 후반부에서 하나님이 욥에게 창조 세계를 보여 주시자 욥은 항복합니다. 앞 장에서 이야기했듯이 이는 인간의 지위가 얼마나 대단한지를 보여 주는 것입니다. 하나님의 집에 인간이 귀중한 손님으로 초대되어 주인이신 하나님 옆에서 하나님의 창조 세계에 대한 설명을 들으며 진귀한 창조물들을 감상하는 것입니다.

욥기의 결론에서 중요한 점은 이것입니다. 이 장관, 이 아름다움, 이 경이로움이 어떤 원인이 있어야 주어지는 보상이 아니라는 것입니다. "창조란 그런 것이다. 하마가 나한테 뭘 잘해서 내가 하마한테 이 힘을 주었겠느냐? 이 달과 별들이 나에게 무엇을 해 줘서 그 보상으로 아름다운 자리를 주었겠느냐? 아니다. 아무것도 없는 데서 내가 만들어 준 것이다. 내가 너희 하나님인 이상 너희가 한 것에 대한 보상 정도가 아니라, 단지 나의 기쁨과 의로움과 성실함으로 너희에게 복을 주려고 한다. 이 창조 세계에 그 증거가 얼마든지 넘쳐 난다." 이것이 욥기의 답입니다. 이 답으로 만족해야 합니다.

지난 장에서 하나님이 욥을 증인으로 삼아 사탄과 무슨 내기를 하고 있다고 했습니까? 인간이 보상이 없이도 자유로운 선택권으로 하나님을 섬기는지를 내기하였습니다. 하나님은 인간이 당신의 권위 아래 기꺼이 순종하며 찬송과 항복을 바치는 것을 목적하고 계십니다. 이런 내용이 시편에 넘쳐 납니다. 시편에 나온 찬송 시는 대부분 노년에 지은 것입니다. 나이가 젊을 때 현실의 급박함에 떠밀려 지은 시는 비명이며 고함입니다. 찬송은 그 모든 것을 다 지나 인생의 황혼에서 돌아보는 하나님의 인도하심에 대한 항복입니다. 시편 103편을 볼까요. "내 영혼아 여호와를 송축하라 내 속에 있는 것들아 다 그의 거룩한 이름을 송축하라 내 영혼아 여호와를 송축하며 그의 모든 은택을 잊지 말지어다"(시 103:1-2). 이처럼 여호와를 찬양하는 구절로 시작합니다. 이어서 3절 이하를 봅시다. "그가 네 모든 죄악을 사하시며 네 모든 병을 고치시며 네 생명을 파멸에서 속량하시고 인자와 긍휼로 관을 씌우시며"(시 103:3-4). 관(冠)이란 언제나 최상의 보상을 상징합니다. 그런데 이 시에 나온 관은 인자와 긍휼로 말미암는 관입니다. 우리가 한 일에 대한 보상으로 주신 것이 아닌 것입니다.

> 좋은 것으로 네 소원을 만족하게 하사 네 청춘을 독수리 같이 새롭게 하시는도다 여호와께서 공의로운 일을 행하시며 억압 당하는 모든 자를 위하여 심판하시는도다 그의 행위를 모세에게, 그의 행사를 이스라엘 자손에게 알리셨도다 여호와는 긍휼이 많으시고 은혜로우시며 노하기를 더디 하시고 인자하심이 풍부하시도다 자주 경책하지 아니하시며 노를 영원히 품지 아니하시리로다 (시 103:5-9)

'자주 경책하지 아니하시며'(시 103:9)라는 구절이 중요합니다. 잘못할 때마다 경책하시면 우리는 발바닥에서 정수리까지 매일 쥐어 터질 것입니다. 자주 경책하지 않으시고 노를 영원히 품지 아니하신다고 합니다. 숨 쉴 틈이 있다는 말입니다. 참 고마운 말씀입니다. '우리의 죄를 따라 우리를 처벌하지는 아니하시며 우리의 죄악을 따라 우리에게 그대로 갚지는 아니하'(시 103:10)십니다. 그렇게 하신 이유는 '하늘이 땅에서 높음 같이 그를 경외하는 자에게 그의 인자하심이 크'(시 103:11)시기 때문입니다. '하늘이 땅에서 높음 같이'라고 합니다. 놀랍지 않습니까?

하나님은 하나님이십니다. 우리가 알아낸 정의는 인과율에 따른 보응 정도입니다. 잘하면 상 받고 못하면 벌받는 것입니다. 그러나 하나님은 그렇게 하지 않으신답니다. 하나님은 창조의 하나님이십니다. 창조란 다만 어떤 사물을 존재하게 하는 것으로 끝나지 않습니다. 그 존재가 아무런 생각도 아무런 선택도 아무런 권리도 아무런 인격도 없는 상태로 존재하게 하는 것이 창조가 아닙니다. 우리를 만드신 분이 우리의 동의를 구하십니다. 우리의 항복을 받아 내시기 위하여 긴 과정을 허락하십니다. 우리의 불평과 저항과 방황과 분냄과 짐짓 거절하는 모든 일에 하나님이 따라 들어오십니다. 따라 들어오신다는 것은 강요하지 않으신다는 것이며, 당신에게 항복시키기 위해 멀고 먼 길을 허락하신다는 것입니다. 그 길이 우리의 수명 아닐까요? 그 긴 세월 동안 우리의 고난과 슬픔과 원망은 사실 우리가 몰라서 지르는 비명에 불과할 뿐 하나님이 외면하셨거나 불공평하신 분이라서 일어난 일이 아니라는 것입니다. 이것이 욥기입니다.

욥기에 나오는 긴 이야기를 어떻게 이해해야 합니까? 욥이 얼마나 고생하는지를 보는 것이 아닙니다. 창조의 하나님이 우리의 항복을 받아 내시기 위하여 우리에게 많은 기회와 자유를 허락하시고 맘 졸이시며 동행하시는데, 욥이 그것을 몰라보고 무슨 짓을 하는가를 들여다볼 기회를 얻는 것입니다. 욥이 무엇을 하고 있나, 그가 어디에서 걸리고 어디에서 넘어지고 어디에서 자폭하는가를 보게 될 것입니다. 우리는 욥에게서 우리 자신을 보게 됩니다. 하나님의 신실하심과 복 주심과 인도함 속에서 인간은 어떤 반응을 보이는가, 얼마나 못난 짓을 하는가를 보게 될 것입니다. 모든 일에 우리의 이해가 부족하고 우리 생각으로 잣대를 삼고 있다는 사실을 배우게 됩니다.

그리고 그런 과정을 통해서만 얻을 수 있는 귀한 열매, 즉 "내가 주께 대하여 귀로 듣기만 하였사오나 이제는 눈으로 주를 뵈옵나이다"(욥 42:5)라는 고백에 이를 것입니다. 백문불여일견(百聞不如一見)인 것입니다. '듣기만 해도 좋으니 볼 필요는 없습니다'라는 우리의 타협을 하나님은 참지 못하십니다. "난 그렇게는 하지 않을 것이다. 나는 너희를 그렇게 만들지 않았다. 나는 너희를 통하여 영광을 받으려는 하나님인 줄 알아라. '이것으로 좋사오니 그냥 여기에 앉혀 주십시오'를 나는 못 봐준다." 이 하나님의 의지를, 우리를 향한 사랑과 열정을 기억하십시오. 욥기의 과정을 따라가며 우리 인생을 반성해 봅시다. 우리 인생이 참으로 귀하고 놀라운 것이라는 사실을 발견하는 은혜와 기쁨이 있을 것입니다.

기도

하나님 아버지, 은혜를 감사합니다. 하나님은 창조주이시며 부활의 주인이십니다. 우리에게 한숨과 불평이 있는 것은 하나님을 인과율에 묶기 때문입니다. 우리의 소원에 안주하려 하기 때문입니다. 하나님은 우리를 하나님의 영광이라고 선포하십니다. 우리의 항복을 최고의 목적으로 두었다고 선언하십니다. 우리를 위하여 보내신 예수 안에서 하나님의 위대한 목적을, 우리를 향한 하나님의 거룩한 의지를 봅니다. 그 안으로 부름받았으니 우리 인생을 간섭하시고 붙드시는 하나님 앞에 귀를 기울여야 마땅합니다. 그 말씀으로 인도해 주옵소서. 그리하여 우리 인생에 대하여 주 앞에 크게 만족하는 감사가 결실되도록 우리를 붙들어 주옵소서. 예수님 이름으로 기도합니다. 아멘.

03

3:1 그 후에 욥이 입을 열어 자기의 생일을 저주하니라 **2** 욥이 입을 열어 이르되 **3** 내가 난 날이 멸망하였더라면, 사내 아이를 배었다 하던 그 밤도 그러하였더라면, **4** 그 날이 캄캄하였더라면, 하나님이 위에서 돌아보지 않으셨더라면, 빛도 그 날을 비추지 않았더라면, **5** 어둠과 죽음의 그늘이 그 날을 자기의 것이라 주장하였더라면, 구름이 그 위에 덮였더라면, 흑암이 그 날을 덮었더라면, **6** 그 밤이 캄캄한 어둠에 잡혔더라면, 해의 날 수와 달의 수에 들지 않았더라면, **7** 그 밤에 자식을 배지 못하였더라면, 그 밤에 즐거운 소리가 나지 않았더라면, **8** 날을 저주하는 자들 곧 리워야단을 격동시키기에 익숙한 자들이 그 밤을 저주하였더라면, **9** 그 밤에 새벽 별들이 어두웠더라면, 그 밤이 광명을 바랄지라도 얻지 못하며 동틈을 보지 못하였더라면 좋았을 것을. **10** 이는 내 모태의 문을 닫지 아니하여 내 눈으로 환난을 보게 하였음이로구나 **11** 어찌하여 내가 태에서 죽어 나오지 아니하였던가 어찌하여 내 어머니가 해산할 때에 내가 숨지지 아니하였던가 **12** 어찌하여 무릎이 나를 받았던가 어찌하여 내가 젖을 빨았던가 **13** 그렇지 아니하였던들 이제는 내가 평안히 누워서 자고 쉬었을 것이니 **14** 자기를 위하여 폐허를 일으킨 세상 임금들과 모사들과 함께 있었을 것이요 **15** 혹시 금을 가지며 은으로 집을 채운 고관들과 함께 있었을 것이며 **16** 또는 낙태되어 땅에 묻힌 아이처럼 나는 존재하지 않았겠고 빛을 보지 못한 아이들 같았을 것이라 …… **20** 어찌하여 고난 당하는 자에게 빛을 주셨으며 마음이 아픈 자에게 생명을 주셨는고 **21** 이러한 자는 죽기를 바라도 오지 아니하니 땅을 파고 숨긴 보배를 찾음보다 죽음을 구하는 것을 더하다가 **22** 무덤을 찾아 얻으면 심히 기뻐하고 즐거워하나니 **23** 하나님에게 둘러 싸여 길이 아득한 사람에게 어찌하여 빛을 주셨는고 **24** 나는 음식 앞에서도 탄식이 나며 내가 앓는 소리는 물이 쏟아지는 소리 같구나 **25** 내가 두려워하는 그것이 내게 임하고 내가 무서워하는 그것이 내 몸에 미쳤구나 **26** 나에게는 평온도 없고 안일도 없고 휴식도 없고 다만 불안만이 있구나 (욥 3:1-26)

욥 ― 어떡하란
말입니까

욥이 한탄하다

드디어 욥의 한탄이 나옵니다. 이런 한탄이 우리가 욥기를 읽기
싫어하는 이유 중 하나일 것입니다. 속상한 일을 현실에서 실컷
경험하고 있는데 성경을 읽으면서까지 속상해하고 싶지는 않을
테니 말입니다. 그래서 욥기는 재미없습니다. 그러나 욥기는 대
단히 재미있는 성경입니다.

욥은 자기가 태어난 날을 저주하는 비명과 절규 속에서 자
신의 죽음까지 논하고 있습니다. 여기 욥이 저주하는 이 '날'이
라는 표현은 창세기 1장에 있는 '첫째 날', '둘째 날'에서의 '날'을
상기해 줍니다. 신자가 자기의 존재와 현실을 한탄하는 것은 차

마 하나님한테 직접 이야기할 수 없는 불만을 터트리는 것입니다. "내가 왜 태어났을까? 그날이 왜 달력에 있었더란 말이냐?" 이렇게 탄식하는 것은 "하나님, 어떡하란 말입니까?"의 다른 표현입니다. 이처럼 이제 욥기 3장에서부터 욥의 불만이 터져 나오고 있는데, 이 부분은 굉장히 중요합니다. 앞서 본 욥의 모습과 다르기 때문입니다. 욥기 1장에서 사탄이 하나님의 허락 하에 욥의 자식들을 다 죽이고 재산을 전부 빼앗아 갔을 때 욥은 어떻게 했습니까? 욥기 1장 20절 이하를 봅시다.

> 욥이 일어나 겉옷을 찢고 머리털을 밀고 땅에 엎드려 예배하며 이르되 내가 모태에서 알몸으로 나왔사온즉 또한 알몸이 그리로 돌아가올지라 주신 이도 여호와시요 거두신 이도 여호와시오니 여호와의 이름이 찬송을 받으실지니이다 하고 이 모든 일에 욥이 범죄하지 아니하고 하나님을 향하여 원망하지 아니하니라 (욥 1:20-22)

욥은 원망하지 않았다고 나와 있습니다. 이 구절 때문에 욥기는 많이 오해되어 왔을 것입니다. 욥이 어디까지 참나 하는 관점에서만 욥기를 읽기 때문입니다. 2장에서 하나님이 사탄에게 "네가 나를 격동하여 욥을 치게 했지만 욥은 신앙을 저버리지 않고 충성되게 나를 섬겼다. 너도 보았지?"라고 하자, 사탄은 울타리를 깨는 정도가 아니라 욥의 몸을 직접 공격하겠다고 한 다음 하나님의 허락을 받습니다. 욥은 발바닥에서 정수리까지 온몸에 병이 듭니다. 그러자 욥의 부인이 들고 일어납니다. '당신이 그래도 자기의 온전함을 굳게 지키느냐 하나님을 욕하고 죽으라'(욥 2:9). 이에 욥이 이렇게 대답합니다. '그대의 말이 한 어리석은 여자의 말 같도다 우리가 하나님께 복을 받았은즉 화도 받지 아니하겠느냐 하고 이 모든 일에 욥이 입술로 범죄하지 아니하니라'(욥 2:10). 이 말로 욥의 부인만 악당이 되고 욥 혼자 훌륭한 사람이 되어 버렸습니다. 그 후에 욥의 세 친구가 욥을 위로하러 오고 욥은 1장과 2장에서 보던 것과 다르게 3장부터 갑자기 화를 내기 시작합니다.

1, 2장에서 본 욥과 3장에서 본 욥의 차이를 이렇게 이해해 볼 수 있을 것입니다. 1, 2장의 사건이 3장으로 이어지는 과정을 보면, 하나님이 욥에게 둘러 주셨던 그 울타리를 벗기자 욥이 그 울타리를 부둥켜안고 있었다, 이렇게 이야기할 수 있습니다. 욥은 자기가 잘하면 하나님이 복 주신다는 보응의 원리를 지키고 있었습니다. 전에는 하나님이 그 보응의 원리대로 욥에게 복을 주셨고 욥은 신앙을 지키고 있었는데, 사탄의 도전을 계기로 하나님이 그 울타리를 허물기로 하십니다. 그런데 하나님이 헐어 버린 그 울타리를 욥은 계속 붙들고 늘어집니다. 그것 외에는 달리 방법이 없어서입니다. 하나님에 대하여, 인생에 대하여 그런 보응의 원리 외에는 다른 길을 알지 못하니까 그것을 붙잡고 늘어지는 수밖에 없었던 것입니다.

1, 2장에서 욥은 범죄하지 않습니다. 그러면 욥의 아내가 맡은 역할은 무엇일까요? "당신, 이래도 참고 견디겠는가? 차라

리 하나님을 욕하고 죽으라." 욥의 아내는, 보응의 원리로는 도저히 납득할 수 없는 현실을 마주하게 된 것입니다. 그동안 견지해 온 이해의 범주, 사고의 틀이 깨진 것입니다. 그러자 이 틀이 깨지고 없으면 차라리 죽는 게 낫지 않느냐, 그러니 하나님을 저주하고 죽으라고 말하는 것입니다.

그런 후에 3장은 욥도 그의 아내와 별반 다르지 않은 사람임을 보여 주는 표현으로 시작합니다. "그 후에 욥이 입을 열어 자기의 생일을 저주하니라"(욥 3:1). 드디어 이 틀이 깨진 것입니다. 욥이 가지고 있던 것은 보응의 원리이고 그 보응의 원리 꼭대기에는 하나님이 계십니다. 하나님에게 불경한 소리는 못하겠는데, 자기가 알고 있던 틀은 다 깨졌습니다. 그 틀은 인간이 붙잡아서는 유지되지 않는 것입니다. 그 틀은 하나님이 유지하고 계셔야 유용한데, 하나님이 그 틀을 깨 버리셨습니다. 그러니 인간에게는 방법이 없습니다.

신앙은 지켜야겠는데, 자기가 아는 신앙의 원칙은 지켜지지 않고 하나님을 원망할 수도 없어서 욥이 뭐라고 합니까? "내가 태어나지 않았으면 좋았을 걸. 나는 왜 태어나서 하나님도 곤란하게 만들고 나도 곤란한 인생이 되었는고?" 하는 것입니다.

징계는 다 받는 것이어늘

욥을 미화할 필요는 없습니다. 다만 그가 겪은 과정은 중요하니다. 사실 우리 모두가 이 과정에 있습니다. 신자들은 하나님이 요구하는 것이 무엇인지 다 알고 있다고 생각합니다. 그래서 거룩하게 살고, 하나님 나라를 건설하며, 빛과 소금으로 살고, 우리를 보는 사람들이 다 하나님을 알게 되기를 소원하며 삽니다. 그러나 그렇게는 잘되지 않습니다. 그게 꼭 우리 탓만은 아닙니다. 우리는 우리가 할 수 있는 것은 전부 했습니다. 기도도 했고, 성경도 열심히 읽었고, 기도원에도 다녔고, 나라를 위해서도 기도했고, 또 친구와 만나면 거룩한 이야기도 나눴습니다. 이렇게 하면 하나님이 하실 일들이 뒤따라 올 줄 알았는데, 그렇지 않는 것입니다. 그러면 우리가 그동안 가지고 있던 틀을 하나씩 놓게 됩니다. 잘 믿기도 어렵고 그렇다고 안 믿을 수도 없습니다.

그런데 주변에서 누가 이런 현실을 한탄하면, 그 사람을 막 나무랍니다. 실낱같은 희망 하나 꼭 붙들고 있기 때문입니다. 죽은 다음에 천국에 가는 것만은 진짜여야 하는 것입니다. 그 마지막 하나를 잡고 있는데, 누가 이상한 소리를 하면 불안해집니다. 그래서 막 덤벼들고 욕을 해서 하나님이 어느 쪽 편을 들어주는지 눈치를 봅니다. 이것이 우리의 현실입니다. 하나님이 이런 현실에 우리를 두신 데에는 이런 이유가 있습니다. 히브리서 12장에 가 봅시다. 히브리서 11장은 우리가 잘 아는 대로 '믿음 장'입니다. 믿음 장에 이어서 나오는 12장은 '이러므로'라는 단어로 시작합니다.

이러므로 우리에게 구름 같이 둘러싼 허다한 증인들이 있

으니 모든 무거운 것과 얽매이기 쉬운 죄를 벗어 버리고 인
내로써 우리 앞에 당한 경주를 하며 믿음의 주요 또 온전하
게 하시는 이인 예수를 바라보자 그는 그 앞에 있는 기쁨을
위하여 십자가를 참으사 부끄러움을 개의치 아니하시더니
하나님 보좌 우편에 앉으셨느니라 너희가 피곤하여 낙심
하지 않기 위하여 죄인들이 이같이 자기에게 거역한 일을
참으신 이를 생각하라 (히 12:1-3)

예수께서 어떤 길을 걸으셨습니까? 부끄러움을 개의치 아니하
시는 길 곧 고난과 수치의 길입니다. 그 길을 걸어 하늘 보좌 우
편에 앉으신 것을 기억하라고 이야기합니다. 이것은 욥이 당한
일보다 훨씬 더 심각합니다. 그 길이 하나님이 요구하시는 목적
과 내용입니다. 그 길을 간 선조들이 이렇게 많다, 예수님마저도
이 길을 가셨다, 그러니 너희도 예수께서 가신 길을 기억하여 너
희가 당하는 어려움에 맞서 승리하는 자가 되라고 합니다. 욥기
에서 보는 모든 고난을 포함한 것보다 더 큰 내용이 담긴 현실
을 우리에게 감수하라고 요구하십니다. 히브리서 말씀을 이어
서 더 보겠습니다.

너희가 죄와 싸우되 아직 피흘리기까지는 대항하지 아니하
고 또 아들들에게 권하는 것같이 너희에게 권면하신 말씀
도 잊었도다 일렀으되 내 아들아 주의 징계하심을 경히 여
기지 말며 그에게 꾸지람을 받을 때에 낙심하지 말라 주께

서 그 사랑하시는 자를 징계하시고 그가 받아들이시는 아들마다 채찍질하심이라 하였으니 너희가 참음은 징계를 받기 위함이라 하나님이 아들과 같이 너희를 대우하시나니 어찌 아버지가 징계하지 않는 아들이 있으리요 (히 12:4-7)

이 구절을 그냥 읽으면, 아들이란 아버지가 채찍질하고 가르쳐서 자식 덕을 보려고 낳은 존재인가 하는 생각이 듭니다. '어찌 아버지가 징계하지 않는 아들이 있으리요'라고 해서 자식이라면 반드시 징계를 받아야 한다고 하니 그런 생각이 드는 것입니다. 그런데 여기 '징계'라는 단어의 원래 뜻은 '자식 만들기'라고 합니다. '징계' 대신에 '자식 만들기'로 바꿔 넣어서 5절부터 다시 봅시다. "또 아들들에게 권하는 것 같이 너희에게 권면하신 말씀도 잊었도다 일렀으되 내 아들아 주께서 너희를 자녀로 만들고자 하실때 경히 여기지 말며 그에게 꾸지람을 받을 때에 낙심하지 말라 주께서 그 사랑하시는 자를 자녀답게 기르시고 그가 받아들이시는 아들마다 채찍질하심이라 하였으니."

자식을 징계한다, 자식을 채찍질한다, 자식을 자녀답게 기르기 위하여 훈련한다는 말이 무슨 뜻인지 알 것입니다. 자식은 영원히 어린아이로 남아 있을 수 없다는 말입니다. 어린아이는 커야 합니다. 몸만 자라면 되는 것이 아니라 인격과 정신이 자라야 합니다. 그러기 위하여 가장 필요한 것이 무엇입니까? 훈련입니다. 꾸중도 들어야 하고, 매도 맞아야 합니다. 인격이 성숙해지려면 꼭 필요한 일들입니다. 무지한 채로, 아무런 준비와 훈련 없이 훌륭해질 수는 없기 때문입니다. 우리의 인격적 성숙에 가장 필요한 것은 훈련입니다. 우리가 갖추어야 하는 덕목은 저절로 생기는 것이 아니기에 훈련이 필요합니다. 이런 덕목은 교육받고 훈련하여 자기 것으로 만들어야 합니다. 아이가 말을 배우듯이 말입니다.

"징계는 다 받는 것이거늘 너희에게 없으면 사생자요 친아들이 아니니라"(히 12:8). 부모가 없으면, 자식을 훈련할 사람이 없으면, 자식은 아무것도 받지 못합니다. 하나님이 우리를 자녀로 부르시고 우리에게 당신을 아버지라 부르게 하십니다. 아버지가 자식을 기르기 위하여, 참다운 어른으로 완성하기 위하여 징계하고 훈련하십니다. 이것이 욥기와 어떤 관계가 있을까요?

신앙의 사춘기

사춘기란 인생이 동화와 같지 않다는 것을 알게 되는 시기입니다. 순진해서는 인생이 해결되지 않는다는 것을 깨닫는 때가 사춘기입니다. 인간이란 책임을 지고 분별력을 지녀야 하는 존재임을 깨달으며 다만 웃고 좋아하는 것으로는 해결되지 않는 일이 있다는 것을 배우는 시기입니다. 순진함과 열심만 있으면 다 된다고 믿었던 것이 깨지는 시기인데, 하나님의 자녀로 부름을 받은 신자들에게 있어서는 언제가 사춘기일까요? 순진한 신앙이 좋은 신앙이고 정성을 부으면 모든 것이 이뤄진다고 생각했던 것이 깨지는 시기입니다.

교회에서 어른들이 주일학교 학생들을 볼 때 오해하는 것이 하나 있습니다. 학창시절에 열심을 내서 교회 나오고 간절히 기도하는 학생들을 최고로 치는 일입니다. 신앙은 결코 그런 일의 연장선에 연결되어서만 자라는 것이 아닙니다. 최고의 신앙은 세상에 물들지 않은 순수함에서 나온다고요? 그렇지 않습니다. 인간이 죄인이라는 사실을 뼈저리게 깨달아야 합니다. 죄인된 인간을 하나님이 어떻게 받아 내셔서 십자가의 승리를 이루어 내시는지 알아야 합니다. 그 경험을 통해 하나님 앞에 무릎 꿇지 않고는 진정한 신앙의 길에 들어설 수 없기 때문입니다.

학생 때 부모님 말씀 잘 듣고 교회 잘 나오고 친구들 전도하면 예쁘죠, 예쁩니다. 그런데 한심합니다. 그 나이 때는 그러면 안 됩니다. 그때는 이기적이고 속으로는 많이 고민하면서 겉으로는 드러내지 않는 시기입니다. 철없는 사람들이 꼭 이렇게 이야기합니다. "왜 우리 교회 다니는 집사님들의 자녀는 우리 교회에 나오지 않습니까?" 우리도 부모님이 다니는 교회에 안 다녔으면서 말입니다. 우리가 부모님이 다니는 교회에 나갈 때는 사고 치고 들키지 않았을 때입니다. 거기서 사고 치고 들키면 세상으로 나갔다가 다시 회개하고 다른 교회로 옮깁니다. 자기가 사고 친 것을 지켜본 교회로 돌아갈 수는 없지 않습니까? 민들레 씨앗이 온 벌판에 퍼져 나가듯이 사고 치고 다른 교회 가고, 사고 치고 다른 교회 가느라 하나님의 나라가 이렇게 풍성해졌습니다.

욥기 3장에 이르러 비로소 욥이 이 시점에 온 것입니다. "하나님, 어떡하란 말입니까? 내가 무얼 잘못했단 말입니까?" 그의 순진함이 깨어지고 있습니다. "죄 안 짓고, 하나님 두려워하며 착하게 살면 됐지, 저더러 어쩌란 말입니까? 못 살겠습니다." 욥이 가졌던 체계가 깨지면, 이 틀이 깨지면 그는 살 수가 없습니다. 처음부터 아예 이 틀을 갖고 있지 않아서 세상 사람들처럼 생존경쟁 속에 내몰리면 죽든 살든 그 법칙 안에서 몸부림치겠지만 고뇌는 없을 것입니다. 그런데 믿음을 가지고 살다가 그 믿음의 법칙이 깨지면 당황하게 됩니다. 어찌 보면 이 당황스러움은 본인이 자초한 것입니다. 하나님은 그렇게 이야기하신 적이 없기 때문입니다. 고린도전서 3장에 가 봅시다.

아무도 자신을 속이지 말라 너희 중에 누구든지 이 세상에서 지혜 있는 줄로 생각하거든 어리석은 자가 되라 그리하여야 지혜로운 자가 되리라 이 세상 지혜는 하나님께 어리석은 것이니 기록된 바 하나님은 지혜 있는 자들로 하여금 자기 꾀에 빠지게 하시는 이라 하였고 또 주께서 지혜 있는 자들의 생각을 헛것으로 아신다 하셨느니라 그런즉 누구든지 사람을 자랑하지 말라 만물이 다 너희 것임이라 바울이나 아볼로나 게바나 세계나 생명이나 사망이나 지금 것이나 장래 것이나 다 너희의 것이요 너희는 그리스도의 것이요 그리스도는 하나님의 것이니라 (고전 3:18-23)

고린도 교회에는 분파가 있었습니다. 나는 바울파라, 나는 아볼로파라, 나는 게바파라, 심지어 나는 예수파라, 이렇게 파당을 지으며 나뉘어졌습니다. 이런 분열을 보며 바울이 권면합니다. '누구에게 속하려 들지 마라. 누구에게 속하는 것으로 너희 정체성을 확인하려 들지 마라. 나 바울은 너희를 위해서 소모품으로 세운 자다. 너희가 더 크다.' 이 이야기입니다. '바울도 너희를 위해 세웠고, 아볼로도 너희를 위해 세웠고, 게바도 너희를 위해 세웠고, 세상도 너희를 위해 지었고, 생명도 너희를 위해 주었고, 사망도 너희를 위해 주었다. 너희는 그리스도의 것이다. 사람에게 속하려 들지 마라. 세상에 속하려 하지 마라. 어떤 자그마한 가치 밑에 들어가려 하지 마라. 너희가 가장 큰 존재다. 창조 세계의 그 어떤 가치와 성취라도 너희가 속할 만한 것은 없다. 너희가 가장 크고, 그것들은 다 너희에게 주어졌을 뿐이다. 너희는 그리스도에게 예속된 자들이다.' 이렇게 이야기하는 대목입니다.

우리는 어떻습니까? 우리의 기대는 무엇입니까? 우리의 바람은 그저 인생이 간단하기를 원하는 것입니다. 자신이 할 수 있는 가장 간단한 것을 제공해서 행복을 취하고 그것이 전부였으면 하고 바랍니다. 하나님은 그렇게는 안 하겠다고 하십니다. 그래서 자꾸 우리 기도가 욥의 기도처럼 '생각 없게 해 주옵소서. 태어나지 말았으면 좋았을 것을. 죽여 주옵소서!' 이렇게 되는 것입니다.

욥기를 읽으면서 겁내지 말고, 우리가 겪고 있는 일이 무엇인지 확인하십시오. 그리하여 손에 장난감을 잔뜩 쥐어 주면 마치 세상을 다 얻은 것처럼 기뻐하던 어린애 짓을 그만두십시오. 하나님 앞에 나아와 마치 온 세상과 하나님 나라의 운명이 자기한테 걸린 것처럼 굴지 마십시오. "너희 인생과 가치를 이렇게 간단하고 쉽고 사소한 것으로 바꾸어 놓지 마라"라고 하나님이 꾸짖으십니다.

사춘기 때는 별것 아닌 문제를 놓고도 죽음을 생각하지 않습니까? 그 별것 아닌 것이 그때는 죽음을 생각할 만큼 큰 문제였습니다. 지금 우리의 신앙이 꼭 그런 모양새입니다. 별것 아닌 것에 목숨을 걸고 나옵니다. "주여, 이 일만 이루어 주신다면 제 목숨 같은 것은 아끼지 않겠습니다." 욥이 지금 이런 하소연을 하고 있고, 그런 욥에게 하나님은 말씀하십니다. "너는 세상 그 무엇보다 큰 존재다. 그런 것에는 네 새끼손톱이나 걸어라. 너는 네 목숨과 운명을 왜 그런 작은 것에다 걸고 있느냐? 너는 나를 무엇으로 알기에 그 작은 것에 네 목숨을 걸고 있느냐?" 그렇게 꾸짖는 장면입니다.

너는 하나님을 뭘로 아느냐

고린도전서 2장을 보면 사도 바울이 고린도 교회에 가서 복음을 전할 때 떨었다는 이야기가 나옵니다. 4절부터 보면 "내 말과 내 전도함이 설득력 있는 지혜의 말로 하지 아니하고 다만 성령의 나타나심과 능력으로 하여 너희 믿음이 사람의 지혜에 있지 아니하고 다만 하나님의 능력에 있게 하려 하였노라"(고전 2:4-5)

라고 한 다음 이렇게 이야기합니다.

> 그러나 우리가 온전한 자들 중에서는 지혜를 말하노니 이
> 는 이 세상의 지혜가 아니요 또 이 세상에서 없어질 통치자
> 들의 지혜도 아니요 오직 은밀한 가운데 있는 하나님의 지
> 혜를 말하는 것으로서 곧 감추어졌던 것인데 하나님이 우
> 리의 영광을 위하여 만세 전에 미리 정하신 것이라 이 지혜
> 는 이 세대의 통치자들이 한 사람도 알지 못하였나니 만일
> 알았더라면 영광의 주를 십자가에 못 박지 아니하였으리라
> 기록된 바 하나님이 자기를 사랑하는 자들을 위하여 예비하
> 신 모든 것은 눈으로 보지 못하고 귀로 듣지 못하고 사람의
> 마음으로 생각하지도 못하였다 함과 같으니라 (고전 2:6-9)

구원은 그 누구도 상상하지 못했던 것이라고 합니다. 다들 신앙
이야기를 할 때 보면, 자기는 다 알고 있는 것처럼 굽니다. 십자
가의 비밀을, 하나님이 육신을 입고 우리를 찾아오셨다는 그 신
비를 가장 값싸고 가장 간단한 데다 걸어 놓고는 마치 하나님에
게 자기가 없으면 안 될 것처럼 자기의 생각과 신앙 인생을 막
갖다 짜 맞춥니다. 그런데 그렇게 큰소리쳐 놓고는 죽는 소리
를 합니다. "다른 것 다 필요 없고 우리 자식들만 잘되면 더 이
상 소원이 없습니다."

　욥기는 내내 이 이야기를 합니다. "도대체 너는 하나님을
뭘로 아느냐?" 이것입니다. 자녀가 부모한테 "그저 세끼 밥만 먹

여 주시면 학교 안 보내 주셔도 괜찮아요"라고 하면, '참 기특한 자식이다'라고 생각할 부모는 아무도 없습니다. "너 아무 생각 하지 말고 공부나 열심히 해라" 이러지 않겠습니까? '나를 기르기 위해서 우리 부모님이 얼마나 고생하는가? 내가 학교 다니지 않고 나가서 껌 팔아 가정 경제를 돕겠다'라는 생각을 어떤 부모가 칭찬하겠습니까? 그런데 우리가 하나님에게 이러고 있는 꼴입니다.

고린도전서 2장에 나온 사도 바울의 이야기는 이런 뜻입니다. '아무도 이해하지도 상상하지도 못한 일이 예수와 복음에서 나타났다. 그래서 내가 복음을 전할 때는 늘 떤다. 이것은 그려 낼 수도 설명할 수도 없다. 그의 품에 안기기 전에는 설명이 불가능한 이야기다.' 이렇게 복음과 하나님의 일하심을 설명합니다. 이러한 내용은 성경에 얼마든지 나옵니다.

예를 들면, 로마서 4장에 있는 아브라함에 관한 증언도 같은 이야기입니다. 아브라함이 믿음의 조상이라는 말은 무슨 뜻일까요? 로마서 4장 17절을 봅시다. "기록된 바 내가 너를 많은 민족의 조상으로 세웠다 하심과 같으니 그가 믿은 바 하나님은 죽은 자를 살리시며 없는 것을 있는 것으로 부르시는 이시니라." 죽은 자를 살리시고 없는 것을 있는 것으로 부르시는 창조의 하나님이십니다. 욥기를 시작하면서 이미 확인했던 내용입니다.

하나님은 창조의 하나님입니다. 보응의 원리를 넘어서 계시는 분입니다. 우리가 잘하면 복 주고 우리가 못하면 벌주는 정도의 하나님이 아닙니다. 우리라는 존재 자체가, 하나님이 지으신 천지 만물이, 우리가 누리고 소원하는 모든 가치가 하나님의 창조와 하나님의 성실과 하나님의 은혜와 하나님의 지혜와 하나님의 기쁘심으로 허락된 것이라는 말입니다. 없는 것을 있는 것으로 부르시는 그리고 죽은 것도 살리시는 하나님의 능력으로 시작된 것입니다. 아브라함은 하나님을 모르는 자리에서 부름을 받아 자식 하나 낳을 수 없을 때 이미 그의 자손이 하늘의 별 같고 바다의 모래 같을 것이라는 약속을 받고 실제로 그렇게 된 자입니다. 하나님은 우리에게 그것을 믿으라고 하십니다.

욥이 지르는 비명이 무엇인지 아시겠습니까? 욥은 자기가 아는 몇 가지 이해와 논리로 하나님을 제한하고 자신의 가치도 제한하여 그 법칙 안에 하나님의 자녀라는 이름을 집어넣으려는 것입니다. 우리는 그것보다 큽니다. 그것보다 큰데 왜 불만일까요? 고통스러우니까 그렇습니다. 학교 다닐 때 가장 고통스러웠던 것이 무엇입니까? 학교 가는 것입니다. 그런데 부모 없이 자기가 벌어먹어야 하는 소년 소녀 가장들이 가장 부러워하는 것은 무엇입니까? 학교 가는 것입니다. 왜 그렇습니까? 학교를 가야 훌륭해질 수 있기 때문입니다. 《톰 소여의 모험》에서 톰 소여가 제일 부러워하는 사람은 허클베리 핀입니다. 왜 부러워합니까? 학교에 갈 필요가 없기 때문입니다. 그런데 허클베리 핀은 누가 제일 부럽습니까? 학교에 갈 수 있는 톰이 제일 부럽습니다.

우리는 학교 가는 것을 고통스러워합니다. 하나님이 우리로 생각하게 하시는데, 이 일이 괴롭습니다. 하나님의 약속이 우리를 누르고 있기 때문입니다. 하나님이 원하시는 바가 너무 커서 우리는 우리의 욕심을 줄여 하나님과 타협하려고 합니다. "하나님, 저한테 훌륭해지라고 하지 마십시오. 저도 소원을 줄이겠습니다. 이쯤에서 그만 타협하셔서 평안히 살다 후딱 천국 가게 해 주십시오." 이것이 기도 제목이 되기 시작하자 교회 안에서 신앙의 위대함은 사라졌습니다. 세상의 도전과 현실의 짐 앞에 늠름하게 서 있는 하나님의 사람의 모습, 큰 나무와 바위와 울창한 숲과 높은 산 같은 위대한 신앙인의 모습이 교회에서 사라지기 시작했습니다. 작은 액세서리 하나 들고 자랑하고 비교하는 모습처럼 되어 버렸습니다. 교회가 잡동사니 물건이나 흥정하는 경매장같이 되어 버렸습니다. 하나님의 은혜와 위대한 부르심으로 깊고 넓고 우람해지는 장엄한 신앙의 영광이 사라지고 말았습니다. 간절함은 있는데 기도하는 내용이 너무나 얕습니다. 너무나 작습니다. 크게 기도하라고 하면 허황된 것을 구합니다. "아랍 민족을 내게 주옵소서." 이런 게 장엄한 것이 아닙니다. 하나님의 자녀라는 이름의 실존을 살아 내십시오. 예수 믿는 인격과 영혼의 위대함과 깊이를 만들어 내십시오. 이것이 신앙입니다. 욥은 그리로 갈 것입니다.

욥기의 시작에서 욥이 무엇에 걸려 넘어졌다고 했습니까? 사춘기적 신앙, 순수하고 확실한 그러나 가난한 신앙에 탁 걸려 넘어졌습니다. 하나님이 거기서 어떻게 욥을 일으키시고 채우시는가, 그리고 욥의 친구들은 이 문제에 대해 어떻게 시비를 걸고 답을 제시하는가를 우리가 낱낱이 살펴서 이 고비를 넘겨야 합니다. 이 산을 넘어야 합니다. 그리하여 하나님의 자녀라는 깊고 높고 넓은 자리로 나아갑시다.

기도

하나님 아버지, 은혜를 감사합니다. 하나님의 자녀가 얼마나 복되고 영광스러운 존재인지 잠시 생각했습니다. 하나님이 하시는 일은 아무도 상상하지 못한 일입니다. 그 아들을 주신 구원입니다. 그 아들로 말미암아 우리에게 허락된 복음입니다. 이 영광을 놓치지 말게 하옵소서. 우리 삶의 곤고함과 막막함과 불확실함과 우리의 연약함 때문에 포기하지 말게 하옵소서. 신자 된 영광과 교회의 영광을 하나님이 드러내사 이 열심 있고 진심 있는 한국 교회에 하나님이 그 아들을 통하여 주신 신앙의 위대한 복들을 누리게 하옵소서. 깨닫게 하옵소서. 자랑하게 하옵소서. 예수님 이름으로 기도합니다. 아멘.

04 4:1 데만 사람 엘리바스가 대답하여 이르되 2 누가 네게 말하면 네가 싫증을 내겠느냐, 누가 참고 말하지 아니하겠느냐 3 보라 전에 네가 여러 사람을 훈계하였고 손이 늘어진 자를 강하게 하였고 4 넘어지는 자를 말로 붙들어 주었고 무릎이 약한 자를 강하게 하였거늘 5 이제 이 일이 네게 이르매 네가 힘들어 하고 이 일이 네게 닥치매 네가 놀라는구나 6 네 경외함이 네 자랑이 아니냐 네 소망이 네 온전한 길이 아니냐 7 생각하여 보라 죄 없이 망한 자가 누구인가 정직한 자의 끊어짐이 어디 있는가 …… 17 사람이 어찌 하나님보다 의롭겠느냐 사람이 어찌 그 창조하신 이보다 깨끗하겠느냐 18 하나님은 그의 종이라도 그대로 믿지 아니하시며 그의 천사라도 미련하다 하시나니 19 하물며 흙 집에 살며 티끌로 터를 삼고 하루살이 앞에서라도 무너질 자이겠느냐 20 아침과 저녁 사이에 부스러져 가루가 되며 영원히 사라지되 기억하는 자가 없으리라 21 장막 줄이 그들에게서 뽑히지 아니하겠느냐 그들은 지혜가 없이 죽느니라 5:1 너는 부르짖어 보라 네게 응답할 자가 있겠느냐 거룩한 자 중에 네가 누구에게로 향하겠느냐 2 분노가 미련한 자를 죽이고 시기가 어리석은 자를 멸하느니라 …… 8 나라면 하나님을 찾겠고 내 일을 하나님께 의탁하리라 9 하나님은 헤아릴 수 없이 큰 일을 행하시며 기이한 일을 셀 수 없이 행하시나니 10 비를 땅에 내리시고 물을 밭에 보내시며 11 낮은 자를 높이 드시고 애곡하는 자를 일으키사 구원에 이르게 하시느니라 …… 17 볼지어다 하나님께 징계 받는 자에게는 복이 있나니 그런즉 너는 전능자의 징계를 업신여기지 말지니라 18 하나님은 아프게 하시다가 싸매시며 상하게 하시다가 그의 손으로 고치시나니 19 여섯 가지 환난에서 너를 구원하시며 일곱 가지 환난이라도 그 재앙이 네게 미치지 않게 하시며 …… 25 네 자손이 많아지며 네 후손이 땅의 풀과 같이 될 줄을 네가 알 것이라 26 네가 장수하다가 무덤에 이르리니 마치 곡식단을 제 때에 들어올림 같으니라 27 볼지어다 우리가 연구한 바가 이와 같으니 너는 들어 보라 그러면 네가 알리라 (욥 4:1–5:27)

엘리바스_ 도덕 질서가
전부다

욥기를 읽을 때 가장 어려운 점은 도대체 무슨 말인지 모르겠다는 점입니다. 다 옳은 말 같은 이야기가 내내 반복됩니다. 친구들은 계속 옳은 말을 하는 것 같은데, 욥은 계속 아니라고 우기고 끝에 가서 하나님은 욥이 옳고 친구들이 틀렸다고 하십니다. 결론이 무엇이냐가 문제가 아니라 결국 하나님이 욥이 옳고 세 친구들은 욥만큼 의롭지 않다고 판정을 내리는 결론이라면, 왜 그런 틀린 이야기를 욥기 내내 반복되도록 놓아두시는가 하는 점이 우리로서는 이해하기 어렵습니다.

도덕 질서는 견고한 것이다

욥의 세 친구 중 가장 먼저 입을 연 사람은 엘리바스입니다. 우리는 일단 그가 주장하는 바가 무엇이며 어떤 근거로 그렇게 주장하는가를 이해해야 합니다. 본문 말씀에서 엘리바스의 충고는 세 단락(욥 4:6-11; 4:12-5:7; 5:8-27)으로 나눌 수 있습니다.

첫 번째 단락(욥 4:6-11)에서는 하나님의 통치 아래 있는 도덕 질서의 견고함을 말하고 있습니다. 6절 이하를 보면 "네 경외함이 네 자랑이 아니냐 네 소망이 네 온전한 길이 아니냐 생각하여 보라 죄 없이 망한 자가 누구인가 정직한 자의 끊어짐이 어디 있는가"(욥 4:6-7)라고 되어 있습니다. 도덕 질서야말로 하나님이 통치하시는 이 세상의 가장 견고한 질서라는 말입니다. 악하게 굴면 벌을 받고 선하게 살면 복을 받는 것이 하나님의 통치에서 가장 견고한 질서라고 이야기합니다. 8절에서는 '악을 밭 갈고 독을 뿌리는 자는 그대로 거두나니'라고 하여 도덕 질서를 농사짓는 일에 비유해서 언급합니다. '세상의 자연 질서를 봐라. 심은 대로 거두지 않느냐? 도덕 질서도 그렇게 심은 대로 거두는 것이다. 그러니 착한 일을 하고 악한 일은 하지 마라' 하는 이야기입니다.

엘리바스의 주장은 인과응보 즉 보응의 원리를 말하고 있습니다. 심은 대로 거두고 열심히 한 만큼 거두듯이 그렇게 도덕 질서가 하나님의 통치 질서로 세상에 견고하게 서 있다는 것입니다. 그러니 씨를 뿌리고 농사를 짓듯이 선한 일을 심고 하나님에게 순종하라고 합니다. 그 뒤의 구절을 이어서 보면 "사자의 우는 소리와 젊은 사자의 소리가 그치고 어린 사자의 이가 부러지며 사자는 사냥한 것이 없어 죽어 가고 암사자의 새끼는 흩어지느니라"(욥 4:10-11)라고 되어 있습니다. 약탈자는 결국 아무것도 얻지 못하고 늙어 죽게 된다는 이야기입니다. 사자를 예로 들어 남의 것을 약탈해 가는 것들이 당장은 대단해 보이지만, 그들은 결국 보상받지 못할 거라고 말합니다.

이제 두 번째 단락(욥 4:12-5:7)을 살펴봅시다.

사람이 깊이 잠들 즈음 내가 그 밤에 본 환상으로 말미암아 생각이 번거로울 때에 두려움과 떨림이 내게 이르러서 모든 뼈마디가 흔들렸느니라 그 때에 영이 내 앞으로 지나매 내 몸에 털이 주뼛하였느니라 그 영이 서 있는데 나는 그 형상을 알아보지는 못하여도 오직 한 형상이 내 눈 앞에 있었느니라 그 때에 내가 조용한 중에 한 목소리를 들으니 사람이 어찌 하나님보다 의롭겠느냐 사람이 어찌 그 창조하신 이보다 깨끗하겠느냐 하나님은 그의 종이라도 그대로 믿지 아니하시며 그의 천사라도 미련하다 하시나니 하물며 흙 집에 살며 티끌로 터를 삼고 하루살이 앞에서라도 무너질 자이겠느냐 아침과 저녁 사이에 부스러져 가루가 되며 영원히 사라지되 기억하는 자가 없으리라 장막 줄이 그들에게서 뽑히지 아니하겠느냐 그들은 지혜가 없이 죽느니라 (욥 4:13-21)

이후 5장 7절까지 두 번째 단락이 이어집니다. 앞에 나온 도덕 질서는 무엇을 근거로 하나님의 견고한 통치 질서라고 결론을 내린 것입니까? 경험과 관찰 속에서 확인한 것입니다. 살아 보니까, 주변을 보니까, 세상을 보니까, 도덕 질서라는 것이 가장 견고하더라는 것입니다.

그런데 두 번째 단락에서는 인간이 가진 이해가 경험과 관찰에서만 주어지는 것이 아니라, 하나님의 계시로부터 말미암은 것도 있다는 것입니다. 경험과 관찰의 영역을 벗어나 있는 진리를 하나님이 직접 알게 하셔서 이해와 믿음의 근거를 주신다는 이야기입니다. 엘리바스의 권면에 나온 첫 번째 단락의 이야기가 세상에 사는 모든 인간을 의인과 악인으로 나누고 있다면, 두 번째 단락에서는 지혜로운 자와 우매한 자로 나눕니다. 이 이야기는 잠시 보류하고 일단 세 번째 단락으로 갔다 와서 다시 이어 갑시다.

도덕 질서로 욥을 속박하다

욥기의 중요성은 기독교 신앙이라는 것이 다만 명분으로 붙들어 맬 수 없을 만큼 깊고 넓다는 것을 알려 준다는 점에 있습니다. 이것이 무슨 이야기인지 세 번째 단락(욥 5:8-27)을 봅시다. 그중 17절부터 읽겠습니다.

볼지어다 하나님께 징계 받는 자에게는 복이 있나니 그런즉 너는 전능자의 징계를 업신여기지 말지니라 하나님은 아프게 하시다가 싸매시며 상하게 하시다가 그의 손으로 고치시나니 여섯 가지 환난에서 너를 구원하시며 일곱 가지 환난이라도 그 재앙이 네게 미치지 않게 하시며 기근 때에 죽음에서, 전쟁 때에 칼의 위협에서 너를 구원하실 터인즉 (욥 5:17-20)

앞에서 엘리바스는 '내가 다 아는 것은 아니다. 내가 세상을 다 알고 인생을 다 아는 것은 아니다. 그러나 이 견고한 도덕 질서라는 것은 하나님의 통치 원리 중 가장 중요한 것이다. 우리 모두에게 찾아오신 하나님이 하나님으로서 우리에게 주신 질서인 것이다. 이보다 더 큰 것은 없어 보인다'라고 전제한 다음 '그러니 네가 지금 당하는 어려움에 대하여 빨리 하나님 앞에 회개하고 은혜를 구하는 자세로 돌아오라. 네가 잘못하지 않았는데 하나님이 벌을 주셨겠느냐? 네가 무엇을 잘못했는지 모른다 할지라도 하나님의 은혜를 구하고 하나님의 통치에 순종하는 자세를 취하는 것만이 네가 살 길이다'라며 욥을 몰아갑니다. 이것이 엘리바스의 주장입니다.

좀 전에 언급한 4장 12절에서 5장 7절에 걸친 두 번째 단락이 중요합니다. 이 단락 때문에 욥기가 길어진 것일 수 있습니다. 뒤로 가면, 욥은 친구들이 이야기하고 충고하는 도덕 질서로는 자기가 겪고 있는 현실을 담아낼 수 없다고 계속해서 주장합니다. 욥의 친구들은 욥이 그 질서를 어겼다고, 만일 이런 진단을 받아들이지 않는다면 욥이 무엇인가 잘못하고 있는 것이라고 역시 계속해서 주장합니다. 이 싸움이 욥기에서 중요한 대목입니다.

제가 지금껏 평생 아파 왔지만 이제 더 아파 보니까 제일 섭섭한 사람이 정답을 말하는 사람이었습니다. 성도들이 찾아와서는 "목사님, 왜 그렇게 아프세요?"라고 묻습니다. "나도 몰라요. 이상하게 환절기가 되면 더 아파요." 저의 대답에 이렇게 말하는 사람이 제일 미웠습니다. 아마 욥의 세 친구 옆에 앉은 사람일 것입니다. "그건 면역력이 약해서 그래요." 이 말은 맞는 말인데, 아무 도움이 안 됩니다. 아무 도움도 안 되는 말이라는 것을 기억해 주십시오. 내가 아픈데 그렇게 이야기한다고 해결되지 않습니다. 그런데 그 이야기를 하는 사람에게는 그것밖에 할 이야기가 없습니다. 자기는 안 아프니까 말을 끝내려면 그렇게 이야기할 수밖에 없습니다. 그러나 그 말을 듣는 사람은 그렇게 넘어갈 수 없습니다. 차라리 이 말이 더 낫습니다. "목사님, 얼마나 아프세요. 힘드시겠어요." 이제 그 싸움입니다. 이런 맥락에서 욥기를 다시 읽어 보십시오. 세 친구가 하는 말이 틀렸다고 이야기할 수는 없는데, 그렇다고 그들이 옳은 것도 없습니다. 욥과 관련해서는 말입니다.

욥기의 시작을 다시 떠올려 봅시다. 처음부터 욥은 잘못한 것이 없는 사람으로 설정되어 있습니다. 보응의 원리를 벗어나 있는 자로 등장한다는 말입니다. 친구들은 도덕 질서에 근거하여 지적하다 보니까 욥이 '나는 잘못한 것이 없다'라고 우기는 것까지 잘못이라고 꼬집습니다. 그런데 욥에게는 그 친구들의 이야기가 들어맞지 않는 것입니다. 그래서 욥은 하나님을 만나야겠다고 합니다. 친구들에게는 여전히 도덕 질서가 전부이고, 욥은 이 도덕 질서를 만든 이에게로 나아가지 않을 수 없게 된 것입니다.

법이나 질서나 명분이 최종 권위가 되면 결국 사람에게 상처를 줍니다. 그것이 사람을 위해서 주어졌다는 사실을 잊어서는 안 됩니다. 이것이 솔로몬의 지혜입니다. 솔로몬이 왕이 되자 하나님 앞에 이렇게 기도합니다. "하나님, 제가 백성 앞에 출입해야 하는데 지혜가 없으니 지혜를 주십시오." 이 기도로 솔로몬은 하나님에게 칭찬을 받습니다. 하나님이 솔로몬에게 얼마나 뛰어난 지혜를 주셨는지는 후에 생모를 가리는 판결에서 드러납니다.

솔로몬이 하나님에게 간구한 지혜는 백성 앞에 출입하는 지혜입니다. "주는 이제 내게 지혜와 지식을 주사 이 백성 앞에서 출입하게 하옵소서"(대하 1:10). 왕이 백성 앞에 출입한다는 것은 그가 백성 앞에서 무엇이 옳고 무엇이 틀렸는지를 판단하는 대표자로 서 있다는 것을 의미합니다. 여기서 판단은 재판이 아니라 하나님의 뜻이 무엇인지 드러내는 것을 말합니다. 한 아이를 놓고 아이의 생모와 가짜 엄마가 서로 자기 아이라고 우기자 솔로몬이 어떻게 합니까? 아이를 반으로 가르라고 합니다. 그래서 누가 아이를 포기합니까? 아이를 살려야 해서 생모가 포기합니다. 이것이 솔로몬이 받은 지혜입니다. 우리에게 율법과 도덕과 양심을 주신 것은 생명을 다스리고 보호하기 위함이라는 것을 보여 줍니다.

그러나 보통은 양심과 법과 도덕으로 사람을 잡는 데 쓸 뿐 그것으로 사람을 살리지 못합니다. 사람을 살리는 것은 그것보다 더 나아가는 것입니다. 생명을 주신 하나님이 생명을 보전하시고, 그 생명들에게 복 주기 위하여 법과 도덕과 질서를 주셨다는 사실을 욥의 친구들은 놓치고 있었던 것입니다. 그래서 도덕 안에, 율법 안에, 논리 안에 사람을 가두려고 한 것입니다. 그런데 욥은 고난으로 말미암아 그 틀에서 벗어나게 됩니다. 스스로 원하거나 스스로 연구해서 벗어나는 것이 아니라 욥에게는 그것이 현실이기 때문에 그렇게 된 것입니다.

인생은 임무보다 크다

예전에 한국 교회가 전도에 한창 열심을 낼 때는 모든 사람을 예수 믿는 사람과 안 믿는 사람으로밖에는 분류할 줄 몰랐습니다. 믿는 사람은 안 믿는 사람을 전도하여 믿게 하는 것을 유일한 사명이자 자신의 존재 이유로 삼았습니다. 그런데 살아 보니 전도가 인생일 수는 없다는 것을 알게 됩니다. 전도가 임무일 수는 있지만, 인생은 임무보다 큽니다. 사람은 임무만으로 살지 않습니다. 임무가 있다 할지라도 삶이라는 것이 있기 때문입니다. 군인이라고 해서 총만 쏘며 사는 게 아닌 것과 같습니다. 인간으로 태어나면 그에게 인생이라는 것이 주어집니다. 현실에서 부

닥치는 삶 속에 너무나 많은 일들이 들어 있습니다. 여기서 말하는 많은 일들이란 생각하게 하며 헌신하게 하며 고민하게 하며 짐을 지게 하며 당황하게 하며 막막하게 하는 것들입니다.

어떠한 대의나 명분이 한 사람의 인생에서 가치나 보람으로 나타날 수는 있습니다. 그렇다고 그것이 우리 삶을 다 감쌀 수 있는 것은 아닙니다. 역사상 가장 훌륭했던 사람이라고 해서 그 삶이 행복했다고 이야기할 수는 없습니다. 대표적으로 아브라함 링컨(Abraham Lincoln)이 그렇습니다. 링컨은 훌륭한 사람입니다. 그러나 그에게 행복한 인생을 살았냐고 묻는다면 그는 그렇지 않았다고 대답할 것입니다. 그는 많은 짐을 지고 살았습니다. '링컨은 웃는 얼굴이 없다'라는 유명한 말이 있지 않습니까? 링컨은 근엄한 표정을 짓고 있었던 것이 아니라 좀 막막한 표정을 짓고 있었습니다. 그가 어떻게 훌륭한 사람이 될 수 있었냐고 물으면 웃음을 희생했기 때문이라고도 말할 수 있을 것입니다.

그렇다고 우리가 웃음을 희생하고 살 수 있을까요? 그러지는 못합니다. 우리는 할 수 없습니다. 인생이란 그렇게 간단하지 않습니다. 그래서 누군가에게 "링컨은 그랬는데, 넌 왜 그렇게 못하나?"라고 할 수 없는 것입니다. 인생을 살면서 제일 답답한 것은 상대방에게 왜 훌륭해지지 않냐고 화를 내는 것입니다. 훌륭함은 특별한 사람의 것입니다. 우리는 여느 사람같이 살면 됩니다. 왜 훌륭하지 않냐며 싸우자고 들면 참 답답합니다.

인생을 훌륭하게 살면 자랑할 수 있습니다. 그렇다고 그 인생이 꼭 행복한 것은 아닙니다. 행복이란 굉장히 사소한 데에 있습니다. 문득 찾아오는 것입니다. 언뜻 스쳐 지나가는 풍경같이, 길 가다가 본 이름 모를 야생화같이, 섬광처럼 번쩍하고 사라지는 것입니다. 행복이 계속 이어지는 경우란 없습니다. 고난이 이어지는 것이 통상이고, 언뜻언뜻 구름 사이로 달빛이 비치듯이 그렇게 문득 한 번씩 얼굴을 내밀고 사라지는 것이 행복입니다. 지금 욥과 친구들이 이 싸움을 하고 있는 것입니다.

지금 욥은 자기가 당한 현실을 설명할 수도 이해할 수도 없습니다. 그가 할 수 있는 일이라고는 하나님을 찾는 것밖에 없습니다. 도덕 질서가 전부라고 이야기하면 욥은 설 자리가 없습니다. 3장에서 욥이 계속 죽겠다고 아우성치는 것을 보았는데, 그것은 정말로 자신의 죽음을 소원해서가 아닙니다. 자기가 알고 있는 것으로는 하나님의 통치를 이해할 수 없어 하나님을 원망하는 것입니다. 그러면서 이제 욥은 하나님의 통치가 도덕 질서를 넘어서 있다는 것을 아는 자리로 떠밀려 갈 수밖에 없게 됩니다. 도덕 질서를 벗어나 있는 일이 욥의 현실에 일어나자 그렇게 된 것입니다. 벗어나 있다는 것은 틀렸다는 말이 아닙니다. 도덕 질서만으로는 자신의 현실을 다 담을 수 없다는 이야기입니다. 그가 알고 있는 하나님은 지금의 현실을 설명할 수 있는 하나님이어야 하기 때문에 욥은 이 자리에 와 있습니다. 그런데 친구들은 자기 일이 아니니까 도덕 질서 안에 계속 묶인 채 날카로운 충고를 해 댑니다. 친구들은 줄곧 욥에게 경건, 순전, 무죄, 정직 앞에서 답을 얻으라고 충고하고, 욥은 그것으로 답이 된다면 내가 왜 울부짖겠냐고 계속 하소연하는 것입니다. 이것이 욥기입니다.

현실을 보응의 원리로 다 설명할 순 없다

세 번째 단락(욥 5:8-27)은 첫 번째 단락(욥 4:6-11)의 이야기를 욥에게 적용하는 내용입니다. 도덕 질서의 견고함을 이야기하면서 욥에게 그 속에 들어가라, 거기에서 벗어나지 마라, 그 안에서 답을 찾으라고 합니다. 여기서는 앞서 잠시 미뤄 둔 두 번째 단락(욥 4:12-5:7)의 이야기를 살펴볼 필요가 있습니다. 아까 4장 13절 이하만 보았는데, 5장 1절 이하도 마저 봅시다.

> 너는 부르짖어 보라 네게 응답할 자가 있겠느냐 거룩한 자 중에 네가 누구에게로 향하겠느냐 분노가 미련한 자를 죽이고 시기가 어리석은 자를 멸하느니라 내가 미련한 자가 뿌리 내리는 것을 보고 그의 집을 당장에 저주하였노라 그의 자식들은 구원에서 멀고 성문에서 억눌리나 구하는 자가 없으며 그가 추수한 것은 주린 자가 먹되 덫에 걸린 것도 빼앗으며 올무가 그의 재산을 향하여 입을 벌리느니라 재난은 티끌에서 일어나는 것이 아니며 고생은 흙에서 나는 것이 아니니라 사람은 고생을 위하여 났으니 불꽃이 위로 날아 가는 것 같으니라 (욥 5:1-7)

첫 번째 단락과 세 번째 단락에서 의인과 악인이라는 잣대를 가지고 풀어 나갔다면, 두 번째 단락에서는 지혜와 우매가 판단의 잣대입니다. '인간이 잘났으면 얼마나 잘났겠느냐? 그가 하나님보다 어찌 더 뛰어나며 하나님 위에 설 수 있단 말이냐? 그러니 하나님의 뜻을 따라 선하게 살아야 복을 받는 것이지 악하고 미련하게 굴어서 답을 얻을 자가 있겠느냐? 악한 자들을 봐라. 그들은 영원히 살 것 같고 영원히 승리자일 것처럼 굴지만 그런 사람은 본 적이 없다. 악한 자들과 죄짓는 자들의 잘못은 세상이나 환경으로부터 오는 것이 아니라 그들 자신의 마음속에서 나오는 것이 아니냐? 그러니 너도 마음속에 쓴 마음일랑 먹지 마라.' 이렇게 이야기하는 것입니다.

"재난은 티끌에서 일어나는 것이 아니며 고생은 흙에서 나는 것이 아니니라 사람은 고생을 위하여 났으니 불꽃이 위로 날아가는 것 같으니라"(욥 5:6-7). 흙에서 고생이 오는 것이 아니고 티끌에서 재난이 튀어나오는 것이 아니라고 합니다. 악과 죄는 인간 스스로가 만들어 내는 것이니 욥에게 그렇게 살지 말라고 합니다. 여기에서 욥기의 중요한 주제 중 하나를 발견할 수 있습니다. 인간에게 재난과 악이 일어나는 것은 인간이 가진 자유 곧 인간이 죄를 선택할 수 있는 존재이기 때문이라는 것입니다.

의인은 하나님의 뜻에 순종하는 자이고, 악인은 하나님의 뜻에 불순종하는 자입니다. 이런 구분은 쉽게 이해됩니다. 도덕 질서 속에서의 구별법이니 그렇습니다. 그런데 두 번째 단락에 와서 의인과 악인이 아닌 지혜자와 우매자라는 잣대로 논하게 되자 이야기가 달라집니다. '네가 이해가 되지 않는다고 해서 하나님의 뜻을 따르지 않는다면 네가 하나님보다 더 똑똑하다는 것이냐? 이해가 되지 않을 때라도 하나님 앞에 순종해야 옳다.' 이 말은 결국 재난을 초래하고 악한 일을 하게 되는 것은 사람이 가진 선택권 곧 자유 때문이 아니냐 하는 여지를 열어 놓는 셈이 된 것입니다. 그렇다면 이런 문제가 발생합니다. 인간의 모든 경험이 결국은 순종하느냐 순종하지 않느냐에 달린 문제가 되어 버리는 것입니다. 그렇게 되면 왜 하나님은 견고한 도덕 질서를 주셨을 때처럼 꽉 붙들어 선택의 여지없이 통치하시지 않고, 인간이 순종하거나 순종하지 않을 수 있는 길을 열어 놓으셨냐는 싸움이 되고 마는 것입니다.

우리는 보응의 원리, 착하게 살면 복을 받고 악하게 살면 벌을 받는다는 대원칙 속에 있지만 살아 보면 꼭 그렇지 않다는 것을 경험으로 배웁니다. 현실에서는 착해야 하는 것이 아니라 악착같아야 합니다. 착한 것과 악착같은 것은 천지 차이입니다. 그런데 요즘은 악착같은 것을 착하다고 합니다. '착해서는 안 돼. 현실을 살려면 착한 건 죄야!' 이런 현실을 왜 하나님은 열어 놓으실까요? 이것이 욥이 하는 질문의 중요한 단서가 됩니다. 우리 역시 이 질문에 자신을 비춰 보아야 합니다.

아마 우리 대부분은 애매한 자리에 서 있을 것입니다. 보응의 원리와 그것이 지켜지지 않는 현실 사이에서 답은 못 찾겠고, 그래도 천국은 가야겠고, 그러니 마음으로는 완전히 납득이 되지 않지만 그냥 '이 정도 살면 되지. 여기서 더 어떻게 해?' 하는 푸념 속에 살아가는 것이 우리의 현실 아닙니까? 이런 것을 속 시원하게 해결할 수 있을까요? 어쩌면 할 수 있을지도 모릅니다. 욥기가 성경에 들어 있으니 말입니다. 욥기의 주인공은 세 친구가 아니라 욥이니까 말입니다.

욥은 하나님의 견고한 도덕 질서에 대하여 불만을 표시하며 그것으로는 답이 되지 않는다고 아우성치는 사람입니다. 그런데 결론에 가 보면 하나님은 욥이 옳았고 욥에게 세 친구를 위하여 기도해 주라고 하십니다. 그렇다면 우리에게도 희망이 있을지 모릅니다. '앗, 성경이 이런 일도 다루다니!' 기대해 볼 수 있을 것입니다. 혹시 '나는 잘 모르겠다. 하나님에게 다 맡기고 착하게 살자. 혹시 세상에 휩쓸렸다고 생각되거나 좀 잘못한 것 같으면 빨리 회개하고 돌아오자. 그냥 그렇게 살자' 이렇게 생각하고 말겠습니까? 더 나아가야 합니다. 인간과 인생의 실존에 대하여 더 깊이 생각하고 답을 찾아야 할 만큼 한국 기독교도 성큼 자랐습니다. 이 시작이 우리에게 하나의 문이 되고, 포기했던 답을 찾는 길이 열리는 그런 내용이라고 깨닫고 다시 기도할 수 있기를 바랍니다.

기도

하나님 아버지, 살아 보니까 인생은 짧은데도 참으로 무시무시합니다. 거기에는 온갖 것이 다 있습니다. 희망과 꿈이 있고 드라마가 있고 배신이 있고 좌절이 있고 절망이 있고 의심이 있고 고통이 있고 갈등이 있고 막막하고 가슴이 저릿저릿한 그런 것이 있습니다. 이것이 인생입니다. 그 모든 것을 붙들어 하나님의 하나님 되심을 인정합니다. 우리의 연약함 때문에 대강 믿고 미루고 타협할 때도 있습니다. 그러나 성경이 이야기하는 내용을 따라 하나님을 더 깊이 만나기 원합니다. 우리의 짧은 인생 속에서 선을 이루시는 하나님의 신비와 기적을 누리는 진정한 인간의 자리에 서게 하옵소서. 책임 있는 인생이 되도록 은혜 베풀어 주옵소서. 예수님 이름으로 기도합니다. 아멘.

05

6:1 욥이 대답하여 이르되 2 나의 괴로움을 달아 보며 나의 파멸을 저울 위에 모두 놓을 수 있다면 3 바다의 모래보다도 무거울 것이라 그러므로 나의 말이 경솔하였구나 4 전능자의 화살이 내게 박히매 나의 영이 그 독을 마셨나니 하나님의 두려움이 나를 엄습하여 치는구나 …… 14 낙심한 자가 비록 전능자를 경외하기를 저버릴지라도 그의 친구로부터 동정을 받느니라 15 내 형제들은 개울과 같이 변덕스럽고 그들은 개울의 물살 같이 지나가누나 …… 22 내가 언제 너희에게 무엇을 달라고 말했더냐 나를 위하여 너희 재물을 선물로 달라고 하더냐 23 내가 언제 말하기를 원수의 손에서 나를 구원하라 하더냐 폭군의 손에서 나를 구원하라 하더냐 24 내게 가르쳐서 나의 허물된 것을 깨닫게 하라 내가 잠잠하리라 25 옳은 말이 어찌 그리 고통스러운고, 너희의 책망은 무엇을 책망함이냐 …… 7:1 이 땅에 사는 인생에게 힘든 노동이 있지 아니하겠느냐 그의 날이 품꾼의 날과 같지 아니하겠느냐 …… 12 내가 바다니이까 바다 괴물이니이까 주께서 어찌하여 나를 지키시나이까 13 혹시 내가 말하기를 내 잠자리가 나를 위로하고 내 침상이 내 수심을 풀리라 할 때에 14 주께서 꿈으로 나를 놀라게 하시고 환상으로 나를 두렵게 하시나이다 15 이러므로 내 마음이 뼈를 깎는 고통을 겪으니 차라리 숨이 막히는 것과 죽는 것을 택하리이다 16 내가 생명을 싫어하고 영원히 살기를 원하지 아니하오니 나를 놓으소서 내 날은 헛 것이니이다 17 사람이 무엇이기에 주께서 그를 크게 만드사 그에게 마음을 두시고 18 아침마다 권징하시며 순간마다 단련하시나이까 19 주께서 내게서 눈을 돌이키지 아니하시며 내가 침을 삼킬 동안도 나를 놓지 아니하시기를 어느 때까지 하시리이까 20 사람을 감찰하시는 이여 내가 범죄하였던들 주께 무슨 해가 되오리이까 어찌하여 나를 당신의 과녁으로 삼으셔서 내게 무거운 짐이 되게 하셨나이까 21 주께서 어찌하여 내 허물을 사하여 주지 아니하시며 내 죄악을 제거하여 버리지 아니하시나이까 내가 이제 흙에 누우리니 주께서 나를 애써 찾으실지라도 내가 남아 있지 아니하리이다 (욥 6:1-7:21)

욥 _ 존귀한 인간에게
고통이 왔도다

욥기는 누군가의 도움을 받지 않으면 무슨 이야기를 하는지 모를 만큼 알쏭달쏭합니다. 그래서 먼저 본문이 무슨 말을 하는지를 이해하도록 풀고 난 다음에 본문 말씀의 중요한 내용을 다뤄 보겠습니다.

고통을 참을 수 없다는 욥

욥기 6장 2절을 보겠습니다. "나의 괴로움을 달아 보며 나의 파멸을 저울 위에 모두 놓을 수 있다면"(욥 6:2). 욥이 자신이 얼마나 힘든지를 토로하고 있습니다. "바다의 모래보다도 무거울 것이라 그러므로 나의 말이 경솔하였구나"(욥 6:3). 여기서 '경솔하였'다는 표현은 자책하는 의미가 아니라 너무 힘들어서 부지불식간에 비명이 나왔다는 뜻입니다.

4절부터 나오는 독, 들나귀, 소, 싱거운 것, 달걀의 흰자위는 다 맛에 관한 이야기입니다. '전능자의 화살이 내게 박히매 나의 영이 그 독을 마셨나니'(욥 6:4). 쓴 맛 곧 독을 마신 것입니다. 나귀가 울고 소가 우는 것은 배고파서 우는 것이지 그냥 우는 것이겠느냐, 즉 자신이 아무 이유 없이 비명을 질렀겠느냐는 말입니다. "싱거운 것이 소금 없이 먹히겠느냐 닭의 알 흰자위가 맛이 있겠느냐"(욥 6:6). 이 말은 '내가 독을 마셨다. 그래서 비명이 터져 나오는 것이다' 하는 뜻입니다. 앞으로 거슬러 가서 욥기 3장 20절에 가면 "어찌하여 고난 당하는 자에게 빛을 주셨으며 마음이 아픈 자에게 생명을 주셨는고"라고 탄식하는 장면이 나옵니다. 여기서 '마음이 아픈 자'라는 말은 '마음이 쓴 자'라는 뜻입니다. 지금 욥이 하는 하소연은 감당할 수 없는 고난과 고통, 이해할 수 없는 환난에 관한 것들입니다.

8절 이하를 보면 "나의 간구를 누가 들어 줄 것이며 나의 소원을 하나님이 허락하시랴 이는 곧 나를 멸하시기를 기뻐하사 하나님이 그의 손을 들어 나를 끊어 버리실 것이라"(욥 6:8-9)라는 말씀이 나옵니다. 이 말은 '누가 내 소원을 들어줄 것이냐? 하나님이 들어주시면 얼마나 좋겠느냐? 그러니 나를 빨리 죽여 주옵소서' 하는 내용입니다. 그런 중에도 욥은 이런 고백을 합니다. "그러할지라도 내가 오히려 위로를 받고 그칠 줄 모르는 고통 가운데서도 기뻐하는 것은 내가 거룩하신 이의 말씀을 거역하지 아니하였음이라"(욥 6:10)라고 하여 지금 당하는 고통이 자기가 하나님 앞에 잘못하여 당하는 고통은 아니라고 끝까지 자신 있게 주장하고 있습니다.

욥의 친구들은 욥이 당한 고난은 형벌 곧 그가 잘못해서 당하는 벌이라고 말합니다. 여기에 대해 욥은 그렇지 않다고 항변합니다. 욥과 친구들의 싸움에서 분명히 해 둘 것이 있습니다. 욥의 친구들은 모든 것을 인과응보의 체계 속에서 이해하고 설명하려 든다는 것입니다. 그래서 욥에 대해서도 그 자신이 저지른 잘못 때문에 고통을 당한다고 믿습니다. 그런데 욥기는 애초에 욥을 무흠한 자, 완벽한 자로 설정하고 시작합니다. 이 점을 잊으면 안 됩니다.

그런 욥이 고난 앞에서 죽음을 원합니다. 자신이 잘못했다고 인정해서가 아니라 자신이 당하는 고통이 너무 심하기 때문입니다. 욥기의 핵심은 여기입니다. 욥이 당하는 고통은 무엇인가, 왜 생겼는가, 하나님은 왜 그렇게 하셨는가 하는 점입니다. 친구들은 자꾸만 잘못짚습니다. 고통의 원인을 계속해서 욥의 책임으로 돌립니다. 그렇다고 이 과정이 불필요한 것은 아닙니다. 도덕 질서의 견고함이라는 것은 신앙의 첫 번째 틀이기 때문입니다. 도덕 질서란 가장 기본적인 틀이라고 할 수 있습니다. 그러나 그것이 전부가 아니라는 것을 욥기는 알려 줍니다.

11절을 봅시다. "내가 무슨 기력이 있기에 기다리겠느냐 내 마지막이 어떠하겠기에 그저 참겠느냐 나의 기력이 어찌 돌

의 기력이겠느냐 나의 살이 어찌 놋쇠겠느냐"(욥 6:11-12). 욥이
자기가 왜 더 참아야 하느냐고 항의한 것은, 엘리바스가 욥에게
이것을 계속 요구했기 때문입니다. 엘리바스의 말을 다시 봅시
다. "분노가 미련한 자를 죽이고 시기가 어리석은 자를 멸하느
니라"(욥 5:2). 어렵고 화가 난다고 해서 생각 없이 지껄이면 안
된다고 욥에게 훈계한 것입니다. 또 4장 3절 이하를 보면 "보라
전에 네가 여러 사람을 훈계하였고 손이 늘어진 자를 강하게 하
였고 넘어지는 자를 말로 붙들어 주었고 무릎이 약한 자를 강하
게 하였거늘 이제 이 일이 네게 이르매 네가 힘들어 하고 이 일
이 네게 닥치매 네가 놀라는구나"(욥 4:3-5)라며 욥을 꾸짖습니
다. '너도 옛날에 도덕 질서 속에 있지 않았느냐? 네가 그것으로
남을 경계하고 교훈하지 않았느냐? 그런데 막상 너한테 그 일
이 벌어지니까 쩔쩔매느냐?'라는 것입니다. 이어 5장 17절에서
는 "볼지어다 하나님께 징계 받는 자에게는 복이 있나니 그런즉
너는 전능자의 징계를 업신여기지 말지니라"라고 충고합니다.

이처럼 엘리바스가 계속 도덕 질서의 체계 속에서 욥을 교
훈하고 책망하는 데 대하여 욥은 끊임없이 이 일은 그런 문제가
아니라고 답하고 있습니다. 욥이 죽겠다고 하는 것은 자폭을 말
하는 것이 아니고, 자기 잘못을 끌어안은 채 회개하지 않고 죽어
버리겠다고 고집을 부리는 것도 아닙니다. 욥은 '나는 지금의 상
황을 이해할 수 없다. 그런데 그것을 이해하는 것보다도 당장 이
고통을 참을 수 없어서 그런다' 하고 하소연하는 것입니다. 13절
도 같은 이야기입니다. "나의 도움이 내 속에 없지 아니하냐 나

의 능력이 내게서 쫓겨나지 아니하였느냐"(욥 6:13). '나에게 일어
난 일을 나는 이해할 수도 설명할 수도 없다. 이 일은 너희가 지
금 나한테 하는 이야기와 내가 예전에 알았던 도덕 질서와 신앙
체계로는 이해할 수 없는 것이다. 그것으로 답이 되지 않는다' 하
는 이야기입니다.

쉽게 말하면 이런 이야기입니다. 법이 무엇입니까? 법은 외
적 강제력입니다. 사회질서를 유지하기 위한 외적 강제력이 법
입니다. 도덕은 무엇입니까? 도덕은 내적 강제력입니다. 인간이
지니는 가치와 명예를 추구하는 내적 동기입니다. 도덕은 타인
이 강요할 수가 없습니다. 자신을 낮추겠다고 스스로 결심하지
않는 한 외부의 동력으로 움직여지지 않는 것이 도덕입니다. 욥
이 지금 하는 이야기가 그것입니다. '내 속에 동력이 없다. 내게
일어난 일을 나는 이해할 수 없다. 왜 그런지, 어떻게 해야 할지
모르는 일이 벌어졌기 때문에 내 속에서 답을 찾을 수 없다. 그
러니 내가 죽겠다는 하소연을 너희는 탓하지 마라.' 이렇게 이
야기하는 것입니다.

나 좀 봐 다오

14절부터 보겠습니다. 갑자기 어디에서 왔는지 모를 이야기가
튀어나옵니다.

낙심한 자가 비록 전능자를 경외하기를 저버릴지라도 그

의 친구로부터 동정을 받느니라 내 형제들은 개울과 같이
변덕스럽고 그들은 개울의 물살 같이 지나가누나 얼음이
녹으면 물이 검어지며 눈이 그 속에 감추어질지라도 따뜻
하면 마르고 더우면 그 자리에서 아주 없어지나니 대상들
은 그들의 길을 벗어나서 삭막한 들에 들어가 멸망하느니
라 데마의 떼들이 그것을 바라보고 스바의 행인들도 그것
을 사모하다가 거기 와서는 바라던 것을 부끄러워하고 낙
심하느니라 (욥 6:14-20)

'내가 낙심해서, 하나님이 나를 버리고 나에게 답하지 않아서 내
가 쩔쩔매고 있었더니 너희는 친구였던 최소한의 의리마저 버
리고 와서는 잘도 정죄하는구나. 너희는 말라 버린 물 같구나. 얼
음이 녹아서 말라 버린 것 같고, 그 자리마저 사라져서 사막의
길을 가는 상인들이 물을 찾아 헤매다가 못 구해서 죽어 가는 것
같구나. 데마의 떼들이 그것을 바라보고 스바의 행인들도 그것
을 사모하다가, 여기는 물이 있는가 하여 와서는 바라던 것을 부
끄러워하고 낙심하느니라.' 여기 나온 '데마'는 지명입니다. '데
마의 떼들'은 위에서 말한 상인들을 가리키는 것 같습니다. '스
바의 행인들'은 사막을 여행하는 사람들을 가리킵니다. 그들이
사막에서 물을 찾아 헤맵니다. 물이 있나 보다 해서 왔는데, 막
상 오니 물이 없습니다. 그래서 바라던 것을 부끄러워하고 낙심
합니다. 찾다가 못 찾아서 헤매고 있는 장면입니다. 물을 찾다가
못 찾으면 어떻게 됩니까? 죽습니다. 욥이 친구들을 향해 너희

가 지금 그런 꼴이라고 하며 나무라는 장면입니다. 이어서 계속
더 보면 뜻이 더 분명해집니다.

> 이제 너희는 아무것도 아니로구나 너희가 두려운 일을 본
> 즉 겁내는구나 내가 언제 너희에게 무엇을 달라고 말했더
> 냐 나를 위하여 너희 재물을 선물로 달라고 하더냐 내가 언
> 제 말하기를 원수의 손에서 나를 구원하라 하더냐 폭군의
> 손에서 나를 구원하라 하더냐 (욥 6:21-23)

'너희는 어쩌면 그럴 수 있느냐? 내가 만일 하나님한테 미움
을 받아서 쫓겨났다고 하자. 그러면 이제 내가 희망 없는 사람
이 되었으니 너희가 나를 동정해야 하지 않느냐?' 이런 대목이
예수 믿으면서 보는 가슴 아픈 일 중 하나입니다. 우리는 예수
를 믿지만 저 사람은 안 믿고 있습니다. 그 사람이 안타깝습니
다. 안타깝지만 가서 강요하거나 정죄할 필요 없습니다. 그런
데 우리는 우리가 예수 믿는 것을 적극적으로 확인하고 자랑할
방법이 없으니까 부정적 방법으로 확인하기 시작했습니다. 예
수 안 믿는 자를 정죄해서 확인하고, 신앙생활을 잘 못하는 사
람을 꾸짖어서 자신을 확인합니다. 그러니 교회가 넉넉함과 웃
음이 없습니다.

　욥의 말은 이런 뜻입니다. '내가 하나님한테서 쫓겨났다고
하자. 그럼 이제 나는 끝장이 아니냐? 그런데 뭘 또 너희까지 와
서 난리를 치느냐?' 이미 끝장났는데 무엇을 더 요구하느냐는

것입니다. 우리는 예수를 믿으면서도 욥의 친구들처럼 왜 이렇게 못되게 굴까요? 왜 이렇게 사납게 굴고, 왜 그렇게 넉넉하게 대하지 못할까요? 욥의 친구들의 말이 틀린 것은 아니지만, 그렇다고 맞는 것도 아닙니다. 욥이 당하는 억울함을 기억해야 합니다. 신자라면 욥의 이 말에 자신을 비추어 봐야 합니다. 나의 신앙이 무엇을 내용으로 삼고 있는지 스스로 확인해야 합니다. 내 신앙의 동력과 내 안의 공감이 무엇이며 자랑이 무엇인가를 확인해야 합니다.

> 내게 가르쳐서 나의 허물된 것을 깨닫게 하라 내가 잠잠하리라 옳은 말이 어찌 그리 고통스러운고, 너희의 책망은 무엇을 책망함이냐 너희가 남의 말을 꾸짖을 생각을 하나 실망한 자의 말은 바람에 날아가느니라 너희는 고아를 제비 뽑으며 너희 친구를 팔아 넘기는구나 이제 원하건대 너희는 내게로 얼굴을 돌리라 내가 너희를 대면하여 결코 거짓말하지 아니하리라 너희는 돌이켜 행악자가 되지 말라 아직도 나의 의가 건재하니 돌아오라 내 혀에 어찌 불의한 것이 있으랴 내 미각이 어찌 속임을 분간하지 못하랴 (욥 6:24-30)

'나 좀 봐 다오. 내가 비명을 지르며 절규하는데, 찾아와서는 내 비명이 어법에 맞느니 맞춤법이 맞느니 할 필요가 있느냐? 게다가 나는 틀리지도 않았다. 너희가 틀렸다. 너희가 꼬집는 것에서 나는 틀리지 않았다. 나는 도덕 질서에서 벗어나지 않았다. 그것 때문에 하나님 앞에서 이 형벌을 받는 것이 아니다. 이 고통이 왜 왔는지, 무엇 때문인지, 하나님이 무엇을 하시려고 그러는지 나는 모른다. 그래도 너희보다는 내가 많이 안다.' 이렇게 이야기하는 것입니다.

품꾼의 날과 같은 인생

도덕 질서라는 분명한 첫 번째 틀이 있습니다. 이 틀만 깨어 놓고 고급한 틀로 못 가면 큰일입니다. 기본 틀을 깨고 이제 거기서 더 나아가야 합니다. 7장을 봅시다.

이 땅에 사는 인생에게 힘든 노동이 있지 아니하겠느냐 그의 날이 품꾼의 날과 같지 아니하겠느냐 종은 저녁 그늘을 몹시 바라고 품꾼은 그의 삯을 기다리나니 이와 같이 내가 여러 달째 고통을 받으니 고달픈 밤이 내게 작정되었구나 내가 누울 때면 말하기를 언제나 일어날까, 언제나 밤이 갈까 하며 새벽까지 이리 뒤척, 저리 뒤척 하는구나 내 살에는 구더기와 흙 덩이가 의복처럼 입혀졌고 내 피부는 굳어졌다가 터지는구나 나의 날은 베틀의 북보다 빠르니 희망 없이 보내는구나 내 생명이 한낱 바람 같음을 생각하옵소서 나의 눈이 다시는 행복을 보지 못하리이다 나를 본 자의 눈이 다시는 나를 보지 못할 것이고 주의 눈이 나를 향하실지라도 내가 있지 아니하리이다 구름이 사라져 없어짐 같

이 스올로 내려가는 자는 다시 올라오지 못할 것이오니 그
는 다시 자기 집으로 돌아가지 못하겠고 자기 처소도 다시
그를 알지 못하리이다 (욥 7:1-10)

욥은 친구들의 힐문에 대답하다가 이제 돌아섭니다. 그들에게
는 답이 없기 때문입니다. 그래서 하나님에게로 갑니다. "하나
님, 인생은 고달픕니다. 하나님이 이렇게 고달프게 하셨습니다.
전쟁 때와 같고 품꾼의 날과 같은 것이 인생입니다. 빨리 끝나는
것밖에 바랄 것이 없는 게 인생입니다." 이렇게 욥은 하나님 앞
에 하소연하기 시작합니다. "그러니 이 고통을 빨리 끝내 주십시
오. 끝장을 보여 주십시오."

이어서 그다음 절을 보기 전에 6장 서두에 나왔던 말씀을
다시 봅시다. "나의 괴로움을 달아 보며 나의 파멸을 저울 위에
모두 놓을 수 있다면 바다의 모래보다도 무거울 것이라 그러므
로 나의 말이 경솔하였구나"(욥 6:2-3). 이와 비슷한 탄식이 7장
에서도 반복되고 있습니다. "그런즉 내가 내 입을 금하지 아니하
고 내 영혼의 아픔 때문에 말하며 내 마음의 괴로움 때문에 불
평하리이다"(욥 7:11). '경솔히 말하고 불평한다'는 것은 너무 힘
들어서 입을 닫고 있을 수가 없다는 뜻입니다. 6장과 7장 사이
에 내용의 진전은 없습니다. 하나님이 욥에게 고통을 너무 많이
주셔서 욥이 입을 다물고 참고 있을 수가 없는 상황이라는 것을
알고 읽는 것이 중요합니다. 그가 참을 수 있었으면 결단코 첫
번째 틀을 깨고 두 번째 틀로 진입하지 못했을 것입니다. 자신이

가진 틀이 깨지는 과정은 괴롭습니다. 그러나 복된 일입니다. 이것이 욥기의 가치입니다. 신앙생활은 다만 죄를 짓지 않는 것으로 훌륭해지지 않습니다. 다만 유능해지는 것으로 완성되지 않습니다. 욥기가 그것을 가르쳐 주고 있습니다.

7장 12절부터 봅시다. "내가 바다니이까 바다 괴물이니이까 주께서 어찌하여 나를 지키시나이까"(욥 7:12). 여기 '바다 괴물'을 개역한글판 성경에서는 '용'이라고 번역했습니다. 바다나 바다 괴물이라는 것은 세상에 혼돈과 재앙을 일으키는 존재를 뜻합니다. '내가 무슨 사고를 칠까 봐 걱정하십니까? 나 같은 게 뭐라고 그러십니까?' 하는 말입니다. "혹시 내가 말하기를 내 잠자리가 나를 위로하고 내 침상이 내 수심을 풀리라 할 때에"(욥 7:13). 잠을 자면 고통의 시간이 잠깐 잊힙니다. 그래서 잠이라도 좀 자서 이 고통을 잠시 넘어가려고 하면 꿈으로 쳐들어온다는 것입니다. "주께서 꿈으로 나를 놀라게 하시고 환상으로 나를 두렵게 하시나이다 이러므로 내 마음이 뼈를 깎는 고통을 겪느니 차라리 숨이 막히는 것과 죽는 것을 택하리이다 내가 생명을 싫어하고 영원히 살기를 원하지 아니하오니 나를 놓으소서 내 날은 헛 것이니이다"(욥 7:14-16). '죽게 놓아두십시오. 하나님, 인생은 고달픕니다'라는 비명입니다.

그런데 하나님은 거기서 욥을 구제해 주시려는 것 같지 않습니다. 이것은 욥기만의 주제가 아닙니다. 로마서 5장 1절 이하에도 이 중요한 주제가 나옵니다. "그러므로 우리가 믿음으로 의롭다 하심을 받았으니 우리 주 예수 그리스도로 말미암아 하나님과 화평을 누리자 또한 그로 말미암아 우리가 믿음으로 서 있는 이 은혜에 들어감을 얻었으며 하나님의 영광을 바라고 즐거워하느니라"(롬 5:1-2). 이처럼 하나님과 화목하게 된 시작 그리고 영광스러운 미래 사이에 놓인 현재를 3절에서는 이렇게 묘사합니다. "다만 이뿐 아니라 우리가 환난 중에도 즐거워하나니 이는 환난은 인내를, 인내는 연단을, 연단은 소망을 이루는 줄 앎이로다"(롬 5:3-4). 기독교는 고통을 면제해 주는 것에 관심이 없다는 어느 신학자의 말을 생각나게 하는 대목입니다.

로마서 5장 8절은 예수 그리스도의 죽으심을 이야기하면서 '우리가 아직 죄인 되었을 때에 그리스도께서 우리를 위하여 죽으심으로 하나님께서 우리에 대한 자기의 사랑을 확증하셨'다고 말씀합니다. 우리는 이 사랑을 근거로 하여 성급히 현실적인 보상을 기대합니다. 우리가 아직 죄인 되었을 때에 우리를 위하여 그 아들을 보내시고 죽이실 수 있었다면, 현실의 어떤 문제도 해결해 주시지 않겠느냐는 논리입니다. 로마서 8장에 나온 "자기 아들을 아끼지 아니하시고 우리 모든 사람을 위하여 내주신 이가 어찌 그 아들과 함께 모든 것을 우리에게 주시지 아니하겠느냐"(롬 8:32)라는 말씀을 생각하면 이런 기대가 가능해 보이기도 합니다. 그러나 로마서 5장 9절은 이렇게 이어집니다.

그러면 이제 우리가 그의 피로 말미암아 의롭다 하심을 받았으니 더욱 그로 말미암아 진노하심에서 구원을 받을 것이니 곧 우리가 원수 되었을 때에 그의 아들의 죽으심으로

말미암아 하나님과 화목하게 되었은즉 화목하게 된 자로
서는 더욱 그의 살아나심으로 말미암아 구원을 받을 것이
니라 그뿐 아니라 이제 우리로 화목하게 하신 우리 주 예
수 그리스도로 말미암아 하나님 안에서 또한 즐거워하느
니라 (롬 5:9-11)

성경이 왜 이런 이야기를 할까요? 예수의 죽음으로 얻은 구원과
영광된 약속 사이에 있는 것이 현재인데, 여기서 우리로 승리하
게 하기 위해서는 부활하사 하늘 보좌 우편에 앉으신 예수 그리
스도의 개입을 이야기해야 할 만큼 신앙 현실은 어렵다는 것입
니다. 기독교 이천 년 역사 속에서 '신앙이란 무엇인가' 하는 문
제는 늘 관심사였습니다. 가장 크게 강조된 것은 언제나 내세적
인 것이었습니다. '죽어서 천국 가자. 영생을 얻자'라는 구호 다
음에는 이런 질문과 답이 이어지곤 했습니다. '그렇다면 지금은
뭐하는 시간이냐?' 우리가 잘 아는 대로 '전도하자. 믿음을 지키
자' 하는 답이 나옵니다. 대개 부흥시대에 나온 말인데, '믿음을
지켜 죄짓지 말고 잘 버티다가 빨리 죽자'와 관련한 유명한 이
야기가 있습니다.

　　19세기에 일어난 미국 대부흥 운동 때에는 천막을 쳐 놓고
전도 집회를 했습니다. 찾아오는 회중을 전부 수용하려면 교회
건물만으로는 모자랐기 때문입니다. 사람들이 오기 좋은 곳에
천막을 치는데, 당시는 아스팔트가 없던 때라서 마른 날에는 먼
지가 풀풀 날리고 비라도 오면 땅이 질퍽질퍽합니다. 그래서 천

막 안에 의자들을 양쪽에 가지런히 죽 배열해 놓고 그 한가운데에 질척거리지 말라고 톱밥을 뿌려 놓습니다. 이제 집회가 끝나갈 무렵 부흥 강사가 설교를 마친 다음 예수를 영접하기로 결단하는 사람은 앞으로 나오라고 이야기합니다. 그렇게 예수를 영접하는 것을 흔히 '톱밥 길을 걸어나간다'라고 표현하였습니다. 그런데 톱밥을 뿌린 중앙 길을 걸어 나와서 예수를 영접하여 회개하고 집에 돌아가는 길에 트럭에 치어 죽는 것이 최고의 복이라고 하는 사람들이 있었습니다.

왜 이런 것을 복이라고 생각할까요? 고달픈 인생이라서 그렇습니다. '살아생전에 신자라는 것이 어떤 의미인가?' 이 문제가 기독교 신앙에서 여전히 중요한 문제입니다. 욥기에서 이 이야기를 합니다. 욥은 계속 "나는 하나님을 거역하거나 죄지은 적이 없습니다. 그러니 더 고통스럽게 하지 마시고 빨리 죽여 주옵소서"라고 합니다. 그런데 하나님은 욥을 죽이지 않으십니다. 욥이 살아서 갑절의 복을 누려야 하기 때문입니다. 그러려면 이 고통의 과정을 겪어 내야 하는 것입니다.

고통의 자리에 있다는 아우성

다시 욥기로 돌아와 봅시다. 7장 15절 이하에서 욥은 "이러므로 내 마음이 뼈를 깎는 고통을 겪으니 차라리 숨이 막히는 것과 죽는 것을 택하리이다 내가 생명을 싫어하고 영원히 살기를 원하지 아니하오니 나를 놓으소서 내 날은 헛 것이니이다"(욥 7:15-16)라고 하면서 자신이 죽어야 하는 이유에 대해 이렇게 토를 답니다.

> 사람이 무엇이기에 주께서 그를 크게 만드사 그에게 마음
> 을 두고 아침마다 권징하시며 순간마다 단련하시나이까
> 주께서 내게서 눈을 돌이키지 아니하시며 내가 침을 삼킬
> 동안도 나를 놓지 아니하시기를 어느 때까지 하시리이까
> 사람을 감찰하시는 이여 내가 범죄하였던들 주께 무슨 해
> 가 되오리이까 어찌하여 나를 당신의 과녁으로 삼으셔서
> 내게 무거운 짐이 되게 하셨나이까 주께서 어찌하여 내 허
> 물을 사하여 주지 아니하시며 내 죄악을 제거하여 버리지
> 아니하시나이까 내가 이제 흙에 누우리니 주께서 나를 애
> 써 찾으실지라도 내가 남아 있지 아니하리이다 (욥 7:17-21)

욥이 할 수 있는 선택은 이것밖에 없습니다. 답은 없고 현실은
이해할 수도 없으니 죄짓지 않고 빨리 죽는 것 외에는 방법이
없는 것입니다. 그래서 욥이 "사람이 무엇이기에 주께서 그를 크
게 만드사 그에게 마음을 두고 아침마다 권징하시며 순간마
다 단련하시나이까"(욥 7:17-18) 하고 비명을 지릅니다. '사람이
무엇이기에'라는 표현을 주의해서 보아야 합니다. 동일한 표현
이 시편에도 나와 있습니다.

> 여호와 우리 주여 주의 이름이 온 땅에 어찌 그리 아름다운
> 지요 주의 영광이 하늘을 덮었나이다 주의 대적으로 말미

암아 어린 아이들과 젖먹이들의 입으로 권능을 세우심이여 이는 원수들과 보복자들을 잠잠하게 하려 하심이니이다 주의 손가락으로 만드신 주의 하늘과 주께서 베풀어 두신 달과 별들을 내가 보오니 사람이 무엇이기에 주께서 그를 생각하시며 인자가 무엇이기에 주께서 그를 돌보시나이까 그를 하나님보다 조금 못하게 하시고 영화와 존귀로 관을 씌우셨나이다 주의 손으로 만드신 것을 다스리게 하시고 만물을 그의 발 아래 두셨으니 곧 모든 소와 양과 들짐승이며 공중의 새와 바다의 물고기와 바닷길에 다니는 것이니이다 여호와 우리 주여 주의 이름이 온 땅에 어찌 그리 아름다운지요 (시 8:1-9)

이 시는 인간에게 존귀와 영광을 허락하신 하나님을 찬송하고 있습니다. 하나님이 인간을 얼마나 높고 귀하게 만드셨는지에 대해 감탄하고 있습니다. '사람이 무엇이기에'가 한탄의 자리에도 경탄의 자리에도 쓰인 것입니다. 둘이 묶여 있습니다.

우리는 우리가 존귀하게 지어졌다는 사실을 짐으로 여길 때가 있습니다. 그래서 이런 기도로 타협하곤 합니다. '쉽게 살게 해 주십시오. 남에게 해 끼치지 않고, 손가락질 받지 않고, 착하고 명예롭게 살다가 죽어 하나님 나라에서 영원한 복락을 누리게 하옵소서!' 그런데 하나님이 그렇게는 못 하겠다고 말씀하시는 것이 욥기입니다. 하나님은 우리를 그 정도로 만들지 않았다고 하십니다. 우리를 향한 하나님의 목적이 이루어지기까지 하나님은 우리를 그냥 두지 않으십니다. 우리가 도덕 질서 체계를 통해서 '인간은 짐승과 다르다. 인간이라면 이 정도는 되어야 한다'에 공감했다면, 이제 욥기를 따라가면서는 그 이상의 존재로 인간을 빚으신 하나님을 만나야 합니다. '사람이 무엇이기에 하나님이 이런 존귀로 관을 씌우셨습니까' 하는 공감과 항복을 받아 내기 위한 하나님의 인도하심에 동참해야 하는 것입니다.

기독교 신앙은 우리가 아는 상상과 소원의 최고봉이 아닙니다. 그것보다 더 큽니다. 우리의 구원은 말이나 법칙이 아니라 성자 하나님이 와서 친히 죽으심으로 이루어졌습니다. 예수를 믿는다고 말할 때 이 말에 담긴 의미 곧 하나님이 우리에게 예수를 주신 것이 하나님에게 어떤 고통이며 어떤 극심한 희생과 헌신이었는가를 놓치면 기독교는 다만 도덕 법칙에 불과해집니다.

기독교 신앙은 그보다 큽니다. 이 길을 환희에 차서 웃으며 기쁨으로 갈 수만은 없습니다. 울며 비명을 지르며 공포에 떠는 두려움과 간청으로 걸어야 하는 길입니다. 십자가에 달리신 예수님이 '나의 하나님, 나의 하나님 어찌하여 나를 버리셨나이까'(막 15:34) 하는 비명과 연결되지 않습니까? 예수님도 쉽지 않았던 길인데 어떻게 우리가 쉽게 가야 한다고 욕심을 낼 수 있겠습니까?

나이가 들면 생기는 지혜가 하나 있습니다. 더 이상 겁날 게 없게 됩니다. 이미 다 빼앗겼기 때문입니다. 건강도 영화도 성공도 능력도 다 지나가고 죽음 앞에 서면, 인생이 짧다는 것과 인간이 별것 아니라는 것을 알게 됩니다. 내일 아침 눈을 뜨면 혹시 천국일지도 모릅니다. 그러니 오늘 겁낼 것이 없습니다. 이 길은 우리의 치열함과 각오로 가는 길이 아닙니다. 하나님이 가도록 이끄시는 길입니다.

주께서 겟세마네 동산에서 하신 기도를 기억하십시오. '내 아버지여 만일 할 만하시거든 이 잔을 내게서 지나가게 하옵소서'(마 26:39). 욥의 기도와 다르지 않습니다. 우리 모두의 신앙 현실이 그러합니다. 하나님이 외면하셔서도 아니고 우리 기도에 응답하지 않으셔서도 아닙니다. 하나님이 우리의 구원을 값싼 것으로 만들지 않기로 하셔서 그렇습니다. 덕분에 우리가 고단한 인생을 살 수밖에 없게 되었지만 그것이 우리에게 명예와 자랑이라는 사실에 감격하는 날이 올 것입니다. 예수의 부활이 그것을 증언하고 있습니다. 초대교회를 시작하게 한 예수의 부활과 성령강림은 예수의 십자가가 있었기에 가능했던 것입니다. 이 증언이 모든 신자의 생애 속에 당연히 있어야 합니다. 울부짖음과 눈물, 한탄과 공포와 절망, 그리고 승리의 반전과 기적과 놀라운 탄성이 없다면, 그것이 무슨 예수를 믿는 것이겠습니까? 동호회에 불과해집니다. 그렇게 살지 마시고 예수를 믿는다는 말의 무게와 영광을 알고 순종하기로 결단하십시오.

기도

하나님 아버지, 은혜를 감사합니다. 하나님이 우리를 우리의 소원대로 놓아두지 않으시고, 하나님의 크신 뜻과 광대하심과 지극하심으로 인도하신다는 사실을 깨닫습니다. 우리가 잠시 받는 고통의 경한 것이 영원한 영광의 중한 것을 이루는 줄 알게 하옵소서. 하나님의 깊으신 뜻과 영광의 약속을 우리로 기억하게 하옵소서. 그리하여 우리 생애를 우리가 고백하는 신앙의 내용대로 지켜 내는 힘을 주옵소서. 앞서간 믿음의 선배들의 족적을 기억하게 하옵소서. 많은 눈물과 기도로 인내와 기다림과 은혜를 구해야 한다는 것을 기억하게 하옵소서. 하나님의 일하심에 항복하게 하옵소서. 예수님 이름으로 기도합니다. 아멘.

06 8:1 수아 사람 빌닷이 대답하여 이르되 2 네가 어느 때까지 이런 말을 하겠으며 어느 때까지 네 입의 말이 거센 바람과 같겠는가 3 하나님이 어찌 정의를 굽게 하시겠으며 전능하신 이가 어찌 공의를 굽게 하시겠는가 4 네 자녀들이 주께 죄를 지었으므로 주께서 그들을 그 죄에 버려두셨나니 5 네가 만일 하나님을 찾으며 전능하신 이에게 간구하고 6 또 청결하고 정직하면 반드시 너를 돌보시고 네 의로운 처소를 평안하게 하실 것이라 7 네 시작은 미약하였으나 네 나중은 심히 창대하리라 8 청하건대 너는 옛 시대 사람에게 물으며 조상들이 터득한 일을 배울지어다 9 (우리는 어제부터 있었을 뿐이라 우리는 아는 것이 없으며 세상에 있는 날이 그림자와 같으니라) 10 그들이 네게 가르쳐 이르지 아니하겠느냐 그 마음에서 나오는 말을 하지 아니하겠느냐 11 왕골이 진펄 아닌 데서 크게 자라겠으며 갈대가 물 없는 데서 크게 자라겠느냐 12 이런 것은 새 순이 돋아 아직 뜯을 때가 되기 전에 다른 풀보다 일찍이 마르느니라 13 하나님을 잊어버리는 자의 길은 다 이와 같고 저속한 자의 희망은 무너지리니 14 그가 믿는 것이 끊어지고 그가 의지하는 것이 거미줄 같은즉 15 그 집을 의지할지라도 집이 서지 못하고 굳게 붙잡아 주어도 집이 보존되지 못하리라 16 그는 햇빛을 받고 물이 올라 그 가지가 동산에 뻗으며 17 그 뿌리가 돌무더기에 서리어서 돌 가운데로 들어갔을지라도 18 그 곳에서 뽑히면 그 자리도 모르는 체하고 이르기를 내가 너를 보지 못하였다 하리니 19 그 길의 기쁨은 이와 같고 그 후에 다른 것이 흙에서 나리라 20 하나님은 순전한 사람을 버리지 아니하시고 악한 자를 붙들어 주지 아니하시므로 21 웃음을 네 입에, 즐거운 소리를 네 입술에 채우시리니 22 너를 미워하는 자는 부끄러움을 당할 것이라 악인의 장막은 없어지리라 (욥 8:1-22)

빌닷 _ 전통에 승복하고 기다리라

욥기 3장에서 욥이 하는 불평과 하나님에 대한 원망을 듣고 세 친구 중 가장 먼저 나서서 훈계한 사람은 엘리바스였습니다. 욥기 4장과 5장은 엘리바스가 계속 훈계하는 이야기입니다. 엘리바스는 인과응보의 원칙을 들어 욥을 꾸짖었습니다. 분명 무엇인가 잘못한 것이 있어서 이 일이 일어난 것이니 회개하여 용서를 구하고 하나님 앞에 무릎을 꿇으라는 이야기였습니다. 6장과 7장은 엘리바스의 충고에 대한 욥의 반론입니다. 그것은 나와 상관없는 이야기다, 내 생각과 경험을 통해 볼 때 나는 이런 벌을 받을 만한 일을 하지 않았다는 것입니다.

하나님의 임재를 찬양함_시편 96편

엘리바스에 이어서 이번에는 빌닷이 나섭니다. 빌닷은 전통에 근거하여 충고합니다. '네가 하는 원망과 불평은 한갓 네 짧은 인생에서 얻은 경험에 근거한 것이다. 정신을 차리고 오랜 세월 동안 인류가 쌓아 온 전통을 봐라. 하나님에 관해 누적된 경험과 축적된 고백에 승복하여 기다리라. 그러면 결국 하나님이 복된 결과를 주실 것이다. 네 경험만을 근거로 감히 하나님에 대하여 분을 내지 말고 험담하지 마라'라고 합니다. 빌닷의 말을 읽어 봅시다.

> 청하건대 너는 옛 시대 사람에게 물으며 조상들이 터득한 일을 배울지어다 (우리는 어제부터 있었을 뿐이라 우리는 아는 것이 없으며 세상에 있는 날이 그림자와 같으니라) 그들이 네게 가르쳐 이르지 아니하겠느냐 그 마음에서 나오는 말을 하지 아니하겠느냐 (욥 8:8-10)

'우리에게 전승된 옛 시대의 경험과 지혜에 귀를 기울여라. 너나 나나 길어 봐야 겨우 몇십 년 안팎을 사는데, 어떻게 우리의 경험을 근거로 섣불리 큰소리칠 수 있으며 또 성급한 판단을 할 수 있겠느냐? 우리보다 앞선 여러 세대에 걸쳐 검증되고 이어져 온 전통과 지혜를 마음에 담아 두고 하나님의 의로우심과 성실하심에 대하여 항복하라'라는 이야기입니다. 이런 이해를 시편 96편에서 발견할 수 있습니다.

새 노래로 여호와께 노래하라 온 땅이여 여호와께 노래할 지어다 여호와께 노래하여 그의 이름을 송축하며 그의 구원을 날마다 전파할지어다 그의 영광을 백성들 가운데에, 그의 기이한 행적을 만민 가운데에 선포할지어다 여호와는 위대하시니 지극히 찬양할 것이요 모든 신들보다 경외할 것임이여 만국의 모든 신들은 우상들이지만 여호와께서는 하늘을 지으셨음이로다 존귀와 위엄이 그의 앞에 있으며 능력과 아름다움이 그의 성소에 있도다 만국의 족속들아 영광과 권능을 여호와께 돌릴지어다 여호와께 돌릴지어다 여호와의 이름에 합당한 영광을 그에게 돌릴지어다 예물을 들고 그의 궁정에 들어갈지어다 아름답고 거룩한 것으로 여호와께 예배할지어다 온 땅이여 그 앞에서 떨지어다 모든 나라 가운데서 이르기를 여호와께서 다스리시니 세계가 굳게 서고 흔들리지 않으리라 그가 만민을 공평하게 심판하시리라 할지로다 하늘은 기뻐하고 땅은 즐거워하며 바다와 거기에 충만한 것이 외치고 밭과 그 가운데에 있는 모든 것은 즐거워할지로다 그 때 숲의 모든 나무들이 여호와 앞에서 즐거이 노래하리니 그가 임하시되 땅을 심판하러 임하실 것임이라 그가 의로 세계를 심판하시며 그의 진실하심으로 백성을 심판하시리로다 (시 96:1-13)

이 시의 저자는 명시되어 있지 않습니다. 또한 그 내용을 보면, 특정한 사건을 계기로 지은 시가 아니라는 것을 짐작해 볼 수 있습니다. 이 시는 하나님을 믿는 사람으로서 말년에 자신의 인생을 되돌아보며 '하나님은 의로우시다. 하나님은 성실하시다. 하나님은 찬송과 영광을 받으시기에 합당하다'라고 한 고백에 항복한 모든 세대와 모든 사람의 합의와 공감으로 시편에 올라와 있는 것입니다. 이런 것을 전통이라고 합니다. 여러 세대에 걸쳐, 모든 경우에 걸쳐 하나님이 누구신지 깨달은 항복을 통해 모두의 공감된 고백으로 서 있는 것입니다.

다시 욥기로 돌아가 봅시다. 빌닷은 '너와 나는 한평생 겨우 몇십 년 사는 것이 아니냐? 그런데 하나님에 관하여 우리가 가진 유산은 여러 세대에 걸쳐서 확인된 것이지 않느냐? 그러니 너 한 사람만의 경험으로, 네 개인적인 특별한 경우만을 가지고 하나님을 쉽게 판단하거나 지금까지 물려받은 전통을 깨지 마라. 여러 세대에 걸쳐 확인된 하나님에 대한 인간의 항복이 그리고 그 항복으로 증거된 하나님의 성실하심이 결국 네게 복을 줄 것이다. 그러니 너는 경솔히 행동하지 마라'라고 합니다.

이런 내용이 11절에 이렇게 표현되어 있습니다. "왕골이 진펄 아닌 데서 크게 자라겠으며 갈대가 물 없는 데서 크게 자라겠느냐"(욥 8:11). 땅은 오랫동안 있지만, 그 위에 나는 것들은 피었다가 얼마 지나지 않아 시듭니다. 왕골과 갈대는 피었다가 지지만, 진펄과 흙과 물은 오래도록 있습니다. 그래서 빌닷은 '갈대 같고 왕골같은 네가 마치 흙과 물보다 더 오래된 자같이 유서 깊은 전통을 가볍고 짧은 네 생애 속에 다 담고 평가하려 하는구나' 하고 꾸짖는 것입니다. 또 "이런 것은 새 순이 돋아 아직 뜯을 때가 되기 전에 다른 풀보다 일찍이 마르느니라"(욥 8:12)라고 하여 욥과 자신은 짧게 살다가 사라져 버리는 존재들이라는 이야기를 합니다. 13절부터 봅시다.

> 하나님을 잊어버리는 자의 길은 다 이와 같고 저속한 자의 희망은 무너지리니 그가 믿는 것이 끊어지고 그가 의지하는 것이 거미줄 같은즉 그 집을 의지할지라도 집이 서지 못하고 굳게 붙잡아 주어도 집이 보존되지 못하리라 그는 햇빛을 받고 물이 올라 그 가지가 동산에 뻗으며 그 뿌리가 돌무더기에 서리어서 돌 가운데로 들어갔을지라도 그 곳에서 뽑히면 그 자리도 모르는 체하고 이르기를 내가 너를 보지 못하였다 하리니 (욥 8:13-18)

'한 번 왕성하면 끝없을 것 같은 나무들을 보아라. 이처럼 잘나가고 번성할지라도 서리 한 번 내리면 오그라들어 원래 없던 것처럼 말라 버리듯이, 너나 나나 짧은 인생에서의 경험밖에 가진 것이 없는데 몇백 년 동안 여러 세대에 걸친 모든 조상의 인생과 경험 속에서 확인된 전통을 네가 지금 불만스럽다고 뒤집고 거부하고 반대하고 나올 수 있느냐?' 하는 이야기입니다.

이제 우리가 많이 들어 본 유명한 말씀이 나옵니다. "네 시작은 미약하였으나 네 나중은 심히 창대하리라"(욥 8:7). 이 구절이 성경 어디에 있는지 생각하지 않고 이 구절만 딱 잘라서 벽에 붙여 놓은 집이 많습니다. 짜장면 집이나 칼국수 집 등 예수 믿는 사람이 운영하는 가게에 많이 걸려 있는 말씀입니다. 이 말씀의 근거는, 하나님이 선하시니 순종하고 믿는 자에게 결국 복을 주실 것이라는 데에 있습니다. 이것은 좋은 말씀이고 맞는 말씀이지만, 욥기는 그 지점을 넘어서 있는 책이라는 것을 알아야 합니다. 그래서 어렵습니다. 그냥 만사가 이 말씀대로 이뤄지면 편할 텐데, 이제 욥은 그것으로는 답이 되지 않는 처지에 있습니다. 욥기의 시작에서 보았듯, 욥의 상황은 인과응보로는 답이 될 수 없게 설정되어 있습니다. 잘못한 것이 없는 사람으로 처음부터 설정해 놓았다는 말입니다. 그런데 친구들이 욥에게 와서 '무슨 잘못이 있으니까 그런 것이다'라고 하니 욥은 답답할 노릇입니다. 욥의 상황은 인과응보라는 견고한 도덕 질서로도 답이 되지 않고, 전통, 경험, 지혜로도 답이 되지 않는 형편이기 때문입니다.

하나님의 부재를 탄식함_시편 88편

물론 나중에 그 답을 확인하게 될 것입니다. 그런데 답이 나오기까지의 과정이 소중합니다. 전통이라는 것은 결국 사회적 합의가 축적되어야 형성되는 것입니다. 그것은 어느 한 개인의 경험만으로는 되지 않고 사회 전체가 공감해야 생깁니다. 예를 들어 우리는 '때린 사람은 다리 못 펴고 자도 맞은 사람은 다리 펴고 잔다'와 같은 전통을 지니고 있습니다. 딱 와닿는 전통입니다. 그런데 남이 억울한 일을 당할 때는 그 말을 할 수 있는데, 자기가 그런 지경에 처하면 그 말 듣는 것이 싫습니다. 그래도 결국 지나고 보면 그 말이 맞다는 생각이 듭니다.

또 '보복은 아무리 해도 보상이 되지 않는다'라는 전통도 있습니다. 원수를 사랑하라, 네 오른편 뺨을 치면 왼편 뺨을 대라는 말씀의 핵심은 결국 보복하더라도 네게 진정한 보상이 되지 않는다는 뜻입니다. 보복해도 보상이 되지 않으니 보복하지 마라, 보상은 하나님만 해 주실 수 있다, 이런 이야기입니다. 그런데 지금 고난 중에 있다면 이 말을 받아들이기가 매우 어렵습니다. 그 과정을 지나고 나면 알게 되겠지만 말입니다. 사람은 그 말이 정답이고 옳다고 해서 바로 그렇다고 수긍하는 존재가 아닙니다. 또 사람마다 경우가 다 다릅니다. 이 문제를 어떻게 적용해야 하는지에 관하여 하나님이 욥에게 더 깊은 생각을 요구하십니다.

한 사회에서 누적되는 공감이 어떤 시점에 전통으로 고정될까요? 예를 들어 봅시다. '정직이 최고의 정책이다'라는 말은 고등학교 때 다 배웠을 것입니다. 그렇다면 '정직이 최고의 정책'이라는 말은 어느 시점에 굳어져 전통이 되었을까요? 그런 전통으로 굳어지기 위해 정보가 축적되는 때는 언제이고 또 그것이 맞는지 시험하는 과정은 언제이고 또 그것이 전통으로 굳어지는 때는 언제일까요?

시편 88편을 봅시다. 이 시는 고라 자손의 찬송시입니다. 모세에게 대들었던 고라의 후손들 말입니다. "여호와 내 구원의 하나님이여 내가 주야로 주 앞에서 부르짖었사오니 나의 기도가 주 앞에 이르게 하시며 나의 부르짖음에 주의 귀를 기울여 주소서 무릇 나의 영혼에는 재난이 가득하며 나의 생명은 스올에 가까웠사오니"(시 88:1-3). 스올이란 우리 식으로 이야기하면 황천과 같습니다. 구원받지 못한 영혼들이 가는 영원한 재난의 자리를 상징합니다. 이어서 계속 읽어 봅시다.

> 나는 무덤에 내려가는 자 같이 인정되고 힘없는 용사와 같으며 죽은 자 중에 던져진 바 되었으며 죽임을 당하여 무덤에 누운 자 같으니이다 주께서 그들을 다시 기억하지 아니하시니 그들은 주의 손에서 끊어진 자니이다 주께서 나를 깊은 웅덩이와 어둡고 음침한 곳에 두셨사오며 주의 노가 나를 심히 누르시고 주의 모든 파도가 나를 괴롭게 하셨나이다 (셀라) 주께서 내가 아는 자를 내게서 멀리 떠나게 하시고 나를 그들에게 가증한 것이 되게 하셨사오니 나는 갇혀서 나갈 수 없게 되었나이다 곤란으로 말미암아 내 눈이 쇠하였나이다 여호와여 내가 매일 주를 부르며 주를 향하여 나의 두 손을 들었나이다 주께서 죽은 자에게 기이한 일을 보이시겠나이까 유령들이 일어나 주를 찬송하리이까 (셀라) 주의 인자하심을 무덤에서, 주의 성실하심을 멸망 중에서 선포할 수 있으리이까 흑암 중에서 주의 기적과 잊음의 땅에서 주의 공의를 알 수 있으리이까 (시 88:4-12)

죽기 전에 빨리 답을 달라는 듯 재촉하고 있습니다. 결국 답이 주어졌는지 마저 더 읽어 보겠습니다.

> 여호와여 오직 내가 주께 부르짖었사오니 아침에 나의 기
> 도가 주의 앞에 이르리이다 여호와여 어찌하여 나의 영혼
> 을 버리시며 어찌하여 주의 얼굴을 내게서 숨기시나이까
> 내가 어릴 적부터 고난을 당하여 죽게 되었사오며 주께서
> 두렵게 하실 때에 당황하였나이다 주의 진노가 내게 넘치
> 고 주의 두려움이 나를 끊었나이다 이런 일이 물 같이 종일
> 나를 에우며 함께 나를 둘러쌌나이다 주는 내게서 사랑하
> 는 자와 친구를 멀리 떠나게 하시며 내가 아는 자를 흑암에
> 두셨나이다 (시 88:13-18)

시편 88편은 이렇게 답 없이 끝납니다. 고난과 억울함에 대한
호소와 속이 타는 비명과 신음으로 끝나고 마는 것입니다. 그런
데 이스라엘 백성들은 이 한탄에 대해서도 우리의 시편이며 찬
송 시라고 인정합니다. 시편 88편이 이스라엘 백성에게 찬송 시
로 받아들여졌다는 것은 얼마나 놀랍습니까? 절망과 어두움이
가득한데도 찬송 시로 받아들여져 시편에 등재된 것입니다. 이
때도 하나님이 이스라엘을 간섭하셔서 은혜 속에 붙잡으셨다
는 것입니다.

그러나 고난을 당할 때 우리는 답이 없는 것 같고 죽은 자
같아서, 욥에게서도 보았듯이 '나 죽겠습니다. 나 좀 죽게라도 놔
두십시오' 하게 됩니다. 바로 시편 88편의 내용입니다. "주의 노

가 나를 심히 누르시고 주의 모든 파도가 나를 괴롭게 하셨나이다 (셀라)"(시 88:7). 여기에서 '셀라'는 목소리를 높인다는 뜻도 있고 잠시 멈춰 생각해 본다는 뜻도 있습니다. 이 대목은 '하나님, 주의해서 들으셔야 합니다' 하는 의미로 보면 됩니다. 놀랍지 않습니까? 정답을 맞춘 자, 바른길로 간 자들만의 하나님이 아니라고 이야기하는 것입니다. 신앙의 영역은 거기에만 한정되지 않습니다.

이렇게 이야기하면 바로 우리는 '그럼, 아무래도 좋단 말인가' 하며 쉽게 방종을 떠올립니다. 우리의 죄성 때문입니다. 하나님이 당신의 넓으심을 보여 주시면 막막하다고 불평하고, 분명함을 보이시면 숨 막힌다고 하는 것이 우리의 죄성입니다. 우리가 제대로 들여다보면 성경이 얼마나 넓고 깊고 놀라운 이야기를 하고 있는지 이루 말할 수 없게 됩니다. 이런 사실은 시편 96편의 찬송이 있는 반면, 시편 88편의 탄식도 성경에 공존하고 있다는 데에서 잘 드러납니다.

시편 1편만 해도 그렇습니다. 복 있는 사람은 어떤 사람인가를 자기들이 삶에서 겪어 보고 고백한 시입니다. 처음부터 따라야 할 길로 제시한 것이 아니라, 인생의 파노라마를 거치고 나서 항복한 고백으로 등장합니다. 힘으로 자랑하는 것은 다 쓸데없더라, 율법을 주야로 묵상하고 순종하는 것이 최고의 복이더라고 이야기하는 것입니다. 여러 세대에 걸친 수많은 경험과 경우 속에서 모두가 항복하여 나온 찬송인 것입니다.

이런 전통을 근거로 지금 욥이 빌닷의 도전을 받고 있습니다. 우리는 욥기의 결론을 알고 있습니다. 욥이 옳았고 세 친구가 틀렸습니다. 유산으로 물려받은 선조들의 경험 속에서 나온 황금률, 금언, 지혜는 물론 옳습니다. 그러나 그것이 어느 시점에서 전통으로 굳어지고 또 그렇게 굳어지기 위하여 어떤 과정과 도전과 시험을 거치는지에 대해 성경이 다양하고 많은 예를 제시하고 있다는 것을 기억해야 합니다.

고정관념을 깨트리다

구약을 큰 사건 중심으로 나열해 보면, 창조가 있고 출애굽이 있고 바벨론 유수가 있습니다. 하나님이 천지를 만드셨다, 이스라엘 백성이 종 되었던 땅에서 하나님의 구원과 해방을 경험했다, 이스라엘은 불순종하여 바벨론의 포로가 되었다, 이런 사건은 우리에게 매우 익숙하게 다가옵니다. 그런데 이 세 가지 사건은 당시에는 모두 고정관념을 깨는 사건이었을 것입니다.

창조가 그렇습니다. 창조란 없는 데서 있는 것을 만드는 것입니다. 우리 상식으로는 무에서 유가 나올 수 없습니다. 오히려 유가 소진되어 무로 됩니다. 죽음이 그렇습니다. 생명에서 죽음으로 가는 것이 우리에게는 자연스럽습니다. 그러므로 창조란 거대한 불연속입니다.

출애굽을 봅시다. 이스라엘 백성은 430년을 애굽에서 종살이하면서 그 생활에 익숙해졌을 것입니다. 그런데 하나님이 어느 날 모세를 보내 열 가지 재앙을 일으키신 다음 이스라엘을 꺼내십니다. 이스라엘 백성들은 얼마나 놀랐겠습니까? 그동안 그들이 의지하고 있던 세계가 깨지는 놀람이었을 것입니다. 바로는 강하고 히브리인은 약하다는 것이 그들의 세계관이었는데, 이제 히브리인이 강하다가 된 것입니다. 하나님은 이스라엘의 하나님이시기 때문입니다. 바로가 가진 어떤 힘보다 이스라엘 민족이 섬기는 하나님의 능력이 더 강합니다. 그 안에서 홍해를 건너고 만나를 먹고 구름 기둥과 불 기둥의 인도 속에 이스라엘은 가나안을 정복해 들어갑니다.

이스라엘이 가나안을 정복했으니 이제 거기서 영원무궁하도록 살 줄 알았는데, 바벨론 유수가 일어납니다. 그들은 얼마나 놀랐겠습니까? 그동안 가졌던 전통이나 고정관념이 또 얼마나 새로운 내용을 가지게 되었겠습니까? 신약은 훨씬 더합니다. 십자가가 무엇입니까? 하나님이 와서 죽으셨다는 것 아닙니까? 말이 안 되는 이야기입니다. 그리고 부활하십니다. 그런 다음 성령께서 강림하십니다. 창조가 더 큽니까, 부활이 더 큽니까? 우리는 이 둘을 비교할 수가 없습니다.

경험이 쌓이면 고정관념이 생기고, 고정관념이 굳어지면 거기에 안주하는 경향이 있습니다. 그런데 하나님은 그것을 깨십니다. 사실 하나님이 고정관념을 깨신다는 말에는 어폐가 있습니다. 깬다는 것은 있던 것을 부수어서 무효로 만든다는 개념인데, 고정관념이란 우리에게나 통하는 것이지 하나님에게는 먹히지 않기 때문입니다. 엘리바스가 증언한 하나님이 전부가 아니고, 빌닷이 증언한 하나님이 전부가 아닙니다.

그래서 신약시대를 살아가는 우리는 자신을 예수 믿는 사람이라고 표현함으로써 인류 역사상 지금까지 증언했던 어떤 방식과도 다른, 하나님에 대한 최고의 증거를 가지게 된 것입니다. 바로 예수로 말미암은 증언입니다. "옛적에 선지자들을 통하여 여러 부분과 여러 모양으로 우리 조상들에게 말씀하신 하나님이 이 모든 날 마지막에는 아들을 통하여 우리에게 말씀하셨으니 이 아들을 만유의 상속자로 세우시고 또 그로 말미암아 모든 세계를 지으셨느니라"(히 1:1-2)라고 히브리서가 이야기하듯이, 마침내 하나님이 그 아들을 보내어 하나님 자신을 보이셨습니다. 우리가 그 증거를 가지고 있습니다.

하나님이 그 아들을 보내셨다고 해서 예수님의 부활 이후에 태어난 자들이 모두 신자로 태어나는 것은 아닙니다. 이는 그 이전에 보았던 사건들과는 다릅니다. 애굽에서 종살이할 때는 이후에 태어나는 이스라엘 백성들은 당연히 애굽의 종으로 태어나고, 바벨론 유수 때에는 이후에 태어나는 이스라엘 백성들은 당연히 바벨론 포로로 태어났습니다. 그런데 예수님이 오신 이후에 태어났다고 해서 모두 신자는 아닙니다. 하나님에 관한 증언과 하나님에 대한 설명이 점점 더 풍성해지고 우리의 삶 속에서 하나님에 대한 이해와 깊이가 더 커진 지금의 신약시대에 오기까지 하나님은 무엇을 하셨을까요? 그리고 지금은 무엇을 하고 계실까요?

바로 성경에 기록된 모든 사건이 우리 각자의 것이 되게 하는 일을 하나님은 내내 하고 계십니다. 부모가 믿었다고 해서,

그 자녀가 안 믿는 가정의 자녀보다 더 나은 조건을 가지고 태어나지 않습니다. 우리 모두가 창조와 출애굽과 바벨론 유수와 십자가와 부활과 성령의 강림을 각각 경험하며, 그 속에서 하나님이 성경에서 증거하신 역사를 통해 드러난 진면목을 확인하게 하는 일을 계속 하고 계시는 것입니다.

너희를 친구라 하였노니

> 사람이 친구를 위하여 자기 목숨을 버리면 이보다 더 큰 사랑이 없나니 너희는 내가 명하는 대로 행하면 곧 나의 친구라 이제부터는 너희를 종이라 하지 아니하리니 종은 주인이 하는 것을 알지 못함이라 너희를 친구라 하였노니 내가 내 아버지께 들은 것을 다 너희에게 알게 하였음이라 너희가 나를 택한 것이 아니요 내가 너희를 택하여 세웠나니 이는 너희로 가서 열매를 맺게 하고 또 너희 열매가 항상 있게 하여 내 이름으로 아버지께 무엇을 구하든지 다 받게 하려 함이라 (요 15:13-16)

요한복음 15장에 중요한 두 단어가 나옵니다. '친구'와 '기도'입니다. 친구란 무엇입니까? 법칙과 이해관계를 벗어난 관계에 있는 존재를 말합니다. 엘리바스가 욥을 꾸중할 때 사용한 인과응보라는 법칙, 지금 빌닷이 꺼내 든 전통이라는 관습, 이 모든 것보다 우선하는 관계가 친구 사이입니다. 자식을 키워 보면 누구나 공감하는데, 자식을 법으로 키우는 사람은 없습니다. 무법하게 키운다는 의미가 아닙니다. 법으로 다스리는 것보다 훨씬 가깝고 더 친밀한 관계라는 의미입니다. 여기서 친구가 바로 그런 존재입니다. 친구를 위하여 자기 목숨을 버린다고 합니다. 그 친구가 선하거나 의롭거나 가치가 있어서 그렇게 하는 것이 아닙니다. 로마서 5장에 나오는 바와 같이 우리가 아직 죄인 되었을 때에 예수께서 우리를 위하여 죽으셨습니다. 이 내용을 요한복음 15장에서는 '친구를 위하여 자기 목숨을 버'린다고 표현한 것입니다. 15절에 이런 말씀이 나옵니다. "이제부터는 너희를 종이라 하지 아니하리니 종은 주인이 하는 것을 알지 못함이라 너희를 친구라 하였으니 내가 내 아버지께 들은 것을 다 너희에게 알게 하였음이라"(요 15:15).

우리가 하나님의 통치 아래에 있다는 것은 법이나 규칙 같은 틀 속에 갇혀 있는 것이 아니라는 사실을 욥기가 알려 주고 있습니다. 법이나 규칙이 큰 틀인 것은 맞지만, 하나님의 통치는 더 고급한 관계를 근거로 존재하는 것입니다. 욥기 말미에 가면 욥은 하나님을 만납니다. 하나님이 욥을 만나 주신다는 사실에서 우리는 하나님이 법이나 규칙, 도덕성, 역사, 전통 같은 것으로 개념화되는 대상이 아니라 인격자라는 사실을 알게 됩니다. 하나님은 우리를 만나 주십니다. 그리고 설명해 주십니다. 물론 우리는 우리 일을 하고 하나님은 하나님의 일을 하셔서 서로 안 만나는 것이 제일 좋다고 생각할 것입니다. 그러나 인생은 그렇게 간단하지 않습니다. 인간이라는 존재가 그렇게 간단하지 않습니다. 하나님이 그렇게 만들지 않으셨습니다.

기도란 무엇입니까? 우리가 주의 이름으로 기도한다는 말은 무슨 의미입니까? 성부 하나님과 성자 하나님은 매우 긴밀한 관계 속에 있습니다. 성자 하나님과 무관하게 만들어진 만물은 없습니다. 하나님은 우리가 그런 성자 하나님의 이름으로 기도할 수 있도록 우리를 역사 속에 두셨습니다. 이렇게 기도를 통해 하나님이 우리와 함께 일하신다고 합니다. 하나님이 세상에서 한 걸음 물러나 법과 힘으로 우리를 붙잡고 있는 것이 아니라, 친히 우리에게 오셔서 우리를 품는 관계를 요구하신다는 뜻입니다. 이것이 욥기가 열어 펼치는 세상입니다. 욥기를 통해 이 사실을 보게 됩니다. 구약성경이 가지고 있던 율법적 적용이 전부가 아니라는 것을 알게 됩니다.

물론 율법을 깨자는 이야기가 아닙니다. 예수님이 증언하셨듯이, 우리에게 주신 계명은 하나님을 사랑하고 이웃을 사랑하는 것입니다. 흔히 사랑이라고 하면 우리는 무법한 것을 생각합니다. 그렇지 않습니다. 법은 사랑의 표현이자 사랑의 질서이며 사랑의 규칙이라고 할 수 있습니다. 그런 법이 사랑과 분리되어 혼자 소리를 낼 때가 있습니다. 이때 우리가 말씀으로 진정한 내용을 덧붙일 수 없다면 그 법은 무서운 것이 되고 맙니다.

우리는 신앙 현실 속에서 많은 문제들을 만납니다. 기억해야 할 것은 그 문제들이 전부 해결되어야 하는 것은 아니라는 사실입니다. 오히려 그 문제들 속에서 하나님을 더 깊이 알게 되고, 우리의 존재 가치에 대한 하나님의 뜻을 더 분명하게 깨닫게 되는 경우가 많습니다. 이런 이유로 우리는 고민이 그치지 않는 삶, 괴로운 현실을 살아가는 것입니다. 잘 살고 있는 욥을 흔드시는 하나님이십니다. 그러니 생각하십시오. 더 깊이 생각하십시오. 기독교 신앙은 간단하지 않습니다. 열심히 일해서 잘 먹고 잘 사는 정도로 만족하는 삶은 하나님을 모독하는 것입니다. 우리가 누구의 부름을 받았는지, 누구의 인도함을 받고 있는지, 우리의 운명이 누구의 손에 붙들렸는지 깨달아 더욱 진지하고 깊게 생각하고, 진심으로 그 내용을 채워 가는 열심과 각오가 있기를 바랍니다.

기도

하나님 아버지, 하나님은 우리가 기대하는 것과 비교할 수 없이, 상상할 수 없이 큽니다. 하나님이 크신 분이기에 우리에게 큰 것을 요구하십니다. 우리가 내놓는 간단한 대답을 하나님이 뒤엎으십니다. 건강하고, 욕먹지 않고, 자존심 세우고 살면 전부인 것처럼 사는 것은 하나님의 자녀다운 모습이 아닙니다. 하나님은 더 많이 요구하십니다. 더 윤리적으로 살고 더 쓸모 있는 사람이 되는 것과는 다릅니다. 더 깊은 차원을 요구하십니다. 그 아들을 보내신 하나님의 진심을 기억하게 하사 우리의 인생과 운명을 걸고 하나님의 자녀가 되는 믿음의 순종과 치열함과 각오와 실천이 있게 하여 주옵소서. 예수님 이름으로 기도합니다. 아멘.

07 10:1 내 영혼이 살기에 곤비하니 내 불평을 토로하고 내 마음이 괴로운 대로 말하리라 2 내가 하나님께 아뢰오리니 나를 정죄하지 마시옵고 무슨 까닭으로 나와 더불어 변론하시는지 내게 알게 하옵소서 3 주께서 주의 손으로 지으신 것을 학대하시며 멸시하시고 악인의 꾀에 빛을 비추시기를 선히 여기시나이까 4 주께도 육신의 눈이 있나이까 주께서 사람처럼 보시나이까 5 주의 날이 어찌 사람의 날과 같으며 주의 해가 어찌 인생의 해와 같기로 6 나의 허물을 찾으시며 나의 죄를 들추어내시나이까 7 주께서는 내가 악하지 않은 줄을 아시나이다 주의 손에서 나를 벗어나게 할 자도 없나이다 8 주의 손으로 나를 빚으셨으며 만드셨는데 이제 나를 멸하시나이다 9 기억하옵소서 주께서 내 몸 지으시기를 흙을 뭉치듯 하셨거늘 다시 나를 티끌로 돌려보내려 하시나이까 10 주께서 나를 젖과 같이 쏟으셨으며 엉긴 젖처럼 엉기게 하지 아니하셨나이까 11 피부와 살을 내게 입히시며 뼈와 힘줄로 나를 엮으시고 12 생명과 은혜를 내게 주시고 나를 보살피심으로 내 영을 지키셨나이다 13 그러한데 주께서 이것들을 마음에 품으셨나이다 이 뜻이 주께 있는 줄을 내가 아나이다 14 내가 범죄하면 주께서 나를 죄인으로 인정하시고 내 죄악을 사하지 아니하시나이다 15 내가 악하면 화가 있을 것이오며 내가 의로울지라도 머리를 들지 못하는 것은 내 속에 부끄러움이 가득하고 내 환난을 내 눈이 보기 때문이니이다 16 내가 머리를 높이 들면 주께서 젊은 사자처럼 나를 사냥하시며 내게 주의 놀라움을 다시 나타내시나이다 17 주께서 자주자주 증거하는 자를 바꾸어 나를 치시며 나를 향하여 진노를 더하시니 군대가 번갈아서 치는 것 같으니이다 18 주께서 나를 태에서 나오게 하셨음은 어찌함이니이까 그렇지 아니하셨더라면 내가 기운이 끊어져 아무 눈에도 보이지 아니하였을 것이라 19 있어도 없던 것 같이 되어서 태에서 바로 무덤으로 옮겨졌으리이다 20 내 날은 적지 아니하니이까 그런즉 그치시고 나를 버려두사 잠시나마 평안하게 하시되 21 내가 돌아오지 못할 땅 곧 어둡고 죽음의 그늘진 땅으로 가기 전에 그리하옵소서 …… (욥 10:1-22)

욥 _ 전통보다
크신 이가 있다

욥은 고통스러운 현실에 처해 있습니다. 친구들은 욥에게 법과 도덕률, 전통과 경험을 들어 충고하고 회개를 촉구합니다. 잘못을 인정하고 주님이 주시는 벌을 순순히 받으면 다시 형통한 날, 복 받는 날이 온다고 합니다. 그러한 도덕률과 규칙과 전통과 지혜를 욥이 모르는 것이 아닙니다. 그도 이제까지 그러한 틀 속에서 살아왔습니다. 하지만 이런 것으로는 지금 자신이 처한 현실을 설명할 수 없다고 항변하는 중입니다.

이제 욥기 10장으로 넘어오면서 욥은 이전과는 달리 중요한 진전을 보입니다. "주께서 주의 손으로 지으신 것을 학대하시며 멸시하시고 악인의 꾀에 빛을 비추시기를 선히 여기시나이까"(욥 10:3). 드디어 하나님에게 이런 질문을 하기에 이른 것입니다. "하나님이 저를 지으셨습니다. 그런데 하나님의 지혜와 능력의 부족으로 제가 잘못될 수 있습니까? 하나님이 지으신 것을 악이 훼방하여 실패하게 허용할 수 있습니까?" 만일 신앙이라는 것이 견고한 도덕적 법칙 혹은 전통과 지혜 속에 구축되어 있는 것이라면, 그 틀은 깨지면 안 됩니다. 그 틀을 견고히 하고 그 속에서 정답과 오답을 논해야 합니다. 그런데 지금 욥은 그 틀로는 설명할 수 없는 현실에 직면하여 그 틀을 만드신 이를 더듬어 찾으며 그 주인에게 부르짖고 있습니다.

전통은 보완이 필요하다

전통 혹은 하나의 고정관념이 형성되기 위해서는 어떤 과정을 거쳐야 할까요? 오랜 전통이라는 것은 결국 많은 예외들에 의해서 도전을 받고 그 도전에 응답하여 깊이와 넓이와 무게를 지닐 때 비로소 세워질 수 있는 것입니다.

　　빌닷이 "너는 오래 살아야 겨우 수십 년이고 하나님은 영원하신 분인데, 어떻게 네 경험으로 하나님의 뜻을 다 이해하고 분별하고 판단할 수 있단 말인가?"라고 하여 전통의 시간성에 무게를 두었듯이 욥도 자신이 짧은 경험 속에 있다는 사실을 고백합니다. 그러나 욥은 전통이 얼마큼의 시간과 얼마큼의 경우가 누적되어야 형성되는지에 대하여 "지금 내가 가지는 예외와 특별함이 전통의 틀을 깨는 것이 아니라 오히려 전통 보완의 필요성에 대한 도전일 수 있지 않느냐? 이런 일을 계기로 우리가 더 깊은 답을 찾아볼 수 있지 않느냐?" 하는 것입니다.

이 부분에 대한 우리의 보편적인 경험은 자연주의입니다. 자연주의란 인간이 살아오면서 자연스레 가지게 되는 세계관입니다. 자연주의는 인과율의 법칙에 의해서 움직입니다. 해는 동쪽에서 뜨고, 겨울은 춥고 여름은 덥고, 비가 많이 오면 홍수가 나고 비가 안 오면 가뭄이 든다, 이런 것이 자연법칙입니다. 이런 것은 인류 역사에서 언제나 동일한 규칙으로 변함없이 움직이고 있기 때문에 특별한 예외들을 만나지 않으면—우리처럼 기독교인이 되거나 다른 일들이 생기지 않는 한—모든 인류는 자연주의자가 될 수밖에 없습니다.

자연주의는 그 특징이 '반복'에 있기 때문에 그 결과로 윤회를 파생합니다. 윤회 즉 세상은 반복된다고 보는 것입니다. 자연주의에 종교적 색채를 입히면, 불교 사상에서 보듯 죽고 다시 태어나고 다시 죽고 태어나는 반복 즉 한 존재가 다른 세계에서 다시 태어난다고 하여 인류라는 이름으로 반복되는 영원한 윤회를 이야기합니다. 생을 반복하는 것이 자연이고, 인류 또한 그 자연의 일부라고 이해하는 것이 자연주의입니다.

자연주의의 약점은 예외 없이 허무주의로 갈 수밖에 없다는 사실입니다. 끝없는 쳇바퀴를 돌듯이 같은 자리를 영원히 맴돌아야 한다면 특별히 열심을 낼 이유도 의미도 목적도 없게 됩니다. 그리하여 계몽주의 이후 숙명론에서 벗어난 유럽 사회는 실존주의로 가게 됩니다. 실존이라는 말과 실존주의는 다릅니다. 실존주의란 허무주의를 깨기 위하여 인간의 고유한 권리를 주장하는 사상입니다. 여기서 인간의 고유한 권리란 선택권을 의미하는데, 모든 선택권은 자신에게 있다고 주장합니다. 그 선택이 옳으냐 그르냐를 떠나서 선택을 '내가' 한다는 데 의미를 두는 것입니다. 자연주의에서는 옳고 그름의 문제가 없으니 허무주의로 치닫는데, 이 자연주의의 허망함을 깨기 위하여 인간의 가치를 확인하는 선택권 즉 거부권만 있는 실존주의가 나온 것입니다.

대표적으로 자연주의가 그러했듯, 법칙이 궁극적 권위라고 생각하는 지점에서 허무의 문제를 풀어 가지 못하고 있다는 점을 눈여겨보아야 합니다. 도덕이나 전통과 같은 것은 모두 하나의 틀에 불과하다는 사실을 깨닫는 것이 우선 중요합니다. 그러나 우리가 먼저 이 틀을 깨고 좇아 올라가 하나님을 만날 수 없기에 이 사실을 깨달을 수가 없었습니다. 기독교인의 행복은 이런 모든 것이 하나님의 손 아래 있다는 사실을 아는 데서 비롯합니다. 기독교인에게 자연이란 하나님이 통치하시는 영역이며 은혜를 베푸시는 현장입니다. 냉정한 법칙에 얽매인 기계적 반복이나 순환이 아니고 하나님이 일하시는 장소이며 기회이자 축복입니다.

구약의 율법에서 가장 중요한 내용은 이것입니다. 하나님이 우리에게 법을 주신 것은 하나님이 도덕성을 가지신 분이라는 점과 그래서 우리에게도 도덕성을 요구하신다는 사실을 보여 주기 위한 것이지, 도덕이 전부라는 이야기를 하기 위해서가 아닙니다. 그래서 구약의 율법 정신이 신약에 오면 이렇게 표현됩니다. 복음서에서 한 율법사가 예수님에게 어느 계명이 가장 큰지 물었을 때, 예수님은 하나님을 사랑하고 네 이웃을 네 몸같이 사랑하라는 답을 주셨습니다. 법은 하나님이 기뻐하시는 당신의 속성 중 하나를 드러내는 도구일 뿐, 그것이 유일한 틀은 아닙니다. 하나님이 주인이시므로, 하나님이 일하시는 방법과 하나님이 주시는 선물이 궁극이 아니라 하나님 자체가 궁극이십니다.

하나님에게는 답이 있을 것입니다

욥기에서는 욥이 믿음의 화신으로 등장합니다. 그가 틀을 깨고 있기 때문입니다. 그가 분노하고 있습니다. 이 분노는 하나님을 만나려는 몸부림입니다. 그런데 친구들은 그런 욥을 자신들이 가진 틀에 계속 맞추려고 합니다. 도덕률, 전통과 같은 틀에 욥을 끼워 맞추려고 하는 것입니다. 반면 욥은 계속 그 틀 너머에 계신 인격자를 만나려고 합니다. 욥기 10장은 전부 하나님에게 만나 달라고 하는 이야기입니다. 궁극적 권위가 하나님에게 있습니다. 틀에 있는 것이 아닙니다. 틀로 사람을 묶을 수 없다는 사실을 욥은 자기도 모르게 깨달아 가기 시작합니다.

10장 8절 이하를 보십시오. "주의 손으로 나를 빚으셨으며 만드셨는데 이제 나를 멸하시나이다 기억하옵소서 주께서 내 몸 지으시기를 흙을 뭉치듯 하셨거늘 다시 나를 티끌로 돌려보내려 하시나이까"(욥 10:8-9). '하나님, 그렇게 애써서 만들어 놓고 그냥 없애 버리시겠다고요?' 하는 이야기입니다. 하나님은 그런 분이 아닙니다. 하나님의 일하심에는 후회가 있을 수 없습니다. 하나님이 하시는 일에는 실패나 번복이나 포기가 없습니다. 이는 로마서 말씀(롬 11:29)에서도 확인한 내용입니다. 욥이 마침내 이런 고백을 하는 자리까지 옵니다. '하나님, 이런 일이 있을 수 없는 것은 제가 옳다는 이야기가 아니라 하나님이 그러실 수 없는 분임을 제가 알기 때문입니다.'

욥은 자기가 알고 있고 그동안 지켜 왔던 틀로는 담을 수 없었던 인간의 고귀함을 보게 됩니다. 이제껏 자신이 가졌던 틀로는 설명할 수 없는 경험을 통해, 그 틀을 뚫고 나와 하나님 앞에 묻게 된 것입니다. 참으로 귀한 일입니다.

10장 18절 이하를 봅시다. "주께서 나를 태에서 나오게 하셨음은 어찌함이니이까 그렇지 아니하셨더라면 내가 기운이 끊어져 아무 눈에도 보이지 아니하였을 것이라 있어도 없던 것 같이 되어서 태에서 바로 무덤으로 옮겨졌으리이다"(욥 10:18-19). "하나님, 하나님은 생명을 주셔 놓고 죽음으로 보내는 일을 하실 분이 아닙니다. 하나님은 생명을 주시고 그 생명을 풍성하고 영광되게 하십니다. 하나님의 창조물인 인간은 그런 영광스러운 존재로 부름받은 것이 맞습니다"라는 고백입니다. 이제 욥은 도덕률이나 전통과 다른, 어떤 관념으로도 묶일 수 없는 인간 본연의 가치를 깨닫기 시작합니다.

욥이 친구들에게 부르짖는 모든 변명을 종합하면 이런 이야기입니다. '너희가 하는 이야기를 나도 안다. 그러나 그것으로 내 문제를 설명하거나 해결할 수 없다. 내 주인이신 하나님에게 찾아가 묻는 수밖에 없다. 그가 다스리시는 통치의 방법, 그의 의로우심, 그의 성실하심, 그의 도덕성 같은 것으로는 답이 안 되니 하나님의 어떤 깊고 큰 것이 나를 이렇게 만들었는지 내가 물어봐야겠다.' 욥은 이런 경지로 인도함을 받습니다.

법칙 혹은 전통과 지혜로 담아낸 현실은 분명한 세상 질서입니다. 그러나 이제 욥은 절망으로밖에는 설명될 수 없는 고난 속에서 그 이유를 알게 됩니다. 해결책이 없는 절망, 설명할 수 없고 답할 수 없는 절망 때문에 욥은 하나님 앞에 부르짖게 됩니다. '인간은 망하도록 창조되었을 리가 없습니다. 망하는 것이 창조의 목적일 리 없고, 하나님의 영광과 승리를 위하여 인간을 만드셨다면 하나님에게 해결책이 있을 것입니다. 지금 제가 알고 있는 것으로는 답이 되지 않습니다. 지금 있는 것으로 답이 되지 않는다면, 하나님에게는 다른 답이 있을 것입니다.'

욥이 믿음의 화신으로 불리는 이유가 여기에 있습니다. 그는 법칙 아래 묶이지 않고 하나님을 계속 찾아 나갔습니다. 하나님에게만 답이 있다는 것을 알았기 때문입니다. 비록 본인이 적극적으로 시작한 모험이 아니라 궁지에 몰려 하나님 외에는 답을 얻을 수가 없다는 절망의 자리에서 외친 아우성으로 시작했지만 서서히 긍정적인 자리로 인도함을 받게 된다는 점에서 우리는 욥을 인내의 화신이며 믿음의 사람이라고 말할 수 있습니다.

밀고 당기시는 하나님

우리는 성경을 읽고 적용할 때에 흔히 연역적 방법을 많이 씁니다. 말씀이 이러하니 이렇게 살아야 한다고 순서를 정해 놓은 것입니다. 규범과 표준과 명령이 먼저 있고 그다음에 순종할 우리가 있다고 이해하는 것입니다.

신학이란 하나님에 관한 학문입니다. 하나님이 누구신가, 하나님이 어떻게 일하셨는가, 하나님이 무엇을 하려고 하시는가를 학문적으로 연구하는 것입니다. 여기서 '학문적'이라는 것은 당연히 '합리적'인 것을 의미합니다. 학문은 합리적으로, 논리적으로 할 수밖에 없습니다. 신학의 중심에는 순수 신학이 자리 잡고 있습니다. 순수 신학이란 조직신학, 구약신학, 신약신학 같은 것을 말합니다. 역사신학이란 교회사를 다루는 것으로 신학계에서는 약간 서자 취급을 받습니다. 실천신학은 설교학을 비롯해서 목회 상담학, 기독교 교육학 같은 것을 포함하는데, 이들은 그냥 서자도 아니고 서서서서자입니다. 순수 신학을 응용하거나 실천하는 하나의 방법론 정도로 치부됩니다.

그런데 현대에 와서는 성경을 단순히 연역적으로 적용할 수는 없다는 점을 깨닫게 되었습니다. 성경을 연역적으로 적용한다고 할 때는 특별한 해석도 없이, 어떤 이해나 고민도 없이 말씀을 그대로 적용한다는 뉘앙스가 강합니다. 그런데 어떤 응용이나 실천 같은 것을 생각하지 않고 단순 명료하게 적용하겠다고 해도 사실 거기에는 그 자체로 이미 해석이 들어가 있는 것입니다.

인간이란 존재는 말을 하면 그 말을 문자 그대로 받는 것이 아니라 해석하고 이해하는 존재입니다. 예를 들어 봅시다. "네 오른쪽 눈을 달라고 하면 왼쪽 눈도 주어라"라는 말을 들으면, "그게 무슨 말인가?" 다들 이렇게 반응하지 않습니까? 정말 누가 와서 "오른쪽 눈 줘!"라고 했을 때, 두 눈을 다 빼 주면서 "눈은 한 쌍으로 가지고 가야지 한 쪽만 가지고 가면 소용이 없단다"라며 눈을 내주는 경우란 없습니다. 이런 것은 이해가 아니라 기계적 작동에 불과한 것입니다. 성경은 법조문이나 기계 사용 설명서가 아니라는 말입니다.

우리가 성경을 읽고 말씀의 의미가 이런 것이라고 이해해서 실제로 그렇게 살아 봤는데, 사실은 그것이 말이 안 되는 해석이었음을 발견하게 되는 경우가 있습니다. 그런 식으로 성경을 이해하는 데 도움을 주는 신학의 한 분과가 바로 교회사입니다. 지금까지는 이 말씀을 이렇게 이해해서 적용했는데, 역사의 모든 정황 속에서 적용해 보고 실천해 보니까 그게 아니더라는 경험이 쌓여 이해한 바를 덧붙이기 시작하면서 교회사가 중요한 학문이라는 것을 깨닫게 되었습니다.

실천신학도 마찬가지입니다. 쉽게 말해, 설교란 무엇일까요? 설교의 본질적인 의미를 드러내자면, 하나님이 부르신 성도들과 동일한 조건 속에 있는 사람을 세워 하나님의 말씀을 선포하게 하시는 것이 설교입니다. 우리는 설교를, 하나님 쪽에 가까운 사람이 와서 하는 증언이라고 곧잘 생각합니다. 그러나 설교자는 청중과 동등한 조건 속에 있는 사람입니다. 설교자가 성도의 사정을 모르고 이야기하는 자가 아니라 성도와 동일한 정황과 조건 속에서 그 형편을 충분히 아는 자로서 하나님의 말씀을 대언한다는 것이 설교의 중요한 조건이 된다는 말입니다. 청중과 마찬가지로 전전긍긍하며 사는 자가 힘을 다하여 하나님 편을 들어서 듣는 자들을 수긍하게 만드는 것입니다. '하나님은 우리의 항복을 받아 내시는 분이구나' 하고 말입니다. 그래서 실천신학을 통해 하나님의 말씀이 허공에 떠 있는 환상과 관념에 관한 것이 아니라 그분의 백성 개개인의 인격 속에서 확인되고 항복되고 구체화되어야 하는 것이라는 점을 보강하게 되었습니다.

지금 욥이 그렇게 하나님을 알아 가는 중입니다. '나는 다만 법칙과 힘의 존재가 아니다. 나는 이해하고 용서하고 은혜를 베푸는 하나님이다.' 하나님은 단순히 이렇게 말씀하시는 정도가 아니라 이 내용을 우리의 삶 속에서 생각하게 하고 고민하게 하십니다. 그래서 우리가 다만 법칙 속에 안주하고 기계적 이해 속에 보장받는 수준에서 스스로 걸어 나와 '나는 인간입니다. 하나님의 자녀입니다. 나는 하나님의 사랑이 더 필요한 존재라서 감사합니다'라고 고백하도록 밀고 당기고 끌어안고 씨름하십니다. 우리 인생 속에서 우리 자신을 진심으로 항복하게 하시는 하나님입니다.

먹고 마셔 살로 채워 가는 텍스트

성경은 기독교 신앙에 대한 규범적이고 표준적인 텍스트이면서, 동시에 각 개인이 그 규범과 표준을 자기 인격과 인생 속에 담아내고 먹고 마시고 채워 자기 살로 만들어 구체화해야 하는 텍스트입니다. 예를 들어, 하나님이 누구신가에 관한 설명이 성경에 들어 있습니다. 그러나 성경에 그런 내용이 있다는 데서 끝나지 않고, 그를 믿는 성도들이 각자의 삶에 놓인 시험과 유혹과 도전과 한계와 고통과 고민과 절망 속에 울고 발버둥 치면서도 결국 모든 안전과 타협을 거부하고 마침내 '나는 하나님의 자녀입니다. 나는 도망가지 않겠습니다'라는 또 하나의 텍스트를 만들어 내는 것입니다.

욥의 친구가 되는 것은 쉽습니다. 가서 손가락질만 하면 되니 말입니다. "넌 그게 뭐냐?" "넌 왜 새벽기도 안 나와?" "성경 좀 봐." 얼마나 할 말이 많습니까? 그러나 신앙은 그렇게 간단하지 않습니다. 자기 인격과 생애 속에서, 시간과 공간이라는 현실 속에서 구체화해야 하는 것이 신앙입니다. 이처럼 구체화를 하려면 무엇이 필요합니까? 규범과 표준이라는 말속에는 시간과 과정이라는 것이 늘 배제되는데, 구체화를 하려면 반드시 시간과 과정이 필요합니다. "훌륭한 사람이 되어야 한다"라고 하면 바로 훌륭해지고, "다시는 죄짓지 마"라고 하면 바로 "아멘"이 됩니까? 그것을 내 것으로 만들려면 자신의 육체에 습관을, 내용을 만들어야 합니다. 피와 살을 바꿔야 합니다. 뽑고 새로 넣고, 뽑고 새로 넣고를 해야 합니다. 그래서 울고불고 실패하고 포기하고 타협하고 돌아오고 하면서, 하나님이 안 놔줘서 끝까지 갈 수밖에 없는 길을 걷게 되어 있습니다. 우리가 세 친구가 아니라 욥일 수밖에 없는 이유입니다. 우리가 이 자리로 부름을 받습니다.

안식일 논쟁을 생각해 봅시다. 안식일에 예수님이 제자들과 밀밭을 지나가는데, 제자들이 밀을 까서 먹습니다. 그렇지 않아도 눈에 불을 켜고 시비를 걸던 사람들이 안식일에 해서는 안 될 일을 한다며 제자들을 비난합니다. 그러자 예수님이 중요한 말씀을 하십니다. "안식일이 사람을 위하여 있는 것이요 사람이 안식일을 위하여 있는 것이 아니니"(막 2:27). 법보다 인간이 크다는 말입니다. 하나님이 인간을 법 아래 가두고 있지 않다는 말입니다. 얼마나 놀랍습니까. 신앙이라는 이름 아래에도 가두지 않으십니다. 신앙이란 하나님을 아는 것입니다. 그것은 법과 관념, 명분과 이상을 뛰어넘어 실체로서 하나님의 자녀가 되는 것입니다. 신앙이라는 말을 어떤 표준이나 규칙으로 써먹지 않도록 조심해야 합니다. 욥은 믿음의 사람이 됩니다. 우리 인생 속에 발버둥과 한숨과 조마조마함과 자책이 있는 것은, 하나님이 "어떻게 할래? 세상과 안전 속으로 도망갈래 아니면 나하고 끝장을 볼래?" 하는 도전 앞에 우리를 세우셨다는 말입니다.

아무 생각할 필요가 없고 편안하면 그만이라고 생각하십니까? 성경은 단지 편안한 것을 신앙이라고 하지 않습니다. 신앙의 기쁨은 '나는 세상과 다른 존재다. 나는 하나님의 자녀다' 하는 데에 있습니다. 옳고, 쓸모 있고, 자랑스러운 것들에 대해서는 말을 조심해서 써야 합니다. 이 단어들은 하나님과 연결해서 써야 합니다. 이것들이 하나님과 가까워지는 방법이 아니라 하나님을 대신하는 것으로 되어 있지는 않은지 늘 확인해야 합니다. 우리 인생에 아무런 보상과 보장이 없습니까? 그것은 우리가 덜 중요한 존재라거나 하나님이 쉬고 계셔서가 아니라, 지금도 하나님이 일하고 계신 증거라는 것을 기억하기 바랍니다.

기도

하나님 아버지, 생각해 보면 하나님이 쉬고 계신 날은 없습니다. 우리 주 예수께서, 아버지께서 일하시니 나도 일한다고 고백하신 말씀대로 아버지께서 일하고 계십니다. 우리를 사랑하시고 인도하시며 우리와 함께 계시며 우리 영혼에 말씀하고 계십니다. 우리는 늘 도망가고 더 이상 하나님을 찾을 일이 없게 해 달라고 기도합니다. 그러나 무엇이 복된 길인지 보게 하옵소서. 하나님이 우리를 찾으시고 흔드시고 깨우시는 줄 알아 하나님의 자녀라는 영광과 명예 앞에 자신을 내어놓는 믿음의 항복이 있게 하여 주옵소서. 예수님 이름으로 기도합니다. 아멘.

08

11:1 나아마 사람 소발이 대답하여 이르되 2 말이 많으니 어찌 대답이 없으랴 말이 많은 사람이 어찌 의롭다 함을 얻겠느냐 3 네 자랑하는 말이 어떻게 사람으로 잠잠하게 하겠으며 네가 비웃으면 어찌 너를 부끄럽게 할 사람이 없겠느냐 4 네 말에 의하면 내 도는 정결하고 나는 주께서 보시기에 깨끗하다 하는구나 5 하나님은 말씀을 내시며 너를 향하여 입을 여시고 6 지혜의 오묘함으로 네게 보이시기를 원하노니 이는 그의 지식이 광대하심이라 하나님께서 너로 하여금 너의 죄를 잊게 하여 주셨음을 알라 7 네가 하나님의 오묘함을 어찌 능히 측량하며 전능자를 어찌 능히 완전히 알겠느냐 8 하늘보다 높으시니 네가 무엇을 하겠으며 스올보다 깊으시니 네가 어찌 알겠느냐 9 그의 크심은 땅보다 길고 바다보다 넓으니라 10 하나님이 두루 다니시며 사람을 잡아 가두시고 재판을 여시면 누가 능히 막을소냐 11 하나님은 허망한 사람을 아시나니 악한 일은 상관하지 않으시는 듯하나 다 보시느니라 12 허망한 사람은 지각이 없나니 그의 출생함이 들나귀 새끼 같으니라 13 만일 네가 마음을 바로 정하고 주를 향하여 손을 들 때에 14 네 손에 죄악이 있거든 멀리 버리라 불의가 네 장막에 있지 못하게 하라 15 그리하면 네가 반드시 흠 없는 얼굴을 들게 되고 굳게 서서 두려움이 없으리니 16 곧 네 환난을 잊을 것이라 네가 기억할지라도 물이 흘러감 같을 것이며 17 네 생명의 날이 대낮보다 밝으리니 어둠이 있다 할지라도 아침과 같이 될 것이요 18 네가 희망이 있으므로 안전할 것이며 두루 살펴보고 평안히 쉬리라 19 네가 누워도 두렵게 할 자가 없겠고 많은 사람이 네게 은혜를 구하리라 20 그러나 악한 자들은 눈이 어두워서 도망할 곳을 찾지 못하리니 그들의 희망은 숨을 거두는 것이니라 (욥 11:1–20)

소발 _ 네 잘못이나 돌아보라

욥의 친구로는 가장 먼저 엘리바스가 나와서 도덕률의 견고함을 근거로 욥을 책망했고 욥은 자신의 경험이 도덕률로는 다 정리할 수 없는 깊고도 신비한 현실이라고 답했습니다. 두 번째로는 빌닷이 나와서 '우리가 받는 하나님의 통치와 우리가 가진 하나님에 대한 지식은 오랜 기간에 걸친 경험과 축적된 지혜 속에서 갖게 된 틀이다. 그런데 잠시 사는 존재에 불과한 네가 어찌 그 틀을 깨고 나와서는 네가 옳다고 하여 우리가 가진 고정관념마저 깨려고 하느냐' 하고 따집니다.

이에 욥이 '나도 내가 짧은 인생을 사는, 깊은 지혜를 다 담을 수 없는 존재인 것을 안다. 그러나 그 전통이나 고정관념이라는 것이 어느 날 하늘에서 뚝 떨어진 완벽한 이론이나 완전한 이치가 아니라 오랜 세월에 걸친 시험 과정을 통해 경험 속에서 만들어진 것이 아니냐? 그것이 어떤 식으로 결론에 이르러서 우리의 전통이나 고정관념으로 굳어졌는지 생각해 보라. 우리의 경험이 전통을 더 발전시키고 깊이를 더하는 일에 쓰일 수도 있지 않느냐?'라고 반문하였습니다. 그러자 이제 등장하는 친구 소발은 '하나님이 더 크시지 않느냐? 아무려면 네가 생각하는 것을 하나님이 모르시겠느냐?'라는 말로 권면합니다.

회개하라는 말, 섣불리 하지 마라

욥기 11장에는 하나님에 대한 소발 자신의 이해가 나오고, 그 이해에 근거한 권면이 나옵니다. '하나님이 우리보다 지혜가 더 많으시며 생각이 더 깊으실 것 아니냐? 그러니 너에게 일어난 일에 대해서 하나님에게 불평하려고 들거나 이미 있던 틀을 깨려고 하지 말고 네가 무엇을 잘못했는가를 다시 돌아보라. 하나님이 틀렸을 가능성보다는 네가 틀렸을 가능성이 더 크지 않겠느냐?' 2절부터 12절까지는 하나님이 능력과 지혜에서 얼마나 광대하신 분인가 하는 내용이고, 13절부터 20절까지는 그러니까 회개하면 하나님이 다 해결해 주시고 마침내 복을 주실 것이라는 내용입니다.

엘리바스, 빌닷, 소발, 이 세 사람이 제시하는 하나님에 대한 이해가 그 자체로 잘못된 것은 아닙니다. 모두 진리의 어느 한 부분을 붙잡고 있습니다. 욥기에서도 그들의 이해가 잘못되었다고 하지는 않고, 다만 욥이 겪고 있는 이 고난을 담아내기에는 그들의 이해가 부족하다고 말합니다. 이것이 욥기의 중요한 주제입니다. 도덕으로도 담아내지 못하고 전통으로도 담아내지 못하고 신비로도 담아내지 못하는 그 무엇을 욥이 경험하고 있습니다. 가만히 생각해 보면 우리가 기독교 신앙이라고 이해하는 바가, 아마도 이 세 가지 중 어느 하나이거나 이 셋을 적당히 섞어 놓은 것일 수 있습니다. 그러니 이러한 이해를 가지고 누군가를 향해 회개하라는 말을 섣불리 해서는 안 됩니다. 이 말이 무슨 뜻인지 생각해 봅시다.

하나님은 정말 신비로운 분이십니다. 하나님은 당연히 도덕성을 가지고 계시며 전통 속에서 당신의 신실하심을 증명하시며 동시에 측량할 수 없이 크십니다. 그런데 우리는 이것을 가져다가 자기에게 편리한 방식으로 사용합니다. 쉽게 말해, 나 편하자고 하는 데에 씁니다. 우리가 가장 조심해야 할 점입니다.

우리는 옆에서 누가 괴로워하고 의심하고 고통스러워하고 불평하는 것을 못 견딥니다. 자기도 불안하기 때문입니다. 내가 완전하고 충만하면 옆에서 누가 불만을 토하거나 비명을 질러도 괜찮겠지만, 나도 아슬아슬한데 옆에서 누가 넘어지면 그 여진이 나한테까지 올 것이 너무 뻔하니까 상대방을 들볶는 것입니다. "내 말 들어라. 그리고 잠잠해라. 비명 좀 그만 질러라. 그렇지 않아도 힘들어 죽겠고 불안해 죽겠는데 너마저 왜 겁을 주냐?" 하는 싸움입니다.

그런데 잘 생각해 봅시다. 욥기 11장 13절부터 마지막 절까지는 회개하라는 내용인데, 회개란 죄를 고백했으니 안심하여 자기 확인을 하는 것이 아닙니다. 회개란 내가 아는 길, 내가 확실하다고 여기는 길을 하나님에게 맡기는 것입니다. 대개 예수를 처음 믿을 때 회개하는데, 이때의 회개는 길을 돌이킨다는 뜻으로 사용합니다. 하나님을 모르던 데서 하나님의 통치에 순종하는 길로 돌이킨다는 의미입니다. 그런데 이때의 돌이킴은 주로 윤리적 차원으로 이해됩니다. 거짓말하던 것을 이제 안 한다는 식입니다.

그런데 성경이 말하는 회개는 여기서 더 나아갑니다. 우리가 하나님에게 순종하는 모습을 보면 하나님이 누구신가에 대한 이해까지는 깊이 나아가지 않습니다. 하나님은 사랑이시다, 하나님은 거룩하시다 하는 정도까지만 들어가는데, 그마저도 구체적으로 파고 들어가면 모호하게 알고 있습니다. 그런데 이런 모호한 이해로는 안심이 되지 않으니까, 서로 애써 외면하고 더 깊은 질문이나 갈등은 피하면서 조마조마하게 예수 믿고 삽니다. 그러다 보니 누가 "으악!" 그러면, 비명은 저 사람이 질렀는데 나가떨어지는 것은 나 자신이 되고 맙니다.

기독교가 한창 부흥했을 때 우리에게는 자신감이 있었습니다. 그러다가 이제 어려운 형편을 맞이하자 다 같이 두려워하기 시작했습니다. 그러나 부흥한다고 해서 넉넉해지는 것도 아니고 배척을 받거나 공격을 당하고 있다고 해서 불안할 것도 없는 것이 바로 예수 믿는 것입니다.

하나님은 여론이나 대세나 힘에 의해서 흔들리거나 타협하실 분이 아니며, 우리가 보호하고 지켜 드려야 할 분도 아닙니다. 우리는 그분의 전능하심과 신실하심, 선하심에 대하여 굳은 고백을 했습니다. 그런데도 이런 신앙의 본질적 내용에서 위안과 힘을 얻지 못합니다. 오히려 밖에 있는 환경에 의해 더 많이 좌우됩니다. 흔들리고 비명을 질러 댑니다.

하나님 앞에 도대체 무엇을 구하십니까? 내 불안과 내 의심과 내 모호함을 없애 달라고 구할 뿐, 하나님을 더 알게 해 달라고는 구하지 않습니다. 그래서 오랜 시간 하나님을 믿어 왔어도 하나님에 대해서 그만큼 많이 안다고 자신 있게 이야기할 수 없는 이상한 신앙을 가지게 되었습니다. 욥기는 이에 대한 도전입니다. 욥기에서 보는 이 신비는 우리가 하나님을 다 이해하고 측량할 수 없는데, 결국 하나님이 이 자리로 우리를 초대하신다는 데에 있습니다. 하나님을 다 이해할 수 없다는 것에 대해 몇 가지만 살펴봅시다.

펄펄 뛸 일이 생기는 신앙 현실

하나님이 아브라함에게 이삭을 바치라고 하신 사건을 우리는 알고 있습니다. 아브라함이 고민하다 어느 날 저희 집에 찾아와서 "아무개야, 나 큰일 났다. 하나님이 나보고 내가 백 살에 얻은 아들을 내놓으라는데 어쩌면 좋으냐?"라고 하면, "뭘 어쩌면 좋아? 믿음은 어따 두고?" 이렇게 답하시겠습니까? 아닐 것입니다. "아니, 하나님이 어떻게 자식을 내놓으라고 그럴 수 있지? 그런 것은 이방 신들이나 하는 거 아냐? 네가 잘못 들었겠지." 당연히 이렇게 말하지 않겠습니까? 하나님이 그러실 줄 몰랐다고 하는 것이 정상적 반응 아니겠습니까? 그런데 그 일이 실제로 일어났고 하나님이 아브라함에게 아들을 요구하셨습니다.

우리는 이미 결론을 알고 있으니 쉬워 보입니다. 아브라함이 이삭을 잡기 전에 하나님이 멈추라고 하신 것을 알고 있으니까 "거 봐라. 내 그럴 줄 알았다"라고 할 수 있는 것입니다. 이것은 영화를 다 본 사람만이 할 수 있는 이야기입니다. 그런데 만일 내가 아브라함이라면 어떻게 반응하겠습니까? 펄펄 뛸 일입니다. 우리로서는 도저히 이해할 수 없는 일입니다.

그런데 이런 사건이 있음으로써 하나님이 아브라함에게 약속하신 '너는 복의 근원이 될지라'라는 말씀이 우리가 이해할 수 없는 차원의 큰 이야기라는 것을 어렴풋이 알게 됩니다. 하나님이 아브라함을 복의 근원으로 부르시고 열국의 아비가 되게 하신다는 것은 우리로서는 이해할 수 없는 일입니다. 그런데 하나님은 이 사건을 통해서 하나님의 무궁한 능력과 깊은 지혜로 이런 일들은 얼마든지 가능하다는 것을 보여 주어 우리 이해의 한계를 깨 버리셨습니다.

우리는 이 이야기에서 아브라함에게 이삭을 바치라고 하신 하나님의 모습에 놀랍니다. 안전망, 안전한 조약, 안전한 관계, 종교라는 이름으로 우리가 알고 있고 우리가 기대하고 요구하는 한계를 벗어나게 하기 때문입니다. 벽을 뚫고 들어오시고 집을 날려 버리시는 것과 같은 하나님의 신비 앞에서 "네가 살고 있는 안전한 집만이 아니라 펼쳐진 모든 세계가 네 것이다. 그러니 그 집에서 나오라"라고 말씀하시는 하나님의 음성을 듣게 됩니다.

이런 말씀을 로마서 5장에서도 보았습니다. 욥기의 주제를 생각하면서 이 대목을 다시 읽어 봅시다.

> 그러므로 우리가 믿음으로 의롭다 하심을 받았으니 우리 주 예수 그리스도로 말미암아 하나님과 화평을 누리자 또한 그로 말미암아 우리가 믿음으로 서 있는 이 은혜에 들어감을 얻었으며 하나님의 영광을 바라고 즐거워하느니라 다만 이뿐 아니라 우리가 환난 중에도 즐거워하나니 이는 환난은 인내를, 인내는 연단을, 연단은 소망을 이루는 줄 앎이로다 (롬 5:1-4)

어떻게 환난이 우리의 소망을 이룹니까? 환난과 소망은 다른 길 아닙니까? 동행할 수 없고 병존할 수 없는 길입니다. 환난은 망하는 길입니다. 막히는 길, 꺾이는 길, 죽어 나가는 길인데 그것이 어떻게 영광의 소망을 이룬다는 말입니까? 동과 서를 어떻게 묶는다는 말입니까? 그러나 하나님이 그렇게 하신답니다. 동쪽으로 가야 하는데, 서쪽으로 끌고 가서는 동쪽에 가닿게 하십니다.

우리는 신앙 생활을 쉽고 편하게 하고 싶어 합니다. 쉽게 믿고 싶은 가장 큰 이유는 기독교 신앙을 나 좋은 신앙, 나 편한 신앙으로 만들려 하기 때문입니다. 기독교 신앙을 살아생전에 안심할 장치 외에 아무것도 아닌 것으로 여기니까 하나님의 더 깊은 개입을 바라지 않는 것입니다. 누군가에게 감당하지 못할 일이 일어나면 서로 놀랍니다. 병균이 옮아올까 봐 놀라는 것입니다. 그 사람 때문에 나도 환난을 당하고 고민에 휩싸이고 더 기도해야 하는 일이 생길까 봐 피합니다. 그래서 얼른 예방접종을 합니다. 밀린 십일조도 내고, 안 나오던 삼일 저녁 예배도 나오고 해서 이 균이 못 들어오게 합니다. 어쩌다 하나님이 균과 동일한 존재에 불과해지고 말았습니다.

묶을 수 없고 이해할 수 없는, 말이 안 되는 이야기

예수를 믿는다는 말의 깊이와 무게와 신비를 아는 사람이 의외로 적습니다. 우리가 잘못하고 있다는 이야기를 하려는 것이 아닙니다. 하나님은 우리가 이해하고 붙들고 있는 개념보다 훨씬 크시다는 이야기를 하고 싶었습니다. 하나님이 누구시냐는 물음에 우리는 단 한마디, 예수 그리스도의 아버지라고 이야기할 수밖에 없습니다. 예수 그리스도의 아버지라는 말에 하나님에 대한 모든 설명이 들어 있습니다. 빌립보서 2장 5절 이하를 봅시다.

너희 안에 이 마음을 품으라 곧 그리스도 예수의 마음이니

> 그는 근본 하나님의 본체시나 하나님과 동등됨을 취할 것
> 으로 여기지 아니하시고 오히려 자기를 비워 종의 형체를
> 가지사 사람들과 같이 되셨고 사람의 모양으로 나타나사
> 자기를 낮추시고 죽기까지 복종하셨으니 곧 십자가에 죽
> 으심이라 (빌 2:5-8)

죽어 버리셨습니다. 죽음은 끝장 아닙니까? 부정의 끝, 패망의
끝이 죽음입니다. 그러나 그 죽음으로 결국 무엇을 이룹니까?

> 이러므로 하나님이 그를 지극히 높여 모든 이름 위에 뛰어
> 난 이름을 주사 하늘에 있는 자들과 땅에 있는 자들과 땅
> 아래에 있는 자들로 모든 무릎을 예수의 이름에 꿇게 하시
> 고 모든 입으로 예수 그리스도를 주라 시인하여 하나님 아
> 버지께 영광을 돌리게 하셨느니라 (빌 2:9-11)

하나님의 영광을 결실하게 합니다. 죽음이 말입니다. 자기를 비
워 종이 되고 순종하여 죽는 것이 영광으로 가는 길이라고 합니
다. 우리는 이런 하나님을 이해하지 못합니다. 그저 일어난 사실
을 볼 뿐입니다. 예수 그리스도의 수난과 부활에서 죽음과 승리
가 손잡고 있는 것을 봅니다. 이런 내용이 어느 말씀에 이어 나
오는지 아십니까? 빌립보서 2장 1절입니다. "그러므로 그리스도
안에 무슨 권면이나 사랑의 무슨 위로나 성령의 무슨 교제나 긍
휼이나 자비가 있거든." 무슨 말이겠습니까? 권면, 위로, 교제와

같은 신앙의 이름으로 중요한 일을 할 때에 그리스도의 죽음과 부활을 기억하라는 것입니다.

우리가 아는 바와 달리 영광이라는 결과로 이어지는 조건은 승리나 자랑이나 힘이 아닙니다. 하나님은 당신에게 순종하는 길 곧 우리 자신을 버리는 길을 통해 우리를 영광으로 끌고 갈 것입니다. 그러니 항상 옳고 맞는 이야기로, 그 말이 그 말 같은 그런 이야기로 하나님을 제한하지 마십시오. 우리가 걷는 길과 그 옆길과 우회로와 그 반대편에 난 길마저도, 짐짓 병존할 수 없어 보이는 것들까지 다 묶어도 하나님과 하나님이 하시는 일을 다 담아낼 수 없습니다. 그런 무한하신 분이 바로 우리 하나님이십니다. 내가 가는 길의 옳음과 정당함이 자신의 안전을 확보하고 모두의 항복을 받아 내어 권력이 되고 여론을 형성하여 큰소리를 치게 되지 않도록 조심해야 합니다.

우리가 신앙생활을 하면서 경험하는 큰 시험 중 하나는 우리가 간절하게 구하는 것을 하나님이 감춰 두시고 절대 확인시켜 주지 않으시는 것 같다는 생각입니다. 또 우리가 볼 때 가짜인 사람이 큰소리치고 보상을 받고 있는 현실입니다. "하나님, 억울합니다. 저 가짜가 왜 큰소리치고 대접을 받고, 이 진짜는 이렇게 묻히고 감춰지고 비실거려야 합니까?" 이런 우리의 호소에 하나님은 너 참아라, 너 겸손해라, 너 양보해라, 너 희생해라, 하는 말로 억압하시지 않습니다. 대신 하나님의 측량 못할 크기를 깨달으라고 하십니다. 강요로 이룰 수 없는 자리이기 때문입니다.

우리가 옳을 때는 이 부분에서 걸려 넘어집니다. 옳기 때문에 그렇습니다. 그래서 다른 사람들의 공감을 받고 설득력을 얻을 때가 오히려 위험합니다. 욥기에서 지금 누가 옳다고 주장하고 있습니까? 욥의 세 친구입니다. 친구 셋이 들러붙어서 욥에게 틀렸다고 하고, 욥은 현실 속에서 홀로 고난을 받고 있으니까 변명의 여지가 없습니다. 잘했는데 고난을 당하고 있는 것입니다. 그러니 욥이 죽을 맛입니다. 세 친구가 하는 이야기, 도덕률이나 전통이나 신비에 관해 욥이 모르는 것도 아니고 경험이 없는 것도 아닌데, 그것으로 해결되지 않는 이상한 상황에 붙잡혀 있는 것입니다. 뭐가 뭔지 모르겠는 것입니다.

이해를 돕기 위해 제 이야기로 예를 들어 보겠습니다. 제가 병원에 가면 의사들이 병명을 찾지 못합니다. 검사하면 다 정상으로 나옵니다. 그런데 저는 아프거든요. 그래서 저는 의사를 잘 믿지 못합니다. 죄송합니다. 예화를 들자고 한 말이니 의사 선생님들은 화내지 말기 바랍니다. 우리가 일상에서, 현실에서 만나는 일을 예로 든 것 뿐입니다. 물론 의사의 말이 옳을 것입니다. 옳은데, 엘리바스 같고 빌닷 같고 소발 같습니다. 그래서 마지막에 제게 내리는 처방이 이것입니다. "스트레스를 받지마세요." 아니, 내가 문을 열어서 스트레스가 들어왔답니까? 그것이 숨어 들어온 것 아닙니까? 어떤 의사들은 또 이런 이야기를 합니다. 죽을 것이라고 했던 환자는 낫고, 걱정 없다고 했던 환자는 죽더라는 것입니다. 생명을 다루는 것은 의사가 아님을 깨달았습니다.

우리가 신앙생활을 하면서 만난 하나님은 어떤 분이십니

까? 이런 질문을 받으면, 막막한 생각이 듭니다. 그래서 보통 생각을 중단하고 현실의 어려움을 미봉책으로 삼아 대충 넘어가려고 합니다. 어떻게 해서든지 자기를 안심시킬 수 있는 답을 찾습니다. 하나님이 무엇을 하시려는지에 대해서는 생각하지 않습니다. 이 점에 대해서는 욥이 대답하는 장면에서 좀 더 깊이 들어가 보기로 하고, 본문 말씀에서 소발이 주장하는 하나님만 보더라도 생각할 점이 있습니다.

창세기에서 아브라함이 이삭을 바치는 사건이나 로마서에서 환난이 소망을 이룬다는 이야기나 예수님의 십자가 사건은 우리가 묶을 수 없고 이해할 수 없는, 말이 안 되는 이야기들입니다. 이렇게 신비와 기적으로밖에는 설명할 수 없는 것들을 이미 우리 안에 가지고 있습니다. 그런데 우리가 현실에서 이야기할 때는 이런 것을 쏙 빼놓고, 하나님을 더 깊이 이해하는 방향으로 나가는 것이 아니라 나 하나 편하기 위해 자기만의 신앙을 만들고 있다는 사실을 돌아봐야 합니다.

이 부분을 강조하는 이유는 우리가 잘못 믿고 있다고 지적하려는 것이 아닙니다. 하나님이 누구신가에 대한 더 깊은 이해가 없으면 현실을 신앙으로 담아내지 못하는 결과가 생기게 되기 때문입니다. 신앙으로 현실을 담아내지 못하면 책임을 추궁할 누군가를 필요로 하게 됩니다. 하나님에게는 덮어씌울 수 없으니까 다른 나쁜 놈이 필요하게 됩니다. 그 대상이 지금 정치인일 수도 있고 어릴 적 담임 선생님일 수도 있고 이웃일 수도 있습니다. 책임을 물을 그 누군가가 있어야 합니다. 그래서 '이 세상이 아무리 크더라도 다 하나님의 세계다. 하나님이 그 안에서 통치하신다. 공중에 나는 새를 보고 들에 핀 백합화를 보아라. 오늘 있다가 내일 아궁이에 던져지는 들풀도 하나님이 이렇게 입히시거늘 하물며 너희일까 보냐 믿음이 적은 자들아' 하는 말씀 속에는 죽어도 못 들어오는 것입니다. 자기 인생을 하나님의 인도하심에 맡기지 못합니다. 그래서 우리의 신앙은 얄팍합니다.

현실에서 일어나는 부조리, 긴장, 갈등, 억울함, 무거움, 막막함을 들고 하나님에게 나아가십시오. 하나님 앞에 가서 그 문제를 해결하라는 것이 아니라 하나님이 얼마나 크신 분인가를 보라는 것입니다. 우리의 미련함, 실수, 한계, 무기력, 무지까지 다 담아서 일하시는 하나님의 넓고 크심 속으로 자신을 둥실 띄워 보내지 못하고, 내가 알고 있는 하나님 안에 어떻게든 현실을 묶어 보기 위하여 끊임없이 화를 내고 겁을 내고 불안과 초조 속에서 살아가니 사랑할 틈이 없습니다.

이기는 것이 전부가 아닌 인생

성경이 얼마나 많은 신비를 이야기하는데도 우리가 성경을 얼마나 피상적으로 읽고 있는지 생각해 봅시다. 고린도후서 4장 7절 이하를 보겠습니다.

우리가 이 보배를 질그릇에 가졌으니 이는 심히 큰 능력은 하나님께 있고 우리에게 있지 아니함을 알게 하려 함이라 우리가 사방으로 욱여쌈을 당하여도 싸이지 아니하며 답답한 일을 당하여도 낙심하지 아니하며 박해를 받아도 버린 바 되지 아니하며 거꾸러뜨림을 당하여도 망하지 아니하고 우리가 항상 예수의 죽음을 몸에 짊어짐은 예수의 생명이 또한 우리 몸에 나타나게 하려 함이라 (고후 4:7-10)

죽음과 생명이 손잡을 수 있다는 것이 말이 됩니까? 예수의 죽음을 몸에 짊어지는데, 그 몸에서 예수의 생명이 나타난다는 이야기를 생각해 본 적이 있습니까? 없다면 그렇게 생각하지 않는 이유는 무엇입니까? 신자의 현실은 죽음이고 그 약속은 생명 아닙니까? 신자 자신이 죽음과 생명의 혼돈 속에 있으면서도 그것을 생각하지도 묻지도 않은 이유는 무엇입니까? 물어봤자 복잡하고 답이 안 나오니까 혼자 대충 넘어가서 해결했던 것 아닙니까? 어려우면 십자가, 잘되면 응답, 이렇게 메우고 사느라고 예수를 믿는 깊이와 진정한 신비 그리고 신자라는 이름으로 인생과 현실을 늠름하게 살아가는 영광을 놓쳐 버렸습니다.

저는 이 대목에서 한 가지 분한 게 있습니다. 우리가 아는 세상 사람들 그러니까 예수를 믿지 않거나 목회가 아닌 다른 일에 종사하는 친구들을 만나서 대화해 보면, 그 사람들은 별로 우는 소리를 안 합니다. 어려운 일을 당해도 인생이 원래 그런 것이라면서 늠름하게 버팁니다. 베테랑같이 말입니다. 그런데 예수 믿는다는 사람들이 그런 문제 앞에서 훨씬 징징댑니다. 이런 모순을 보며 깜짝 깜짝 놀랍니다. 예수 안 믿는 동창들한테 "너 그렇게 살면 안 돼. 믿어야 돼" 그러고 다니는데, 말이 곱게 안 나옵니다. 좋은 의도가 아니라서 그렇습니다. 이렇게 말하는 것 말고는 자신의 정체성을 확인할 방법이 없어서 그러는 것입니다. 술 마시는 동창들 놔두십시오. 그렇게 해서 하루를 견디는 것입니다. 그런 것으로 펄펄 뛰지 마십시오. 술 안 먹는 것만이 전부인 신앙이어서는 안 됩니다. 그것이 자기를 증명할 유일한 내용이어서는 안 된다는 말입니다. 하나님의 신비와 부르심에 대한 항복, 현실과 자기 인생과 존재를 담아낼 마음의 용기, 이것이 바로 신앙입니다. 술 이야기를 하니까 마음에 걸리십니까? 그럼 담배 이야기를 할까요? 기독교를 너무 사소하고 치사한 문제에 걸어서 증명해야 할 만큼 우리 신앙이 가난해졌습니다. 술 아니면 담배 끊으라는 이야기밖에 할 말이 없습니다. 우리 신앙이 그만큼 가난하기 때문입니다.

고린도후서 4장의 말씀을 이어서 볼까요. "우리 살아 있는 자가 항상 예수를 위하여 죽음에 넘겨짐은 예수의 생명이 또한 우리 죽을 육체에 나타나게 하려 함이라"(고후 4:11). 생명은 귀합니다. 그래서 우리는 그것이 영광스럽고 멋진 데 담겨 있어야 한다고 생각합니다. 보석을 담는 보석함이 멋있는 것처럼 말입니다. 그런데 이 말씀은 보석을 신문지에 싼다는 이야기입니다. 예수의 생명이 우리 죽을 육체에 나타나게 하려 한다고 합니다.

"그런즉 사망은 우리 안에서 역사하고 생명은 너희 안에서 역사하느니라"(고후 4:12). 죽음으로 생명을 만든다고 합니다. 이것이 가능한 이야기입니까? 기억나는 구절이 하나 있을 것입니다. '한 알의 밀이 땅에 떨어져 죽지 아니하면 한 알 그대로 있고 죽으면 많은 열매를 맺느니라'(요 12:24). 외우지만 말고 살아내십시오. 예수 믿는 존재가 되십시오. 예수 믿는 인생을 사십시오. 예수를 믿어 현실과 맞대결하십시오. 술 먹냐 담배 피우냐로 시비하지 말고 세상을 이기십시오.

하나님이 욥에게 준 시련과 도전은 너무나 크고 깊은 것입니다. 하나님이 누구신가에 관한 문제입니다. 하나님은 다만 옳고 그름을 판단하시는 하나님, 상을 주고 벌을 주시는 하나님, 열심을 다해서 기도하면 응답하고 등 두드려 주시는 하나님, 우리가 그분을 외면하면 그분도 우리를 외면하는 하나님이 아니라는 것입니다. 이렇게 작은 분이 아니라는 이야기입니다. 그것은 우리도 마찬가지입니다. 인간 세계에서도 옳고 그름만으로 관계를 맺지 않습니다. 인간이라는 존재는 도덕보다 큽니다. 어떤 소원보다도 큽니다. 부자가 되고 싶어 하고, 높은 지위를 얻고 싶어 하고, 건강하고 싶은 소원은 사실 그것 자체가 목적이 아닙니다. 행복은 언제나 그런 소원들보다 큽니다. 달리 표현할 수 없어 돈, 지위, 건강과 같은 단어를 가져와 행복이라고 말할 뿐입니다. 그런데 행복이란 우리가 취득하고 빼앗을 수 있는 사물이 아닙니다.

이런 도전을 통해 욥은 인간이 다만 이기는 것이 전부가 아닌 존재라는 것을 확인하게 됩니다. 하나님이 우리를 그렇게 만드셨습니다. 하나님이 우리의 아버지가 되셨고, 우리를 당신의 자녀로 부르셨습니다. 그는 우리에게 믿음을 요구하시고 거룩함을 요구하시고 사랑을 요구하십니다. 이런 하나님의 크심 앞에 홀로 서십시오. 하나님을 아는 것이 무엇인지를 하나님에게 물음으로써, 우리 삶에 가장 큰 영향을 미치며 우리를 위협하는 세상과 현실을 이기십시오. 하나님을 아는 기쁨, 그의 자녀로 사는 명예, 인생의 신비와 위대함, 용기와 믿음과 기쁨과 자랑을 쟁취하십시오. 구하여 얻으십시오. 그리하여 남의 이야기 듣는 것으로 때우지 말고, 하나님의 자녀로 사는 기쁨을 실제로 누리십시오.

기도

하나님 아버지, 은혜를 감사합니다. 하나님은 크시고, 크시고, 크신 분입니다. 또한 위대하시고, 광대하시고, 놀라우시고, 선하시고, 의로우십니다. 그리고 우리의 아버지십니다. 왜 우리에게는 하나님보다 현실이 더 무서울까요. 현실은 아는데, 하나님은 모르는 탓입니다. 세상을 만드신 하나님, 우리 인생을 예수 안에서 붙잡아 우리로 현실을 살게 하시는 하나님, 우리로 아버지를 알게 하사 그 신비, 그 기적, 그 지혜, 그 사랑을 누리게 하옵소서. 세상을 이겨 하나님의 자녀라고 가슴을 펴고 웃고 나누고 자랑하면서 우리에게 주어진 인생을 걸어갈 실력을 주옵소서. 예수님 이름으로 기도합니다. 아멘.

09 **12:1** 욥이 대답하여 이르되 **2** 너희만 참으로 백성이로구나 너희가 죽으면 지혜도 죽겠구나 **3** 나도 너희 같이 생각이 있어 너희만 못하지 아니하니 그같은 일을 누가 알지 못하겠느냐 **4** 하나님께 불러 아뢰어 들으심을 입은 내가 이웃에게 웃음거리가 되었으니 의롭고 온전한 자가 조롱거리가 되었구나 **5** 평안한 자의 마음은 재앙을 멸시하나 재앙이 실족하는 자를 기다리는구나 **6** 강도의 장막은 형통하고 하나님을 진노하게 하는 자는 평안하니 하나님이 그의 손에 후히 주심이니라 **7** 이제 모든 짐승에게 물어 보라 그것들이 네게 가르치리라 공중의 새에게 물어 보라 그것들이 또한 네게 말하리라 **8** 땅에게 말하라 네게 가르치리라 바다의 고기도 네게 설명하리라 **9** 이것들 중에 어느 것이 여호와의 손이 이를 행하신 줄을 알지 못하랴 **10** 모든 생물의 생명과 모든 사람의 육신의 목숨이 다 그의 손에 있느니라 **11** 입이 음식의 맛을 구별함 같이 귀가 말을 분간하지 아니하느냐 **12** 늙은 자에게는 지혜가 있고 장수하는 자에게는 명철이 있느니라 **13** 지혜와 권능이 하나님께 있고 계략과 명철도 그에게 속하였나니 **14** 그가 헐으신즉 다시 세울 수 없고 사람을 가두신즉 놓아주지 못하느니라 **15** 그가 물을 막으신즉 곧 마르고 물을 보내신즉 곧 땅을 뒤집나니 **16** 능력과 지혜가 그에게 있고 속은 자와 속이는 자가 다 그에게 속하였으므로 **17** 모사를 벌거벗겨 끌어 가시며 재판장을 어리석은 자가 되게 하시며 **18** 왕들이 맨 것을 풀어 그들의 허리를 동이시며 **19** 제사장들을 벌거벗겨 끌어 가시고 권력이 있는 자를 넘어뜨리시며 **20** 충성된 사람들의 말을 물리치시며 늙은 자들의 판단을 빼앗으시며 **21** 귀인들에게 멸시를 쏟으시며 강한 자의 띠를 푸시며 **22** 어두운 가운데에서 은밀한 것을 드러내시며 죽음의 그늘을 광명한 데로 나오게 하시며 **23** 민족들을 커지게도 하시고 다시 멸하기도 하시며 민족들을 널리 퍼지게도 하시고 다시 끌려가게도 하시며 **24** 만민의 우두머리들의 총명을 빼앗으시고 그들을 길 없는 거친 들에서 방황하게 하시며 **25** 빛 없이 캄캄한 데를 더듬게 하시며 취한 사람 같이 비틀거리게 하시느니라 (욥 12:1-25)

욥 _ 옳은 것으로 답이 되지 않는다

욥기 12장부터 14장까지는 욥의 답변이 기록되어 있습니다. 욥이 답변함으로써 친구들과의 첫 번째 대화가 끝납니다. 욥은 친구들의 꾸중과 권면에 대해 반론합니다. 전반적 분위기로 볼 때 욥은 분노하고 있습니다. '너희가 알고 있는 것을 내가 몰라서 이러는 것이 아니다. 너희가 하는 말은 나도 아는 것들이고 나도 남들에게 했던 말이다'라는 것입니다. 욥의 친구들이 했던 말이 무엇이었죠? 착하게 살면 복 받고 죄를 지으면 벌받는다, 하나님에게 불평하는 것은 옳지 않다, 하나님이 그렇게 하실 때에는 그만한 이유가 있으니 잠잠히 있으라, 이런 말들입니다. 12장 2절이 그 말입니다. "너희만 참으로 백성이로구나 너희가 죽으면 지혜도 죽겠구나." 너희가 하는 말 나도 아는데, 그것으로는 답이 안 되는 길로 내가 붙들려 가고 있다, 하는 것이 바로 욥이 가진 분노입니다.

예수 믿는 사람들이 조심해야 할 표현 중 하나가 바로 "왜 그걸 몰라? 참 이상해"라는 말입니다. 사실은 상대방이 모르는 게 아니라 자기가 모르는 것입니다. 하나님이 하시는 일을 우리가 다 알 수 없습니다. 특별히 이 말을 소발이 욥에게 했습니다. '하나님이 하시는 일을 측량할 수 없다. 네가 다 이해할 수 없다. 그러나 하나님이 하신 일이니 순종하라.' 욥은 이에 대해 '안다. 그러나 지금 나는 반발하는 것이 아니라 하나님이 왜 그러시는지 알려 달라고 그러는 중이다'라고 반론하는 것입니다.

4절을 보면 '하나님께 불러 아뢰어 들으심을 입은 내가' 즉 기도하면 늘 응답받던 내가 '이웃에게 웃음거리가 되었으니 의롭고 온전한 자가 조롱거리가 되었구나'라며 탄식하고 있습니다. 이어 5절을 보면, "평안한 자의 마음은 재앙을 멸시하나 재앙이 실족하는 자를 기다리는구나"(욥 12:5)라고 하여 욥이 형통할 때에는 그렇지 않은 다른 사람들을 보며 "아니, 왜 벌을 받아? 왜 이렇게 불행하게 살아?"라고 생각했는데, 사실은 그 재앙이 언제 나에게 닥칠지 모를 일이었다는 말입니다. 난 멀쩡한데도 이런 곤란한 자리에 왔다, 와 보니 평안한 이들은 사람들이 곤란에 처한 이유를 모르더라, 그런데 정작 내가 어려움을 당해 보니까 답이 없더라, 하는 말입니다. 이것이 꾸중하는 친구들이 서 있는 곳과 반론하는 욥이 서 있는 곳의 차이입니다.

예수 잘 믿고 형통한 사람들이 늘 쓰는 말이 있습니다. "기도하면 돼." 욥도 기도했습니다. 그런데도 답이 안 오더라는 것입니다. 사실 답이 안 온 것이 아니라 내가 기대하는 답을 하나님이 안 주신 것입니다. 이런 말을 하면 옆에서 "네가 뭔가 잘못했기 때문에 그렇겠지"라고 조언합니다. 물론 하나님이 틀렸을 리는 없습니다. 그런데 지금 욥의 경험은 사실 모든 성도의 경험이기도 합니다. 우리가 알고 있다고 생각하는 자리에서 하나님이 크다는 데로 인도함을 받는 것이 욥기의 가치입니다. 다만 성공, 다만 평안이 기독교의 내용이거나 가치가 아니라 고난과 의심과 막막함 속에도 커다란 신비가 숨겨져 있더라는 깨달음을 드러내는 것이 욥기입니다.

이어 욥의 반론을 계속 보겠습니다. "강도의 장막은 형통하고 하나님을 진노하게 하는 자는 평안하니 하나님이 그의 손에 후히 주심이니라"(욥 12:6). 이것도 모르겠더라는 것입니다. 잘못했다고 늘 벌을 받는 게 아니더라, 그런 사람 중에도 꽤 많은 사람이 평안하더라는 말입니다. 우리가 자녀를 기를 때 했던 생각을 떠올리면 이 구절을 이해하기가 쉬울 것입니다. 자녀가 곰처럼 어리숙하게 사니 차라리 여우처럼 약삭빠르게 사는 편이 낫다는 생각이 듭니다. 이게 무슨 말이냐면, 앞서 6절에 나온 '강도의 장막은 형통하고 하나님을 진노하게 하는 자는 평안하니'와 통하는 이야기입니다. 살아 보니 신앙이 좋아야 잘 사는 것이 아니라 재주를 부려야 복을 받더라, 그런데 그 재주라는 것도 어쨌든 하나님이 허락해야 받는 것 아니냐, 살아 보니 곰보다는 여우가 낫지 않더냐, 어디 여우가 힘이 세서 낫더냐, 어디 붙어야 하는지, 어떻게 해야 하는지 잘 아는 재주가 곰보다 훨씬 나아서가 아니냐 하는 이야기입니다. 그래서 우리가 자녀에게 "넌 왜 여우같이 약삭빠르냐?" 하며 꾸짖는 경우는 없고 "넌 왜 곰같이 미련하냐?"라고 꾸짖는 경우만 있습니다. 욥의 친구들이 하는 추궁에 대한 욥의 대답을 보면, '하나님이 옳은 자에게 늘 복을 주셔야 하는데, 현실은 그렇지 않더라. 그것이 잠시일지는 모르지만 또 잘못된 것일지 모르지만 어쨌든 하나님이 여우들에게 형통함과 평안을 주시지 않더냐?' 하는 것입니다. 그러면서 '하나님과 신앙에 대한 우리의 이해를 좀 더 넓혀야 하지 않겠느냐? 너희가 이야기하는 틀로는 우리가 하나님을 다 이해할 수 없는 것이 사실 아니냐?' 하는 이야기입니다. 그래서 이렇게 표현합니다. "이제 모든 짐승에게 물어 보라 그것들이 네게 가르치리라 공중의 새에게 물어 보라 그것들이 또한 네게 말하리라 땅에게 말하라 네게 가르치리라 바다의 고기도 네게 설명하리라"(욥 12:7-8). 천지 사방에 널려 있는 증거들을 봐라, 누가 이기는가 봐라, 정직한 자가 지고 간교한 자가 이기지 않더냐, 자연 세계가 그렇지 않더냐, 자연 세계의 주인이 누구더냐, 정직한 자가 아니라 간교한 자가 아니더냐, 온 세상에 그 증거가 널려 있지 않더냐, 하는 이야기입니다. 그래서 9절에 보듯이 "이것들 중에 어느 것이 여호와의 손이 이를 행하신 줄을 알지 못하랴"라고 합니다. 이런 것들이 다 하나님의 통치와 허락 안에서 일어나는 일이라고 하는 것입니다.

저는 가끔 〈동물의 왕국〉을 재밌게 시청하곤 하는데, 세렝
게티 국립공원에서 사자들이 떼로 몰려 와서 누 떼를 공격하기
도 하고 톰슨가젤을 공격하기도 하고, 갓 태어나서 비틀거리는
새끼들을 덮치기도 합니다. 분명 사자가 나쁜 놈 아닙니까? 그
러나 하나님이 그렇게 살게 하셨습니다. 또 가뭄이 들면 동물들
이 먹을 풀을 찾아 대이동을 합니다. 몇십만 마리의 누 떼와 얼
룩말 떼가 강을 건너는데, 악어들이 기다리고 있다가 덮칩니다.
누굴 덮칩니까? 약한 것을 덮칩니다. 하나님의 허락 없이 세상
에 일어날 수 있는 일은 없는데, 실제 자연현상을 보라, 어디 정
직하고 순진한 것이 보상을 받더냐, 땅에게 물어보라, 바다에게
물어보라, 그 이야기를 하는 것입니다.

11절을 보면 "입이 음식의 맛을 구별함 같이 귀가 말을 분
간하지 아니하느냐"(욥 12:11)라고 합니다. 맛을 보면 그 음식이
무엇인지 알 듯이, 무슨 말을 들었으면 알아들어야 하지 않느냐
는 것입니다. 천지 사방에 증거들이 깔려 있지 않느냐, 그런데
왜 너희는, 하나님이 옳게 일한 자에게는 늘 상을 주고 잘못한
자에게는 벌을 준다고 간단한 답을 내리려고 하느냐, 그러는 것입
니다. 욥이 자꾸 틀을 허물고 있습니다.

12절을 봅시다. "늙은 자에게는 지혜가 있고 장수하는 자
에게는 명철이 있느니라"(욥 12:12). 12절은 갑자기 튀어나온 구
절 같지만, 오래 살면 입바른 소리를 못하게 된다는 이야기입니
다. 오래 살아 봐라, 뭐가 뭔지 모르게 된다, 뭐가 잘된 건지 모르

게 된다는 말입니다. 저는 '잘 살아 보세'를 표어로 내걸고 살아온 세대입니다. 그래서 자녀들을 배곯지 않게 하고 좋은 학교를 보내 주면 자식들이 행복해질 줄 알았습니다. 그런데 실제로 해보니 그것만으로 자녀들이 행복해지지 않는다는 것을 알았습니다. 우리 때에는 꿈도 꾸지 못했던 것을 다 해 주었는데, 아무도 감사하게 생각하지 않습니다. 우리가 우리 부모에게 가졌던 분노와 원망을 우리 자녀도 우리에게 가지고 있더라는 것입니다.

13절에서 '지혜와 권능이 하나님께 있고 계략과 명철도 그에게 속하였'다고 합니다. 또 16절을 보면 '능력과 지혜가 그에게 있고 속은 자와 속이는 자가 다 그에게 속하였'다고 합니다. 한 나라가 망할 때에는 왕에게 간신이 와서 거짓된 계략을 주어 왕의 눈을 흐리게 하지 않습니까? 속이는 간신이 속는 왕보다 더 우월하거나 좋은 조건을 가져서가 아닙니다. 누가 속고 누가 속이는지, 누가 지고 누가 이기는지를 하나님이 정하시지 인간이 정하지 않는다는 말입니다. 물론 지나고 보면 '그때 이랬더라면' 하는 후회를 하지만, 그것은 결과가 일어난 다음에야 아는 것입니다. 그 전에는 아무도 모릅니다. 기도해도 모릅니다. 그런 응답은 잘 안 해 주십니다.

믿음은 인격과 인격의 관계

예수 믿는 자의 자랑은 늘 옳은 선택을 하고 늘 바른길을 가는 데에 있는 것이 아니라, 나의 잘못된 선택에도 불구하고 하나님이 그것을 유익하게 하실 수 있다는 믿음에 있습니다. 우리가 늘 옳은 선택을 하고 늘 바른길을 간다고 장담하지 못합니다. 사실 우리는 어려운 길에 들어섰습니다. 하나님이 답을 주시지 않는 선택의 기로에서 어느 길을 선택하느냐는 사실 애매합니다. 기도했다는 것으로 하나님에게 책임을 떠넘길 수는 없습니다. 기도하고 잘못된 선택을 하고 그 잘못된 선택의 결과를 뒤집어쓰는 일은 우리 인생에 늘 일어나는 일입니다. 그러나 우리가 믿는 것은 이것입니다. '하나님이 우리로 손해 보게 하지 않으신다. 잘못된 것이 잘못된 것으로 끝나게 하지 않으신다. 거기에서 유익을 얻게 하신다.' 이런 내용이 본문 말씀에 어떻게 드러나 있는지 봅시다. 16절입니다. "능력과 지혜가 그에게 있고 속은 자와 속이는 자가 다 그에게 속하였으므로 모사를 벌거벗겨 끌어가시며 재판장을 어리석은 자가 되게 하시며 왕들이 맨 것을 풀어 그들의 허리를 동이시며"(욥 12:16-17). 누군가를 속박했던 그 권력으로 오히려 자신들이 묶이는 반전이 있다고 합니다. 이런 식으로 자랑과 수치가 교차되고 이유를 알 수 없이 반전되는 일들을 죽 이야기한 다음, 22절에서 '어두운 가운데에서 은밀한 것을 드러내시며'라고 합니다. 은밀한 것은 밝은 데서 보아도 보일까 말까 하는데, 그것을 어두운 데서 드러내신다고 합니다. 뭐가 뭔지 안 보이면 불을 켜야 보이는 법입니다. 감추면 불을 켠 상태에서도 안 보이는데, 은밀한 것을 어두운 데서 드러내신다고 합니다.

하나님이 누구신가에 대한 이해를 간단한 도식이나 법이나 도덕으로 묶을 수 없다는 사실을 욥기에서 보게 됩니다. 혼란스럽게 하려고 이런 말씀을 드린 것이 아닙니다. 도덕률이나 양심이나 최소한의 노력이나 신중함이나 진심 같은 것들을 헐자는 이야기도 아닙니다. 성경은 우리가 능력, 진심, 순전, 열정 같은 개념들에 묶여 있지 않고 그것보다 훨씬 큰 하나님의 지혜와 권능과 신비와 자비에 묶여 있다고 말씀하는 것입니다.

우리가 다만 능력에 묶여 있고 잘잘못에 묶여 있다면 늘 불안할 수밖에 없습니다. 여백이 없기 때문입니다. 한 걸음만 삐끗하면 떨어지는 천 길 낭떠러지를 걷는 것처럼 살 수밖에 없게 됩니다. 거기에는 오직 추락했느냐 살아남았느냐만 있습니다. 그러나 인생은 그런 것이 아닙니다. 그것보다 큽니다. 대평원의 길을 가는 것처럼 이리 비틀 저리 비틀해도 괜찮습니다. 25절에도 이런 표현이 나옵니다. "빛 없이 캄캄한 데를 더듬게 하시며 취한 사람 같이 비틀거리게 하시느니라"(욥 12:25). 이것은 다만 비난하려는 이야기가 아닙니다. 우리의 비틀거림이 이와 같다는 말씀입니다. 일직선으로 걸어간 외길로 이루어진 땅만이 아니라, 비틀거리며 우리의 발바닥으로 밟는 땅 전부를 주시겠다는 약속과 같이 넓은 땅을 갖게 되는 일이 벌어지게 하십니다. 욥은 이런 하나님을 만나게 됩니다.

지금 욥은 죽음과 절망으로 몰려 가고 있습니다. 그는 너무 고통스럽고 그가 가진 이해로는 하나님과 하나님의 일하심을 알 수 없고 자신에게 일어난 일을 설명할 수도 없어서 차라리 죽는 것이 낫겠다고 여기는 중입니다. 그런데 욥은 절망 속에서도 계속 하나님에게 묻습니다. 이것이 욥의 가장 큰 가치입니다. 친구들이 말하는 것은 규칙이고 명분인데 반해서, 욥은 하나님에게 묻고 있습니다. 법칙이 아니라 하나님을 찾는 것입니다. 양심이나 옳음이나 앞에서 언급한 개념과 가치들을 하나님 대신 섬기지 않고, 그것들의 주인이 하나님이라는 사실을 욥은 알고 있는 것입니다. 그래서 자기가 당한 모든 일에 대하여 대답해 주실 하나님을 찾고 있습니다. 여기에 욥기의 가치가 있습니다.

욥의 신앙에서 발견한 점은 하나님과 우리가 인격적 관계에 있다는 사실입니다. 이것이 믿음입니다. 믿음이란 법칙에 관한 것이 아니고 인격과 인격의 관계에 속한 것입니다. 기독교 신앙의 중요한 본질을 두 단어로 설명하면 바로 믿음과 사랑입니다. 여기에서 하나님이 우리에게 대등한 인격적 관계를 요구하신다는 사실을 알게 됩니다. 성도는 하나님의 사랑의 대상이며 관계의 대상이라는 이야기입니다. 그런데 우리는 법칙으로 갑니다. 잘잘못으로 갑니다. 잘잘못을 가려내는 것이 틀렸다는 이야기가 아니라 신앙은 그것보다 크다는 이야기입니다.

신의가 원칙보다 중요

욥기에서 사탄이 한 역할을 보면, 사탄은 욥기 1장과 2장에 등장하고는 끝입니다. 오직 부정하고 거부하는 것 외에는 아무것도 하지 않습니다. 자기에게 일어난 어떤 갈등과 불만을, 자신을 성찰하고 변화시키는 데로 가져가지 못하는 자라는 말입니다. 욥기의 가치는, 욥이 자기가 겪는 일에 대하여 하나님에게 묻는다는 점에 있습니다. 거기에는 더 큰 이해가 있고, 고통을 해결하기 위한 아우성이 있고, 그것을 자기의 것으로 만들기 위한 고민, 변화, 신비로 내몰리는 실존이 있습니다. 이런 차원에서 바라보면 사탄이라는 존재는 자신에게 일어나는 거부나 비난을 자신의 성찰과 변화에는 쓰지 않는 자를 가리킵니다.

세 친구를 향한 욥의 분노 속에는 무엇이 들어 있습니까? '너희가 내 친구라면 나에게 일어난 일을 너희 일처럼 대등하게 취급해 줘야 하지 않느냐? 그런데 너희는 무엇이 옳고 그른가에 대한 너희의 이해관계를 우선하여 친구라는 관계에서 나를 몰아냈다'라는 원망이 들어 있습니다. 물론 욥이 이렇게 이야기한 것도 아니고 직접 세 친구를 향하여 사탄이라고 말한 것도 아니지만, 말하자면 그렇다는 것입니다. 이처럼 사탄은 시비를 거는 데서 역할이 끝납니다. 자신의 변화와 자신의 싸움이 없기 때문입니다. 그러나 사탄이 고소한 욥에게는 이 문제가 자신의 변화와 자신의 진전으로 작용합니다. 이것이 욥의 가치이며 복입니다.

우리는 신앙생활에서 늘 아무런 갈등도 없고 아무런 문제도 일어나지 않기를 원합니다. 고민할 일도, 울 일도 없고, 남한테 손가락질 받을 일도 없기를 바랍니다. 고통이 없고 형통하고 자존심 세우고 싶은 일들을 제일 많이 구합니다. 그런데 이런 기도가 다 이루어지면, 그 사람은 있으나 마나 한 존재가 되고 맙니다. 아무런 가치가 없는 존재가 된다는 말입니다. 왜냐하면 인생의 고통에는 자신만의 고통이 아니라 자신과 관계를 맺고 있는 사람들의 고통에 동참하는 고통도 있기 때문입니다. 사탄에게는 이 고통이 없습니다. 세 친구들에게도 그것이 없습니다. 여기에 욥의 분노가 있고 욥의 분노로 표현되는 성경의 분노가 있습니다.

예수님은 이 문제에 대해 '사람이 친구를 위하여 자기 목숨을 버리면 이보다 더 큰 사랑이 없'(요 15:13)다고 말씀하셨습니다. 친구를 위하여 목숨을 버린다는 것이 무슨 뜻입니까? 이해관계와 잘잘못을 떠나 친구라는 관계에서는 의리와 사랑이 가장 우선하는 가치라는 이야기입니다. 예수 믿는 사람들이 가장 실수하는 부분입니다. 우리가 옳은 것을 믿고 있다고 생각하기 때문입니다. 그래서 하나님이 아니라 우리 생각에 옳게 보이는 것을 주인으로 삼아서 관계를 깨트립니다. 잘 생각해 보십시오. 기독교 이천 년 역사 동안 교회가 왜 분열되었습니까? 옳고 그름을 가리는 싸움만 하느라고 깨진 것이지, 끌어안는 싸움은 없었습니다. 언제나 분열만 있었지 연합은 없었습니다.

나이가 들면 주어지는 역할이 있습니다. 자기 위에 어른이 있을 때에는 자기 주장을 할 수 있었습니다. 상대방의 주장에 대해 내가 반론을 제기해도 상대방과 내가 어른이라는 한 지붕 밑에 함께할 수 있었는데, 어른이 없어지자 내가 어느 편을 들면 반대파와 불화하는 일이 일어나는 것을 보았습니다. 그래서 어른이 되면 모두를 끌어안기 위해 애매하게 굴 필요가 있다는 것을 배웠습니다. 애매하다는 말은 좀 세속적으로 표현해 본 것이고, 긍정적으로 이야기하면 끌어안아야 한다는 뜻입니다. 붙들고 있는 것이 어른의 책임입니다. 내가 있는 동안 갈라져 나가지 않게 붙잡는 것입니다. 내 주장 같은 것은 없습니다. 옳은 것보다 관계가 깨지지 않는 것이 중요하다는 것을 알기 때문입니다.

자신이 경험하는 고통과 갈등 속에서 비명을 지르는 과정, 또 거기에 놓인 하나님의 통치에 대한 설명을 요구하는 과정을 거부한다면 나라는 존재 자체가 사라져 버립니다. 커야 할 존재, 채워져야 할 존재, 변화되어야 할 존재, 나아져야 할 실체를 가지지 못하게 됩니다. 사람과 사람이 만나서, 진심이라는 이름으로 관계를 깨 버리고, 상대방을 자기 마음에 들게 굴복시키려 하고, 자기 편하려고 상대방에게 강요하는 것을 우선한다면 우리는 하나님이 누구신지 아직도 모르는 것입니다.

모세와 바울의 훌륭한 점은 이런 것입니다. 모세는 "하나님, 이 백성을 버리시려면 제 이름을 생명책에서 빼 주십시오"라고 했습니다. 바울은 "이 민족을 구원하기 위해서라면 제가 저주를 받아도 좋습니다"라고 했습니다. 이런 고백이 중요합니다. 그런데 우리는 그렇게 안 합니다. 모든 일에서 옳고 그름을 따지는 것을 최우선으로 여기기 때문입니다. 그렇게 하면 안 됩니다. 관계를 잘 유지하다가도 "아, 내가 이번에 보니까 사람을 잘못 봤더라" 하며 끊어 버리면 안 됩니다. 잘못 봤어도 할 수 없습니다. 기왕 쌓은 정이 있는데 여기서 물러날 순 없다, 지옥까지 따라가서 받아 내야겠다, 그래야 합니다. 그것이 신앙이자, 욥의 분노로 표현된 성경의 분노입니다. "너희는 그게 친구 사이에 가지는 신의냐?" 욥은 이렇게 묻는 것입니다. "어디까지 알아야 속이 시원하겠냐? 인격과 인격의 관계보다 더 중요한 것이 무엇이냐?"
이것이 욥기가 던지는 질문입니다.

세상에서 비난받는 조폭들도 자기들끼리 '신의'라는 덕목
은 지킨다고 합니다. 신의라는 최소한의 덕목이 없으면 관계를
유지할 수가 없습니다. 이해관계가 다르고 주장이 다르고 선호
가 다를 때마다 붙었다 떨어졌다를 반복하는 것은 못할 짓입니
다. 인격이 갖는 최소한의 존재 조건이 허물어지는 것입니다. 이
것이 결말에 가서 세 친구가 욥의 중보기도를 받아야 하는 이유
입니다. 그러니 세 친구가 되지 말고 욥이 되십시오.

고난과 의심과 불안과 막막함의 주인이라면

우리가 하나님을 두려워하는 이유는 그분이 우리 마음에 잘잘
못을 가리는 주인으로 계시기 때문입니다. 나라는 존재가 하나
님 앞에 쓸모 있느냐 없느냐를 따지지 말고 하나님은 내 아버지
시다, 이렇게 우겨야 합니다. '우기다'라는 말은 세속적 표현 같
지만, 믿음은 그런 것입니다. 믿음은 잘잘못에 관한 것도, 능력
의 문제도, 이해관계의 문제도 아닙니다. 떼쓰는 것입니다. "하
나님이 우리 아버지시다. 너 까짓 게 뭐냐? 덤빌 테면 덤벼라. 나
하나님의 자녀다" 그러는 것입니다. 성경이 이렇게 말하고 있는
데, 우리는 멋대가리 없고, 피도 눈물도 없고, 의리도 없고, 단지
옳은 말만 지껄이는 사람이 되어 버렸습니다.

사탄은 맞바람에 불과합니다. 솔로몬의 재판에 등장하는

칼에 불과합니다. 아이를 둘로 나누라는 판결에서 그 칼을 쥐고 있는 이는 누구입니까? 솔로몬이 쥐고 있습니다. 솔로몬이 칼을 쥔 것은 아이의 생모를 가려내기 위해서였지 아이를 가르기 위한 것이 아니었습니다. 그런데 만일 칼이 인격에 붙들려 있지 않고 혼자 돌아다닌다면 큰일입니다. 칼이 예리할수록 큰일입니다. 아무것이나 베고 다닐 테니 말입니다. 그 칼이 누구 손에 있느냐가 중요합니다. 하나님이 우리가 불평하는 고난과 의심과 불안과 막막함의 주인이시라면, 우리에게 주신 고난이 하나님이 붙잡고 계시는 증거라면 우리는 겁날 것이 없습니다.

욥은 끊임없이 하나님에게 관심을 집중하고 매달립니다. 인격적 관계가 최우선이자 모든 것이라고 알고 있는 것입니다. 세 친구는 끊임없이 자신들의 틀 속에 욥을 가두려고 합니다. 욥을 도와주려는 것이 아니라 본인들이 불편해서 그러는 것입니다. 교회에서 신앙생활할 때 제일 중요한 것이 무엇입니까? 마음에 안 들고 이해할 수 없는 사람을 기다려 주는 것입니다. 중요한 만큼 실천하기가 어렵습니다. 하나님에게 맡겨야 하는 문제이기 때문입니다. 우리가 할 수 있는 것은 기다리는 것밖에 없습니다. 하나님이 기적을 이루신다는 것을 믿고 기다리는 것입니다.

'하나님이 하시는 일이라면 우리가 믿을 만하다.' 이것이 성경이 주장하는 하나님의 속성에 대한 대표적인 관찰입니다. 하나님이 왜 그렇게 하셨는가, 또 어떻게 하실 것인가는 그다음 문제입니다. 성경은 하나님은 의로우시다, 하나님은 선하시다와 같은 하나님의 성품에 대해 먼저 밝힙니다. 그렇게 함으로써 하나님이 일하시는 방법과 경우가 하나님을 대신하지 못하도록 못을 박는 것입니다. 그런데 신자들의 신앙 현실을 보면, 이 못이 잘 안 박힙니다. 주인 없는 좋은 말들, 진심, 열심, 회개, 구원, 복음, 사랑 그런 것들이 인격 없이 혼자서 난무하면 무차별적 강요가 되고 맙니다. 그리고 상대방을 정죄하게 됩니다.

우리가 이해할 수 없는 것들이 성경에 얼마나 많습니까? 대표적으로 하나님이 아브라함에게 이삭을 제물로 바치게 한 사건을 들 수 있습니다. 이 사건이 이해가 됩니까? 야고보서의 표현에 의하면, 하나님은 누구를 시험하지도 누구에게 시험받지도 않으시는 분입니다(약 1:13). 그렇다면 아브라함이 이런 고민을 하지 않았겠습니까. '하나님이 정말 백 살에 낳은 내 아들을 바치라고 하시는 것인가? 하나님이 정말 그런 분인가? 내가 제일 아끼는 것을 희생해야만 답하시는 분이란 말인가?' 하는 고민 말입니다. 아브라함은 각오를 단단히 하고 바치려 했을지 모릅니다. 아니, 그것보다 더 나은 마음이었을지 모릅니다. 그러나 어쨌든 아브라함은 이삭을 바칠 작정이었습니다. 이 사건 속에는 욥기를 읽어야만 이해되는 내용이 있습니다. 하나님이 아브라함에게 이삭을 바치라고 하신 것은 아브라함으로 하여금 '하나님은 내 이해보다 크시다'라는 고백을 하게 하기 위한 일이었다는 것입니다.

하나님은 아브라함에게 그가 알고 있는 틀을 깨고 오라고 요구하셨고, 아브라함은 그 도전에 응한 것입니다. 아브라함은 고민했을 것입니다. '하나님은 남의 자식을 달라는 분이 아닌데 왜 이런 요구를 하셨을까' 하고 말입니다. 짧은 시간이었을지 모르지만 욥이 가졌던 고뇌를 아브라함도 동일하게 겪었을 것입니다. 그리고 아브라함은 거기를 넘어서 드디어 믿음의 조상이 됩니다. 하나님의 일하심을 자신의 생애와 현실에서 경험한 자, 하나님의 하나님 되심을 확인한 자로서 말입니다.

아브라함은 이삭을 바치는 사건에서 이 점을 확인하게 된 것입니다. 하나님은 백 살에 주신 이삭을 다시 바치라고 하셨습니다. 이렇게 하셔서, 이 이삭은 원래 없어도 되는 존재였다, 너를 열국의 아비 곧 믿음의 조상으로 세우는 일은 네가 낳은 이삭이 있어야 가능한 일이 아니다, 라는 점을 분명히 하십니다. 이것을 아브라함이 깨달은 것입니다. 이삭은 하나님의 일하심이 다만 관념적이거나 추상적이지 않음을 드러내는 자입니다. 하나님의 일하심이 이삭이라는 구체적 존재로 증언되는 것입니다. 되돌려 받은 이삭은 아브라함에게 하나님이 이 아들이 없이도 일하시는 분이라는 것을 드러내는 생생한 증거로 서 있습니다.

우리도 아브라함과 같은 자리에 서 있습니다. 아브라함은 결국 합력하여 선을 이루시는 하나님의 위대함과 신비에 자신을 모두 드린 자로, 우리 앞에 세워져 있습니다. 우리는 아브라함이 받은 복을 잇는 사람들입니다. 우리도 복의 근원이 됩니다. 복의 근원은, 하나님이 누구신가를 증언하는 자로 사용되는 자리입니다. 이는 우리가 잘해서 받은 보상도 아니고, 능력으로 쟁

취한 몫도 아닙니다. 아브라함과 욥이 서 있는 그 자리에 우리도 나란히 서서 그 증언을 우리 것으로 가질 수 있게 되었습니다. 그 믿음을, 그 신앙을, 그 인생을 살아가기 바랍니다.

기도

하나님 아버지, 은혜를 감사합니다. 우리에게 일어난 모든 일이 하나님의 위대하심과 복 주심과 승리하심을 증언하며 채우며 담아내는 것임을 확인합니다. 우리의 불평과 원망을 접고 하나님 앞에 우리를 내어놓고 하나님의 일하심을 기다리며 믿음을 지키는 자가 되게 하옵소서. 그리하여 신자의 삶을 살아갈 용기와 힘과 자랑과 기쁨을 다시 얻게 하옵소서. 우리를 지켜보는 자들로 하여금 우리가 하나님의 자녀인 줄 알게 하옵소서. 예수님 이름으로 기도합니다. 아멘.

10 13:1 나의 눈이 이것을 다 보았고 나의 귀가 이것을 듣고 깨달았느니라 2 너희 아는 것을 나도 아노니 너희만 못하지 않으니라 3 참으로 나는 전능자에게 말씀하려 하며 하나님과 변론하려 하노라 4 너희는 거짓말을 지어내는 자요 다 쓸모 없는 의원이니라 5 너희가 참으로 잠잠하면 그것이 너희의 지혜일 것이니라 6 너희는 나의 변론을 들으며 내 입술의 변명을 들어 보라 7 너희가 하나님을 위하여 불의를 말하려느냐 그를 위하여 속임을 말하려느냐 8 너희가 하나님의 낯을 따르려느냐 그를 위하여 변론하려느냐 9 하나님이 너희를 감찰하시면 좋겠느냐 너희가 사람을 속임 같이 그를 속이려느냐 10 만일 너희가 몰래 낯을 따를진대 그가 반드시 책망하시리니 11 그의 존귀가 너희를 두렵게 하지 않겠으며 그의 두려움이 너희 위에 임하지 않겠느냐 12 너희의 격언은 재 같은 속담이요 너희가 방어하는 것은 토성이니라 13 너희는 잠잠하고 나를 버려두어 말하게 하라 무슨 일이 닥치든지 내가 당하리라 14 내가 어찌하여 내 살을 내 이로 물고 내 생명을 내 손에 두겠느냐 15 그가 나를 죽이시리니 내가 희망이 없노라 그러나 그의 앞에서 내 행위를 아뢰리라 16 경건하지 않은 자는 그 앞에 이르지 못하나니 이것이 나의 구원이 되리라 17 너희들은 내 말을 분명히 들으라 내가 너희 귀에 알려 줄 것이 있느니라 18 보라 내가 내 사정을 진술하였거니와 내가 정의롭다 함을 얻을 줄 아노라 19 나와 변론할 자가 누구이랴 그러면 내가 잠잠하고 기운이 끊어지리라 20 오직 내게 이 두 가지 일을 행하지 마옵소서 그리하시면 내가 주의 얼굴을 피하여 숨지 아니하오리니 21 곧 주의 손을 내게 대지 마시오며 주의 위엄으로 나를 두렵게 하지 마실 것이니이다 22 그리하시고 주는 나를 부르소서 내가 대답하리이다 혹 내가 말씀하게 하옵시고 주는 내게 대답하옵소서 23 나의 죄악이 얼마나 많으니이까 나의 허물과 죄를 내게 알게 하옵소서 24 주께서 어찌하여 얼굴을 가리시고 나를 주의 원수로 여기시나이까 25 주께서 어찌하여 날리는 낙엽을 놀라게 하시며 마른 검불을 뒤쫓으시나이까 26 주께서 나를 대적하사 괴로운 일들을 기록하시며 내가 젊었을 때에 지은 죄를 내가 받게 하시오며 …… (욥 13:1- 28)

욥 _ 하나님은 하나님이셔야 합니다

이 싸움은 그것보다 크다

본문 말씀은 욥기 11장에 나온 소발의 권면에 대한 욥의 답변입니다. 소발의 충고와 권면은 이것이었습니다. '하나님은 신비하신 분이다. 그러니 하나님에게 대들지 말고 지금 당하는 고난이 하나님의 뜻인 줄 알고 잘 견뎌라. 그러면 네가 복을 받을 것이다.' 그러자 욥은 하나님이 신비하신 분이라는 것은 자신도 안다고 하면서 12장에서 여러 가지 예를 듭니다. 그 예는 우리가 잘 아는 인생무상에 관한 것들입니다. 권력자가 나중에 치욕을 당하고, 성공해서 남에게 충고하던 자가 도리어 수치를 당하고, 잘된 줄 알고 큰소리쳤던 것이 오히려 올무가 되는 일은 인생에서 얼마든지 볼 수 있습니다. 그래서 욥은 '우리는 할 말이 없다. 하나님이 왜 그렇게 하시는지는 우리가 다 이해하거나 납득할 수 없다. 그렇다고 하나님의 허락과 뜻을 벗어나서 일어나는 일은 없다. 그러니 우리가 모든 것을 이해한다고, 하나님을 다 안다고 이야기할 수 없다'라고 말합니다.

이런 맥락에서 13장 1절이 나옵니다. "나의 눈이 이것을 다 보았고 나의 귀가 이것을 듣고 깨달았느니라." 그러면서 '나도 인생을 다 이해한다고 말할 수 없다. 내가 어떻게 하나님을 다 안다고 이야기하겠느냐? 그러나 너희가 지금 이야기하는 것은 다른 문제다'라고 합니다. 이것이 본문에서 다룰 중요한 내용입니다.

> 너희는 거짓말을 지어내는 자요 다 쓸모 없는 의원이니라 너희가 참으로 잠잠하면 그것이 너희의 지혜일 것이니라 너희는 나의 변론을 들으며 내 입술의 변명을 들어 보라 너희가 하나님을 위하여 불의를 말하려느냐 그를 위하여 속임을 말하려느냐 너희가 하나님의 낯을 따르려느냐 그를 위하여 변론하려느냐 하나님이 너희를 감찰하시면 좋겠느냐 너희가 사람을 속임 같이 그를 속이려느냐 (욥 13:4-9)

본문 중에 '낯을 따르려느냐'라는 말은 그 앞에서 아첨 떠는 것으로, 그때그때 입맛에 맞춰 주는 것으로 때우겠느냐는 뜻입니다. '너희는 지금, 하나님이 무엇을 목적하시며 우리가 어떻게 해야 하는가와 같은 좋은 명분을 내세워 내게 하나님의 뜻을 가르친다고 말하고 있다. 하지만 실제로는 너희가 아는 것에 나를 끌어들여 나로 잠잠하게 해서 결국 너희도 좋고 하나님의 체면도 세워 드리는 것으로 이 일을 덮으려고 한다. 너희가 지적하는 것처럼 내가 도덕성이나 전통이나 신비를 몰라서 지금 이렇게 펄펄 뛰는 것이 아니다. 그런 것들로 설명되지 않는 자리까지 내가 내몰렸다. 하나님이 나를 놓아주지 않아서 그렇다. 이것은 하나님에게 물어야 하는 일이다. 그런데 너희는 하나님이 나를 끌어내리려고 하셨던 원래 그 자리에 나를 다시 집어넣어서 너희 마음도 편하게 하고 하나님도 변호하는 것처럼 해서 이 일을 덮으려고 한다.' 이것이 본문에 나오는 욥의 답변의 핵심입니다.

20세기 교회사에 있었던 중요한 사건 중 하나는 오순절 교회의 부흥입니다. 한국 교회사에서도 그랬고 세계 교회사에서도 그랬습니다. 대체로 우리나라에는 장로교의 세력이 가장 크고, 장로교는 이런 유력함에 대해 자부심을 가지고 있었습니다. 그런데 듣도 보도 못한 오순절 계통의 순복음교회가 폭발하듯이 크게 성장하고 세력이 커지는 일이 일어난 것입니다. 하나님이 순복음교회에 부흥을 허락하시는 모습을 보며 장로교는 자존심이 상하고 시기가 나서 처음에는 순복음교회를 이단으로 몰았습니다. 그리고 여러 해가 지나서야 비로소 인정했습니다. 무엇을 인정했는지 아십니까? 20세기에 한국 교회뿐만이 아니라 교회사적으로도 가장 중요했던 변화가 부흥이었다는 사실을 말입니다. 이를 통해 우리는 하나님이 장로교보다 크시다는 사실을 배웠습니다. 하나님은 우리가 알고 있는 방식으로만 일하시는 것이 아니라는 사실을 새삼 깨달은 것입니다. 이것을 배우는 데 한 세기가 걸렸습니다.

로이드 존스(Martyn Lloyd-Jones) 목사님이 성령세례에 대해서 쓴 책이 있습니다. 그 책[1] 서문에 보면 기가 막힌 고백이 나옵니다. 로이드 존스 목사님은 극보수파 성향의 사람이라서 신비주의 운동을 반대할 것이라 생각했는데, 그렇지 않았습니다. 그가 서문에서 한 고백을 한국 교회 실정에 맞게 해석하면 이런 내용입니다. '우리 장로교는 생명력이 약하고 교리만 남지 않았는가? 반대로 순복음교회는 생명력은 왕성한데, 내용이 없지 않은가? 그러니 서로 싸우지 말고 서로가 서로의 도움을 입자.' 겸손하고 솔직한 고백입니다.

한국 장로교가 순복음교회를 용서했습니다. 사실 용서한다는 말에는 어폐가 있습니다. 용서라는 것은 강한 자가 약한 자에게 베푸는 것인데, 사실 한국 장로교는 그런 위치에 있지 않기 때문입니다. 아무튼 장로교가 가진 정통이라는 자부심 속에서 순복음교회를 용인했다고 말할 수 있을 것입니다. 그런데 이렇게 되기까지 어떤 점이 가장 큰 영향을 미쳤을 것 같습니까? 그동안 장로교에서 금기시되다시피했던 성령세례를 장로교 교인들이 받게 된 것입니다. 그러니 더 이상 할 말이 없게 된 것입니다. '하나님이 그 영혼들에게 그렇게 충만히 채워 주시는구

---

1) 마틴 로이드 존스 지음, 《성령세례》(기독교문서선교회).

나' 하고 항복했습니다. 성령세례가 전부라는 이야기를 하는 것이 아닙니다. 그러나 그것이 하나님이 일하시는 또 하나의 신비라고는 말할 수 있습니다. 다 순복음교회처럼 바뀌어야 한다는 뜻은 당연히 아닙니다.

욥이 세 친구들에게 하는 이야기는 이런 것입니다. '내가 처한 상황을 너희가 아는 것으로 붙들어 매서 너희의 정당함을 확인하여 쉽게 넘어가려고 하지 마라. 이 싸움은 그것보다 크다. 하나님이 나에게 듣도 보도 못한 일을 하고 계신다. 그러니 하나님에게 물어볼 수밖에 없다. 우리가 알고 있던 것으로는 설명되지 않는다. 이런 일이 왜 일어났는지, 하나님의 목적이 무엇인지, 하나님이 어찌하시려는 것인지 하나님에게 물을 수밖에 없다.'

죽음을 무릅쓰고 하나님에게 묻다

신앙생활을 해 보면 신앙에 대한 도움을 받을 수 있는 도구가 참 많습니다. 성경이 있고 기도가 있고 교회가 있고 교회사의 유산이 있습니다. 그런데 잘 생각해 보면 각 개인에게는 결국 자기가 겪은 경험이 가장 쉽고 편한 도구이자 무기입니다. 그 내용을 깊이 들어가 따져 보면 많은 공통점이 발견되겠지만, 겉으로 드러나는 모습이나 경험은 온 인류를 통틀어 자신이라는 고유한 개인의 고유한 경우 속에 고유한 모습으로 주어진 것입니다. 그래서 우리는 자신의 경험을 말할 때 누가 나서서 "나도 알아" 하는 식으로 끼어드는 것을 싫어합니다.

물론 결론은 같은 이야기일 것입니다. 하나님에 관한 이해, 하나님이 우리를 다루시는 신실함에 대한 이야기는 공통된 핵심일 것입니다. 하지만 그것을 겪는 각 개인에게는 각자 전혀 다른 사건입니다. 그 사건의 상황이나 심각성, 각 개인이 느끼는 정도나 절박함은 각각 다릅니다. 당하는 사람의 성격만큼 다르다고 보면 될 것입니다. 그 상황 속에 처한 사람은 유례를 찾을 수 없는 위기감에 낙담하고 초조하고 두려울 것입니다. 옆에서 정답을 말하는 사람들은 남이 울부짖는 게 듣기 싫어서 자기가 아는 답으로 자꾸 윽박지릅니다. 자기는 지금 울부짖을 필요가 없으니 누구나 아는 모범 답안으로 말입니다. 조용하라는 것입니다. 자꾸 울부짖으면 자기도 무서워지고 귀찮아지니까 입 좀 다물라고 하는 것입니다. 이것은 나쁜 신앙입니다.

신앙은 강제로 주입될 수 없습니다. 하나님이 각 개인을 만나 그로 확인하게 해 주셔야 신앙을 가질 수 있습니다. 자기 입으로 꼭꼭 씹어 먹어서 자기 살과 자기 피로 만들어야 하는 것이지, 강제로 채워 넣어서 강요할 수 있는 것이 아닙니다. 스스로 먹고 소화하고 훈련하여 자기 것으로 만들도록 옆에 있는 사람은 존중하고 기다려 줘야 합니다. 교회 안에서 제일 골치 아픈 사람은 욥의 세 친구와 같은 사람들입니다. 다 안다고 생각하여 성급하게 답을 강요하는 사람들이 제일 무섭습니다. 기다려 주지 않고 또 기다려 주지도 못합니다. 그러나 기다려 주는 것이 사랑이라고 성경은 이야기합니다. 사랑은 오랜 고통입니다. 사랑은 그저 잘못을 눈감아주는 것이 아닙니다. 자녀가 어른으로 성장하고 성숙해지도록 기다리는 부모의 마음이라고 이해해야 합니다. 밥을 많이 먹인다고 해서 하루에 한 살씩 키울 수는 없는 것처럼 우리는 상대방이 자랄 때까지 기다려 줘야 합니다. 이 것이 하나님이 일하시는 방법입니다.

욥은 자신에게 찾아온 현실을 이해할 수가 없습니다. 12절에 보면 "너희의 격언은 재 같은 속담이요 너희가 방어하는 것은 토성이니라"라고 합니다. 친구들의 말이 욥 자신한테는 쓸모없는 이야기라는 것입니다. 그리고 '너희는 너희 자신을 지키기에 급급할 뿐, 하나님의 도전 앞에 진실하게 서서 하나님의 인도하심과 뜻을 묻고 있지 않다'라고 반격합니다. 그런데 욥도 답이 없기는 매한가지입니다. 하지만 차이가 있습니다. 세 친구는 그것이 자기들에게서 나온 질문이 아닌 것이고 욥은 자기에게서 나온 질문인 것입니다. 세 친구는 자기 일이 아니고 남의 일이니까 속 편한 소리를 할 수 있습니다. 그러나 당사자는 자기가 답을 찾을 때까지 기다릴 수밖에 없습니다. 욥은 누구에게서도 답을 찾을 수 없어 하나님에게 갑니다. 맹렬하게 갈 수밖에 없습니다. 답을 얻을 때까지 갈 수밖에 없습니다. 무엇을 무릅쓰고 말입니까? '죽음을 무릅쓰고'입니다. 13절부터 봅시다.

너희는 잠잠하고 나를 버려두어 말하게 하라 무슨 일이 닥치든지 내가 당하리라 내가 어찌하여 내 살을 내 이로 물고 내 생명을 내 손에 두겠느냐 그가 나를 죽이시리니 내가 희망이 없노라 그러나 그의 앞에서 내 행위를 아뢰리라 경건

하지 않은 자는 그 앞에 이르지 못하나니 이것이 나의 구원이 되리라 (욥 13:13-16)

'내가 하나님을 무시하거나 하나님에 대해 의심하거나 불경한 생각이 들어서 대들고 있는 것이 아니다. 불평하는 것이 아니다. 하나님이 모든 존재의 유일한 주인이시라는 사실을 나도 안다. 모든 사건의 주권자라는 것도 알고 있다. 그래서 나는 목숨을 걸고 가서 이것을 물어보아야겠다'라는 뜻입니다. 이 지점에서 갈립니다. 세 친구들은 이 일에 당장 해결책을 제시하는 것이 목숨을 걸 만큼 중요하지 않습니다. 현실적으로 자기 일이 아니라서 그렇습니다. 그러나 욥은 살아 있어도 죽은 것만 못한 처지입니다. 하나님이 외면하시는 것 같고 답이 무엇인지도 모르겠으니 말입니다. 이 점이 중요합니다. 세 친구들은 이런 현실을 모른 채, 명분이나 규칙이나 책임 같은 것으로 안전을 확보하려는 것이고, 욥은 그렇게 하느니 목숨을 걸고라도 이 질문에 대해 하나님에게서 답을 얻어야겠다고 하는 것입니다. 이것이 욥기입니다. 욥은 어떤 답을 구하고 있습니까? 하나님은 누구시며 나는 하나님에게 무엇입니까, 하는 질문의 답입니다.

우리는 욥기의 시작을 잘 알고 있습니다. 욥이 까닭 없이 하나님을 잘 섬기겠느냐는 사탄의 도전에 하나님이 응하심으로써 욥이 고난의 길에 들어서게 되었습니다. 이것은 하나님이 욥을 놓고 사탄과 자존심 싸움을 벌이신 것이 아닙니다. 하나님은 당신의 명예를 욥에게 거셨습니다. 하나님의 하나님 되심의 명예를 하나님 자신이 방어하시지 않고 피조물인 욥에게 맡겨 하나님의 명예가 유지될 것인지 말 것인지 욥에 의하여 결정되게 하셨다는 말입니다. 이것이 욥기의 시작이었습니다. 인간이란 도대체 얼마나 굉장한 존재냐, 하나님 앞에 그분의 자녀로 불리는 성도의 지위란 얼마나 존귀한 것인가 하는 질문으로 시작했습니다.

이러한 도전과 시험 속에서 하나님의 형상으로 지음을 받은 인간의 가치가 얼마나 큰지 이제 드러날 것입니다. 먼저 '하나님, 하나님은 저 같은 것과는 비교할 수 없이 크신 분입니다'로 시작됩니다. 20절부터 봅시다.

> 오직 내게 이 두 가지 일을 행하지 마옵소서 그리하시면 내가 주의 얼굴을 피하여 숨지 아니하오리니 곧 주의 손을 내게 대지 마시오며 주의 위엄으로 나를 두렵게 하지 마실 것이니이다 그리하시고 주는 나를 부르소서 내가 대답하리이다 혹 내가 말씀하게 하옵시고 주는 내게 대답하옵소서 나의 죄악이 얼마나 많으니이까 나의 허물과 죄를 내게 알게 하옵소서 주께서 어찌하여 얼굴을 가리시고 나를 주의 원수로 여기시나이까 주께서 어찌하여 날리는 낙엽을 놀라게 하시며 마른 검불을 뒤쫓으시나이까 (욥 13:20-25)

욥은 자기 자신을 '날리는 낙엽', '마른 검불'로 표현합니다. 28절에 가면 "나는 썩은 물건의 낡아짐 같으며 좀 먹은 의복 같으니이다"라고 말하기도 합니다. 하나님과 자신의 차이를 너무나 분명하고 크게 인식하고 있습니다. 그러면서 욥이 하는 말이 무엇입니까? 내가 죽어 없어질지라도, 나 같은 것은 별것 아닐지라도 하나님은 하나님이셔야 한다는 것입니다. 이 고백이 세 친구들의 조언과 무엇이 다릅니까? 세 친구에게는 하나님이 다만 그들의 안전이며 그들의 보상이면 족하다는 것입니다. 그러나 욥은 나 같은 것은 별것 아닐지라도 하나님은 하나님이시기를 중단하거나 하나님이 아니시면 안 된다고 하는 것입니다. 다시 말해 욥의 변명은 '나를 돌아보소서. 나를 회복시켜 주옵소서'가 아닙니다. 자신은 이렇게 쇠퇴해 가고 말 별것 아닌 존재일지라도 하나님은 낡아지는 하나님, 쇠퇴하는 하나님, 외면하는 하나님, 그냥 안전망이기만 한 하나님일 수 없다는 것입니다. 그래서 욥은 하나님을 만나려는 것입니다.

하나님, 나를 놓지 마십시오

욥은 지금 자신을 살려 달라거나 회복시켜 달라거나 자신에게 보상해 달라고 하는 것이 아닙니다. 이것들은 다 세 친구들이 한 말입니다. 욥은 '내가 하나님에게 순종하면 보상받는다는 소리냐? 나는 보상을 원하는 것이 아니다. 나는 여태껏 너희가 알고 있던 하나님이 너희 경험과 이해보다 크다는 도전을 받고 있다. 나의 안전만을 위하여 하나님을 모신다면 하나님도 하나님이 아니고 나도 내가 아니게 된다' 하는 경지에 들어와 있습니다.

욥은 모든 것을 잃게 되면서 가장 중요한 가치와 의미가 무엇인가를 궁구하게 되었습니다. 그리하여 욥은 한 인간이 고통을 면하고 명분을 얻는다고 할지라도 인간 됨의 가치를 스스로 만들어 낼 수 없다는 것을 드디어 깨닫게 되었습니다. 인간에게는 깊은 갈증이 있는데, 그 갈증을 해소할 힘이 인간에게 있지 않다는 사실을 알게 된 것입니다. 그래서 그 갈증을 해소해 주실 하나님이 안 계시다면, 다시 말해 하나님이 그 갈증을 해결해 주는 분이 아니시라면 인간이란 존재한들 무가치하다는 데까지 이른 것입니다.

하박국 2장 4절에 우리가 잘 아는 유명한 말씀이 있습니다. "보라 그의 마음은 교만하며 그 속에서 정직하지 못하나 의인은 그의 믿음으로 말미암아 살리라." 하박국은 이스라엘의 멸망을 목전에 두고 있던 때의 선지자입니다. 당시 이스라엘은 하나님의 백성이라고 불릴 수 없을 만큼 도덕적, 종교적 문란함과 부패로 가득 차 있었습니다. 그는 그런 현실에 놀라서 하나님에게 묻습니다. "하나님의 백성이 불의와 방종으로 부패하고 악이 횡행하는데 그냥 놓아두실 것입니까?" 그러자 하나님이 그들을 바벨론에 넘기겠다고 하십니다. 하박국이 다시 "하나님, 공의를 세워 달라 그랬지, 언제 우리를 남의 나라에 넘겨 달라고 그랬습니까? 그럴 수는 없습니다"라고 하자 하나님이 말씀하십니다. "정치적 안정을 원하느냐? 의인은 믿음으로 산다."

믿음으로 산다는 말은 얼마나 멋진 말입니까? 앞에서 기독교를 대표하는 두 단어는 믿음과 사랑이라고 했습니다. 이것은 기독교가 말하는 하나님이 인격적인 분이라는 것을 의미합니다. 그러나 우리는 안전에 목을 맵니다.

한 영상이 있습니다. 아프리카 어린이들이 얼마나 불쌍하게 살고 있는지, 우리가 조금만 도와줘도 그들에게 얼마나 큰 힘이 될 수 있는지 호소하기 위해 만든 영상입니다. 그 영상에 배우 김혜자 씨가 나와 반복해서 하는 후렴 같은 말이 있습니다. "인생 별것 아니에요!" 이 말은 인간이 무가치한 존재라든가, 정말 별것 아니라는 뜻이 아니라 하나님이 인생에게 준 이 삶이 정말 짧다는 뜻입니다. 사는 동안 인간에게는 깊은 욕구가 있는데, 그것을 스스로 만족시키거나 세상의 것으로 때울 수 없다는 사실을 배우게 됩니다. 믿는 사람이든 믿지 않는 사람이든 상관없이 다 알게 됩니다. 그래서 "인생 별것 아니에요"라고 했던 것입니다.

그러나 하나님의 자녀들은 여기에 하나를 덧붙일 수 있습니다. 바로 "예수 믿는 것이 최고예요"라는 말입니다. 하나님 외에 인간을 인간답게 할 수 있는 것은 없습니다. 인간은 자신이 별것 없이 끝나는 정도의 존재가 아니라는 것을 압니다. 그런데 우리에게는 우리의 문제를 해결할 능력이 없습니다. 그래서 하나님에게 나아가서 물어야 하고, 만나 달라고 해야 합니다. 하나님이 당신의 명예를 우리에게 거신 것같이 우리는 우리의 가치를 하나님의 손에 맡길 수밖에 없습니다.

그렇게 맡기면 보상을 받는다거나 평안하다거나 해결이

된다는 이야기가 아닙니다. 욥이 하는 말은 이것입니다. '하나님 없이 존재하고 하나님이 인정하지 않는 인생을 사는 것은 죽음 만도 못합니다. 그러니 하나님, 나를 놓아두지 마십시오.' 그러자 하나님이 답하십니다. '그래. 나는 안전책도 아니고, 보상하는 원칙도 아니고, 너희가 원하는 것을 주는 기계도 아니다. 나는 하나님이다. 그리고 너희는 내 자녀. 의인은 믿음으로 산다.' 믿음으로 산다는 말, 얼마나 좋습니까? 원칙으로 산다, 이해관계로 산다는 말과는 비교할 수 없습니다. 하나님은 믿음을 요구하신다고 합니다. 너무나 고마운 일입니다.

고난 속에서 드러나는 하나님

요한복음 17장을 보면, 하나님이 누구신가에 대해 예수님이 이렇게 증언하고 계십니다.

> 예수께서 이 말씀을 하시고 눈을 들어 하늘을 우러러 이르시되 아버지여 때가 이르렀사오니 아들을 영화롭게 하사 아들로 아버지를 영화롭게 하게 하옵소서 아버지께서 아들에게 주신 모든 사람에게 영생을 주게 하시려고 만민을 다스리는 권세를 아들에게 주셨음이로소이다 영생은 곧 유일하신 참 하나님과 그가 보내신 자 예수 그리스도를 아는 것이니이다 (요 17:1-3)

1절에 있는 '아들을 영화롭게' 하는 것이 무엇입니까? 당연히 십자가입니다. 그 십자가를 통해서 무엇을 하십니까? 아버지께서 아들에게 주신 모든 사람에게 영생을 주십니다. 십자가를 통해 모든 사람에게 영생을 주신다는 것은 이해가 됩니다. 그런데 이 십자가가 '만민을 다스리는 권세를 아들에게 주셨음이로소이다'(요 17:2)로 이어집니다. 십자가와 권세는 같이 갈 수 없는 것 아닙니까? 우리에게 '만민을 다스리는 권세'는 언제나 권력이지 않습니까? 권력이고 힘입니다. 그런데 예수는 그 권세를 무엇으로 집행합니까? 십자가입니다. 그 권세를 십자가로 집행한다는 것입니다.

그런 다음 3절에서 영생이 무엇인지를 이야기합니다. 영생은 곧 유일하신 하나님과 그가 보내신 자 예수 그리스도를 아는 것입니다. 하나님이 누구신지 예수를 통해 알지 못하면 우리는 하나님을 전혀 알 수가 없습니다. 하나님은 우리를 구원하기 위하여, 우리를 다스리기 위하여 그 아들을 십자가에 매달아 당신의 영광을 증명하신 분입니다.

왜 예수님은 십자가의 길을 가셨고 왜 욥은 고난을 겪어야 했을까요? 하나님의 영광이 자기부정을 통해 만들어지기 때문입니다. 자기부정이란 자기를 위하여 상대를 밟아 누르지 않고, 남을 위하여 자기를 내어 주는 방식을 말합니다. 그것은 방법이자 동시에 성품입니다. 나는 섬기러 왔노라, 나는 종으로 왔노라, 나는 죽으러 왔노라, 이것이 예수님이 하신 말씀입니다. 하나님이 우리에게 일구어 내시는 신앙에서 가장 중요한 본질은 하나님이 누구신가를 이해하는 것과 연결됩니다. 하나님이 누구신지가 고난 속에서 밝혀집니다. 내가 나를 위하여 살지 않는 것, 나를 위하여 이웃을 잡아먹지 않는 것, 이것이 십계명에서 드러나는 가장 중요한 가르침입니다. 가장 큰 계명이 무엇입니까? 하나님을 사랑하고 이웃을 사랑하는 것입니다. 우리는 고난을 싫어하지만 고난으로 들어가지 않고는 단련되지 않습니다.

고난의 영광과 위대함을 알아야 합니다. 하나님이 예수를 보내어 당신의 영광을 증명하셨다는 것을 알아야 합니다. 우리의 신앙 현실은 고단합니다. 하나님이 우리를 사랑하셔서 영광으로 채우시기 위해 고난이라는 길로 인도하시기 때문입니다. 그 고단한 길에서 "인생 별것 아니다", "예수 믿는 것은 정말 복이구나" 하는 말들이 함께 붙어 다닌다는 사실을 본문 말씀으로 증언합니다. 이것이 우리의 힘이 되면 겁날 것이 없습니다.

기도

하나님 아버지, 예수를 보내시고 그를 십자가에 못 박아 하나님의 영광을 드러내신 사랑에 감사드립니다. 하나님은 참으로 거룩하시고 진실하시고 긍휼과 자비와 은혜와 사랑이 넘치는 우리의 아버지이십니다. 그러니 우리도 하나님의 내어 주심, 자기 부정, 희생, 섬김에 참여하겠습니다. 기꺼이 고난을 감수하며 주의 인도하심에 우리의 생애를 드립니다. 깊은 곳까지 찾아오셔서 알게 하신 하나님을 향한 믿음, 영혼의 갈증, 하나님의 영광,

신자의 영광을 기억하는 길로 우리를 순종하게 하사 우리 인생으로 하나님을 믿는 자녀의 명예를 지키게 하여 주옵소서. 비로소 세상 앞에 빛이고 소금일 수 있는 인생을 살게 하여 주옵소서. 예수님 이름으로 기도합니다. 아멘.

11 14:1 여인에게서 태어난 사람은 생애가 짧고 걱정이 가득하며 2 그는 꽃과 같이 자라나서 시들며 그림자 같이 지나가며 머물지 아니하거늘 3 이와 같은 자를 주께서 눈여겨 보시나이까 나를 주 앞으로 이끌어서 재판하시나이까 4 누가 깨끗한 것을 더러운 것 가운데에서 낼 수 있으리이까 하나도 없나이다 5 그의 날을 정하셨고 그의 달 수도 주께 있으므로 그의 규례를 정하여 넘어가지 못하게 하셨사온즉 6 그에게서 눈을 돌이켜 그가 품꾼 같이 그의 날을 마칠 때까지 그를 홀로 있게 하옵소서 7 나무는 희망이 있나니 찍힐지라도 다시 움이 나서 연한 가지가 끊이지 아니하며 8 그 뿌리가 땅에서 늙고 줄기가 흙에서 죽을지라도 9 물 기운에 움이 돋고 가지가 뻗어서 새로 심은 것과 같거니와 10 장정이라도 죽으면 소멸되나니 인생이 숨을 거두면 그가 어디 있느냐 11 물이 바다에서 줄어들고 강물이 잦아서 마름 같이 12 사람이 누우면 다시 일어나지 못하고 하늘이 없어지기까지 눈을 뜨지 못하며 잠을 깨지 못하느니라 13 주는 나를 스올에 감추시며 주의 진노를 돌이키실 때까지 나를 숨기시고 나를 위하여 규례를 정하시고 나를 기억하옵소서 14 장정이라도 죽으면 어찌 다시 살리이까 나는 나의 모든 고난의 날 동안을 참으면서 풀려나기를 기다리겠나이다 15 주께서는 나를 부르시겠고 나는 대답하겠나이다 주께서는 주의 손으로 지으신 것을 기다리시겠나이다 16 그러하온데 이제 주께서 나의 걸음을 세시오니 나의 죄를 감찰하지 아니하시나이까 17 주는 내 허물을 주머니에 봉하시고 내 죄악을 싸매시나이다 18 무너지는 산은 반드시 흩어지고 바위는 그 자리에서 옮겨가고 19 물은 돌을 닳게 하고 넘치는 물은 땅의 티끌을 씻어버리나이다 이와 같이 주께서는 사람의 희망을 끊으시나이다 20 주께서 사람을 영원히 이기셔서 떠나게 하시며 그의 얼굴 빛을 변하게 하시고 쫓아보내시오니 21 그의 아들들이 존귀하게 되어도 그가 알지 못하며 그들이 비천하게 되어도 그가 깨닫지 못하나이다 22 다만 그의 살이 아프고 그의 영혼이 애곡할 뿐이니이다 (욥 14:1-22)

욥 _ 나의 한계를
보았습니다

욥기는 어렵습니다. 무슨 말을 하려는 것인지 윤곽이 잘 잡히지 않습니다. 여기까지 오면서 일단 우리는 욥이 까닭 없는 고난을 당했다는 것과 하나님이 사탄과 한 내기에서 당신의 명예를 욥에게 거셨다는 사실을 알고 있습니다. 그리고 세 친구가 욥에게 찾아와서는 하나같이 인과응보의 원리로 그의 현실을 분석하여 해답을 제시하고, 욥은 친구들의 제안에 반대한다는 것까지 보았습니다. '인과응보를 벗어나 있는 일이 있을 수 있단말이냐?' 하는 세 친구와 '나도 예전에는 그런 것이 있는 줄 몰랐는데, 내가 지금 겪는 것은 분명히 나에게 이유가 없는 일이다. 왜 이런 일이 있는지 하나님에게 물을 수밖에 없다. 그런데 하나님이 답을 해 주지 않으시니 나는 정말 힘들어 죽겠다' 하는 욥 사이에 정면충돌이 일어납니다. 이것이 욥기 전반부의 주요 내용입니다.

답 없는 자의 비명과 넋두리

이제 세 친구와 욥 사이의 제1라운드가 끝이 납니다. 친구들 셋이 차례로 조언하고, 그 질문과 충고에 욥이 대답합니다. 세 친구가 해 준 조언을 욥이 거부하면서 자신이 당한 것은 그것보다 크고 그들이 설명하는 것보다 더 깊고 이해할 수 없는 일이라고 일일이 답한 후에 자신의 괴로운 심정을 토로합니다. 13장과 14장은 욥의 독백입니다.

　14장은 나눠서 찬찬히 살펴보면 이해하기가 쉽습니다. 1절에서 6절까지는 '저는 하찮은 존재입니다. 제가 뭘 잘못했다 한들 이런 존재에게 하나님이 무엇하러 그렇게까지 화를 내십니까?' 하는 이야기입니다. 7절에서 12절은 '저는 죽으면 끝인, 그저 일과성에 불과한 가치 없는 인생입니다. 뭘 이렇게까지 붙들고 긴 싸움을 하십니까?' 하는 넋두리입니다. '그러니 하나님, 그냥 넘어가 주십시오. 이 하찮은 존재, 별것 아닌 짧은 인생을 사는 제가 잘못했다고 한들 하나님이 일일이 찾아 확인하시고 집어내실 필요가 있습니까?' 하는 내용이 13절에서 17절까지 들어 있습니다. 14장의 내용은 논리적으로 분석해서 따져 볼 가치가 있는 것이 아니라 탄식 외에는 할 말이 없는 자, 답도 없고 견딜 수도 없는 자의 넋두리나 비명이라고 이해해야 합니다. 18절에서 22절은 '더 이상 견딜 수가 없습니다. 고난이 너무 큽니다. 저는 이제 자폭 직전에 와 있습니다' 하는 절규입니다.

성경에 나와 있는 이런 표현은 우리에게 낯섭니다. 우리는 성경에 규범적이고 명확한 가르침만 들어 있을 것이라고 기대합니다. 이런 비명과 넋두리와 자폭하는 이야기들이 등장할 것이라고는 예상하지 않습니다. 그래서 우리는 서둘러 욥의 세 친구같이 됩니다. 빨리 답을 찾아 빨리 넘어가려고 하지, 그 지난한 과정을 겪어 내지 못합니다. 욥이 지고 가는 짐을 이해하기 싫어합니다. 그러나 똑같은 일을 성경이 아닌 다른 곳에서 발견하면 그렇게 느끼지 않습니다. 제가 좋은 시를 하나 발견했습니다. 정호승 시인의 〈내가 사랑하는 사람〉[2]이라는 시입니다.

나는 그늘이 없는 사람을 사랑하지 않는다
나는 그늘을 사랑하지 않는 사람을 사랑하지 않는다
나는 한 그루 나무의 그늘이 된 사람을 사랑한다
햇빛도 그늘이 있어야 맑고 눈이 부시다
나무 그늘에 앉아
나뭇잎 사이로 반짝이는 햇살을 바라보면
세상은 그 얼마나 아름다운가

2) 정호승 지음, 《외로우니까 사람이다》(열림원), 11쪽.

나는 눈물이 없는 사람을 사랑하지 않는다

나는 눈물을 사랑하지 않는 사람을 사랑하지 않는다

나는 한 방울 눈물이 된 사람을 사랑한다

기쁨도 눈물이 없으면 기쁨이 아니다

사랑도 눈물 없는 사랑이 어디 있는가

나무 그늘에 앉아

다른 사람의 눈물을 닦아주는 사람의 모습은

그 얼마나 고요한 아름다움인가

이 시를 읽으면 '시가 참 좋다. 마음이 따뜻하다. 어쩌면 이런 시인이 있을까' 하고 느낄 것입니다. 그런데 성경을 읽을 때는 왜 이런 생각이 안 들까요? 서둘러 정답을 외치느라 상대방에게 울 시간을 주지 않습니다. 왜 그늘이 있으면 안 되는 것입니까? 신앙을 떠나서 모든 인류가 보편적으로 사랑하고 감동받는 예술 작품들에는 다 이런 그늘이 들어 있습니다. 존재론적 한계이든 실존적 한계이든 인간의 한계, 인간의 나약함, 허망함 등 인생의 버거움에 대한 깨달음을 담은 작품들을 보면 모두가 경이감을 느낍니다. 고흐(Vincent van Gogh)의 〈별이 빛나는 밤〉을 보면 얼마나 놀랍습니까? 그 그림이 괴로워하는 사람의 작품으로 보입니까? 사랑에 빠진 사람의 그림처럼 보이진 않습니까? 우리는 예술가의 괴로운 고뇌가 자폭적인 파멸로 가지 않고 예술 작품이 되는 신비를 경이롭게 느끼는 것입니다.

그늘과 넋두리가 담겨 있는 성경, 욥기

한계라는 것은 부족함만의 문제가 아닙니다. 정호승 시인의 시에 등장하는 눈물이라는 것은 무엇입니까? 눈물은 벅찰 때 나옵니다. 기쁨이든 슬픔이든 감당할 수 없는 현실에 직면할 때 사람은 울게 됩니다. 너무 기뻐서 울고 너무 슬퍼서 웁니다. 눈물은 패배자나 연약한 자의 전유물이 아닙니다. 인간이 만들 수 있는 그 이상의 것을 경험하고 느끼고 있다는 표입니다. 우리가 만들어 낼 수 있고 우리가 감당할 수 있는 상황 속에 있으면 울 필요가 없습니다. 그것이 절망이든 감동적이고 희망에 찬 환희든 간에 그렇습니다. 그래서 욥이 지르는 비명은, 인간이 할 수 있는 것을 넘어선 경험 앞에 터져 나오는 감탄사인 것입니다.

우리의 한계를 넘어서 있는 무엇과의 만남, 그것이 예술 작품을 통해 우리에게 감동을 주고 거부감을 주지 않는 것은 그 표현이 우회적이기 때문입니다. 꼭 집어서 이야기해 주지는 않지만 인간의 한계와 함께 인간이 그 한계를 넘어선 존재라는 것을 모두에게 가르쳐 주기 때문입니다. 인간이 인간에 불과하지만 인간 이상의 존재라는 것을 작품 속에서 누리는 것입니다. 음악이나 미술에서 또는 시에서 인간의 인간 된 신비한 경이를 느끼는 것입니다.

그런데 기독교는 정답을 가졌다는 이유로 우회적이지 않고 언제나 직설적입니다. "지금 믿고 있습니까? 아니, 지옥 가도 좋단 말입니까?" 이렇게 몰아붙이니까 모두가 질색합니다. 욥기를 읽을 때도 시처럼 읽지 않고 "이게 왜 42장까지 있어? 4절이면 충분한데" 이렇게 반응합니다. 그러면 안 됩니다. 성경이 긴 분량을 할애해서 이 넋두리를 담고 있다는 사실을 명심하십시오. '나는 그늘이 없는 사람을 사랑하지 않는다'라는 말을 욥의 비탄을 통해 들려주는 것입니다.

그늘이 있다는 것은, 햇볕이 다만 밝고 뜨거운 광명과 열기로 그 존재를 다 드러내는 것이 아님을 보여 줍니다. 그늘은 무언가가 햇볕을 가로막고 있어서 생기는 것인데, 이 시에서 무언가는 나무입니다. 잎사귀가 무성한 나무의 그늘을 상상해 보십시오. 나뭇잎 사이로 반짝이는 햇살이 보이지 않습니까? 이 시에서 말하는 그늘은 큰 그림자를 드리울 만큼 울창한 나무를 전제하고 있습니다. 해는 자신의 광명정대함을 넘어 짙푸른 녹음을 드리워 그늘의 깊음을 가지는 데서 그 영광을 누립니다. 하나님의 자녀로 부름받아 결실되는 인간의 영광과 자랑은 늘 옳고 늘 밝고 늘 확실한 분명함 속에서보다 오히려 하나님이 우리로 더 깊이 고뇌하게 하시며 우리를 깨워 생각하게 하시며 흔들어 신음하게 하시어 자신의 한계 밖으로 떠밀리는 위기와 고난과 참을 수 없어 지르는 비명 속에서 더욱 밝히 드러납니다. 그 속에서 녹음이 우거지듯 하나님을 아는 지식의 깊이와 넓이가 더해진다고 욥기가 증언하고 있습니다.

욥이 서 있는 자리는 인간으로서는 이해할 수 없고 감당할 수 없는 자리였을 것입니다. 고흐가 지닌 광기 역시 자신의 한계 때문이었을 것입니다. 귀를 잘라 버리고 권총 자살로 삶을 마감하고 만 그의 자폭적인 광기가 예술 작품으로 승화될 수 있다는 것은 신비합니다. 그 간극을 무엇으로 뛰어넘었는지는 우리가 알지 못합니다. 고흐의 그림은 그림 자체로도 좋지만, 그림을 그린 화가를 생각하며 감상할 때면, 단지 그림이 아닌 경이로움을 발견한 한 존재를 만나게 됩니다. 우리와 손을 잡고 맞닿아 있는 보편적 인류의 존재에 관한 희망과 감회를 갖게 됩니다. 고흐가 그린 그림을 우리가 그릴 수는 없습니다. 하지만 그가 한 인간으로서 우리와 동일한 현실의 무게를 감당하지 못해 울부짖으며 자살로 생을 마감하기까지 겪었던 괴로움 속에서 눈부신 그림들을 그려 냈다는 점에서, 우리는 인류라는 이름으로 함께 정체성을 나누는 인간에 대한 경외감을 가지게 됩니다. 이것이 욥기의 이야기입니다. 우리가 놀라는 것은 하나님이 하나님의 자녀라는 이름으로 우리를 불러 이 자리에 세우신다는 데에 있습니다. 바로 믿음으로 가는 자리입니다.

하나님이 하실 수 없다면 하나님이 아닙니다

욥의 비명이 가지는 경이로움은 '나는 나의 한계를 보았습니다'라는 고백에 있습니다. 한계를 넘어야 하는데 자신의 힘으로는 넘을 수 없습니다. 인간이라는 존재는 인간이 할 수 있는 것으로 채울 수 없는 존재라는 것을 앞에서 보았습니다. 우리는 우리에게 필요한 모든 것을 다 가진다고 해도 만족할 수 있는 존재가 아닙니다. 사실은 다 채울 수도 없는 존재입니다.

필요한 모든 것을 채워도 만족하지 못하는 이유는 인간이 다만 물질이 아니기 때문입니다. 우리는 영적 존재이기 때문에 우리의 행복과 평안은 우리 손으로 얻어지지 않습니다. 또한 우리는 우리 영혼을 만족시키는 일을 스스로 할 수 없습니다. 세상의 것으로 잠시 기만할 수 있을 뿐입니다. 스스로를 속이는 것입니다. 세상의 재물이나 명성이나 능력이라는 것은 이 큰 질문 앞에서 잠시 도망가는 방도로밖에는 쓰이지 못합니다. 해외여행을 가거나 누구를 불러 교훈하며 큰소리치거나 무슨 업적으로 유명해지거나 해서 자꾸 도망을 갈 뿐이지 실제로 해결할 수는 없습니다. 의지할 것들이 세상에 많으면 많을수록 하나님과 만나는 일에 자꾸 방해를 받습니다.

도망갈 데가 없는 욥은 결국 이 고백 앞에 설 수밖에 없습니다. '이것은 하나님의 몫입니다. 하나님 외에 이 한계를 넘어선 답을 주실 수 있는 분은 없습니다. 그리고 이 답을 주실 수 없다면 하나님은 하나님이 아니십니다.' 하나님은 우리의 필요와 행복을 채워 주시고 재물을 주시고 건강을 주시는 분 정도가 아니라는 것입니다. 이것들은 단지 우리가 희망하는 목록일 뿐입니다. 지금 욥이 하는 이야기는 이것입니다. 인간이 자신의 한계를 맞닥뜨렸을 때, 그리고 그 한계 이상의 요구가 우리 영혼 깊은 곳에 있다는 것을 알았을 때 나오는 '이것은 하나님만이 해결해 주실 수 있습니다. 하나님이 하실 수 없다면, 하나님이 아닙니다' 하는 하나님에 대한 마지막 비명 같은 이 기도는, 인간이라는 존재가 신과의 관계성 속에 있다는 것을 가르쳐 줍니다. 욥기는, 인간이라는 존재의 본질적 정체성은 하나님과 분리

되어서는 발견될 수 없다는 이야기를 하는 것입니다.

　　인간이나 가치에 대한 이야기를 하다 보면, 우리는 존재론적으로 혹은 인식론적으로 따지고 듭니다. 그러나 성경이 거듭거듭 신자들에게 하는 이야기는, 인간은 하나님을 떠나서는 존재할 수 없고 하나님과 관계하지 않고는 존재할 수 없다는 가르침입니다. 대표적 구절이 요한복음 17장 3절입니다. "영생은 유일하신 하나님과 그가 보내신 자 예수 그리스도를 아는 것이니이다." 이 말씀에서 '안다'는 것은 정보나 지식을 가지고 있다고 말하는 것이 아닙니다. '가장 깊은 인격적 관계를 맺고 있다'가 성경이 말하는 '안다'라는 말의 의미입니다.

　　〈브루스 올마이티〉(Bruce Almighty, 2003)라는 영화가 있습니다. 코믹 연기를 잘하는 짐 캐리(Jim Carrey)가 주인공으로 등장하는 영화입니다. 이 영화에서 짐 캐리는 지방방송국에서 가십거리나 에피소드를 소개하기 위해 잠깐잠깐 티비에 나오는, 인생이 고달픈 기자입니다. 그는 뉴스 앵커를 맡고 싶어 하지만, 생각처럼 쉽지 않습니다. 부부 사이도 곧잘 삐끗거려서 아내는 친정으로 가 버린 상황입니다. 모든 일이 잘 안 풀리게 된 주인공은 신에게 막 화풀이하면서 한번 만나 달라고 하자, 신이 그를 부릅니다. 가 보니 텅 빈 홀에서 신이 바닥을 닦고 있습니다. 신과 이런 저런 이야기를 나누다가 짐 캐리는 신에게 능력을 달라고 하고 신은 그에게 능력을 줍니다. 그렇게 얻은 능력으로 짐 캐리가 세상 모든 사람의 기도를 들어주자 세상이 엉망이 됩니다.

그가 아내의 마음을 풀어 주기 위해 보름달을 창 앞으로 끌어들이자 바다에 해일이 일어나고 온 세상이 뒤집어집니다. 또 응모하는 모두가 경품에 당첨되고 로또에 당첨됩니다. 그 사람들이 다 당첨금을 타려고 모여들고, 그 사람들을 노리는 폭도들이 생기고 하면서 세상이 뒤죽박죽이 됩니다. 그러자 짐 캐리가 신 앞에 다시 와서 못해 먹겠다고 하소연합니다. 그제서야 신이 이야기를 합니다. "네가 잘하는 것이 있다. 너는 사람을 즐겁게 하는 재주가 있으니 그것을 해라." 그러자 짐 캐리가 신을 바라보며 "웃기고 있네"라고 합니다. 신이 대답합니다. "내가 널 만들어서 잘 알지." 이 한 마디를 하려고 그렇게 긴 이야기가 흘러간 것입니다. "바로 그거야. 내가 널 만들어서 잘 알지." 그래서 주인공 짐 캐리가 본래 자기 자리로 돌아가서 그냥 조역으로, 작은 자로 재미있게 살아가는 것으로 영화가 막을 내립니다.

그늘에서 만나는 하나님의 부요하심

하나님은 위대하십니다. 모든 답보다 더 크고 더 깊은, 말하자면 부요함과 풍성함과 무한함이 마치 짙푸른 녹음(綠陰) 같습니다. 초록 록(綠)에 그늘 음(陰), 녹음입니다. 그늘은 다만 햇볕이 차단되고 갇혀 있고 외면받는 곳이 아니라 무성함을 의미합니다.

그런데 우리가 이 그늘로 부름을 받으면 다들 펄쩍 뜁니다. 앞서 본 좋은 시를 읽으면서도 현실에서는 늘 환한 햇살 아래에만 있으려고 합니다. 해 아래, 백열등 아래 있는 것은 고문 당할 때나 그러는 것입니다. 부채를 부치고 양산을 쓰는 것이 고급하고 멋진 모습이듯이, 하나님의 인도하심 속에서 우리 자신의 한계를 깨닫고 하나님이 그 한계 속에서 하나님의 하나님 되심을 우리에게 채우시는 경이를 보는 것이 부요하고 아름다운 일인 것입니다. 우리가 만들 수 없는 것을 만들게 하는 그 부르심, 하나님의 하나님다우심을 만나는 경이, 그리고 거기서 오는 고통을 만나는 것입니다. 어떤 고통일까요? 벅차서, 감당할 수 없어서 생기는 고통입니다. 하나님이 이 일을 포기하지 않으시며 대강 넘어가거나 타협하지 않으신다고 욥기는 말합니다. 우리는 모두 이 부르심 앞에 서 있습니다.

베드로후서 1장을 봅시다. 우리가 이 부르심 앞에 있음을, 기독교 신앙의 근거가 옳고 그름 위에 있는 것이 아님을 이렇게 말씀하고 있습니다.

예수 그리스도의 종이며 사도인 시몬 베드로는 우리 하나님과 구주 예수 그리스도의 의를 힘입어 동일하게 보배로운 믿음을 우리와 함께 받은 자들에게 편지하노니 하나님과 우리 주 예수를 앎으로 은혜와 평강이 너희에게 더욱 많을지어다 그의 신기한 능력으로 생명과 경건에 속한 모든 것을 우리에게 주셨으니 이는 자기의 영광과 덕으로써 우리를 부르신 이를 앎으로 말미암음이라 (벧후 1:1-3)

인간이라는 존재의 정체성이 옳고 그름이 아닌 하나님과의 관계성 속에 있다고 합니다. 2절에서 보듯이 우리는 '우리 주 예수를 앎으로' 그리고 3절 끝에서 보듯이 '자기의 영광과 덕으로써 우리를 부르신 이를 앎으로' 은혜와 평강을 누리는 존재라는 것입니다. 우리가 분명함이나 확실함에만 근거해서 기독교 신앙을 제한하고 있다면 어느 날 하나님이 그것을 깨트리실 것입니다.

하나님의 자녀가 된다는 것은 우리 기대와 욕심과는 비교할 수 없는 일입니다. 세상이 만들 수 없는 사람이 되는 것입니다. 오죽하면 말씀으로 천지를 창조하신 하나님이 자기 아들을 보내 십자가에 못 박으심으로 이 문제를 푸셨겠습니까? 문제가 어려워서가 아닙니다. 하나님이 인간에게 목적하신 창조와 구원의 궁극적인 내용이 얼마나 큰 것이기에 당신이 피와 살을 내어 주시는 방법을 택하셨겠습니까? 인생이 고단할 때, 하나님이 외면하셔서 길을 잃은 것이라고 생각하지 마십시오. 하나님은 눈동자와 같이 우리를 돌보고 계십니다. "여인이 어찌 그 젖 먹는 자식을 잊겠으며 자기 태에서 난 아들을 긍휼히 여기지 않겠느냐 그들은 혹시 잊을지라도 나는 너를 잊지 아니할 것이라"(사 49:15). 우리가 하나님의 자녀로 사는 존재와 인생인 줄 아는 복이 있기를 바랍니다.

기도

하나님 아버지, 은혜를 감사합니다. 하나님의 자녀로 산다는 것은 놀라운 일입니다. 하나님의 생각과 뜻은 우리 생각과 달라서 우리가 상상할 수 없고 측량할 수 없는 은혜이며 사랑이며 복입니다. 하나님이 말씀하시기를 '내가 거룩하니 너희도 거룩하라' 하셨습니다. 세상의 것으로 채워지는 존재가 되지 말고 하나님의 자녀가 되어 하나님의 사랑을 받고 하나님을 사랑하라고 하셨습니다. 세상의 위협과 시험을 이기고 하나님의 자녀로 사는 기쁨과 기적을 배워 나가는 믿음과 인내와 성실함을 주옵소서. 예수님 이름으로 기도합니다. 아멘.

12 15:1 데만 사람 엘리바스가 대답하여 이르되 2 지혜로운 자가 어찌 헛된 지식으로 대답하겠느냐 어찌 동풍을 그의 복부에 채우겠느냐 3 어찌 도움이 되지 아니하는 이야기, 무익한 말로 변론하겠느냐 4 참으로 네가 하나님 경외하는 일을 그만두어 하나님 앞에 묵도하기를 그치게 하는구나 5 네 죄악이 네 입을 가르치나니 네가 간사한 자의 혀를 좋아하는구나 6 너를 정죄한 것은 내가 아니요 네 입이라 네 입술이 네게 불리하게 증언하느니라 7 네가 제일 먼저 난 사람이냐 산들이 있기 전에 네가 출생하였느냐 8 하나님의 오묘하심을 네가 들었느냐 지혜를 홀로 가졌느냐 9 네가 아는 것을 우리가 알지 못하는 것이 무엇이냐 네가 깨달은 것을 우리가 소유하지 못한 것이 무엇이냐 10 우리 중에는 머리가 흰 사람도 있고 연로한 사람도 있고 네 아버지보다 나이가 많은 사람도 있느니라 11 하나님의 위로와 은밀하게 하시는 말씀이 네게 작은 것이냐 12 어찌하여 네 마음에 불만스러워하며 네 눈을 번뜩거리며 13 네 영이 하나님께 분노를 터뜨리며 네 입을 놀리느냐 14 사람이 어찌 깨끗하겠느냐 여인에게서 난 자가 어찌 의롭겠느냐 15 하나님은 거룩한 자들을 믿지 아니하시나니 하늘이라도 그가 보시기에 부정하거든 16 하물며 악을 저지르기를 물 마심 같이 하는 가증하고 부패한 사람을 용납하시겠느냐 17 내가 네게 보이리니 내게서 들으라 내가 본 것을 설명하리라 18 이는 곧 지혜로운 자들이 전하여 준 것이니 그들의 조상에게서 숨기지 아니하였느니라 19 이 땅은 그들에게만 주셨으므로 외인은 그들 중에 왕래하지 못하였느니라 20 그 말에 이르기를 악인은 그의 일평생에 고통을 당하며 포악자의 햇수는 정해졌으므로 21 그의 귀에는 무서운 소리가 들리고 그가 평안할 때에 멸망시키는 자가 그에게 이르리니 22 그가 어두운 데서 나오기를 바라지 못하고 칼날이 숨어서 기다리느니라 23 그는 헤매며 음식을 구하여 이르기를 어디 있느냐 하며 흑암의 날이 가까운 줄을 스스로 아느니라 24 환난과 역경이 그를 두렵게 하며 싸움을 준비한 왕처럼 그를 쳐서 이기리라 25 이는 그의 손을 들어 하나님을 대적하며 교만하여 전능자에게 힘을 과시하였음이니라 26 그는 목을 세우고 방패를 들고 하나님께 달려드니 …… (욥 15:1-35)

엘리바스_ 하나님에게까지 갈 필요 없다

욥이 친구들의 충고를 거부하자 이제 제2라운드가 시작됩니다. 제1라운드와 마찬가지로 데만 사람 엘리바스가 먼저 등장합니다. 15장 1절에서 16절까지는 '욥, 너는 참 교만하다. 이렇게 자신만만하게 남의 충고를 거절할 만큼 네가 잘났느냐?' 하는 이야기입니다. 20절 이하는 악인이 아무리 잘난 척해 봤자 결국 패망으로 끝난다는 일종의 협박이자 저주입니다. 엘리바스는 제1라운드에서 했던 주장을 여기에서 반복하며 좀 더 강도를 높이고 있습니다.

옳은 것이 다가 아니다

욥기를 읽을 때 어려운 점은 친구들의 충고가 내용상 옳은데, 결론에 가면 하나님이 욥이 옳고 세 친구가 틀렸다고 판정하신다는 데 있습니다. 예수 믿는 사람들이 다른 사람들에게 권면하거나 위로할 때 자주 인용하는 구절 중에 "네 시작은 미약하였으나 네 나중은 심히 창대하리라"(욥 8:7)라는 말씀이 있는데, 이 말은 욥의 친구가 한 이야기입니다. 이 말은 분명 옳은 말입니다. 친구들이 매번 옳은 이야기를 하는 것 같은데, 왜 하나님은 욥이 옳고 친구들이 틀렸다고 하셨을까요?

본문 말씀인 15장을 보면, 엘리바스를 비롯한 욥의 친구들은 욥이 지금 믿음을 떠나 있고 어디선가 잘못했는데 회개하지 않는다고 생각하고 있습니다. 그들이 말하는 내용 곧 '하나님이 어찌 부족하시겠느냐? 하나님이 어찌 모르는 게 있겠느냐? 네가 하나님을 믿고 의지한다면 결국 복을 받을 것이요, 네가 아무리 옳다고 우겨도 잘못했으면 결국 벌을 받을 것이다' 하는 말은 다 옳습니다. 그러나 욥기에서 하려는 이야기는 아무리 옳은 이야기라도 그것이 전부가 아니라는 것입니다.

욥은 자신이 가진 신앙 지식으로는 자기가 당한 일을 이해하지 못하겠다고 토로합니다. 친구들은 이러한 욥의 필사적인 불평에서 드러나는 경건을 발견하지 못합니다. 필사적인 불평에서 드러나는 경건, 이런 말이 있습니까? 앞뒤가 안 맞는 말 같습니다. 그런데 저는 조금 이해가 됩니다. 삶의 어려움과 절망 앞에 섰을 때, 하나님에게 원망을 돌리는 것은 믿음이 없는 행위이기도 하고 한편으로는 믿음이 좋은 행위이기도 합니다. 자기가 져야 할 책임을 하나님에게 내던지는 행위이기도 하고, 하나님을 놓을 수 없어서 마지막까지 하나님에게 묻는 것이기도 하기 때문입니다.

절망을 감당할 수 없어 홀로 몸부림치는 필사적인 불평과 응답해 주시기를 바라는 치열한 몸부림이 있다는 것을 아십니까? 선뜻 안다고 대답하기 힘든 이야기일 것입니다. 이처럼 기독교 신앙이란 우리가 알고 있는 내용보다 훨씬 큽니다. 지금 욥기에서 우리가 놀라는 것은 이 점입니다. 세 친구의 옳음을 하나님이 결과적으로 틀렸다고 판정하신 점입니다. 아마 하나님은 그들이 옳은 것을 사용하는 방법에서 틀렸다고 판단하신 것 같습니다. 욥은 이 필사적인 불평을 들고 끊임없이 하나님에게 나아갑니다. 이 말이 무슨 뜻일까요? 친구들의 말에 의하면 욥은 그가 가진 문제를 들고 하나님에게까지 갈 필요가 없다는 것입니다. 원칙이나 상식으로 옳고 그름을 충분히 가려낼 수 있는 문제라는 말입니다. 욥이 당하는 고난과 어려움은 바로 그가 하나님 앞에 무엇인가 잘못한 증거라고 합니다. 잘못한 주제에 어떻게 하나님에게 만나자고 하느냐고 꾸짖는 것입니다.

저는 이렇게 질문을 던져 보고 싶습니다. 하나님이 인과응보의 원칙을 지켜 주셨으면 좋겠습니까, 안 지켜 주셨으면 좋겠습니까? 마음속으로 대답해 볼까요. 정답을 맞혀 보라는 이야기가 아닙니다. 하나님이 인과응보의 원칙대로 하시는 분이라면, 우리는 다 지옥에 가야 합니다. 이것이 기독교입니다. 이 말을 이해하시겠습니까?

사람이 무엇이기에

욥은 친구들의 공격에 맞서는 가운데 계속해서 자신은 하나님에게 나아가야겠다고 합니다. 그들이 하는 말을 자신이 모르는 것도 아니고 그들의 말에 공감하지 않는 것도 아니지만, 그 옳은 말로는 자신의 문제가 해결되지 않기 때문이라고 합니다. 그래서 그 법칙 말고, 그 법칙을 쥐고 있는 주인에게 나아가겠다는 것입니다. 그 주인은 비정하고 융통성 없고 생각 없는 분이 아닐 것이기 때문입니다. 만약 그런 하나님이 아니라면 자신이 이 일을 당할 리가 없다는 생각에서 그렇습니다.

욥은 지금의 상황에 몰리자 인간의 가치, 인생의 가치에 대해 질문하게 됩니다. 그런데 지금까지 그가 가지고 있던 이해나 경험으로는 해결이 안 됩니다. 그러자 그는 '하나님에게는 답이 있을 것이다. 그렇지 않다면 하나님은 없는 것이다. 답이 없는 갈등과 절망을 해결할 수 없어서 인간이 울부짖고 있다면, 하나님은 거기에 대한 해답을 가지고 있어야 한다. 그렇지 않다면 창조주의 자격이 없다'라고 합니다. 우리는 인간이 얼마나 불가해한 존재인지를 아는 만큼 하나님을 알게 됩니다. 아무도 인간을 구원할 수 없고, 인간의 깊은 갈증을 해결할 수 없습니다. 이 문제를 자기가 해결할 수 없다는 사실을 아는 만큼 하나님을 알게 됩니다.

기독교 신앙에서는 자신이 옳다고 생각할 때가 사실 매우 위험한 때입니다. 그 옳은 것을 어떻게 쓰느냐가 중요합니다. 또 사심이 없을 때도 그렇습니다. 사심이 없으면 옳다고 생각하기 때문입니다. 자신의 이해관계에 따라서 음흉한 딴 생각을 하고 있지 않으면 무조건 자기가 옳다고 생각합니다. 그렇지만 옳은 것이 다가 아닙니다. 예수의 오심을 생각해 봅시다. 말이 안 되는 이야기입니다. 하나님이 죄인을 구하러 인간의 모습으로 찾아오셨다는 사실을 우리는 죽었다 깨어나도 이해할 수가 없습니다. 그러나 그 일이 실제로 일어났습니다. 예수를 믿는다는 말의 무시무시함은 그것이 이해되어서가 아니라 그것이 사실이라는 데에 있습니다.

예수를 만나면 우리가 누구이며 예수가 왜 필요한지를 알게 됩니다. 그것이 예수를 믿는다는 말의 뜻입니다. 하나님을 만나 하나님이 다만 원칙에 묶여 있지 않은 하나님이기를 바라는 자리에 서게 된 것입니다. 그런데 '하나님한테까지 갈 필요 없어. 여기서 이야기해 봐. 선은 이렇고 후는 이렇잖아. 네가 잘못했네. 가서 고쳐' 하는 말로 끝나면, 거기에는 구원자도 은혜도 기적도 설 자리가 없습니다. 예수를 믿어 예수가 필요 없게 되는 자리에 가는 모순이 발생하는 것입니다. 이것이 욥기의 싸움입니다.

친구들의 계속되는 권면은 굳이 하나님에게까지 갈 필요 없이 명분과 당위들로 충분히 결론이 나는 싸움을 하자는 것입니다. 그런데 욥이 승복하지 않자, 강도를 높여서 몰아붙입니다. 권면과 위협과 경고의 정도가 점점 더 강해집니다. 다툴 때 목소리가 점차 커지는 것과 같습니다. 그럴수록 욥은 더 죽겠는 것입니다. 그들의 진심을 모르는 바는 아니지만 그것으로 답이 되지 않는 자리까지 내몰린 인생이 바로 욥입니다. 욥이 필사적으로 붙잡는 것은 하나님밖에 없습니다. '하나님, 제가 지나온 자리를, 제가 지금 다다른 자리를 하나님이 모르신다면 말이 되지 않습니다.' 이 이야기입니다.

엘리바스가 끊임없이 욥을 공박하는 말이 무엇입니까? "사람이 어찌 깨끗하겠느냐 여인에게서 난 자가 어찌 의롭겠느냐"(욥 15:14)라는 것입니다. 이 말은 엘리바스가 제1라운드에서 했던 "사람이 어찌 하나님보다 의롭겠느냐 사람이 어찌 그 창조하신 이보다 깨끗하겠느냐"(욥 4:17)라는 말과 동일한 이야기입니다. 다른 말로 하면 '사람이 무엇이기에'입니다. 한계를 인정하고 빨리 항복하라는 이야기입니다. 우리가 자주 쓰는 표현으로는 이런 말입니다. "네가 잘 알아? 네가 하나님이야? 네가 고집을 부려? 네가 인생을 알아?" 이런 식으로 상대방을 한계로 몰아 항복시키려고 하는 것입니다. 그런데 욥은 이 '사람이 무엇이기에'라는 말을 다르게 씁니다.

> 사람이 무엇이기에 주께서 그를 크게 만드사 그에게 마음을 두시고 아침마다 권징하시며 순간마다 단련하시나이까 주께서 내게서 눈을 돌이키지 아니하시며 내가 침을 삼킬 동안도 나를 놓지 아니하시기를 어느 때까지 하시리이까 (욥 7:17-19)

엘리바스가 말한 '사람이 무엇이기에'는 빨리 인간의 한계를 인정하여 입 닫고 잠잠하라는 의미이고, 욥이 한 '사람이 무엇이기에'라는 말에는 '하나님은 우리가 우리 자신을 생각하는 것보다 더 우리를 대접하시는 분이다. 그렇지 않고서야 나 같은 것 때문에 하나님이 이렇게 긴 시간 동안 집요하게 싸우실 리가 없다'라는 뜻이 담겨 있습니다. 욥의 치열한 고뇌와 처절한 불평이 그를 하나님과 대면하는 자리로 인도하고 있다는 것을 욥기는 이제 점차 보여 줍니다.

어찌하여 나를 버리셨나이까

우리는 고난이라는 방법으로 하나님을 만난 또 다른 사람을 알고 있습니다. 바로 야곱입니다. 야곱은 하나님 없이 살아 보려고 평생 애쓴 사람입니다. 형에게서 장자의 명분을 빼앗고 이 일이 들키자, 외삼촌의 집으로 도망갑니다. 거기서 이십 년 동안 잔꾀를 부려 부를 쌓았는데, 외삼촌의 미움을 사서 할 수 없이 자기에게 복수를 벼르고 있는 형한테 돌아갈 수밖에 없게 됩니다. 돌아가는 길에 사자를 보내 알아보니 형이 벌써 자기가 온다는 이야기를 듣고 복수하기 위해 사람들을 데리고 길을 나섰다는 것입니다. 이 소식을 들은 야곱은 처자식과 재물을 앞서 보내고 홀로 얍복 나루에서 밤이 새도록 고민하다가 하나님의 천사와 씨름하게 됩니다. 거기서 천사가 이제 그만 싸우자며 가려고 하자 야곱은 놓아주지 않고 복을 요구합니다. 천사가 "네 이름이 무엇이냐'라고 묻자, "야곱입니다"라고 대답합니다. 천사가 말합니다. '네 이름을 다시는 야곱이라 부를 것이 아니요 이스라엘이라 부를 것이니 이는 네가 하나님과 및 사람들과 겨루어 이겼음이니라'(창 32:28).

야곱이 이긴 것은 무엇일까요? 하나님을 만나는 일에서 이겼고 하나님으로부터 복을 받아 내는 일에서 이겼습니다. 하나님 이외에 다른 것으로는 해답을 얻을 수 없음을 깨달아 하나님에게 답을 얻기까지 그분의 손길에 붙잡힌 마지막 자리에서 야곱은 하나님과 담판 지어야 한다는 것을 알게 됩니다. 그래서 야곱은 하나님에게 복을 받아 낸 사람이 되었고 그곳 이름을 '브니엘'이라고 부르게 됩니다. 브니엘이란 '하나님의 얼굴'이라는 뜻입니다. 곧 야곱이 그곳에서 하나님을 대면하여 보았다는 뜻입니다. 지금 욥이 요구하는 것이 바로 그것입니다. '하나님, 만나 주십시오.' 원칙을 만나지 않고 법칙을 만나지 않고 그 모든 것의 주관자이자 주인이신 하나님을 만나겠다는 것입니다.

우리가 신앙생활을 하면서 자주 저지르는 실수는 하나님과의 대면을 다른 쉬운 것으로 대신해 버리는 일입니다. 가장 많이 대체되는 것이 기도입니다. 기도가 하나님과의 대면을 대신해 버린다는 말의 의미는 무엇입니까? 속에 있는 모든 이야기를 정직하게, 간절히, 열심히 아뢰는 것으로 자기 책임을 다했다고 생각하는 것입니다. 이런 말을 하면, 그 이상 무엇을 더 해야 하냐고 물을 수 있습니다. 기도하고 고민해야 합니다. 이 말은 기도한 것으로 우리 할 일 다했다고 안심해 버리면 안 된다는 뜻입니다.

이런 이야기입니다. 예수께서 십자가를 앞두고 겟세마네 동산에서 하나님에게 기도하십니다. '땀이 땅에 떨어지는 핏방울 같이 되더라'(눅 22:44)라고 묘사될 정도의 간절한 기도를 하십니다. '아버지여 만일 아버지의 뜻이거든 이 잔을 내게서 옮기시옵소서 그러나 내 원대로 마시옵고 아버지의 원대로 되기를 원하나이다'(눅 22:42) 하는 기도가 어떻게 응답됩니까? '나의 하나님, 나의 하나님, 어찌하여 나를 버리셨나이까'(마 27:46)라고 비명을 지르는 자리에 이르는 것으로 응답됩니다. 예수께서 당신이 당한 현실을 아버지께 맡겼다고 해서 너끈히 시험을 이기고 빨리 평안해지고 가뿐히 십자가를 졌다는 식으로 쉽게 풀수 없다는 것입니다. '나의 하나님, 나의 하나님, 어찌하여 나를 버리셨나이까'는 말하자면 예상하지 못한 일을 당한 자의 비명입니다. 그 자리에 가기까지 순종해야 합니다.

그런데 우리는 순종의 길을 가겠다고 하고서는, 실상 마음이 평안해지면 '아무래도 좋다' 하면서 가야 할 길을 가지 않습니다. 물론 기도가 평안을 줄 수는 있습니다. 그런데 그것으로 자기 책임은 끝나고 답을 얻었다고 생각해 버리면, 하나님의 더 깊은 부르심과 그분을 만나야 하는 자리를 욥의 친구들처럼 쉬운 것으로 대체해 버리고 외면하게 됩니다.

비명과 불평과 절망과 절규를 지나

저는 젊을 때는 고생 좀 하고 살아도 나이가 들어서는 지나온 삶을 회상하며 커피나 마시며 사는 인생이 기다리고 있을 줄 알았습니다. 그런데 아닙니다. 나이가 들면 젊어서는 해 보지 못한 고민을 하게 됩니다. 나라 걱정을 합니다. 내가 원하는 대로 되라는 것이 아니라 그냥 나라 걱정부터 앞섭니다. 또 날씨 걱정을 합니다. 비가 안 오면 안 와서 걱정, 비가 많이 오면 많이 와서 걱정합니다. 젊어서는 자기의 이해 범주가 작다는 사실을 모릅니다. 답이라고 여기는 것도 대단히 모호하고 막연한 이론이나 이상으로 되어 있어서 그것이 무엇인지 실제로는 잘 모릅니다. 나이가 들자 비로소 알게 됩니다. 그 감격을 아십니까? 그 사이사이에 들어 있는 실체들을 이해하게 된 것입니다.

인생은 고단합니다. 하나님이 당신과 우리 사이를 대강 끝내지 않겠다고 결심하셨기 때문입니다. 자기 아들을 육신으로 보내 십자가에 매단 것처럼 그렇게 우리도 부르시고 간섭하십니다. 결단코 쉽지 않은 길입니다. 야곱이 하나님을 대면한 것처럼 말입니다. 또 베드로에게서 보듯이 말입니다. 예수께서 당신이 고난을 받고 죽으실 거라고 제자들에게 예고하십니다. 그리고 제자 중 하나가 당신을 배신할 것을 예언하십니다. 그러자 베드로가 자신의 충심을 토로합니다. '모두 주를 버릴지라도 나는 결코 버리지 않겠나이다'(마 26:33). 예수께서는 베드로에게 이렇게 말씀하셨습니다. '오늘 밤 닭 울기 전에 네가 세 번 나를 부인하리라'(마 26:34). 베드로의 배반을 예고하셨지만 그에게 사명도 허락하십니다. '너는 돌이킨 후에 네 형제를 굳게 하라'(눅 22:32).

하나님은 우리를, 우리의 실체가 무엇이며 예수의 죽음이 무엇을 의미하는지 알게 되는 자리까지 끌고 가십니다. 베드로가 직면한 자리입니다. 베드로는 한 인생이 겪을 수 있는 가장 비참하고 부끄러운 경험을 하게 됩니다. 다시는 낯을 들고 살 수 없을 것 같은 자리에 가게 된 것입니다. 바울도 그랬습니다. 스데반을 죽이고 기독교인들을 박해하기 위하여 다메섹으로 가다가 부름을 받습니다. 그는 평생 '나는 죄인 중의 괴수니라'를 입에 달고 살았습니다. 그렇게 해서 바울이 하나님을 늘 대면하고 살게 된 것입니다.

우리는 우리 인생 속에서 하나님이 이렇게 도전해 오신다는 것을 기억해야 합니다. 이 역설, 치욕과 죄책감으로 점철된 길을 걸어 당신을 만나게 하시는 하나님의 일하심에 대하여 더 깊이 이해해야 합니다. 기독교 신앙은 쉬운 것으로 넘어갈 수 없습니다. 헌신이나 막연한 진리, 공의, 정의, 평화, 목숨을 거는 기도 같은 것으로 넘겨 버릴 수 없다는 사실을 알아야 합니다. 자신을 깊이 들여다보십시오. 하나님과의 관계에서는 '대충 해결'이라는 것이 없습니다. 그러다 보니 여러 일들을 미결 상태에 놓은 채 신앙생활을 하는 때가 많을 것입니다.

제 젊은 날을 돌이켜보니까 저도 대충 살았습니다. 그러다 어느 해에 죽을 것처럼 일 년을 앓았습니다. 죽음의 얼굴을 대면하자 그 얼굴을 만나지 않고는 하나님을 만날 수 없다는 것을 알게 되었습니다. 구원을 이야기하는 것이 아닙니다. 구원받았다는 확신은 여정의 시작일 뿐입니다. 구원받았다고 만세 부르면 끝나는 것이 아니라, 나 죽었다고 복창해야 하는 길이 시작되었다는 말입니다. 그것을 욥기가 보여 줍니다.

하나님이 우리를 구원하기 위하여 그 아들을 보내셨다는 사실만은 분명합니다. 또 여호와는 자비롭고 은혜롭고 노하기를 더디 하고 인자와 진실이 풍성하신 분이라는 것을 우리는 압니다. 무엇보다 거룩하신 분이라는 것을 압니다. 그래서 하나님은 우리를 죄악에 방치하지 않기로 결심하셨습니다. 우리는 당연히 거룩해져야 합니다. 그런데 그 거룩으로 가는 길은 다만 옳고 그름을 가려내는 것보다 훨씬 깊고 무서운 길입니다. 그러나 영광되고 감사한 길입니다.

욥기 전체에 나타난 욥의 무시무시한 비명과 불평과 절망과 절규를 지나 그 모든 것에 대해 감사하게 되고 갑절이나 더 복을 받게 되는 길을 발견하십시오. 다른 길은 없습니다. 이것이 예수 외에 다른 길은 없다는 말의 성경적 표현입니다. 예수의 죽으심, 네가 만약 하나님의 아들이어든 내려와 보라는 말까지 감수하고 걸어가는 길, 인간의 손에 맡겨져 창에 찔려 죽는 그 길, 나의 하나님 나의 하나님 어찌하여 나를 버리셨나이까 하는 비명이 나오는 그 길, 그 외에 다른 길은 없습니다. 예수님만이 아니라 그로 말미암아 구원을 얻은 모든 신자의 길이 그렇습니다.

그러니 방심하지 마십시오. 적당히 넘어가지 마십시오. 포기하지 마십시오. 우리의 비명과 불평이 우리를 포기하지 않으시는 하나님의 손길에서 비롯한 것임을 기억하십시오. 기도하십시오. 고민하고 또 질문하십시오. 좋아하는 성경 구절만 외우지 말고 잘 인용되지 않는 성경까지 읽으십시오. 역사를 돌아보십시오. 이 무시무시한 역사는 무엇인가, 세계대전은 왜 일어났는가, 왜 세상에 고통은 끊이지 않는가를 생각해 보십시오. 잘잘못의 문제를 넘어서 계시는 하나님의 일하심의 측량 못할 깊이를 기억하고 두렵고 떨림으로 각자의 구원을 이루어 가십시오.

기도

하나님 아버지, 은혜를 감사합니다. 인간이 무엇이기에 하나님이 귀히 여기셔서 분초마다 시험하시며 침 삼킬 동안도 놓아두지 않으십니까? 우리가 무엇이기에 우리를 위하여 그 아들을 십자가에 매다십니까? 그 사랑과 약속하신 영광이 무엇이기에 우리로 울며 기도하며 잠 못 이루게 하십니까? 하나님의 깊은 뜻과 허락하신 사랑을 깨닫게 하사 깨어서 몸부림치며 기도와 말씀으로 무장하는 우리의 인생 되게 하옵소서. 잠들거나 깨어 있을 때나 늘 하나님을 생각하게 하시고, 하나님의 일하심에 동참하는 귀한 인생 살게 하여 주옵소서. 예수님 이름으로 기도합니다. 아멘.

13 **16:1** 욥이 대답하여 이르되 **2** 이런 말은 내가 많이 들었나니 너희는 다 재난을 주는 위로자들이로구나 **3** 헛된 말이 어찌 끝이 있으랴 네가 무엇에 자극을 받아 이같이 대답하는가 **4** 나도 너희처럼 말할 수 있나니 가령 너희 마음이 내 마음 자리에 있다 하자 나도 그럴 듯한 말로 너희를 치며 너희를 향하여 머리를 흔들 수 있느니라 **5** 그래도 입으로 너희를 강하게 하며 입술의 위로로 너희의 근심을 풀었으리라 **6** 내가 말하여도 내 근심이 풀리지 아니하고 잠잠하여도 내 아픔이 줄어들지 않으리라 **7** 이제 주께서 나를 피로하게 하시고 나의 온 집안을 패망하게 하셨나이다 **8** 주께서 나를 시들게 하셨으니 이는 나를 향하여 증거를 삼으심이라 나의 파리한 모습이 일어나서 대면하여 내 앞에서 증언하리이다 **9** 그는 진노하사 나를 찢고 적대시 하시며 나를 향하여 이를 갈고 원수가 되어 날카로운 눈초리로 나를 보시고 **10** 무리들은 나를 향하여 입을 크게 벌리며 나를 모욕하여 뺨을 치며 함께 모여 나를 대적하는구나 **11** 하나님이 나를 악인에게 넘기시며 행악자의 손에 던지셨구나 **12** 내가 평안하더니 그가 나를 꺾으시며 내 목을 잡아 나를 부서뜨리시며 나를 세워 과녁을 삼으시고 **13** 그의 화살들이 사방에서 날아와 사정 없이 나를 쏨으로 그는 내 콩팥들을 꿰뚫고 그는 내 쓸개가 땅에 흘러나오게 하시는구나 **14** 그가 나를 치고 다시 치며 용사 같이 내게 달려드시니 **15** 내가 굵은 베를 꿰매어 내 피부에 덮고 내 뿔을 티끌에 더럽혔구나 **16** 내 얼굴은 울음으로 붉었고 내 눈꺼풀에는 죽음의 그늘이 있구나 **17** 그러나 내 손에는 포학이 없고 나의 기도는 정결하니라 …… **17:11** 나의 날이 지나갔고 내 계획, 내 마음의 소원이 다 끊어졌구나 **12** 그들은 밤으로 낮을 삼고 빛 앞에서 어둠이 가깝다 하는구나 **13** 내가 스올이 내 집이 되기를 희망하여 내 침상을 흑암에 펴놓으매 **14** 무덤에게 너는 내 아버지라, 구더기에게 너는 내 어머니, 내 자매라 할지라도 **15** 나의 희망이 어디 있으며 나의 희망을 누가 보겠느냐 **16** 우리가 흙 속에서 쉴 때에는 희망이 스올의 문으로 내려갈 뿐이니라 (욥 16:1~17:16)

욥 _ 하나님, 왜 나를 대적하십니까

함께 모여 나를 대적하는구나

욥기는 읽기 힘든 책입니다. 읽고 있으면 마음이 불안 불안합니다. 도무지 성경 같지가 않습니다. 그런데 기억하십시오. 본문 말씀 16장 10절에서 "무리들은 나를 향하여 입을 크게 벌리며 나를 모욕하여 뺨을 치며 함께 모여 나를 대적하는구나" 하는 말씀은 예수님의 고난에 대한 묘사와 매우 흡사하다는 사실을 말입니다. "나를 보는 자는 다 나를 비웃으며 입술을 비쭉거리고 머리를 흔들며 말하되"(시 22:7) 하는 시편의 표현이나 십자가 사건 속의 예수님의 절규는 욥의 고백과 너무 흡사하지 않습니까? 놀랍습니다. "하나님이 나를 악인에게 넘기시며 행악자

의 손에 던지셨구나"(욥 16:11) 하는 욥의 비명은 예수님이 부르
짖으셨던 "나의 하나님, 나의 하나님, 어찌하여 나를 버리셨나이
까"(마 27:46) 하는 표현과 대구를 이룹니다.

욥기 16장에서 욥은 자신의 고난이 세상을 좇아 살다가 생
겨난 것이라면 답이 있었을 텐데, 하나님이 자신을 대적하셔서
일어난 것이므로 답이 없다는 고통을 호소합니다. 이어서 17장
은 '그러니 죽는 게 낫다. 지금은 이미 죽은 목숨이나 다를 바 없
다'라는 부르짖음입니다. 두 장 모두 자신이 감당할 수 없는 고
난 속에 있으며 답이 없는 자리에 있다는 이야기를 하는 것입니
다. 하나님으로부터 외면당했기 때문에 답을 찾을 수가 없고 가
장 가까운 사람도 자기 편을 안 들어주기 때문에 변명마저 할 수
없는 처지에 있다고 합니다.

어째서 인간에게 이런 고통이 있을까요? 고통에는 어떤 의
미가 있을까요? 하나님이 우리를 쉽고 가벼운 존재로 목적하지
않으셨기 때문이라고 이해할 수 있을 것입니다. 그런데 신앙생
활을 해 보면 예수 믿는 것은 대단히 어렵습니다. 물론 우리 눈
에 쉬워 보이는 사람이 있는 것도 사실이지만 말입니다. 하나님
이 요구하시는 것이 그렇게 간단하지가 않습니다. 그런데 우리
는 그런 요구를 자꾸 외면하고, 쉬운 것으로 대체합니다. 하나님
의 인도하심은 외면한 채 기도나 선행 등 다른 쉬운 답으로 때
운 다음 스스로를 위로하고 넘어갑니다. 기독교 신앙은 그것이
주어진 공동체와 그 시대의 문화와 같이 가는 것이기 때문에 신
앙의 역사가 짧고 유산이 적으면 그만큼 신앙도 깊은 경지에 이

르지 못한 경우가 많습니다. 신앙이 꼭 깊어야만 하냐고 묻는다면, 이렇게 설명할 수 있을 것입니다. 예전에는 배고픔만 면하면 행복했는데, 이제는 배고픔을 면해도 행복하지 않다는 현실을 맞닥뜨리게 되었습니다. 행복이라는 것이 그렇게 간단한 문제가 아님을 알게 된 것입니다.

마태복음 16장을 보겠습니다. 욥기 16, 17장이 마태복음의 이 본문에 잘 녹아 있는데, 둘이 어떻게 연결되는지 생각해 봅시다. 그리고 우리가 당하는 고난이 얼마나 굉장한 것인가를 보기 바랍니다.

> 시몬 베드로가 대답하여 이르되 주는 그리스도시요 살아 계신 하나님의 아들이시니이다 예수께서 대답하여 이르시되 바요나 시몬아 네가 복이 있도다 이를 네게 알게 한 이는 혈육이 아니요 하늘에 계신 내 아버지시니라 또 내가 네게 이르노니 너는 베드로라 내가 이 반석 위에 내 교회를 세우리니 음부의 권세가 이기지 못하리라 내가 천국 열쇠를 네게 주리니 네가 땅에서 무엇이든지 매면 하늘에서도 매일 것이요 네가 땅에서 무엇이든지 풀면 하늘에서도 풀리리라 하시고 (마 16:16-19)

여기까지는 다 좋고 만족스러운 약속입니다. 그러나 여기서 끝이 아닙니다. 이어서 더 읽어 봅시다.

이에 제자들에게 경고하사 자기가 그리스도인 것을 아무에게도 이르지 말라 하시니라 이 때로부터 예수 그리스도께서 자기가 예루살렘에 올라가 장로들과 대제사장들과 서기관들에게 많은 고난을 받고 죽임을 당하고 제삼일에 살아나야 할 것을 제자들에게 비로소 나타내시니 베드로가 예수를 붙들고 항변하여 이르되 주여 그리 마옵소서 이 일이 결코 주께 미치지 아니하리이다 예수께서 돌이키시며 베드로에게 이르시되 사탄아 내 뒤로 물러 가라 너는 나를 넘어지게 하는 자로다 네가 하나님의 일을 생각하지 아니하고 도리어 사람의 일을 생각하는도다 하시고 이에 예수께서 제자들에게 이르시되 누구든지 나를 따라오려거든 자기를 부인하고 자기 십자가를 지고 나를 따를 것이니라 (마 16:20-24)

예수께서 베드로에게 천국 열쇠를 주겠다고 하십니다. "주는 그리스도시요 살아 계신 하나님의 아들이시니이다" 하는 베드로의 고백 위에 예수께서 교회를 세우시는데, 음부의 권세가 교회를 이기지 못할 것이라고 합니다. 그런데 예수님이 이 약속을 하신 다음 당신이 죽을 것이라고 예고합니다. 그것도 그냥 죽는 것이 아니라 하찮은 피조물들의 손에 죽임을 당할 것이라고 이야기합니다. 베드로가 펄쩍 뜁니다. "주여, 그리 마옵소서. 이 일이 주께 결단코 일어날 수 없습니다." 그러자 예수께서 이렇게 말씀하십니다. "사탄아, 물러가라."

사탄아, 물러가라

여기서 다시 욥기로 돌아와 보겠습니다. 하늘에서 열린 회의에 사탄이 등장하여 욥을 참소합니다. 욥이 하나님을 잘 섬기는 것은 하나님이 그동안 욥에게 복을 주셨기 때문이라고 욥을 깎아내립니다. 하나님이 "그래? 그럼 그를 어떻게 해 볼래?" 하시며 사탄의 내기를 수락하십니다. 이 말에 사탄은 물러갑니다. 한마디로 하나님은 "사탄아, 물러가라"라고 말씀하신 셈입니다.

하나님은 당신의 명예를 욥에게 걸었고, 이 내기로 욥은 고난의 길에 들어서게 되었습니다. 욥은 그 짐이 무거워 "아이고, 하나님, 왜 나를 대적하십니까? 제발 저 좀 내버려 두십시오"라고 비명을 지릅니다. 이런 경우에 마태복음 16장에서는 예수님이 뭐라고 하셨다는 것입니까? "사탄아, 물러가라. 너는 나를 넘어지게 하는 자로다"입니다. 예수께서 사탄을 물리치시고 무엇을 하십니까? 십자가를 지십니다. 그 십자가를 지는 일이 모두에게 요구됩니다. 남을 위해서가 아니라 자신을 위하여 지는 것입니다. 예수님은 인류를 위하여 십자가를 지셨는데, 우리를 구원하기 위해서만이 아니라 하나의 모범으로도 지셨습니다. 히브리서 5장에 가서 이 점을 확인해 봅시다.

대제사장마다 사람 가운데서 택한 자이므로 하나님께 속한 일에 사람을 위하여 예물과 속죄하는 제사를 드리게 하나니 그가 무식하고 미혹된 자를 능히 용납할 수 있는 것은 자기도 연약에 휩싸여 있음이라 그러므로 백성을 위하여 속죄제를 드림과 같이 또한 자신을 위하여도 드리는 것이 마땅하니라 이 존귀는 아무도 스스로 취하지 못하고 오직 아론과 같이 하나님의 부르심을 받은 자라야 할 것이니라 또한 이와 같이 그리스도께서 대제사장 되심도 스스로 영광을 취하심이 아니요 오직 말씀하신 이가 그에게 이르시되 너는 내 아들이니 내가 오늘 너를 낳았다 하셨고 또한 이와 같이 다른 데서 말씀하시되 네가 영원히 멜기세덱의 반차를 따르는 제사장이라 하셨으니 그는 육체에 계실 때에 자기를 죽음에서 능히 구원하실 이에게 심한 통곡과 눈물로 간구와 소원을 올렸고 그의 경건하심으로 말미암아 들으심을 얻었느니라 그가 아들이시면서도 받으신 고난으로 순종함을 배워서 온전하게 되셨은즉 자기에게 순종하는 모든 자에게 영원한 구원의 근원이 되시고 하나님께 멜기세덱의 반차를 따른 대제사장이라 칭하심을 받으셨느니라 (히 5:1-10)

이 길이 바로 예수님이 걸어가신 길입니다. 욥이 걸은 길과 매우 흡사합니다. 예수 그리스도께서 하나님의 아들임에도 고난으로 순종함을 배워 온전하게 되는 그 길, 죽음을 통과해야만 이를 수 있는 부활의 승리가 기다리는 길을 욥이 걸었습니다. '아무든지 나를 따르려거든 자기를 부인하고 자기 십자가를 지고 나를 좇아야 한다'는 말씀이 드러내는 구체적 증거가 바로 욥입니다. 이 길을 통과해야 모든 사람 앞에 하나님의 자녀라는 영광을 가지게 됩니다. 이 영광은 하늘에서 그냥 떨어지는 것이 아니라 각

자의 고난을 통과해야만 얻어지는 것입니다. 노력해서 얻는 결과라는 뜻이 아닙니다. 왕관이거나 선물 정도가 아니라 우리 존재의 완성을 위해서는 고난이 필수라는 의미입니다. 다시 말해 '아무든지 나를 따라오려거든 자기를 부인하고 날마다 제 십자가를 지고 나를 따를 것이니라'(눅 9:23)로 가기 위해서는 '주여, 그리 마옵소서'(마 16:22)라는 충정에 대하여 '사탄아 내 뒤로 물러 가라'(마 16:23)라고 배척받는 이 길을 반드시 통과해야만 한다는 것입니다. 그 길을 통과하기 전에 쉬운 타협책이나 가벼운 대안을 내세워, 가기를 중단하는 것은 아버지의 뜻이 아니라는 선언이 욥에게 그대로 이뤄지고 있습니다.

인간을 위해 기도하는 신

욥이 스스로 답을 못 찾는 이유는 그 길이 죽음을 통과해야만 하는 길이기 때문입니다. 하나님이 그를 죽음으로 내몰고 계십니다. 욥은 지금 죽음 같은 현실을 경험하고 있지만, 답을 얻을 데가 없습니다. 친구들은 그를 이해하지 못합니다. 그의 필사적인 불평이 경건을 드러내고 있다는 것을 친구들은 모릅니다. 욥 자신도 자기가 그런 역할을 하는 상황에 있다는 것을 그때는 이해하지 못했을 것입니다. 다만 그는 하나님 외에는 다른 답이 없음을 아는 자리로 내몰렸습니다. 그리고 그 답은 죽음을 통과해야만 하나님이 주신다는 사실을 알게 됩니다. 로마서 8장에 가면 이 이야기가 고스란히 나옵니다.

생각하건대 현재의 고난은 장차 우리에게 나타날 영광과 비교할 수 없도다 피조물이 고대하는 바는 하나님의 아들들이 나타나는 것이니 피조물이 허무한 데 굴복하는 것은 자기 뜻이 아니요 오직 굴복하게 하시는 이로 말미암음이라 그 바라는 것은 피조물도 썩어짐의 종 노릇 한 데서 해방되어 하나님의 자녀들의 영광의 자유에 이르는 것이니라 피조물이 다 이제까지 함께 탄식하며 함께 고통을 겪고 있는 것을 우리가 아느니라 그뿐 아니라 또한 우리 곧 성령의 처음 익은 열매를 받은 우리까지도 속으로 탄식하여 양자 될 것 곧 우리 몸의 속량을 기다리느니라 우리가 소망으로 구원을 얻었으매 보이는 소망이 소망이 아니니 보는 것을 누가 바라리요 만일 우리가 보지 못하는 것을 바라면 참음으로 기다릴지니라 (롬 8:18-25)

고난은 당연한 것이랍니다. 현재의 고난을 통과해야 장차 우리에게 나타날 영광의 자리에 이를 것입니다. 23절에 있듯이, 성령의 처음 익은 열매를 받은 우리도 탄식하며 답이 없는 이 길을 가야 합니다. 그래서 26절에 이런 말씀이 나옵니다.

이와 같이 성령도 우리의 연약함을 도우시나니 우리는 마땅히 기도할 바를 알지 못하나 오직 성령이 말할 수 없는 탄식으로 우리를 위하여 친히 간구하시느니라 (롬 8:26)

한 철학자는 기독교 신앙을 표현한 말씀 중에 이 구절이 가장 놀랍다고 했습니다. 신이 사람을 위해 기도하다니. 어느 종교나 사람이 매달리고 신이 마지못해 응답하는 법이지 신이 사람을 위하여 기도하는 종교는 어디에도 없다고 했습니다. 우리가 너무 쉽게 놓치고 있는 대목입니다. 우리는 '마땅히 기도할 바를 알지 못'할 때가 많습니다. 욥도 계속 이 처지에 있습니다. 자기가 가는 길을 자기도 모르겠다는 것입니다. 그래서 계속 불평하고 비명을 지릅니다. 그런데 이때 성령께서 우리를 위해 친히 기도하신다고 합니다.

> 마음을 살피시는 이가 성령의 생각을 아시나니 이는 성령이 하나님의 뜻대로 성도를 위하여 간구하심이니라 우리가 알거니와 하나님을 사랑하는 자 곧 그의 뜻대로 부르심을 입은 자들에게는 모든 것이 합력하여 선을 이루느니라 (롬 8:27-28)

기독교 신앙의 신비는 우리가 알고 우리가 확인하고 우리가 해결하는 정도보다 훨씬 큽니다. 우리로서는 이해할 수 없는 것입니다. 그런데 성경은 이야기합니다. '하나님은 신실하시다. 하나님은 선하시다. 하나님은 우리 편이다. 그 증거는 예수다. 하나님은 우리로 속 시원한 인생을 살게 놔두지 않으신다. 우리가 소원하는 것보다 하나님이 목적하신 바가 비교할 수 없이 커서 하나님을 괜히 믿었다는 생각이 드는 현실을 우리는 살게 된다. 하나님을 안 믿었더라면 다른 것으로 때우든지 어떻게든 타협해서 살았을 텐데, 하나님이 나를 놔두지 않으셔서 무엇을 해도 안 풀리게 하신다. 하나님이 나를 대적하여 내게 과녁을 겨누고 활을 쏴서 내 콩팥과 간이 녹아난다.' 어디에서도 쉬지 못하게 하십니다. 다른 것으로 답을 얻지 못하게 하십니다. 우리를 하나님이 목적하신 자리에 이르도록 하기 위하여 간단한 대체물 정도로 만족하게 놔두지 않으십니다. 욥이 친구들과 계속 이 문제로 싸우는 것입니다. 영광의 길을 걷기 위해서입니다.

부끄러울 것도 억울할 것도 없는 고난

늙어서 기운 빠지고 인생이 별것 아니라는 것을 깨닫게 되면, 하나님을 안다는 것과 하나님의 자녀라는 사실이 무엇과도 비교할 수 없이 귀하다는 것을 알게 됩니다. 인간이라는 존재 즉 괴로워하고 기뻐하고 생각하고 의심하는 존재라는 사실이 얼마나 소중한가를 알게 됩니다. 하나님이, 보이는 것이나 손에 닿는 것 정도로 우리를 만들고 부르신 것이 아니라 여러 생각과 고민과 불만과 이해와 소원과 후회 같은 것을 망라한 것보다 더 큰 존재로 우리를 목적하셨다는 사실을 아는 기쁨이 우리로 하여금 세상을 이기게 하고 죽음에 대한 두려움에서 벗어나게 합니다. 겁날 것 없는 인생을 살게 합니다.

본문 말씀의 내용이 예수님의 비유 속에서 이렇게 확인됩니다. 누가복음 15장에는 잃었던 것을 찾는 비유 셋이 나오는데,

마지막 비유가 탕자 이야기입니다. 12절부터 봅시다.

> 그 둘째가 아버지에게 말하되 아버지여 재산 중에서 내게 돌
> 아올 분깃을 내게 주소서 하는지라 아버지가 그 살림을 각
> 각 나눠 주었더니 그 후 며칠이 안 되어 둘째 아들이 재물을
> 다 모아 가지고 먼 나라에 가 거기서 허랑방탕하여 그 재산
> 을 낭비하더니 다 없앤 후 그 나라에 크게 흉년이 들어 그가
> 비로소 궁핍한지라 가서 그 나라 백성 중 한 사람에게 붙여
> 사니 그가 그를 들로 보내어 돼지를 치게 하였는데 그가 돼
> 지 먹는 쥐엄 열매로 배를 채우고자 하되 주는 자가 없는지
> 라 이에 스스로 돌이켜 이르되 내 아버지에게는 양식이 풍족
> 한 품꾼이 얼마나 많은가 나는 여기서 주려 죽는구나 내가
> 일어나 아버지께 가서 이르기를 아버지 내가 하늘과 아버지
> 께 죄를 지었사오니 지금부터는 아버지의 아들이라 일컬음
> 을 감당하지 못하겠나이다 나를 품꾼의 하나로 보소서 하리
> 라 하고 (눅 15:12-19)

잘 알다시피 이 이야기는 둘째가 돌아온 것으로 끝나지 않습니
다. 이어서 첫째의 분노가 등장합니다.

> 맏아들은 밭에 있다가 돌아와 집에 가까이 왔을 때에 풍악
> 과 춤추는 소리를 듣고 한 종을 불러 이 무슨 일인가 물은
> 대 대답하되 당신의 동생이 돌아왔으매 당신의 아버지가

건강한 그를 다시 맞아들이게 됨으로 인하여 살진 송아지
를 잡았나이다 하니 그가 노하여 들어가고자 하지 아니하
거늘 아버지가 나와서 권한대 아버지께 대답하여 이르되
내가 여러 해 아버지를 섬겨 명을 어김이 없거늘 내게는 염
소 새끼라도 주어 나와 내 벗으로 즐기게 하신 일이 없더
니 아버지의 살림을 창녀들과 함께 삼켜 버린 이 아들이 돌
아오매 이를 위하여 살진 송아지를 잡으셨나이다 아버지
가 이르되 얘 너는 항상 나와 함께 있으니 내 것이 다 네 것
이로되 이 네 동생은 죽었다가 살아났으며 내가 잃었다가
얻었기로 우리가 즐거워하고 기뻐하는 것이 마땅하다 하
니라 (눅 15:25-32)

자세히 살펴보면, 아버지가 잃었던 자식이 돌아와서 기뻐한다
는 내용보다 더 큰 비중으로 큰아들의 이야기를 다루고 있음을
발견할 수 있습니다. 죽었다가 살아난 아들이 죽어 본 적 없는
아들과 대조를 이루고 있습니다. 누가 더 잘났느냐 하는 문제는
이차적인 것입니다. 이것은 예수님이 하신 비유인데, 예수님은
잃어버린 아들을 찾으러 오신 것이 아닙니까? 잃어버린 아들을
위하여 예수님이 대신 죽어 줄 만큼 그 아들이 귀한 존재라는
사실을 보여 줍니다. 이렇게 말하면, 그럼 처음부터 아예 도망가
지 못하게 막았으면 좋지 않냐고 물을 수 있는데, 그랬으면 맏아
들같이 살았을 것이라는 비유입니다. 마태복음 16장에서 예수
님에게 고난을 피하라는 베드로의 만류에 예수님이 '사탄아, 물

러가라. 너는 나를 넘어지게 하는 자라' 하고 말씀하심으로써 이 고난은 꼭 필요한 길이라고 선언하신 것처럼 우리에게도 꼭 필요한 길이라고 합니다.

일부러 죄지으라는 말이 아닙니다. 죄짓고 살아도 괜찮다는 말도 아닙니다. '예수를 믿으면 만사형통하게 된다'와 같은 말을 할 때는 심사숙고해야 한다는 의미입니다. 그 말을 부적이나 주문같이 쉽게 쓰지 마십시오. 그 말은 우리의 만족과 우리의 자랑을 위해 쓸 수 있는 것이 아닙니다. 우리가 받는 모든 고난 속에서 하나님을 놓치면 답이 없다는 사실이 무엇인지를 알아야 합니다. 하나님이 우리를 붙들어 가고 있다는 것을, 하나님이 우리에게 가장 귀한 것을 주기 위하여 이 길을 요구하신다는 사실을 알아야 합니다.

고난은 부끄러운 것이 아닙니다. 고난은 억울한 것도 아닙니다. 예수를 믿는다는 고백이 하나님의 자녀가 되고 구원과 영생을 얻기 위한 유일한 길인 것과 동일하게, 고난은 하나님의 자녀로 완성되는 유일한 방법이며 길입니다. 그러니 엄살떨지 마십시오. 스스로를 속이지도 마십시오. 예수를 믿고 사는데도 이상하게 힘들다는 생각이 든다고요? 당연한 것입니다. 하나님은 우리의 영혼을 마취하거나 잠재우지 않으십니다. 쓱 업어서 날라 주지 않으십니다.

'누구든지 나를 따라오려거든 자기를 부인하고 자기 십자가를 지고 나를 따를 것이니라'(마 16:24). 이 말씀은 장렬한 맹세나 비장한 각오에 관한 이야기가 아닙니다. 하나님의 목적과 방법을 다른 것으로 대체할 수 없다는 선언입니다. 예수님이 '아들이시면서도 받으신 고난으로 순종함을 배워서 온전하게 되셨'(히 5:8-9)다는 성경 말씀을 기억하고, 우리의 모든 억울함과 비명과 불평을 넘어 하나님의 자녀라는 명예와 자랑으로 늠름하게 살아가기 바랍니다.

기도

하나님 아버지, 은혜를 감사합니다. 하나님의 정직하심과 신실하심을 확인합니다. 우리의 비명은 사실 영광의 길로 붙잡혔기 때문에 나오는 것입니다. 우리의 불만은 우리가 하나님의 높으심과 깊으심을 모르기 때문입니다. 그러니 우리를 놓아두지 마옵소서. 붙들어 이 길을 건너 우리 주 예수 그리스도께서 그리하신 것처럼 부활의 승리, 부활의 영광을 얻게 하옵소서. 예수님 이름으로 기도합니다. 아멘.

14 18:1 수아 사람 빌닷이 대답하여 이르되 2 너희가 어느 때에 가서 말의 끝을 맺겠느냐 깨달으라 그 후에야 우리가 말하리라 3 어찌하여 우리를 짐승으로 여기며 부정하게 보느냐 4 울분을 터뜨리며 자기 자신을 찢는 사람아 너 때문에 땅이 버림을 받겠느냐 바위가 그 자리에서 옮겨지겠느냐 5 악인의 빛은 꺼지고 그의 불꽃은 빛나지 않을 것이요 6 그의 장막 안의 빛은 어두워지고 그 위의 등불은 꺼질 것이요 7 그의 활기찬 걸음이 피곤하여지고 그가 마련한 꾀에 스스로 빠질 것이니 8 이는 그의 발이 그물에 빠지고 올가미에 걸려들며 9 그의 발뒤꿈치는 덫에 치이고 그의 몸은 올무에 얽힐 것이며 10 그를 잡을 덫이 땅에 숨겨져 있고 그를 빠뜨릴 함정이 길목에 있으며 11 무서운 것이 사방에서 그를 놀라게 하고 그 뒤를 쫓아갈 것이며 12 그의 힘은 기근으로 말미암아 쇠하고 그 곁에는 재앙이 기다릴 것이며 13 질병이 그의 피부를 삼키리니 곧 사망의 장자가 그의 지체를 먹을 것이며 14 그가 의지하던 것들이 장막에서 뽑히며 그는 공포의 왕에게로 잡혀가고 15 그에게 속하지 않은 자가 그의 장막에 거하리니 유황이 그의 처소에 뿌려질 것이며 16 밑으로 그의 뿌리가 마르고 위로는 그의 가지가 시들 것이며 17 그를 기념함이 땅에서 사라지고 거리에서는 그의 이름이 전해지지 않을 것이며 18 그는 광명으로부터 흑암으로 쫓겨 들어가며 세상에서 쫓겨날 것이며 19 그는 그의 백성 가운데 후손도 없고 후예도 없을 것이며 그가 거하던 곳에는 남은 자가 한 사람도 없을 것이라 20 그의 운명에 서쪽에서 오는 자와 동쪽에서 오는 자가 깜짝 놀라리라 21 참으로 불의한 자의 집이 이러하고 하나님을 알지 못하는 자의 처소도 이러하니라 (욥 18:1-21)

빌닷_ 흠 없이 살면
되지 않느냐

잘못 가고 있는 세 친구

본문 말씀은 아멘이 쉽게 나오지 않는 내용입니다. 성경에 이런 말이 있었나 싶은 그런 내용입니다. 악인의 말로는 비참하다, 악인은 결국 심판을 통해 보응을 받아 멸망한다는 이야기로, 내용은 옳지만 그것이 한 사람을 향한 맹렬하고 무자비한 비난의 모습을 띠고 있다는 점에서 얼른 수긍하기 어렵습니다. 1라운드에서는 세 친구가 차례로 나와 욥에게 권면하고 욥은 여기에 반론을 제기했습니다. 그리고 2라운드에서 엘리바스가 다시 첫 번째로 나오고, 두 번째로 빌닷이 나와서 권면하는데, 1라운드와 2라운드 사이에 내용의 진전은 없습니다. 인과

239

응보라는 같은 주제를 가지고 1라운드에서는 자세하게, 2라운드에서는 강하게, 이후에 나올 3라운드에서는 더욱 강하게 이야기함으로써 권면의 강도가 높아집니다. 그런데 내용은 더 분명하고 간단해집니다. 어떻게 강도가 더 세지는가 하면, 2라운드에서는 '이 논리 안에서 해답을 얻지 못한다면 그것은 네 잘못이다'라는 데까지 나갑니다. 이렇게 처음에는 설득으로 시작했지만 욥이 수긍하지 않자, 2라운드부터는 경고가 세지고 언성도 높아집니다.

욥기 18장도 그런 이야기입니다. 빌닷은, 말 안 듣는 사람과 악인은 하나님 앞에 항복하지 않은 사람이라는 전제를 가지고 이런 이야기를 합니다. '그런 사람은 망한다. 그의 처소는 흔적도 없이 사라진다. 남겨진 후손도 없다. 모든 사람이 보고 놀란다.' 자꾸 이런 이야기들로 욥이 받을 재앙과 보응에 대한 무시무시한 경고를 반복합니다. 이런 주장에 대해 우리는 어떻게 생각해야 할까요? 우리는 지금 생방송으로 욥의 이야기를 보고 있는 것이 아니라 이미 결론을 안 상태에서 이 장면을 보고 있습니다. 또한 결론에서 하나님이 세 친구가 틀렸고 욥이 옳았다고 말씀하실 것도 알고 있습니다. 그러니 이런 주장도 결론을 염두에 두고 보아야 합니다.

세 친구들은 무엇을 잘못했을까요? 지난 장에서 살펴본 욥의 답변 속에서 그 실마리를 발견해 볼 수 있습니다. 욥의 친구들은 자기들의 논리로 하나님의 일하심의 깊고 큰 신비를 자꾸 막아서고 있는데, 이것이 잘못이라는 것이었습니다. 친구들은 옳은 말을 했지만, 하나님이 인과응보라는 우리의 이해 범주를 넘어서 계신다는 차원은 알지 못했던 것입니다.

욥은 분명한 것 속에 붙잡혀 있지 않으신 하나님, 이해할 수 없는 길까지 우리를 밀어 넣으시는 하나님을 경험하는 중입니다. 그래서 세 친구의 권면에 이런 답을 합니다. '나도 안다. 그런데 내가 지금 걷는 길은 이제껏 내가 보지도 듣지도 못한 길이며 이해할 수 없는 길이다. 하나님이 보여 주시지 않는 한, 세상에서는 답을 찾을 수가 없는 길이다. 그 깜깜한 길을 지금 내가 걷고 있다.'

지식은 있으나 능력이 없다

이 시점에서 우리는 '옳다'는 말에 대한 기독교적 이해를 확인하게 됩니다. 세 친구는 욥을 항복시키기 위하여 그들이 알고 있는 신앙 질서와 분별로 권면의 정당성을 제시하는데, 그것이 욥에게는 전부 다 답이 되지 않습니다. 기독교 신앙과 세상의 윤리는 옳고 그름의 영역에서는 차이가 거의 없습니다. 차이는 바로 옳게 만드는 힘에 있습니다. 세상은 옳은 것을 알고 있지만 옳게 만드는 실력은 갖고 있지 않습니다. 기독교만이 이 실력을 갖고 있습니다. 바로 예수님입니다. 우리가 옳은 것을 제시하여 판단하고 상대방을 권면할지라도 그것으로는 사람을 바꿀 수 없다는 사실을 명심해야 합니다. 예수를 믿는 자에게 옳음이란, 윤리나 도덕이나 법에 국한된 옳음이 아닙니다. 로마서 7장 14절 말씀을 보겠습니다.

> 우리가 율법은 신령한 줄 알거니와 나는 육신에 속하여 죄
> 아래에 팔렸도다 내가 행하는 것을 내가 알지 못하노니 곧
> 내가 원하는 것은 행하지 아니하고 도리어 미워하는 것을
> 행함이라 만일 내가 원하지 아니하는 그것을 행하면 내가
> 이로써 율법이 선한 것을 시인하노니 이제는 그것을 행하
> 는 자가 내가 아니요 내 속에 거하는 죄니라 (롬 7:14-17)

많이 오해되는 구절입니다. 우리는 이 구절을 내 속에 선과 악이
늘 엎치락뒤치락하다가 결국 언제나 악이 이긴다는 말씀으로
생각합니다. 그런데 그런 말씀이 아닙니다. 우리에게 선악을 분
별하는 지식은 있으나 선을 행할 능력은 없다는 것입니다. 지식
이 바로 능력이 되지는 않습니다. 선악을 분별하는 지식과 도덕
이 필요 없다는 이야기가 아닙니다. 아는 것이 자기가 실제로 할
수 있는 경지를 증명하는 것은 아니더라는 말입니다. 옳은 것으
로 상대방을 설득해도 그 옳은 것을 할 수 있는 능력이 인간에게
없다는 사실을 알아야 합니다. 이 모든 일에 은혜가 필요합니다.
　기독교 신앙인이 된다는 것은 옳을 뿐만 아니라 옳게 살 수
있는 힘을 갖게 된다는 것인데, 이 힘은 하나님이 예수 안에서
성령 하나님의 임재로서만 허락하시는 특권입니다. 로마서 7장
에서 그 이야기를 합니다. 어느 것이 옳은지는 알겠는데, 실제
로 해 보면, 늘 악에게 붙잡혀 악을 극복하지는 못하더라는 것

입니다. 무시무시한 말입니다. 이 말씀이 어디로 이어지는지 보겠습니다.

> 그러므로 내가 한 법을 깨달았노니 곧 선을 행하기 원하는
> 나에게 악이 함께 있는 것이로다 내 속사람으로는 하나님
> 의 법을 즐거워하되 내 지체 속에서 한 다른 법이 내 마음
> 의 법과 싸워 내 지체 속에 있는 죄의 법으로 나를 사로잡
> 는 것을 보는도다 오호라 나는 곤고한 사람이로다 이 사망
> 의 몸에서 누가 나를 건져내랴 (롬 7:21-24)

지식이나 판단을 갖추는 문제가 아니라 실제로 이길 힘이 있어야 한다고 말씀합니다. 갈등이 있다는 이야기 정도가 아닙니다. 갈등을 이길 의지나 더 큰 지식이 필요하다는 이야기도 아닙니다. 아는 것을 행할 능력이 없는데, 그 이유는 죄악에 붙잡혀 있기 때문이라는 우리의 현실을 말하는 것입니다. 무엇이 옳은 것인지 모르면 죄책감이나 고민이 없을 텐데, 알면서도 못한다는 사실에 놀랍니다. 그래서 "오호라 나는 곤고한 사람이로다 이 사망의 몸에서 누가 나를 건져내랴" 하고 탄식할 수밖에 없는 것이 우리 현실이라는 것입니다.

그런데 이런 현실에 답이 주어집니다. "우리 주 예수 그리스도로 말미암아 하나님께 감사하리로다 그런즉 내 자신이 마음으로는 하나님의 법을 육신으로는 죄의 법을 섬기노라"(롬 7:25). 이전까지는 알면서도 할 수 없었던 것이 예수 그리스도로

말미암아 할 수 있는 것으로 바뀐다고 합니다. 그렇다면 예수로 말미암아 바뀐 것이 무엇입니까? 8장 1절 이하를 봅시다. "그러므로 이제 그리스도 예수 안에 있는 자에게는 결코 정죄함이 없나니 이는 그리스도 예수 안에 있는 생명의 성령의 법이 죄와 사망의 법에서 너를 해방하였음이라"(롬 8:1-2). 율법이 그리스도 안에 있는 생명의 성령의 법과 다른 점은 무엇입니까? 율법은 비인격이고 예수 안에 있는 성령의 법은 인격이라는 말입니다. 우리는 규칙에 매여 있는 자가 아니라 어떤 존재에 붙들려 있는 자입니다. 이것이 기독교입니다. 그런데 우리는 기독교를 자꾸 법칙으로 바꾸려고 합니다. 믿음의 식구들에게 충고하고 격려할 때 법칙을 동원하지 말고 그 법칙을 주관하고 계시는 성령의 손에 붙잡혀 인격성을 놓치지 마십시오.

피가 돌고 눈물이 흐르는 하나님

사랑을 예로 들어 보겠습니다. 성경이 사랑을 어떻게 이야기하는지 봅시다. 찬찬히 읽어 보면 사랑은 법칙이 아니라는 것을 알게 됩니다. 고린도전서 13장에 나오는 사랑에 관한 정의를 보면, 사랑은 최소한 이 세 가지는 아니랍니다. 그런데 사랑이 없이도 이 세 가지는 할 수 있기에 그것으로 사랑을 대체하는 일이 왕왕 생긴다고 합니다.

첫째, 천사의 말이 사랑은 아니라고 말합니다. 사랑은 진심이나 희생이나 열정으로 대체할 수 없다는 이야기입니다. 기독교에서 진심이라는 말을 쓸 때는 그 앞에 '예수 안에 있는'이라는 말이 전제된 진심이어야 한다는 것을 기억해야 합니다. 그런데 예수는 빼놓고 홀로 남은 진심에만 가치를 두기 시작하면 기독교의 정체성을 놓치게 됩니다. 예수 안에 있는 진심이라는 것은 우리가 잘 알듯이 십자가를 통과하는 것입니다. 십자가 없이 결과를 얻는 법칙, 십자가 없이 결과를 만드는 기적은 기독교 안에서 허락되지 않습니다.

둘째, 산을 옮기는 능력이 있을지라도 그것이 사랑을 대체할 수 없다고 합니다. 사랑이 없으면 그 능력은 아무것도 아닙니다. 이천 년 교회사 내내 교회 안에 두 가지의 큰 역사적 장애가 있었습니다. 하나는 '콘스탄틴주의'입니다. 로마의 콘스탄틴 황제가 기독교를 국교로 공인하면서 기독교가 권력을 가지게 되자 생긴 장애입니다. 후대에 쓰는 표현으로 하면 '승리주의'입니다. 세상 사람들보다 더 높은 지위에 올라서서 그들로 기독교에 항복하게 만들겠다는 생각입니다. 그러니 공부를 더 잘해야 하고 모든 일에서 승자가 되어야 한다는 것입니다. 이런 생각이 특히 미국 기독교에 강하게 있습니다. 미국의 극우파, 그중 교회 극우파는 미국이 제사장 국가라고 생각하여 전 세계를 하나님의 통치 안에 묶기 위하여 미국이 정치적 힘을 발휘해야 한다고 믿습니다. 특별히 대통령을 뽑을 때 교회 극우파가 큰 목소리를 내 왔습니다.

그러나 역사 속에서 중세를 보면 알겠지만 세상은 그것으로 항복하지 않습니다. 오죽하면 세상에서는 중세 시대를 암흑기라고 하겠습니까? 사람은 힘에 항복하지 않습니다. 유명한 표현이 하나 있습니다. '복음은 강요되는 순간 힘을 잃는다.' 누가 강요한다고 해서 교회에 나와 앉아 있을 수 있습니까? 그럴 수 없습니다. 신앙은 자발적 동의가 있어야 가능합니다. 하나님이 각 개인에게 찾아오시지 않는 한, 어떤 방법으로도 강요될 수 없는 것이 신앙입니다.

또 하나는 계몽주의입니다. 설명하면 알아듣는다고 생각하는 것이 계몽주의입니다. 그런데 지금 우리는 포스트모더니즘에 의해서 계몽주의가 산산이 부서진 혼란의 시대를 살고 있습니다. 물론 포스트모더니즘에도 긍정적 면이 있습니다. 아무리 잘 설명해도 사람은 항복하지 않는 존재라는 사실을 계몽주의의 전성기를 지나 현대에 이르면서 인류가 깨닫기 시작한 것입니다. 역사가 주는 교훈을 통해 지금의 현실을 이해한다면 현대는 거의 낭패한 모습입니다. 아무것도 믿을 것이 없고 근거를 가질 수 없는 방황과 혼란의 시기입니다. 그러나 기독교가 힘을 가졌을 때나 힘을 잃었을 때나 지식이 발전했을 때나 그렇지 않을 때나 어느 때든지 기독교는 예수 안에 있습니다. 인격 안에 있는 것입니다. 인격이란 힘이나 지성으로 얻을 수 있는 것이 아닙니다.

아까 사랑 이야기로 다시 거슬러 올라가면 사랑은 정열이나 희생이 아니라고 합니다. '내 몸을 불사르게 내어 줄지라도 사랑이 없으면' 아무것도 아니라고 합니다. 내 몸을 불사르게 내어 주는 것 곧 정열과 헌신이 사랑을 대체할 수 없습니다. 기독교가 사랑을 강조하는 것은 하나님이 우리에게 관계성을 요구하기 때문입니다. 믿음과 마찬가지입니다. 예수 안에서 하나님과 우리의 관계가 가지는 힘을 요구한다는 말입니다. 곧 예수 안에서의 화목입니다.

그러면 사랑은 어떻게 하는 것인지 봅시다. 고린도전서 13장 4절 이하를 보면, 사랑은 오래 참고 사랑은 자기 유익을 구하지 않는 것이라고 합니다. 왜 욥기를 설교하다가 갑자기 사랑을 이야기합니까? 우리가 욥의 세 친구처럼 어떤 사람에게 충고하고 강요하는 가장 큰 이유는 우리 자신이 불편해서입니다. 가뜩이나 불안한데 옆에서 우니까, 우는 사람의 입을 막아 버립니다. 문제는 해결할 수 없고 징징대는 소리는 듣기 싫어서 그러는 것입니다. 오래 참고 자기 유익을 구하지 않고 성내지 않고 무례히 행하지 않는 사랑은 어디를 향합니까? "모든 것을 참으며 모든 것을 믿으며 모든 것을 바라며 모든 것을 견디느니라"(고전 13:7)라는 말씀처럼 사랑은 모든 것을 믿고 바라고 견디는 것입니다. 이 모든 표현을 아울러 보면, 예수 안에 있다는 것은 무엇입니까? 기다리는 것입니다. 이것은 하나님밖에 할 수 없는 일입니다.

뼈대는 중요합니다. 그러나 뼈대만으로는 살 수 없습니다. 뼈대에 살이 붙고 피가 돌아야 합니다. 인과응보는 성경의 중요한 뼈대입니다. 신명기에서 내내 하는 이야기가 무엇입니까? 하나님에게 순종하면 나가도 복을 받고 들어와도 복을 받고, 하나님을 배반하면 나가도 저주를 받고 들어와도 저주를 받는다는 이야기입니다. 이런 약속이 큰 뼈대입니다. 그런데 이 뼈대에 욥기라는 살이 붙고 피가 돌고 있습니다. 인과응보가 다가 아니라는 것입니다. 구구단이 전부가 아니고 더하기 빼기가 다가 아니듯이 뼈대에는 피와 살이 붙어야 합니다. 그래서 욥기는 중요합니다. 인과응보라는 원칙은 용서가 있고 회복이 있고 기다림이 있다는 사실과 같이 가지 않으면 안 됩니다. 그래서 욥의 세 친구의 말은 다 옳지만, 하나님에게는 뼈대만 있지 않더라, 피가 있고 눈물이 있으시더라는 이야기를 같이 해야 하는 것입니다.

우리가 함께 신앙 공동체를 이루어 친구가 되고 이웃이 되어 살아 보면 하나님이 베푸시는 은혜의 과정과 방법이 사람마다 다르다는 것을 알게 됩니다. 이때 성경이 우리에게 하는 가장 큰 요구가 사랑입니다. 사랑이란 그저 진심을 꺼내 놓으면 아무 장애 없이 서로 흔쾌해지고 기뻐하게 되는 그런 것이 아닙니다. 사랑이란 상대방의 이해할 수 없고 답답한 점들을 믿음으로 넘어가 주어야 하는 기독교 신앙의 힘입니다. 어떤 힘입니까? 싸워 봤자 힘만 빠지니 그만 싸우자는 것이 아니라, 결국 우리가 모두 동일한 항복 지점에 이를 것이라고 믿는 힘입니다. 성급히 정죄하거나 쉬운 결론을 얻기 위하여 초조해하지 않고 하나님의 일하심을 믿는 것입니다. 이것이 사랑입니다.

흠 잡히지 않는 것이 전부가 아니다

욥기 18장에서 빌닷이 여러 번 강조한 표현이 있습니다. "악인의 빛은 꺼지고 그의 불꽃은 빛나지 않을 것이요 그의 장막 안의 빛은 어두워지고 그 위의 등불은 꺼질 것이요"(욥 18:5-6). 중간 구절은 건너뛰고 14절 이하를 봅시다.

그가 의지하던 것들이 장막에서 뽑히며 그는 공포의 왕에게로 잡혀가고 그에게 속하지 않은 자가 그의 장막에 거하리니 유황이 그의 처소에 뿌려질 것이며 밑으로 그의 뿌리가 마르고 위로는 그의 가지가 시들 것이며 그를 기념함이 땅에서 사라지고 거리에서는 그의 이름이 전해지지 않을 것이며 그는 광명으로부터 흑암으로 쫓겨 들어가며 세상에서 쫓겨날 것이며 (욥 18:14-18)

평소에 친구 간에 하는 말로 표현해 보면, '너희들, 내 말 안 들으려면 지구에서 떠나라' 하는 이야기입니다. 우리가 마음에 안 드는 사람을 볼 때 드는 생각이 무엇입니까? '저 인간은 왜 사나' 아닙니까. 마태복음 25장에 가면 이런 식의 반응에 대하여 성경이 무서운 비유를 들이댑니다. 예수님의 달란트 비유입니다.

한 달란트 받았던 자는 와서 이르되 주인이여 당신은 굳은 사람이라 심지 않은 데서 거두고 헤치지 않은 데서 모으는 줄을 내가 알았으므로 두려워하여 나가서 당신의 달란트를 땅에 감추어 두었었나이다 보소서 당신의 것을 가지셨나이다 그 주인이 대답하여 이르되 악하고 게으른 종아 나는 심지 않은 데서 거두고 헤치지 않은 데서 모으는 줄로 네가 알았느냐 그러면 네가 마땅히 내 돈을 취리하는 자들에게나 맡겼다가 내가 돌아와서 내 원금과 이자를 받게 하였을 것이니라 하고 그에게서 그 한 달란트를 빼앗아 열 달란트 가진 자에게 주라 무릇 있는 자는 받아 풍족하게 되고 없는 자는 그 있는 것까지 빼앗기리라 (마 25:24-29)

무시무시한 이야기를 하고 있습니다. 그런데 이 비유의 핵심은 이윤을 남겨야 한다는 것이 아닙니다. 본문에서 한 달란트를 감춘 자는 이렇게 말합니다. '당신은 굳은 사람이라 심지 않은 데서 거두고 헤치지 않은 데서 모으는 줄을 내가 알았으므로'(마 25:24). 두려워서 감춰 놓았다고 합니다. 최선을 다한 이유가 흠 잡히지 않고 욕먹지 않기 위해서라고 합니다. 빌닷의 조언이 이와 같습니다. '악한 자들은 지구에서 떠나라. 욕먹을 짓 하지 말고, 오해받을 짓 하지 말고, 실패하지 말고, 늘 정당하게 살아서 누가 언제 뭐라고 하든지 떳떳한 사람이 되라'는 것입니다.

성경은 이같은 요구에 맞서 인생이 그렇게 간단하지 않다고 이야기합니다. 한 달란트 받은 자는 그가 맡은 돈보다 그것을 맡긴 주인과의 관계를 우선해야 했다는 것입니다. "네가 주인을 그렇게 이해했더냐? 그렇다면 은행에라도 맡겨 이자라도 찾게 하지 감춰 두었단 말이냐?" 이 말은 무슨 뜻일까요? '나는 너를 믿었거늘 너는 나와의 관계를 아무것도 아닌 것으로 여겼다. 너는 다만 나에게 욕을 안 먹으려고 내가 맡긴 것을 감춰 두었다가 꺼내 놓는 것으로 네 책임을 다했다고 한다. 나와의 관계를 그렇게밖에는 이해하지 못한 것이다. 그렇다면 너는 나와 아무런 관계가 없는 자다.' 그는 자신이 맡은 돈보다 그것을 맡긴 주인이 어떤 사람인지 먼저 깨달았어야 했다는 것입니다. 그러면 '무릇 있는 자는 받아 풍족하게' 된다는 말은 무슨 뜻일까요? 하나님과의 관계성을 예수 안에서 이해하라는 것입니다.

그러니 걱정하지 마십시오. 인생에서는 늘 실수가 있기 마련입니다. 아는 데도 안 됩니다. 오죽하면 '작심삼일'이라는 말이 나왔겠습니까? 사실 우리는 가장 깊은 곳으로, 세상이 할 수 없는 일을 하는 데까지 부름을 받고 있습니다. 그 삶은 갈등과 실패 속에서 감사가 터지는 삶입니다.

우리 인생이 아무런 흠도 없고 다만 욕을 안 먹는 것이 전부라면 우리는 견고한 실존으로 설 수 없습니다. 자기 삶을 살지 못하게 됩니다. 한 달란트를 땅에 파묻은 종에 불과하게 되는 것입니다. 우리는 그런 생으로 부름받지 않았습니다. 욥이 끌려가는 답이 없는 자리, 모든 설명과 이해와 경험을 가져와도 답이 없는 자리까지 들어가게 되는 것을 누가 풀겠습니까? 하나님이 푸실 것입니다. 결국 우리를 어디로 끌고 가십니까? 복으로 끌고 가십니다. 걱정하지 마십시오. 이것이 기독교 신앙이라고 욥기가 말씀하고 있습니다. 무시무시한 메시지입니다.

하나님은 우리의 감동과 설득을 위하여 예수를 보내신 것이 아닙니다. 하나님은 우리를 위하여 예수를 죽이십니다. 우리는 겁이 나서 그 자리에 못 가고 멀찍이 서 있습니다. 아니,

도망가는 제자들과 같은 자리에 있습니다. 그러나 하나님은 인간에게 기꺼이 당신의 목숨을 맡기셨고 우리 역시 그 자리로 부르셨습니다. 그러니 그 자리까지 가야 합니다. 하나님의 무시무시한 부르심의 자리까지 말입니다. 그 길은 고통스럽고 우리 홀로 감당할 수 없는 길일 것입니다. 그러나 우리는 지금 "무릇 있는 자는 받아 풍족하게 되고 없는 자는 그 있는 것까지 빼앗기리라" 하는 말씀 앞에 서 있습니다. 이제 어떻게 하시겠습니까?

시험을 받기 전의 욥과 시험을 통과한 욥은 그 경지가 다릅니다. 예수를 믿는다는 말이 가지는 무시무시한 경지입니다. 그러니 순종하고 각오하고 기도하십시오. 인생을 대강대강 살 생각은 빨리 걷어치우고, 사랑이 지니는 무시무시한 과정을 통과하여 기쁨과 충만과 영광을 함께 나누는 자리에 이르기를 바랍니다.

기도

하나님 아버지, 고난은 모든 인간이 원하지 않는 자리입니다. 우리는 사랑보다 안전을 원하고 안심을 원합니다. 그런데 하나님은 우리를 고통과 오해와 모욕과 실패로 인도하시는 것처럼 보입니다. 하지만 우리를 부활로 인도하는 길은 그뿐이라는 말씀을 믿고 가겠습니다. 우리는 알고 있으나 겁낼 수밖에 없는 자리입니다. 다른 것으로 때우려고 하지 않게 하여 주옵소서. 선행과 윤리와 책임으로 짐짓 스스로를 기만하고 있지 않은지 돌아보게 하옵소서. 우리 인생을 곤고하게 하시는 이유를 말씀으로 깊이 해석할 수 있게 하시고, 우리 인생을 주의 이름으로 지킬 믿음과 용기를 주옵소서. 예수님 이름으로 기도합니다. 아멘.

15 19:1 욥이 대답하여 이르되 2 너희가 내 마음을 괴롭히며 말로 나를 짓부수기를 어느 때까지 하겠느냐 3 너희가 열 번이나 나를 학대하고도 부끄러워 아니하는구나 4 비록 내게 허물이 있다 할지라도 그 허물이 내게만 있느냐 5 너희가 참으로 나를 향하여 자만하며 내게 수치스러운 행위가 있다고 증언하려면 하려니와 6 하나님이 나를 억울하게 하시고 자기 그물로 나를 에워싸신 줄을 알아야 할지니라 7 내가 폭행을 당한다고 부르짖으나 응답이 없고 도움을 간구하였으나 정의가 없구나 8 그가 내 길을 막아 지나가지 못하게 하시고 내 앞길에 어둠을 두셨으며 9 나의 영광을 거두어가시며 나의 관모를 머리에서 벗기시고 10 사면으로 나를 헐으시니 나는 죽었구나 내 희망을 나무 뽑듯 뽑으시고 11 나를 향하여 진노하시고 원수 같이 보시는구나 12 그 군대가 일제히 나아와서 길을 돋우고 나를 치며 내 장막을 둘러 진을 쳤구나 13 나의 형제들이 나를 멀리 떠나게 하시니 나를 아는 모든 사람이 내게 낯선 사람이 되었구나 14 내 친척은 나를 버렸으며 가까운 친지들은 나를 잊었구나 15 내 집에 머물러 사는 자와 내 여종들은 나를 낯선 사람으로 여기니 내가 그들 앞에서 타국 사람이 되었구나 16 내가 내 종을 불러도 대답하지 아니하니 내 입으로 그에게 간청하여야 하겠구나 17 내 아내도 내 숨결을 싫어하며 내 허리의 자식들도 나를 가련하게 여기는구나 18 어린 아이들까지도 나를 업신여기고 내가 일어나면 나를 조롱하는구나 19 나의 가까운 친구들이 나를 미워하며 내가 사랑하는 사람들이 돌이켜 나의 원수가 되었구나 20 내 피부와 살이 뼈에 붙었고 남은 것은 겨우 잇몸 뿐이로구나 21 나의 친구야 너희는 나를 불쌍히 여겨다오 나를 불쌍히 여겨다오 하나님의 손이 나를 치셨구나 22 너희가 어찌하여 하나님처럼 나를 박해하느냐 내 살로도 부족하냐 23 나의 말이 곧 기록되었으면, 책에 씌어졌으면, 24 철필과 납으로 영원히 돌에 새겨졌으면 좋겠노라 25 내가 알기에는 나의 대속자가 살아 계시니 마침내 그가 땅 위에 서실 것이라 26 내 가죽이 벗김을 당한 뒤에도 내가 육체 밖에서 하나님을 보리라 27 내가 그를 보리니 내 눈으로 그를 보기를 낯선 사람처럼 하지 않을 것이라 내 마음이 초조하구나 …… (욥 19:1-29)

욥_ 부활이 있을
것입니다

본문 말씀도 어려운 내용입니다. 그러니 대충 읽고 아멘 하고 넘어갈 수 없습니다. 성경 말씀은 다 옳지만 그 옳음이 무엇을 목표로 하는지 모르고 아무 곳이나 읽어 놓고 아멘 하면 곤란합니다.

나 같은 것이 범죄한다 한들

욥기 18장에서 수아 사람 빌닷이 욥을 이렇게 몰아갔습니다. "욥, 네가 뭔가 잘못했으니까 지금 이 벌을 받는 것이다. 네가 회개하지 않고 원망하고 있는 그 자체가 네가 죄인이라는 증거다."

그리고는 악인이 받는 형벌에 대해 쭉 논했습니다. 결국 18장에서 보듯, 악인에게 내려지는 형벌은 '지구를 떠나라'는 것이었습니다.

> 그가 의지하던 것들이 장막에서 뽑히며 그는 공포의 왕에게로 잡혀가고 그에게 속하지 않은 자가 그의 장막에 거하리니 유황이 그의 처소에 뿌려질 것이며 밑으로 그의 뿌리가 마르고 위로는 그의 가지가 시들 것이며 그를 기념함이 땅에서 사라지고 거리에서는 그의 이름이 전해지지 않을 것이며 그는 광명으로부터 흑암으로 쫓겨 들어가며 세상에서 쫓겨날 것이며 그는 그의 백성 가운데 후손도 없고 후예도 없을 것이며 그가 거하던 곳에는 남은 자가 한 사람도 없을 것이라 (욥 18:14-19)

악인의 말로에 관한 경고입니다. 악한 자는 다 뽑히고 쫓겨난다는 이야기입니다. 이에 대한 욥의 대답이 19장에 나옵니다. 욥은 이것이 그리 간단한 문제가 아니라고 말합니다. 앞에서 욥이 자신의 죽음을 원한다는 이야기를 이미 살펴보았습니다. 그는 고통이 심해서 차라리 죽었으면 좋겠다고까지 했습니다. "너희는 내 친구라면서 어찌 그럴 수가 있느냐? 내가 당하는 고통이 얼마나 참혹한지 아느냐? 지구에서 쫓겨나는 고통보다 더 심한 고통을 내가 받고 있다. 나의 형제들이 나를 멀리 떠나고 나를 아는 사람들이 다 낯선 사람이 되고 내 친척은 나를 버리고 내 집에 있는 사람들이 나를 몰라보고 아내와 자식도 나를 대접해 주지 않는다. 어린아이들마저 나를 업신여기며 조롱하고 친구들 역시 나를 미워하고 나를 사랑했던 사람이 원수가 되었다." 이처럼 관계의 단절이 주는 고통을 호소합니다. 물론 이 호소는 더 깊은 의미에서 하나님과의 관계 단절에 대한 고통을 완곡하게 표현한 것입니다.

우리는 이미 앞에서 '하나님, 나 같은 것이 범죄한들 하나님에게 무슨 지장이 있다고 그러십니까? 내 존재가 하나님에게 뭐 그리 문제가 된다고 나를 표적으로 삼으시며 침 삼킬 동안도 놓아두지 않습니까?' 하는 욥의 비명을 들었습니다. 이 말은 '하나님, 제가 범죄했다고 해서 하나님이 저를 원수처럼 여기실 수 있습니까? 하나님과 하나님이 지으신 인간의 관계가 겨우 그 정도밖에 안 되는 것입니까?'를 완곡하게 표현한 것입니다. 그러고도 계속되는 논쟁입니다. 친구들은 끊임없이 고통의 원인이 욥에게 있다고 하고 욥은 그렇지 않다는 것입니다. 나중에 욥은 여기까지 양보합니다. "좋다. 나에게 잘못이 있다고 치자. 그렇다고 해서 너희가 친구 관계를 저버리고 재판관같이 따질 수 있느냐?" 19장 내내 이런 이야기입니다.

지금 욥이 하는 고통의 호소는 욥의 친구들이 볼 때는 변명에 불과하고 항복하지 않으려는 고집 같아 보입니다. 또 욥의 이야기는 종교에 관한 기존의 이해와는 사뭇 다릅니다. 여기서 종교라는 것은 물론 기독교를 가리키지만 생각을 넓히기 위해서 종교라고 해 둡시다. 욥은 자신이 처한 현실을 자기가 이전에 알았던 종교 체제 속에서는 도무지 설명할 수 없다고 비명을 지르는 것이고 친구들은 모두가 이미 알고 있는 종교 체제를 들어 그의 잘못을 계속해서 지적하고 있습니다. 그런데 마지막에 가면 욥기는 욥이 옳고 친구들이 틀렸다고 결론을 내립니다. 결론을 염두에 두고 이 대목을 돌아보면, 이 논쟁 과정은 하나님은 이런 분일 것이라고 우리가 하나님을 제한하는 태도에 대한 일종의 경고입니다.

물론 '하나님은 이런 분이다'라는 원칙이 있을 것입니다. 그리고 그 원칙은 분명 하나님의 하나님 되심에 대한 일면을 반영하고 있을 것입니다. 그런데 이 원칙이, 나는 이 원칙 안에 있으니 괜찮다 하는 자기 안심과 자기 확인의 용도로 사용되어서는 곤란합니다. 욥이 옳다는 욥기의 판정이 욥이 잘했다는 칭찬은 아닙니다. 세 친구는 여전히 한계와 법칙 속에 갇혀 있는데 반해, 욥은 하나님의 인도하심을 따라 그 껍질을 벗고 더 큰 하나님의 통치로 들어가게 되었다는 의미에서 옳다고 한 것입니다. 그리고 세 친구들은 자기들이 알았던 하나님에 대한 전통적인 이해를 벗어나지 못했다는 의미에서 틀렸다는 판정을 받은 것입니다. 얼른 이해가 안 될 수 있으니 차근차근 살펴보겠습니다.

원칙을 지키시는 하나님_신명기 28장

신명기 28장을 봅시다. 순종에 대한 복을 하나님이 약속하고 있습니다.

> 네가 네 하나님 여호와의 말씀을 청종하면 이 모든 복이 네
> 게 임하며 네게 이르리니 성읍에서도 복을 받고 들에서도
> 복을 받을 것이며 네 몸의 자녀와 네 토지의 소산과 네 짐
> 승의 새끼와 소와 양의 새끼가 복을 받을 것이며 네 광주
> 리와 떡 반죽 그릇이 복을 받을 것이며 네가 들어와도 복을
> 받고 나가도 복을 받을 것이니라 (신 28:2-6)

이어서 15절 이하를 보면 불순종에 대한 저주를 언급하고 있
습니다.

> 네가 만일 네 하나님 여호와의 말씀을 순종하지 아니하여
> 내가 오늘 네게 명령하는 그의 모든 명령과 규례를 지켜 행
> 하지 아니하면 이 모든 저주가 네게 임하며 네게 이를 것이
> 니 네가 성읍에서도 저주를 받으며 들에서도 저주를 받을
> 것이요 또 네 광주리와 떡 반죽 그릇이 저주를 받을 것이요
> 네 몸의 소생과 네 토지의 소산과 네 소와 양의 새끼가 저
> 주를 받을 것이며 네가 들어와도 저주를 받고 나가도 저주
> 를 받으리라 (신 28:15-19)

축복과 저주에 관한 하나님의 약속입니다. 어떤 의미에서 구약
은 신명기의 약속을 근거로 한 역사 해석입니다. 하나님이 축복

과 저주에 대한 이 원칙을 지키시는 게 좋습니까, 안 지키시는 게 좋습니까? 지키시는 게 좋다는 사람은 잘난 사람일 것입니다. 안 지키시는 게 좋다는 사람은 명령에 저촉되는 사람일 것입니다. 신명기의 약속은 쉽고 분명합니다. '네가 하나님의 뜻에 순종했으므로 복을 받는 것이다', '네가 하나님의 뜻에 순종하지 않았으므로 저주를 받는 것이다.' 이렇게 되니 얼마나 쉽습니까? 그럼 이번에는 이런 질문을 해 보겠습니다. "주 예수여, 어서 오시옵소서." 여기에 자신 있게 아멘이라고 할 수 있습니까? 난처할 것입니다. 속으로 한번 생각해 보면 다들 켕기는 점이 있을 것입니다. 제가 먼저 이야기해야 다들 용기를 얻으실 것 같습니다. 저는 하나님이 원칙을 안 지켜 주셨으면 좋겠습니다. 그런데 막상 이렇게 대답하려다가도 하나님이 정말 원칙을 안 지키시면 이 세상이 난장판이 될 텐데, 그러면 안 되지 않을까 하는 생각이 들 것입니다. 그런데 이 이야기는 한 단계 더 간 이야기입니다. 세상이 어떻게 될까를 고민하기 전에 자신에게 스스로 물어보십시오.

죽음 이후를 고백하는 욥

세 친구들은 욥에게 원칙의 하나님 즉 원칙을 지키시는 하나님을 선언하면서 '네가 벌을 받는 것은 하나님 앞에 벌받을 짓을 했기 때문이다' 하고 공식을 읊어 줍니다. 1라운드에서 욥의 답변은 이것이었습니다. "꼭 그렇지만은 않다. 일단 나는 이 법칙에서 벗어나 있다는 것을 알고 있다. 나는 벌받을 짓을 하지 않았다." 이것이 욥의 첫 번째 답변이었습니다. 그런데 2라운드에 가면 욥이 새로운 답을 준비합니다. 사실 준비했다기보다는 그 자리까지 밀려납니다. 욥기 10장으로 돌아가 봅시다.

> 기억하옵소서 주께서 내 몸 지으시기를 흙을 뭉치듯 하셨거늘 다시 나를 티끌로 돌려보내려 하시나이까 주께서 나를 젖과 같이 쏟으셨으며 엉긴 젖처럼 엉기게 하지 아니하셨나이까 피부와 살을 내게 입히시며 뼈와 힘줄로 나를 엮으시고 생명과 은혜를 내게 주시고 나를 보살피심으로 내 영을 지키셨나이다 그러한데 주께서 이것들을 마음에 품으셨나이다 이 뜻이 주께 있는 줄을 내가 아나이다 (욥 10:9-13)

'하나님, 저는 원래 아무것도 아니었습니다. 저는 티끌이었습니다. 저는 그냥 진흙이었습니다. 하나님이 진흙인 저를 반죽하여 생기를 불어넣어 주셨습니다. 그런데 그렇게 하신 이유가 고작 제가 잘하나 못하나 지켜보시다가 제가 잘하면 복 주고 못하면 벌주시기 위해서라는 말입니까?' 욥은 지금 이 질문을 하는 자리까지 왔습니다. '제게 상을 주거나 그렇지 않으면 날려 버리기 위하여 저를 창조하셨다는 말입니까? 당신의 창조물이 진품인지 모조품인지를 확인하기 위해 창조의 권능을 발휘하셨다는 말입니까?' 힘없는 존재를 힘 있게 만드신 그 능력이 기껏 피조물의 진위 여부 판정을 위해 발휘된 것에 불과하단 말이냐는 질문을 하기까지 이른 것입니다. 이 의문과 도전의 자리에 밀려나 온 욥은 이렇게 자신도 알지 못하는 고백을 하게 됩니다.

나의 말이 곧 기록되었으면, 책에 씌어졌으면, 철필과 납으로 영원히 돌에 새겨졌으면 좋겠노라 내가 알기에는 나의 대속자가 살아 계시니 마침내 그가 땅 위에 서실 것이라 내 가죽이 벗김을 당한 뒤에도 내가 육체 밖에서 하나님을 보리라 내가 그를 보리니 내 눈으로 그를 보기를 낯선 사람처럼 하지 않을 것이라 내 마음이 초조하구나 (욥 19:23-27)

이 고백에는 분명히 부활 신앙이 들어 있습니다. 그런데 구약에서 부활 신앙이라는 것은 감춰져 있고 대단히 모호합니다. 그래서 이 본문은 신약 성도로서 부활 신앙을 알고 있는 관점에서 보아야만 이해가 되는 놀라운 말씀입니다. "내가 알기에는 나의 대속자가 살아 계시니 마침내 그가 땅 위에 서실 것이라 내 가죽이 벗김을 당한 뒤에도 내가 육체 밖에서 하나님을 보리라 내가 그를 보리니 내 눈으로 그를 보기를 낯선 사람처럼 하지 않을 것이라 내 마음이 초조하구나"(욥 19:25-27). 이 대목은 우리말 번역이 잘못된 것은 아닌데, 사실 이해가 쉽지 않습니다. 욥기 주석서를 쓴 제럴드 젠슨(J. Gerald Janzen)은 이렇게 번역했습니다. "내가 나의 구속자가 살아 계심을 아나니, 마지막이신 이가 티끌을 위하여 서실 것이라. 내가 깨어난 후에 일이 이러하리니, 나의 육체로부터 내가 하나님을 보리라. 그가 내 편 되심을 내가 보리니 그를 내 눈으로 볼 것이요, 외인되지 아니하리라."[3] 뜻이 많이 분명해졌습니다. 욥은 자신이 지금 죽음을 통과하고 있지만 다시 부활이 있을 것이라는 고백을 하고 있습니다. 자기도 모르는 어떤 이해에 도달한 것입니다. '티끌로 나를 만드셨는데 나를 다시 티끌로 보내십니까?'(욥 10:9) 앞에서 봤던 욥기 10장에 나온 구절과 비슷한 표현입니다. '우리를 위하여 구속자가 서실 것입니다. 내가 죽고 다시 살아서 그를 볼 것이요 그를 낯설어 하지 않을 것입니다.'

우리는 욥이 토해 내는 이 비명 같은 고백 속에서 창조와 죽음과 부활로 이어지는 인간의 완성의 과정을 섬광처럼 만나고 있습니다. 신명기의 원칙에 따르면 죽음은 곧 심판이었고 끝이었습니다. 잘하면 복을 받아 장수하여 후손과 재물을 얻고, 불순종하면 후손도 없이 죽고 그냥 잊히는 것입니다. 그러나 여기 욥기에는 죽음 이후가 있고, 욥이 죽음 이후로 가는 길을 걷고 있다고 고백하는 것입니다. 앞서 말한 신명기의 약속을 넘어서 있는 기독교에 대한 새로운 이해가 없다면, 신명기가 약속한 '순종-축복, 불순종-저주'라는 틀의 한계를 벗어날 수 없습니다. 또한 욥이 지금 당하고 있는 고통을 설명할 수 없고, 그 가치를 헤아릴 길도 없으며 욥기의 결론도 이해할 수 없게 됩니다.

---

3) J. 제럴드 젠슨 지음,《현대 성서 주석_욥기》(한국장로교출판사), 192쪽.

원칙에 살을 붙이시는 하나님_시편 103편

시편 103편으로 가 보면, 이 문제에 대한 하나의 실마리를 발견할 수 있습니다. 시편 103편은 다윗의 시입니다. 다윗이 지은 시라는 것은 의미심장합니다. 다윗은 골리앗을 물리친 사람으로서보다 밧세바 사건으로 주목받아야 할 사람입니다. 다윗은 밧세바 사건을 겪으면서 자신이 죄악 중에 출생했고 그 죄가 항상 눈앞에 있다고 고백합니다. 시편 51편을 보면 다윗은 눈물로 침상을 띄우며 회개하는데, 이 고백에서 다윗은 벌받아 마땅한 자로 등장하는 것이 아니라, 그 절망과 형벌의 끝에서 어떻게 소생할 수 있는지 보여 주는 인물로 등장합니다. 이런 다윗이 지은 시가 시편 103편입니다.

> 내 영혼아 여호와를 송축하라 내 속에 있는 것들아 다 그의 거룩한 이름을 송축하라 내 영혼아 여호와를 송축하며 그의 모든 은택을 잊지 말지어다 그가 네 모든 죄악을 사하시며 네 모든 병을 고치시며 네 생명을 파멸에서 속량하시고 인자와 긍휼로 관을 씌우시며 좋은 것으로 네 소원을 만족하게 하사 네 청춘을 독수리 같이 새롭게 하시는도다
> (시 103:1-5)

더 읽을 것도 없이 5절까지만 보아도 벅찹니다. 신명기에서 본 '네가 이렇게 하면'과 같은 조건이 없습니다. 하나님이 당신의 거룩하심과 능력과 성품과 열심으로 '네 모든 죄악을 사하시며 네

모든 병을 고치시며 네 생명을 파멸에서 속량하시고 인자와 긍휼로 관을 씌우시며 좋은 것으로 네 소원을 만족하게 하사 네 청춘을 독수리 같이 새롭게'(시 103:3-5) 하신다고 합니다.

조금 더 읽어 볼까요.

> 여호와께서 공의로운 일을 행하시며 억압 당하는 모든 자를 위하여 심판하시는도다 그의 행위를 모세에게, 그의 행사를 이스라엘 자손에게 알리셨도다 여호와는 긍휼이 많으시고 은혜로우시며 노하기를 더디 하시고 인자하심이 풍부하시도다 자주 경책하지 아니하시며 노를 영원히 품지 아니하시리로다 우리의 죄를 따라 우리를 처벌하지는 아니하시며 우리의 죄악을 따라 우리에게 그대로 갚지는 아니하셨으니 이는 하늘이 땅에서 높음 같이 그를 경외하는 자에게 그의 인자하심이 크심이로다 동이 서에서 먼 것 같이 우리의 죄과를 우리에게서 멀리 옮기셨으며 아버지가 자식을 긍휼히 여김 같이 여호와께서는 자기를 경외하는 자를 긍휼히 여기시나니 이는 그가 우리의 체질을 아시며 우리가 단지 먼지뿐임을 기억하심이로다 (시 103:6-14)

다시 물어보겠습니다. 하나님이 복과 저주의 원칙을 지키셨으면 좋겠습니까, 안 지키셨으면 좋겠습니까? 물론 하나님은 질서의 하나님입니다. 이는 신약성경에도 잘 나와 있습니다. '하나님은 업신여김을 받지 아니하시나니 사람이 무엇으로 심든지 그대로 거두리라'(갈 6:7). 이것이 하나님의 공의입니다. 공의는 하나님의 대원칙입니다. 그런데 원칙과 법이 전부가 아닙니다. 그것을 만드신 하나님이 어떤 분인지를 알아야 합니다. 원칙과 법은 전체 질서를 위해 필요한 뼈대일 뿐입니다. 거기에 하나님이 살을 붙이십니다. '자비롭고 은혜롭고 노하기를 더디 하고 인자와 진실이 많은 하나님'(출 34:6)이십니다. 여기서 법을 어떻게 사용해야 하는지가 드러납니다. 바로 '하나님 앞에서'입니다. 하나님은 선하시고 의로우시고 성실하시고 거룩하십니다. 법이 사람을 죽이는데 쓰이지 못하도록 막아 주십니다. 이것이 구약에서 욥기의 자리입니다. 얼마나 고마운 일입니까.

억울함에서 부활 신앙으로 인도되다

종교에 대한 전통적 이해에서 보면 대부분 맨 먼저 배우는 것이 인과율입니다. 즉 신명기 28장의 원칙과 같은 것입니다. 그런데 우리는 종교란 도덕보다 더 우월한 것이라고 생각합니다. 도덕보다 옳고 더 옳은 것이 종교라고 생각합니다. 그런데 기독교는 이 옳은 것마저 넘어 사랑하고 용서하는 것입니다. 도덕이 할 수 없는 것을 합니다. 도덕에는 용서가 없습니다. 물론 도덕은 필요합니다. 용서가 무질서를 용납하는 것도 아닙니다. 하지만 도덕은 결국 모두를 죽입니다. 옳은데도 말입니다. 그러나 우리는 살려야 합니다. 용서하고 회복해야 합니다. 그런데 우리는 그 둘을 잘못 적용해서 자신에게는 용서를, 타인에게는 심판을 가합니다. 그러면 안 됩니다. 그렇다고 자기에게 심판을 가해서도 안 됩니다. 어느 곳에서나 은혜를 구하고 하나님의 공의가 은혜 아래에서 힘을 쓰게 해 달라고 기도해야 합니다. 이것이 우리의 자리매김이요 우리의 인생입니다.

기독교를 대표하는 가장 큰 특징이 무엇입니까? 사랑입니다. 사랑이 무엇입니까? 고린도전서 13장을 보면, 사랑은 오래 참는 것이라고 합니다. 누구를 참아 주어야 합니까? 원수입니까? 원수도 참아 주어야 하지만 먼저 자기 자신을 참아 주어야 합니다. 혼자만 너무 옳게 되려고 애쓰지 마십시오. 남에게 욕먹지 않기 위해서, 자랑하기 위해서 옳으려고 하지 말라는 말입니다.

따뜻한 사람이 되십시오. 만나고 싶은 사람이 되십시오. 우리가 얼마나 정죄와 심판에 조급한지 생각해 봅시다. 불안하고 무서워서 그렇습니다. 요한일서 4장 18절을 보면 '사랑 안에 두려움이 없고 온전한 사랑이 두려움을 내쫓'는다고 말씀합니다. 하나님이 사랑이신 것을 안다면 어떤 자리에서도 두려워하지 않고 회복과 반전이 있을 것이라고 믿게 됩니다. 그게 십자가입니다. 십자가는 갈 수 있는 가장 최악의 자리입니다. 예수를 죽인 자리, 선과 생명이 죽는 자리, 죽이는 자의 최악의 자리이자 망하는 자의 최악의 자리가 십자가입니다. 그런데 거기서 반전이 일어납니다. 죽음이 부활의 문이 됩니다. 로마서 4장에 나오는 바와 같이, 아브라함의 하나님은 없는 것을 있는 것으로 부르시는 이요, 죽은 자를 살리시는 하나님이라는 믿음의 본질을 이해한다면 우리는 우리 자신을 용서할 수 있습니다. 우리를 용서할 수 있으면 두려움이 없어집니다. 망할 것 같은 두려움, 내가 싫어하는 저 사람 때문에 해를 입을 것 같은 불안함에서 비로소 벗어나게 됩니다. 사랑은 오래 참습니다. 이 말을 영어로는 'Love is long suffering'이라고 합니다. 오랜 고통, 멋있게 참는 것을 말합니다.

우리는 늘 그런 생각을 합니다. 저 사람 때문에 내가 힘들다는 생각 말입니다. 그래서 겁을 냅니다. 이렇게 겁을 내는 것은 믿음이 없기 때문입니다. 하나님이 무엇을 하시는지 모르기 때문입니다. 최악의 상황에다 몇 곱절을 곱한 그 자리를 뒤집으시는 하나님, 약속을 지키시는 하나님의 성실하심과 능력과 긍휼과 자비를 놓치고 있기 때문입니다. 욥은 고난을 통해서 이 자리로 인도받았습니다. 그가 억울하지 않았다면, 이 자리에 나올 수 없었을 것입니다. 원래 알고 있던 종교 체제 속에서 그냥 안심하며 살았을 것입니다. 욥이 그 체제를 부정하고 비명을 지르자 친구들이 와서 충고를 합니다. 자기들이 불안하기 때문입니다. 자기들의 안심이 무너질까 걱정되기 때문입니다.

사랑은 오래 참고 온유하고 시기하지 않고 자랑하지 않고 교만하지 않고 무례히 행하지 않습니다. 이게 다 무슨 뜻입니까? 내 마음에 안 드는 사람 때문에 내 인생이 힘들어지고 손해 본다고 생각하지 말라는 것입니다. 이것이 사랑입니다. 그러니 믿음이 없이는 사랑을 행할 수가 없습니다. 결국 사랑은 이런 자리로 나아가게 합니다. 고린도전서 13장 7절입니다. "모든 것을 참으며 모든 것을 믿으며 모든 것을 바라며 모든 것을 견디느니라."

욥의 친구로 살지 마십시오. 욥의 비명이 지닌 가치를 이해하십시오. 인생의 억울함과 큰 짐과 상처와 고통이 우리를 어디로 인도하는지 보십시오. 신앙의 발전은 고통과 상처 속에서 이루어집니다. 부활은 죽음을 통과하지 않고는 갈 수 없는 길이기 때문입니다. 우리가 판단하는 안식, 우리가 판단하는 보상에서 벗어나지 않고는 하나님이 약속하신 보상과 하나님이 주시는 평화의 자리에 갈 수가 없습니다. 그 고통의 자리를 지나갈 때 우리는 몸부림을 칩니다. 그리고 하나님에게 불평합니다. '하나님, 쉬운 길로 가게 해 주십시오' 하고 말입니다.

그러나 예수 외에 구원을 주실 만한 다른 이름을 준 일이 없다는 선언(행 4:12)의 무시무시한 의미를 알아야 합니다. 기독교 신앙은 예수의 죽음과 방불한 죽음을 통과하지 않고는 갈 수 없다는 말입니다. 만일 그런 길이 있다고 생각한다면 아직도 기독교를 모르는 것이고, 인생의 신비를 모르는 것이며, 하나님이 일하시는 방법을 모르는 것입니다. 부디 죽음을 외면하여 얻을 수 있는 보상으로 만족하지 않기를 바랍니다. 죽음을 통과하여 받게 되는 하나님의 약속에서 제외되는 자가 없기를 바랍니다. 그리하여 각자의 고통과 현실의 가치를 이해하는 믿음을 회복하기 바랍니다.

기도

하나님 아버지, 은혜를 감사합니다. 말씀에 비추어 보니 우리 인생에는 억울한 일도 억울한 시간도 억울한 현실도 없다고 고백해야 맞습니다. 우리 믿음이 부족하여 아직도 비명을 지르고 매달리고 있습니다. 우리 마음에 하나님의 하나님 되심을 깨우쳐 주사 하나님의 평안을 주옵소서. 죽음을 통과하게 하여 주옵소서. 예수 그리스도의 십자가를 시인하는 우리의 고백이 무엇을 의미하는지 알게 하시고 하나님이 고난, 실패, 낙심 속에서 부활을 이루시는 줄 아는 믿음으로 예수 안에서의 승리를 누리게 하옵소서. 예수님 이름으로 기도합니다. 아멘.

16 20:1 나아마 사람 소발이 대답하여 이르되 2 그러므로 내 초조한 마음이 나로 하여금 대답하게 하나니 이는 내 중심이 조급함이니라 3 내가 나를 부끄럽게 하는 책망을 들었으므로 나의 슬기로운 마음이 나로 하여금 대답하게 하는구나 4 네가 알지 못하느냐 예로부터 사람이 이 세상에 생긴 때로부터 5 악인이 이긴다는 자랑도 잠시요 경건하지 못한 자의 즐거움도 잠깐이니라 …… 12 그는 비록 악을 달게 여겨 혀 밑에 감추며 13 아껴서 버리지 아니하고 입천장에 물고 있을지라도 14 그의 음식이 창자 속에서 변하며 뱃속에서 독사의 쓸개가 되느니라 15 그가 재물을 삼켰을지라도 토할 것은 하나님이 그의 배에서 도로 나오게 하심이니 16 그는 독사의 독을 빨며 뱀의 혀에 죽을 것이라 17 그는 강 곧 꿀과 엉긴 젖이 흐르는 강을 보지 못할 것이요 18 수고하여 얻은 것을 삼키지 못하고 돌려 주며 매매하여 얻은 재물로 즐거움을 삼지 못하리니 19 이는 그가 가난한 자를 학대하고 버렸음이요 자기가 세우지 않은 집을 빼앗음이니라 20 그는 마음에 평안을 알지 못하니 그가 기뻐하는 것을 하나도 보존하지 못하겠고 21 남기는 것이 없이 모두 먹으니 그런즉 그 행복이 오래 가지 못할 것이라 22 풍족할 때에도 괴로움이 이르리니 모든 재난을 주는 자의 손이 그에게 임하리라 23 그가 배를 불리려 할 때에 하나님이 맹렬한 진노를 내리시리니 음식을 먹을 때에 그의 위에 비 같이 쏟으시리라 24 그가 철 병기를 피할 때에는 놋화살을 쏘아 꿰뚫을 것이요 25 몸에서 그의 화살을 빼낸즉 번쩍번쩍하는 촉이 그의 쓸개에서 나오고 큰 두려움이 그에게 닥치느니라 26 큰 어둠이 그를 위하여 예비되어 있고 사람이 피우지 않은 불이 그를 멸하며 그 장막에 남은 것을 해치리라 27 하늘이 그의 죄악을 드러낼 것이요 땅이 그를 대항하여 일어날 것인즉 28 그의 가산이 떠나가며 하나님의 진노의 날에 끌려가리라 29 이는 악인이 하나님께 받을 분깃이요 하나님이 그에게 정하신 기업이니라 (욥 20:1-29)

소발 _ 너 스스로
자초한 것이다

제2라운드의 마지막 주자로 소발이 나섭니다. 소발의 논리는 18
장에서 빌닷이 펼친 논리와 같습니다. 빌닷이 장막에서 축출되
는 악인의 운명과 심판을 이야기했다면, 소발은 동일한 논리로
악인에게는 즐거움과 결실이 없을 것이라고 합니다. 빌닷은 악
인이 장막에서 뽑히고 사망의 장자가 그의 지체를 먹고 그의 자
리는 흑암에 싸이고 그의 장막마저 파괴되어 모든 자취가 사라
지고 하는 등의 표현으로 인과응보의 논리를 폅니다. 본문 말씀
에서 소발은 악인이 삼킨 재물을 토하고 뱀의 혀에 죽고 가산이
멸하여 없어진다는 등의 표현으로 악인에게는 즐거움과 결실
이 없을 것이라는 이야기를 합니다. 이러한 악인의 비참한 결말

은 하나님의 일하심의 대원칙 곧 인과응보에 근거한 결론이라고 하여 '네가 당하고 있는 어려움은 결국 너 스스로 자초한 것이다' 하는 데로 욥을 몰아갑니다.

원칙에서 밀려나와 인격자에게로

그런데 성경이 제시하는 하나님은 법칙과 원칙을 세운 '인격적 존재'입니다. 이는 '내가 곧 길이요 진리요 생명'(요 14:6)이라는 예수님의 말씀에 잘 드러나 있습니다. 길과 진리와 생명은 어떤 개념이 아닙니다. 원칙이 아니며 법이 아닙니다. 그것은 인격에서 흘러나오는 것입니다. 원칙을 붙잡고 있는 존재가 인격이라면, 원칙은 유익을 위해서만 사용될 수 있고 손해가 있다면 융통성을 발휘해 볼 수 있다고 이야기하는 것입니다. 원칙이 유익을 위하여 힘을 발휘한다는 의미를 아실 것입니다. 우리는 죄악된 성품 때문에 늘 면책과 핑계의 자리를 찾습니다. 하나님의 주권과 인간의 자유를 대조하여 하나님의 주권을 강조하면 내 책임은 없다는 데로 도망가고, 인간의 책임을 강조하면 내 운명은 내가 결정한다는 교만으로 갑니다. 둘 다 자기 편한 대로 나쁘게 적용하는 것입니다.

하나님은 이 둘을 다 어느 쪽으로 쓰셨습니까? 하나님은 우리의 한계를 극복하시는 당신의 능력을 이야기할 때면 하나님의 주권을 강조하시고, 우리가 책임 있는 삶을 살아 훌륭한 사람이 되는 목적을 위해서는 인간의 책임과 자유를 강조하십니다. 그런데 우리는 성경이 하려는 이야기를 뒤집어서 늘 현실을 외면하고 핑계하는 데에 끌어다 씁니다. 원칙 자체에 문제가 있거나 일하시는 하나님에게 하자가 있어서가 아니라 우리의 죄성이 그렇게 만드는 것입니다. 욥기 19장을 보면 절규처럼 보이는 욥의 간증이 나옵니다.

> 내가 알기에는 나의 대속자가 살아 계시니 마침내 그가 땅 위에 서실 것이라 내 가죽이 벗김을 당한 뒤에도 내가 육체 밖에서 하나님을 보리라 내가 그를 보리니 내 눈으로 그를 보기를 낯선 사람처럼 하지 않을 것이라 내 마음이 초조하구나 (욥 19:25-27)

"나의 대속자가 살아 계시니 마침내 그가 땅 위에 서실 것이라" 하는 말씀을 제럴드 젠슨의 번역에 따라 '나의 대속자가 마침내 티끌을 위하여 서실 것이라'라는 표현으로 지난 장에서 소개했습니다. 티끌이란 우리 모든 인류를 가리킵니다. 진흙으로 빚어진 인간, 죽으면 다시 흙으로 돌아가고 마는 인간을 낮추어 티끌이라고 표현한 것입니다. 이 고백에서 비명 같고 계시의 섬광 같은 욥의 간증과 소원을 본 것입니다.

19장의 욥을, 18장의 빌닷과 20장의 소발이 인과응보라는 보편적 원칙으로 옥죄고 있습니다. 그러나 욥은 지금 그 원칙 밖에 서 있습니다. 그가 원해서도 아니고 도를 깨쳐서도 아닙니다. 하나님이 욥을 그 자리로 밀어내신 것입니다.

욥기 1장에서 욥을 자랑스러워하는 하나님에게 사탄이 이렇게 대답했습니다. "욥이 까닭 없이 하나님을 섬기겠습니까? 하나님이 그와 그의 집과 그 모든 소유물을 산울로 두르심이 아닙니까? 울타리를 쳐서 그를 보호해 주시니까 그런 것 아닙니까?" 이에 하나님이 사탄에게 욥을 깨도록 허락하셨습니다. 사탄이 의도했던 것은 욥의 무너짐과 배신이었지만, 정작 욥은 그것을 깨고 어디로 나옵니까? 경직된 법칙이 아니라 법칙을 쥐고 계시는 인격자를 이해하는 자리로 나오게 됩니다.

내가 주의 목전에서 쫓겨났을지라도

이런 내용이 성경에 많습니다. 요나 선지자 이야기를 해 볼까요. 요나는 니느웨 성을 회개시키라는 하나님의 명령을 거부하고 도망하여 다시스로 가는 배를 탔는데, 그 배에서 풍랑을 만납니다. 배에 탄 사공들이 이것이 누구 때문에 일어난 재난인가를 알아보기 위해 제비뽑기를 하는데, 요나가 걸려듭니다. 요나가 왜 여기까지 오게 되었는가를 이야기하자, 뱃사람들이 요나를 바다에 던집니다. 큰 물고기가 요나를 삼키고 요나가 그 속에서 기도합니다. 요나는 무슨 기도를 했을까요?

요나가 물고기 뱃속에서 그의 하나님 여호와께 기도하여 이르되 내가 받는 고난으로 말미암아 여호와께 불러 아뢰었더니 주께서 내게 대답하셨고 내가 스올의 뱃속에서 부르짖었더니 주께서 내 음성을 들으셨나이다 주께서 나를 깊음 속 바다 가운데에 던지셨으므로 큰 물이 나를 둘렀고 주의 파도와 큰 물결이 다 내 위에 넘쳤나이다 내가 말하기를 내가 주의 목전에서 쫓겨났을지라도 다시 주의 성전을 바라보겠다 하였나이다 물이 나를 영혼까지 둘렀사오며 깊음이 나를 에워싸고 바다 풀이 내 머리를 감쌌나이다 내가 산의 뿌리까지 내려갔사오며 땅이 그 빗장으로 나를 오래도록 막았사오나 나의 하나님 여호와여 주께서 내 생명을 구덩이에서 건지셨나이다 내 영혼이 내 속에서 피곤할 때에 내가 여호와를 생각하였더니 내 기도가 주께 이르렀사오며 주의 성전에 미쳤나이다 거짓되고 헛된 것을 숭상하는 모든 자는 자기에게 베푸신 은혜를 버렸사오나 나는 감사하는 목소리로 주께 제사를 드리며 나의 서원을 주께 갚겠나이다 구원은 여호와께 속하였나이다 하니라 (욘 2:1-9)

요나는 살려 달라는 기도를 하지 않았습니다. 대신 이렇게 기도했습니다. '물이 나를 영혼까지 둘렀사오며 깊음이 나를 에워싸고 바다 풀이 내 머리를 감쌌나이다 내가 산의 뿌리까지 내려갔사오며 땅이 그 빗장으로 나를 오래도록 막았사오나'(욘 2:5-6). 이것은 그저 단순한 고통이 아니라 자신의 영혼이 깊은 고통 속에 있다는 고백입니다. 하나님의 크심을 알아보지 못한 무지함, 그리고 자신의 미련함, 비겁함, 완악함과 같은 해결할 수 없는 자신의 실체를 본 것입니다. 거기서 요나가 돌이킵니다. "내가 말하기를 내가 주의 목전에서 쫓겨났을지라도 다시 주의 성전을 바라보겠다 하였나이다"(욘 2:4)라고 고백합니다. 이것이 얼마나 놀라운 고백인지 살펴봅시다.

니느웨를 회개시키러 가라는 명령을 요나가 왜 거부했습니까? 니느웨는 앗수르의 수도인데, 이스라엘은 나중에 앗수르에 망하게 됩니다. 그러니 장차 이스라엘을 멸망시킬 적국 앗수르를 회개시켜서 하나님의 자녀가 되게 하는 일은 이스라엘 사람으로서 용납할 수 없는 것입니다. 요나는 애국자입니다. 그런데 여기서 국가라는 명분을 빼면 요나는 그저 이기적인 사람에 불과합니다. 요나가 바로 거기서 벗어나는 것입니다. "내가 주의 목전에서 쫓겨났을지라도 다시 주의 성전을 바라보겠다"라는 고백은, 하나님이 자기를 버릴지라도 이제는 자기가 하나님을 못 버리겠다는 의미입니다. '하나님의 위대하심과 의로우심과 신실하심 앞에 항복합니다. 하나님이 나를 버리신다 할지라도 하나님이 옳으십니다. 하나님의 옳으심을 내 개인적인 이해관계에 묶을 수 없습니다' 하는 데까지 간 것입니다.

우리는 어떻습니까? 하나님이 우리의 기도를 들어주시지 않고 우리 인생을 평생 괴롭게 하신다면 하나님을 안 믿겠습니까? 그래서 요나의 기도와 본문 말씀에 나온 욥의 기도가 중요합니다.

법보다 관계 속에 있는 인생

믿음이라는 것은 인과응보에 넣을 수가 없습니다. 예수님은 '사람이 친구를 위하여 자기 목숨을 버리면 이보다 더 큰 사랑이 없'(요 15:13)다고 하셨습니다. 친구란 희한한 존재입니다. 이해관계나 옳고 그름으로 묶을 수 없기 때문입니다. 윤리나 도덕이나 법은 사회에 꼭 있어야 하는 중요한 것입니다. 하지만 잘 따져 보면 우리는 법이나 윤리 속에 있기보다 관계 속에 있습니다. 관계 속에 있다는 것이 무슨 말입니까? 원수랑 살게 되어 있다는 것입니다.

우선 가족이 그렇습니다. 가족은 초법적인 관계입니다. 벗어날 수 없고 끝없이 책임져야 하는 짐입니다. 짐이지만, 기쁜 짐입니다. 가족이 잘못했다고 해서 갈라서고 따질 수 있겠습니까? 죽을 때까지 짐이고, 또 죽을 때까지 기쁨입니다. 그러니 무자식이 상팔자라면서 괴로워하는 날이 있는 반면, 손주 없이 무슨 낙으로 사나 싶은 날이 있는 것입니다. 그런 생각이 하루 단위로 교차하는 것이 아니라 매 순간, 매 초 단위로 교차합니다. 그 이상 기쁠 수가 없고 그 이상 짐일 수 없는 그런 현실을 사는 것입니다.

그런데 그런 현실을 살면서도 정작 우리는 멋없고 명분뿐이고 무정한 법을 가장 필요한 근거처럼 내세우고 있지는 않습니까? 그 법이 인격의 손에 붙들려 있다는 것을 모르면, 즉 그 법을 만들고 적용하는 분이 하나님이라는 것을 모르면 우리는 불안하고 힘들어질 뿐 아니라 누군가를 그 법칙으로 붙잡아 자기

속 편하자고 하는 데밖에 쓸 줄 모르게 됩니다. 세 친구들은 옳은 말을 했지만, 그 옳은 말을 지혜롭게 쓸 줄 몰랐습니다. 욥이 한 불평은 무엇이었습니까? '너희는 내 친구가 아니냐? 어쩌면 이렇게 비정하게 구느냐?'였습니다.

이 문제에서 우리를 놀라게 하는 성경의 인물 둘이 있습니다. 모세와 바울입니다. 출애굽기 32장을 보면, 율법을 받으러 시내 산에 올라간 모세가 사십 일 동안 내려오지 않자 이스라엘 백성들이 금송아지를 만들어 하나님의 진노를 사게 됩니다. 모세는 하나님이 손수 써 주신 십계명을 가지고 내려왔다가 우상 숭배를 하는 이스라엘 백성을 보자 그들을 향해 돌판을 던져 깨트립니다. 그런 다음 하나님 앞에 올라가 용서를 구합니다. 하나님이 뭐라고 하셨습니까? "내가 이스라엘 백성을 다 진멸하고 너로 새로운 민족을 만들겠다." 여기에 대한 모세의 대답이 놀랍습니다. "이 백성을 멸하시려거든 제 이름도 생명책에서 지워 주십시오." 이렇게 말할 줄 모르는 자는 율법을 받을 자격이 없다는 이야기를 하는 것입니다.

바울은 어땠습니까? 로마서 9장을 보면, 바울은 하나님이 예수 안에서 허락하신 구원과 복음이 얼마나 굉장한가를 써 내려가던 중에 이스라엘에 관해 이런 이야기를 합니다. "나의 형제, 내 백성을 위해서는 내가 저주를 받아도 좋다. 내 동족이 구원받을 수 있다면"이라는 고백을 써 놓았습니다. 이런 마음을 품지 않는 자는 성경을 볼 자격이 없는 것입니다.

이렇게 바울과 모세를 통해 인간은 법보다 관계 속에 있는 존재임을 확인하였습니다. 예수님은 이렇게 선언하셨습니다. '나는 의인을 부르러 온 것이 아니요 죄인을 부르러 왔노라'(마 9:13). 예수님이 죄인을 부르러 오셨으니 아무렇게나 살아도 된다고 적용하는 것은 우리의 죄성 때문입니다. 은혜를 강조하면 무책임해지는 것 역시 우리의 죄성 때문입니다. 은혜에 잘못이 있어서가 아닙니다. 한편, 책임을 강조하여 할 말 없게 만드는 것도 우리의 죄성 때문입니다. 성경은 이 둘이 전혀 충돌하지 않고 모순되지 않는다고 합니다. 하나님의 의로우심과 공평하심에 대하여, 동시에 법칙과 질서를 넘어서 있는 하나님의 긍휼과 자비에 대하여 우리는 기뻐하고 감사해야 합니다. 그리고 그것을 기꺼이 신앙생활에 적용해야 합니다. 이런 내용이 로마서 12장에 잘 나와 있습니다.

우리 인생에 원수는 없다

로마서 12장에서 신자에게 요구되는 신앙의 실천을 이렇게 확인해 볼 수 있습니다. 알기 쉽게 구체적으로 나열되어 있어 한 절 한 절 적용하기 참 좋습니다. "사랑에는 거짓이 없나니 악을 미워하고 선에 속하라"(롬 12:9). 사랑을 내세워 무법하게 굴어서는 안 된다는 이야기입니다. "형제를 사랑하여 서로 우애하고 존경하기를 서로 먼저 하며"(롬 12:10). '먼저 한다'는 것이 무슨 뜻입니까? 빚져서 하는 것이 아니고, 내 마음에 들어야만 하는 것이 아니고, 조건을 따져서 하는 것이 아니라는 뜻입니다. "부지런하여 게으르지 말고 열심을 품고 주를 섬기라"(롬 12:11). 열심히 주를 섬겨야 합니다. 방관자가 되면 안 됩니다.

"소망 중에 즐거워하며 환난 중에 참으며 기도에 항상 힘쓰며"(롬 12:12). 기도라는 것은 자기가 할 수 있는 것보다 더 크게 일하시는 하나님을 기억하라는 것입니다. "성도들의 쓸 것을 공급하며 손 대접하기를 힘쓰라"(롬 12:13). 할 수 있는 것을 하라는 말입니다. 남이 안 하는 것을 지적하지 말고 자기가 할 수 있는 것을 하십시오. "너희를 박해하는 자를 축복하라 축복하고 저주하지 말라 즐거워하는 자들과 함께 즐거워하고 우는 자들과 함께 울라"(롬 12:14-15). 기쁨을 나누고 슬픔을 나누십시오. 어떻게 나눕니까? 16절에 그 내용이 나옵니다. "서로 마음을 같이하며 높은 데 마음을 두지 말고 도리어 낮은 데 처하며 스스로 지혜 있는 체 하지 말라"(롬 12:16). 상대방에게 즐거운 일이 생겼을 때, '잘난 척 하지 마. 너 지금 기쁘다고 좋아할 것 없어. 두고 봐' 하는 미운 소리 하지 마시고 '너 참 좋겠다. 나도 축하해 줄게' 그러십시오. "아무에게도 악을 악으로 갚지 말고 모든 사람 앞에서 선한 일을 도모하라 할 수 있거든 너희로서는 모든 사람과 더불어 화목하라"(롬 12:17-18). 이제 19절에 오면 결론에 이르는데, 이 결론을 통해 앞에서 했던 권면의 의미를 종합적으로 깨닫게 됩니다.

내 사랑하는 자들아 너희가 친히 원수를 갚지 말고 하나님의 진노하심에 맡기라 기록되었으되 원수 갚는 것이 내게 있으니 내가 갚으리라고 주께서 말씀하시니라 네 원수가 주리거든 먹이고 목마르거든 마시게 하라 그리함으로 네가 숯불을 그 머리에 쌓아 놓으리라 (롬 12:19-20)

원수는 없다는 말씀입니다. 원수가 생기는 이유가 무엇입니까? 누군가 내 복을 가로채고 나를 넘어뜨렸다는 생각 때문입니다. 그런데 그런 일은 없다는 이야기를 하는 것입니다. 창세기에 나온 요셉을 생각해 봅시다. 요셉이 팔려 가서 어떤 고생을 했는지 잘 아실 것입니다. 야곱이 죽은 후에 혹시 요셉이 자기들한테 복수할지 몰라 두려워 떠는 형들에게 요셉이 뭐라고 합니까? "형님들, 걱정하지 마십시오. 나를 여기에 보낸 것은 형님들이 아니라 하나님이셨습니다." 요셉은 자기의 인생을 되돌아보면서 하나님의 일하심을 알게 되었습니다. 그래서 원수는 없다는 것을 깨닫게 됩니다. 우리의 이해관계와 연약함이 만든 분노만 있을 뿐이지 원수는 없습니다. 하나님이 그 모든 것을 합하여 일하십니다.

예수님이 십자가에서 하신 말씀을 여기서 잠깐 생각해 볼 필요가 있습니다. "아버지여, 저들의 죄를 사하소서. 저희는 저희가 하는 일을 알지 못합니다." 저들은 자기네가 잘못하는 것을 알지 못한다는 것을 넘어서, 그 일을 통해 하나님이 일하고 계시는 것 역시 저들이 모르고 있다는 데까지 나아갑니다. 원수는 없습니다. 그래서 "악에게 지지 말고 선으로 악을 이기라"(롬 12:21)라고 합니다. 상대방이 한 대로 앙갚음하지 말고, 상대방에게 원한을 풀지 말고, 하나님의 일하심을 믿고 감수하라는 것입니다. 무시무시한 이야기지만 '우리 인생에 겁날 것이 없구나' 하는 고백에 뿌리를 내려야 합니다.

욥은 아직 힘든 상태에 있습니다. 그러나 그는 하나님의 기이한 인도하심 속에 더 크신 하나님, 더 놀라우신 하나님을 만나고 있습니다. 욥의 친구들은 모릅니다. 친구들은 욥을 정죄하고 훈계하여 욥이 어떤 자리에서 어디로 나아가고 있는가를 더 분명하게 보여 주는 역할을 하고 있을 뿐입니다. 세 친구처럼 옳은 말을 하는 데 그치지 마십시오. 그것을 넘어서 더 나아가는 욥의 경험과 그를 인도하시는 하나님의 더 큰 일하심에 대해 배워 나가십시오. 그리하면 우리는 세 친구들이 욥을 붙들어 매어 스스로를 안심시키려고 하는 경지를 넘어가게 될 것입니다. 욥기 마지막에 욥이 친구들을 위하여 기도해야 한다고 하시는 하나님의 판정에서 드러나는 깊은 인도하심에 이르게 될 것입니다. 그리하면 하나님이 우리 평생에 과연 늘 함께하셨고 모든 것을 깨닫도록 친히 개입하셨음을 아는 날이 옵니다. "여호와는 나의 목자시니 내게 부족함이 없으리로다"(시 23:1)라는 다윗의 고백과 '하나님을 사랑하는 자 곧 그의 뜻대로 부르심을 입은 자들에게는 모든 것이 합력하여 선을 이루느니라'(롬 8:28)라는 말씀의 의미를 깨닫게 될 것입니다. 우리 모두가 그 길에 들어선 줄 아는 복된 인생이길 바랍니다.

기도

하나님 아버지, 은혜를 감사합니다. 하나님의 크심과 위대하심과 놀라우심과 거룩하심을 확인하고 또 확인합니다. 인생을 돌아보니 우리가 손해 본 것이 없다는 사실을 깨닫습니다. 우리의 눈물, 한숨, 분노, 절망이 전부 오늘의 우리를 있게 하였습니다. 하나님이 우리의 실수와 실패와 무지와 게으름과 비겁함을 선으로 갚으셨음을 고백할 수밖에 없습니다. 이렇게 깨우쳐 주셨으니 나눌 수 있게 하옵소서. 그리하여 세상과 사람 앞에 하나님을 사랑하는 자의 넉넉함을 증언하게 하옵소서. 예수님 이름으로 기도합니다. 아멘.

17

21:1 욥이 대답하여 이르되 …… 7 어찌하여 악인이 생존하고 장수하며 세력이 강하냐 8 그들의 후손이 앞에서 그들과 함께 굳게 서고 자손이 그들의 목전에서 그러하구나 9 그들의 집이 평안하여 두려움이 없고 하나님의 매가 그들 위에 임하지 아니하며 10 그들의 수소는 새끼를 배고 그들의 암소는 낙태하는 일이 없이 새끼를 낳는구나 11 그들은 아이들을 양 떼 같이 내보내고 그들의 자녀들은 춤추는구나 12 그들은 소고와 수금으로 노래하고 피리 불어 즐기며 13 그들의 날을 행복하게 지내다가 잠깐 사이에 스올에 내려가느니라 14 그러할지라도 그들은 하나님께 말하기를 우리를 떠나소서 우리가 주의 도리 알기를 바라지 아니하나이다 15 전능자가 누구이기에 우리가 섬기며 우리가 그에게 기도한들 무슨 소용이 있으랴 하는구나 …… 19 하나님은 그의 죄악을 그의 자손들을 위하여 쌓아 두시며 그에게 갚으실 것을 알게 하시기를 원하노라 20 자기의 멸망을 자기의 눈으로 보게 하며 전능자의 진노를 마시게 할 것이니라 21 그의 달 수가 다하면 자기 집에 대하여 무슨 관계가 있겠느냐 22 그러나 하나님께서는 높은 자들을 심판하시나니 누가 능히 하나님께 지식을 가르치겠느냐 23 어떤 사람은 죽도록 기운이 충실하여 안전하며 평안하고 24 그의 그릇에는 젖이 가득하며 그의 골수는 윤택하고 25 어떤 사람은 마음에 고통을 품고 죽으므로 행복을 맛보지 못하는도다 26 이 둘이 매 한 가지로 흙 속에 눕고 그들 위에 구더기가 덮이는구나 27 내가 너희의 생각을 알고 너희가 나를 해하려는 속셈도 아노라 28 너희의 말이 귀인의 집이 어디 있으며 악인이 살던 장막이 어디 있느냐 하는구나 29 너희가 길 가는 사람들에게 묻지 아니하였느냐 그들의 증거를 알지 못하느냐 30 악인은 재난의 날을 위하여 남겨둔 바 되었고 진노의 날을 향하여 끌려가느니라 31 누가 능히 그의 면전에서 그의 길을 알려 주며 누가 그의 소행을 보응하랴 32 그를 무덤으로 메어 가고 사람이 그 무덤을 지키리라 33 그는 골짜기의 흙덩이를 달게 여기리니 많은 사람들이 그보다 앞서 갔으며 모든 사람이 그의 뒤에 줄지었느니라 34 그런데도 너희는 나를 헛되이 위로하려느냐 너희 대답은 거짓일 뿐이니라 (욥 21:1-34)

욥 _ 현실에서는 악인이 형통하지 않더냐

악인이 형통하는 현실

본문 말씀은 제2라운드에 나온 욥의 마지막 답변입니다. 욥기 21장에 나오는 세 친구들의 추궁, 책망 혹은 권면에 대한 욥의 답은 이렇게 요약해 볼 수 있습니다. '사실 너희가 말하는 인과응보라는 틀, 신앙을 인과율로 이해하려는 틀은 현실에서도 들어맞지 않는다. 악인들은 벌을 받고 멸망하는 것이 아니라 오히려 형통하더라. 이것이 현실이다' 하는 것이 욥의 답변의 요지입니다.

7절을 보겠습니다. "어찌하여 악인이 생존하고 장수하며 세력이 강하냐 그들의 후손이 앞에서 그들과 함께 굳게 서고 자손이 그들의 목전에서 그러하구나"(욥 21:7-8). '악인의 집안이 망하고 그의 후손이 끊어진다고 하지 마라. 악당이 더 잘 살고 그의 후손들도 잘 산다.' 이것이 욥이 본 현실입니다. 그렇다고 잘 사는 사람들이 모두 다 악당이라는 이야기는 물론 아닙니다.

> 그들의 집이 평안하여 두려움이 없고 하나님의 매가 그들 위에 임하지 아니하며 그들의 수소는 새끼를 배고 그들의 암소는 낙태하는 일이 없이 새끼를 낳는구나 그들은 아이들을 양 떼 같이 내보내고 그들의 자녀들은 춤추는구나 그들은 소고와 수금으로 노래하고 피리 불어 즐기며 그들의 날을 행복하게 지내다가 잠깐 사이에 스올에 내려가느니라 (욥 21:9-13)

여기서 스올은 죽으면 가는 곳을 가리킵니다. '잘 먹고 잘 살다가 고통 없이 죽는 것이 악인의 현실이 아니더냐?'라고 말하고 있습니다. 이렇게 욥이 들이미는 증거에 대하여 세 친구는 할 말이 없습니다. 우리 예수 믿는 사람들의 가장 큰 불만도 이것입니다. '내가 더 정직하고 내가 더 겸손하고 내가 더 헌신적으로 사는데, 하나님은 몰라 주시더라. 오직 자기만을 위해 사는 자들은 다 잘되는데, 나는 왜 이렇게 힘든가?' 이것이 현실에서 부딪히는 문제입니다. 사실 우리는 이 문제에 대한 답을 얻어서 예수를 믿는 것이 아니라 답이 없는데도 안 믿을 수 없어 믿고 있습니다. 안 믿을 수가 없어서 말입니다. 여기가 신비한 대목입니다. 왜 예수를 믿게 되었는지 아무리 생각해도 이해되지 않고 말이 되지 않는데도, 매주 교회에 나와 앉아 있습니다. 가끔은 이런 자신이 싫기도 합니다. 그러니 언제나 기쁨으로 교회에 나온다는 분들은 센 분들입니다.

'악인들이 잘 산다고 해도 결국에는 죽지 않더냐고 말하고 싶으냐?' 욥이 이렇게 묻고는 스스로 대답합니다. "그러할지라도 그들은 하나님께 말하기를 우리를 떠나소서 우리가 주의 도리 알기를 바라지 아니하나이다 전능자가 누구이기에 우리가 섬기며 우리가 그에게 기도한들 무슨 소용이 있으랴 하는구나"(욥 21:14-15). 우리가 현실에서 자주 보는 상황입니다. 우리가 사람들에게 예수 믿으라고 하면 그들이 뭐라 그럽니까? "너나 믿어. 난 지옥 갈게"라고 합니다. 이것이 안 믿는 사람들이 하는 가장 대담한 답입니다. 이런 대답을 들으면 사실 속상하다가도 얼른 마음에서부터 '하나님, 저 원수에게 지옥을 보여 주셔서 자기가 지은 죄와 그 결말을 깨닫고 주 앞에 돌아오게 해 주시옵소서' 하는 기도가 절로 나옵니다. 참 신비합니다. 그런데 하나님은 이런 기도에는 응답하시지 않습니다. 이런 방법으로 일하시지 않기 때문입니다. 이것도 참 신비합니다.

"그러나 그들의 행복이 그들의 손 안에 있지 아니하니 악인의 계획은 나에게서 멀구나"(욥 21:16). 그것이 행복이 아닌 줄은 욥 자신도 안다는 것입니다. "악인의 등불이 꺼짐과 재앙이 그들에게 닥침과 하나님이 진노하사 그들을 곤고하게 하심이 몇 번인가"(욥 21:17). 죄를 지으면 천벌을 받고 하나님의 심판을 받고,

잘못하면 그 결과가 비참하다는 증거가 역사에 널려 있다는 말입니다. 악인에게 인과응보의 결과가 닥치는 현실 자체를 욥이 부정하는 것은 아닙니다. "그들이 바람 앞에 검불 같이, 폭풍에 날려가는 겨 같이 되었도다 하나님은 그의 죄악을 그의 자손들을 위하여 쌓아 두시며 그에게 갚으실 것을 알게 하시기를 원하노라"(욥 21:18-19). 하나님이 악인에게 이렇게 행하시는 것이 마땅하다는 이야기입니다. "자기의 멸망을 자기의 눈으로 보게 하며 전능자의 진노를 마시게 할 것이니라"(욥 21:20). 잘못하면 벌받아야 하고 악당은 정죄받고 하나님의 심판을 받아야 한다는 이야기입니다. 욥도 인과율을 언급하지만, 욥의 친구들과는 사뭇 다릅니다. 욥의 친구들은 인과응보의 법칙이 들어맞지 않을 리 없으니 욥에게 무조건 회개하라고 다그치는 방편으로 이 법칙을 언급한 반면, 욥은 인과응보의 법칙이 유효하려면 죄를 지은 악인 그 자신에게 적용되어야 한다는 주장입니다.

"그의 달 수가 다하면 자기 집에 대하여 무슨 관계가 있겠느냐"(욥 21:21). 결과적으로 벌을 받아 죽는다 할지라도 살 만큼 다 잘 살고 죽는다면 누가 무슨 말을 하겠느냐, 죽어 버리면 그만이지 후손들이 어떻게 되었는지가 무슨 상관이 있겠느냐, 그런 이야기입니다. '하나님은 분명히 악인에 대해서 심판하신다. 그러나 우리가 생각하는 것처럼은 하지 않으시더라. 그들이 살아 있을 때 심판하시지 않고 잘 살다가 죽게 내버려 두시더라. 그가 지은 죄의 대가를 그 자손이 받을 수는 있다. 그러나 그런들 무슨 소용이 있냐? 죄 지은 놈은 이미 죽었는데.' 지금 욥이 얼마나 화를 내며 하는 이야기인지 느껴지십니까?

"어떤 사람은 죽도록 기운이 충실하여 안전하며 평안하고 그의 그릇에는 젖이 가득하며 그의 골수는 윤택하고 어떤 사람은 마음에 고통을 품고 죽으므로 행복을 맛보지 못하는도다"(욥 21:23-25). 이유 없이 형통한 사람이 있고 이유 없이 고달픈 사람들이 있다는 말씀입니다. "이 둘이 매 한 가지로 흙 속에 눕고 그들 위에 구더기가 덮이는구나"(욥 21:26). 그런데 죽음이 이 둘을 피해 가지 못합니다. 이런 결말이 현실이라면, 이런 이야기로 서로 우기지 말자는 것입니다. '너희가 하고 싶은 이야기를 지지해 주는 증거가 많다는 것을 나도 안다. 그러나 내가 지금 제시하는 바와 같이 그렇지 않은 증거도 그만큼 있다. 삶이란 우리가 기대하는 것과 다르더라. 거기에서는 답이 안 나오더라. 그러니 하나님에게 물어보는 수밖에 없다. 우리가 서로 싸우면서 각자 얼마든지 증거를 제시할 수는 있다. 그러나 그것으로 상대방을 항복시키지는 못한다. 나도 그것으로 답이 되지 않아 이렇게 비명을 지르고 있다. 이제 하나님에게 답해 달라고 부르짖는 중이니 제발 나 좀 내버려 둬라' 하는 이야기입니다.

> 너희의 말이 귀인의 집이 어디 있으며 악인이 살던 장막이 어디 있느냐 하는구나 너희가 길 가는 사람들에게 묻지 아니하였느냐 그들의 증거를 알지 못하느냐 악인은 재난의 날을 위하여 남겨둔 바 되었고 진노의 날을 향하여 끌려가느니라 누가 능히 그의 면전에서 그의 길을 알려 주며 누가

귀인의 집도 악인이 살던 장막도 없더라는 말입니다. 죽어 버리면 그만이더라는 것입니다. 살아 있을 때 '여기를 봐라'라고 자신 있게 말할 수 있는 절대적 법칙, 꼼짝 못하게 만드는 권위나 세력, 그런 것은 없더라는 것입니다. 착하게 살아도 잊히고 악하게 살아도 잊히더라는 것입니다. 잊힌다는 것은, 규칙이나 힘의 적용을 받지 않는다는 것 아닙니까? 헌신적으로 살아도 잊히고 악질적으로 살아도 잊히더라는 것입니다. 왜 욥은 이처럼 체념한 듯한 그런 말을 합니까? 반대되는 증거들이 너무나 많으니까, 어느 법칙 하나로 설명할 재주가 없어서 하는 말입니다. "누가 능히 그의 면전에서 그의 길을 알려 주며 누가 그의 소행을 보응하랴"(욥 21:31). '너희가 누구에게 잘못을 지적하면 하나님이 그 상대방에게 벼락을 내리시더냐. 하나님이 너희 말대로 일하시더냐. 그렇지 않지 않더냐'라는 의미입니다. 누구의 잘잘못을 지적하자고 하는 것이 아닙니다. 신앙생활 하면서 '이게 뭔가' 하는 생각이 드는 사람들을 위해 있는 성경이 바로 욥기입니다.

"그를 무덤으로 메어 가고 사람이 그 무덤을 지키리라"(욥 21:32). 그들은 죽을 때도 잘 죽어서 묘지기까지 딸린 무덤에 묻힌다고 합니다. "그는 골짜기의 흙덩이를 달게 여기리니 많은 사람들이 그보다 앞서 갔으며 모든 사람이 그의 뒤에 줄지었느니라"(욥 21:33). 그들도 모든 사람이 가는 길로 갈 뿐이지, 죽은 다음에 더 험한 꼴을 당하지 않더라는 것입니다.

"그런데도 너희는 나를 헛되이 위로하려느냐 너희 대답은 거짓일 뿐이니라"(욥 21:34). 헛되고 거짓되다는 욥의 이 판단은 무시무시한 표현입니다. 인과관계만으로 묶는 것이 도대체 얼마나 큰 잘못이기에 세 친구는 이처럼 욥의 정죄를 받게 되었을까요?

인과관계로는 설명할 수 없는 신비한 무엇

욥기의 시작에서 보았듯, 사탄도 인과관계를 말하고 있습니다. 하나님이 잘해 주니까 그 결과, 욥이 경건한 믿음으로 보상해 드리고 있다는 것입니다. 하나님이 먼저 잘해 주시지 않으면 욥은 절대로 경건하게 살지 않을 것이라는 이야기입니다. 그러자 하나님이 욥을 허물자는 사탄의 도전에 응하십니다. 인과관계의 틀을 깨트리기로 하신 것입니다. '까닭 없이' 가축들을 빼앗기고 집이 무너지고 자녀들이 죽고 욥 자신은 병에 걸리게 됩니다.

'까닭 없이'라는 말은 인과관계 법칙에서 원인에 해당하는 것들을 제거하겠다는 말입니다. 이제 원인 모를 일들이 일어납니다. 사탄은 원인을 제거하면 하나님과 인간의 관계가 깨어지고 하나님의 존재의 지위와 인간의 존재의 지위가 근거를 잃게 될 것이라고 기대한 것입니다. 그러나 인과관계가 깨어지는 속에서 인과관계로는 설명할 수 없는 다른 신비한 무엇이, 인과관계로 맺어진 관계보다 더 깊은 관계로 욥을 인도합니다. 그것이 욥기입니다.

욥기 21장에서 우리는 인과관계만으로는 설명할 수 없는 이 세상, 또 선인의 인생과 악인의 인생과 그 결말을 보았습니다. 그런데 오히려 이런 현실에 대한 불만 때문에 우리가 기대하는 것보다 더 신비한 관계로, 인과관계로는 담을 수 없는 더 깊은 관계로 우리를 부르고 있다는 욥기의 증언 앞에 서게 되었습니다. 시편 73편을 보면 욥기 21장과 유사한 말씀이 나옵니다.

> 하나님이 참으로 이스라엘 중 마음이 정결한 자에게 선을 행하시나 나는 거의 넘어질 뻔하였고 나의 걸음이 미끄러질 뻔하였으니 이는 내가 악인의 형통함을 보고 오만한 자를 질투하였음이로다 그들은 죽을 때에도 고통이 없고 그 힘이 강건하며 사람들이 당하는 고난이 그들에게는 없고 사람들이 당하는 재앙도 그들에게는 없나니 그러므로 교만이 그들의 목걸이요 강포가 그들의 옷이며 살찜으로 그들의 눈이 솟아나며 그들의 소득은 마음의 소원보다 많으며 그들은 능욕하며 악하게 말하며 높은 데서 거만하게 말하며 그들의 입은 하늘에 두고 그들의 혀는 땅에 두루 다니도다 (시 73:1-9)

이 말씀에는 굉장한 내용이 들어 있습니다. 악인들은 형통하고 그들이 소원하는 것보다 더 많은 결과를 얻습니다. 이런 현실을 보며 이 시를 지은 아삽은 고백합니다. "나는 거의 넘어질 뻔하였고 나의 걸음이 미끄러질 뻔하였으니"(시 73:2). 이어서 10절 그러므로 그의 백성이 이리로 돌아와서 잔에 가득한 물을 다 마시며 말하기를 하나님이 어찌 알랴 지존자에게 지식이 있으랴 하는도다 볼지어다 이들은 악인들이라도 항상 평안하고 재물은 더욱 불어나도다 내가 내 마음을 깨끗하게 하며 내 손을 씻어 무죄하다 한 것이 실로 헛되도다 나는 종일 재난을 당하며 아침마다 징벌을 받았도다 내가 만일 스스로 이르기를 내가 그들처럼 말하리라 하였더라면 나는 주의 아들들의 세대에 대하여 악행을 행하였으리이다 내가 어쩌면 이를 알까 하여 생각한즉 그것이 내게 심한 고통이 되었더니 하나님의 성소에 들어갈 때에야 그들의 종말을 내가 깨달았나이다 (시 73:10-17)

성전에 들어가서 아삽이 깨달은 것은 무엇일까요? 그것은 모릅니다. 다만 우리는 그가 깨달은 내용이 성경 전체에서 강조하는 중요한 주제와 일치한다고 추정할 수밖에 없습니다.

시편 73편은 뒤에서 마저 더 보기로 하고 이제 로마서 3장을 봅시다. 이 말씀을 욥기 21장과 연결해서 읽어 보면 새로운 의미로 와닿을 것입니다. "이제는 율법 외에 하나님의 한 의가 나타났으니 율법과 선지자들에게 증거를 받은 것이라 곧 예수 그리스도를 믿음으로 말미암아 모든 믿는 자에게 미치는 하나님의 의니 차별이 없느니라"(롬 3:21-22). 욥기 식으로 설명하자면, '율법 외에'라는 것은 '인과관계가 아닌 다른 법칙으로'라는 뜻입니다. 다른 법칙이라는 것은 '믿음으로 되는 법칙'을 말합니다.

믿음이란 인과관계가 아니라 인격과 인격이 누리는 신뢰입니다. 믿음이라는 것은 단어 자체에서 짐작되듯이 확실한 실체가 아닙니다. 믿음은 이해관계나 논리적이거나 기계적 관계가 아닌, 더 고급한 존재간에 이루어지는 인격적인 그 무엇입니다. 다만 옳으면 상을 주고 다만 틀리면 벌을 주는 것과는 비교할 수 없이 고급한 것입니다. 찬송가 가사 중에 이런 내용이 있습니다. '구주를 생각만 해도 이렇게 좋거든.' 바로 이런 것입니다. 생각만 해도 좋은 것입니다. '내 기도에 응답하시면'이 아니고 '나에게 복을 주시면'이 아니고, '구주를 생각만 해도'입니다. 기가 막힌 표현입니다. 주께서 나에게 베푸신 것은 다만 영생이고 다만 복인 기계적 보상이 아니라는 것입니다. 하나님의 하나님 되심과 하나님의 일하심에 대한 항복이 이런 가사로 터져 나오는 것입니다.

비로소 인과관계를 넘어서게 된 욥

인격적 관계는 이런 말씀으로도 표현됩니다. "모든 사람이 죄를 범하였으매 하나님의 영광에 이르지 못하더니 그리스도 예수 안에 있는 속량으로 말미암아 하나님의 은혜로 값 없이 의롭다 하심을 얻은 자 되었느니라"(롬 3:23-24). 여기서 말하는 '의롭다'

는 말은 옳고 그름에서 '옳다'는 의미가 아니라, 관계의 정상화를 뜻합니다. 바로 하나님과의 회복된 관계를 말하는데, 이것은 사랑하는 사람들에게서 볼 수 있는 관계의 모습입니다. 서로 사랑하는 사람들을 관찰해 보면, 그들은 좋아서 미치겠는 것입니다. 서로에 대한 생각을 잠시도 중단할 수 없습니다. 특별히 뭘 잘해 주어서가 아니라 그냥 존재하는 것으로 모든 소망과 기쁨과 열심을 가지게 되는 것입니다.

하나님의 의, 하나님의 구원, 하나님의 뜻, 하나님의 예정, 하나님의 복을 성경은 예수 그리스도를 통해 하나로 묶습니다. 예수 안에서의 약속의 성취와 완성인 것입니다. 욥은 이제 이 길로 인도되어 가는 중입니다. 자신이 기대하고 자신이 이해하던 원인과 결과의 법칙을 뛰어넘는 하나님의 찾아오심과 요구하심 앞에 그는 비명을 지르고 혼란 속에 빠지지만, 그렇게 해서 비로소 인과관계를 넘어설 수 있게 됩니다. 인생에 왜 고난이 있냐는 물음에 대해 성경은 이런 이유 때문이라고 말씀합니다. 로마서 3장 25절을 보면 '이 예수를 하나님이 그의 피로써 믿음으로 말미암는 화목제물로 세우셨으니 이는 하나님께서 길이 참으시는 중에 전에 지은 죄를 간과하심으로 자기의 의로우심을 나타내려 하심'이라고 합니다. 전에 지은 죄를 오래 참으셨다고 합니다. 하나님이 우리를 위하여 오랜 시간을 허락하셨다는 뜻입니다.

오래 참으시고 마침내 해결하셨습니다. 그 해결도 예수의 죽으심, 그의 피로 말미암은 화목제물로 이루셨습니다. 인간적 표현으로 하자면 하나님도 당신의 목숨을 건 방식으로, 또 우리 편에서도 죽어 나가는 것과 같은 방법으로 관계의 정상화를 요구하신 것입니다. 그 정상화는 부정적인 데서 겨우 본전으로 오는 정도의 이야기가 아니라, '정상'이라는 말이 가진 영광과 지극함의 회복을 말하는 것입니다. 하나님이 이미 기뻐하시고 사랑하신 우리가, 이제 그의 창조의 영광이 되고 찬송이 되는 그런 관계의 정상화입니다. 예수의 고난과 죽음을 통과하는 방식, 예수를 십자가에 못 박는 방법으로까지 가는 그 깊이를 외면하는 다른 길로는 이 일을 하지 않겠다고 하나님이 결심하신 것입니다. 그래서 악당들을 다 쓸어버리고 하나님의 새로운 백성을 만드는 쉬운 방법으로는 일하지 않으신 것입니다.

전에 지은 죄를 간과하시고 오래 참으셨습니다. 그래서 우리도 우리가 저지른 죄와 하나님의 외면으로 말미암은 비참한 인생을 살게 하는 방법으로, 그리고 하나님의 아들이 이 땅에 오사 죄인들의 손에 죽으시는 하나님의 지극하심이 담긴 방법 곧 그의 피로 화목제물을 삼으시는 방법으로 이 관계의 정상화를 이루셨습니다. 이렇게 하나님과 우리의 놀라운 관계를 완성하기로 작정하시고 성취하신 것입니다. 그래서 로마서 8장에 가면 이 어려운 말씀이 나옵니다. 15절부터 봅시다.

너희는 다시 무서워하는 종의 영을 받지 아니하고 양자의 영을 받았으므로 우리가 아빠 아버지라고 부르짖느니라 성령이 친히 우리의 영과 더불어 우리가 하나님의 자녀인 것

을 증언하시나니 자녀이면 또한 상속자 곧 하나님의 상속자
요 그리스도와 함께 한 상속자니 우리가 그와 함께 영광을
받기 위하여 고난도 함께 받아야 할 것이니라 (롬 8:15-17)

이 영광은 고난을 통해서만 도달하는 영광이라고 못 박고 있습
니다. 쉬운 길로 얻는 영광, 만사형통 정도의 영광과는 차원이
다른 것이라고 합니다. 여기가 기독교 신앙의 참으로 놀라운 대
목입니다. 다른 어떤 신이 자기를 경배하고 그 앞에 나와 도움을
구하는 인간을 위하여 대신 죽습니까? 인간의 손에 죽임을 당
하는 신이 대체 어디에 있습니까? 이 방법을 통하여 우리의 하
나님이 되시고 우리와 관계를 정상화하시겠다는 하나님, 그 방
법으로만 우리를 당신의 자녀로 받아들이시겠다는 하나님을 그
어느 종교가 가지고 있습니까? 이것이 기독교입니다.

고난을 통해 고귀한 자리로 끌어가시다

시편 73편으로 돌아가 봅시다. 앞에서 그토록 불평을 늘어놓던
아삽이 이제 하나님의 성소에 들어가 그들의 종말을 깨닫습니
다. 그들의 종말뿐 아니라 하나님의 일하심을 깨닫자 시의 후반
부가 달라집니다. 18절부터 봅시다.

주께서 참으로 그들을 미끄러운 곳에 두시며 파멸에 던지
시니 그들이 어찌하여 그리 갑자기 황폐되었는가 놀랄 정

도로 그들은 전멸하였나이다 주여 사람이 깬 후에는 꿈을
무시함 같이 주께서 깨신 후에는 그들의 형상을 멸시하시
리이다 내 마음이 산란하며 내 양심이 찔렸나이다 내가 이
같이 우매 무지함으로 주 앞에 짐승이오나 내가 항상 주와
함께 하니 주께서 내 오른손을 붙드셨나이다 (시 73:18-23)

시인은 자신을 짐승이라고 칭합니다. 짐승은 본능에 따라 움직
이는 존재입니다. 배부르면 그만인 내가 그 정도로밖에 하나님
을 이해하지 못했다는 것을 비로소 깨닫습니다. 이렇게 자신의
참모습을 발견한 시인은 이제 하나님의 붙드심을 발견하고는
하나님께로 눈을 돌립니다.

주의 교훈으로 나를 인도하시고 후에는 영광으로 나를 영
접하시리니 하늘에서는 주 외에 누가 내게 있으리요 땅에
서는 주 밖에 내가 사모할 이 없나이다 내 육체와 마음은
쇠약하나 하나님은 내 마음의 반석이시요 영원한 분깃이
시라 무릇 주를 멀리하는 자는 망하리니 음녀 같이 주를 떠
난 자를 주께서 다 멸하셨나이다 하나님께 가까이 함이 내
게 복이라 내가 주 여호와를 나의 피난처로 삼아 주의 모든
행적을 전파하리이다 (시 73:24-28)

어떤 행적을 전파하겠다는 것입니까? 하나님의 일하심의 진정
성, 그 무시무시함, 그의 측량할 수 없는 신적인 목적입니다. 우

리를 향하여 '내가 너를 사랑하노라. 나는 너희 하나님이 되고 너희는 내 백성이 될 것이라. 내가 너를 만들었고 네 필요를 알고 너를 위하여 내 아들을 주었다. 나는 네 하나님 아버지이다'라는 하나님의 마음입니다. 이 하나님의 마음과 행적을 시편 기자가 전파하겠다는 것입니다.

한 인간과 영혼을 만족시키시고 이렇게 높은 자리로 부르시는 하나님입니다. 예수 그리스도로 우리를 찾아오신 하나님입니다. 그러니 각자의 생애를 귀히 여기십시오. 예수의 생애가 참으로 이해할 수 없는 생애였으나 전 인류와 역사와 우주에서 가장 중요한 생애였던 것처럼, 우리의 생애 또한 그 아들을 보내신 하나님이 열심과 능력으로 붙드시는 생애라는 것을 기억해야 합니다.

이사야 53장에 가면, 이런 설의법이 등장합니다. '우리가 전한 것을 누가 믿었느냐? 여호와의 팔이 뉘게 나타났느냐?' 우리가 예수 믿는다고 하면 아무도 이해하지 못합니다. 믿는 우리도 이해가 안 됩니다. 하나님의 생각은 우리의 생각과 다릅니다. 더 높고 크십니다. 우리는 하나님이 우리가 이해할 수 있을 정도의 하나님이었으면 좋겠다고 생각합니다. 그러나 하나님은 그렇게는 안 하겠다고 하십니다.

출애굽기 3장에서 모세가 하나님 앞에 물었습니다. "이스라엘 백성이 나를 보내신 하나님이 누구냐고 묻거든 뭐라고 대답해야 합니까?" 그러자 하나님은 "나는 스스로 있는 자니라"라고 하셨습니다. 하나님은 하나님이시기를 중단하지 않으시는 하나님입니다. 언제나 어디서나 하나님은 하나님이십니다. 우리에게는 형통한 날과 비참한 날이 있을 것입니다. 그러나 하나님에게는 그렇지 않습니다. 하나님의 크신 능력과 은혜와 성실하심 속에는 후회하는 날도 불필요한 날도 없습니다.

우리가 가는 길을 우리는 이해할 수 없습니다. 예수로 하여금 다른 길로 가지 못하게 하신 이는 그를 보내신 하나님이십니다. 예수께서 그 길이 어떤 길인지 알고 "이 잔을 내게서 옮기옵소서"라고 기도하였으나 결국에는 순종하셨습니다. 예수께서 "다 이루었다"라고 말씀하신 것을 기억하시는 각자의 생애와 인생이 되십시오. 옆에서 계속 세 친구가 뭐라고 할 것입니다. 그럼에도 하나님 앞으로 나오십시오. 어느 날 문득 돌아보면 하나님이 우리의 생애를 얼마나 복되게 하셨고 어떻게 승리하게 하셨는지 아는 날이 올 것입니다.

기도

하나님 아버지, 은혜를 감사합니다. 우리의 생애는 우리 손에 있지 않고 하나님의 손에 있습니다. 하나님은 성실하시고 전능하시며 긍휼과 자비가 풍성하시고 우리를 위하여 그 아들을 주신 우리 아버지십니다. 우리가 무엇을 겁내겠습니까? 믿음을 갖게 하옵소서. 삶이 고단하여 몸부림치는 날이 있을 것입니다. 우는 날도 있을 것입니다. 그러나 그것은 하나님이 허락하신 귀한 날들입니다. 하나님이 우리의 영혼과 인생에 귀한 것을 주시는 날입니다. 깨어 기도하고 말씀으로 확인하게 하여 주옵소서. 세상 앞에 우리가 하나님의 자녀요 빛이요 소금인 것을 기억하게 하옵소서. 우리의 인생이 우리를 축복하는 자를 하나님이 복 주시고, 우리를 저주하는 자를 하나님이 저주하시는 복된 인생이라는 것을 알게 하옵소서. 하나님을 모르는 자를 부러워하지 말게 하옵소서. 하나님의 손길을 피하여 도망가지 말게 하옵소서. 예수님 이름으로 기도합니다. 아멘.

18 22:1 데만 사람 엘리바스가 대답하여 이르되 2 사람이 어찌 하나님께 유익하게 하겠느냐 지혜로운 자도 자기에게 유익할 따름이니라 3 네가 의로운들 전능자에게 무슨 기쁨이 있겠으며 네 행위가 온전한들 그에게 무슨 이익이 되겠느냐 4 하나님이 너를 책망하시며 너를 심문하심이 너의 경건함 때문이냐 5 네 악이 크지 아니하냐 네 죄악이 끝이 없느니라 6 까닭 없이 형제를 볼모로 잡으며 헐벗은 자의 의복을 벗기며 7 목마른 자에게 물을 마시게 하지 아니하며 주린 자에게 음식을 주지 아니하였구나 8 권세 있는 자는 토지를 얻고 존귀한 자는 거기에서 사는구나 9 너는 과부를 빈손으로 돌려보내며 고아의 팔을 꺾는구나 10 그러므로 올무들이 너를 둘러 있고 두려움이 갑자기 너를 엄습하며 11 어둠이 너로 하여금 보지 못하게 하고 홍수가 너를 덮느니라 12 하나님은 높은 하늘에 계시지 아니하냐 보라 우두머리 별이 얼마나 높은가 13 그러나 네 말은 하나님이 무엇을 아시며 흑암 중에서 어찌 심판하실 수 있으랴 14 빽빽한 구름이 그를 가린즉 그가 보지 못하시고 둥근 하늘을 거니실 뿐이라 하는구나 …… 21 너는 하나님과 화목하고 평안하라 그리하면 복이 네게 임하리라 22 청건대 너는 하나님의 입에서 교훈을 받고 하나님의 말씀을 네 마음에 두라 23 네가 만일 전능자에게로 돌아가면 네가 지음을 받을 것이며 또 네 장막에서 불의를 멀리 하리라 24 네 보화를 티끌로 여기고 오빌의 금을 계곡의 돌로 여기라 25 그리하면 전능자가 네 보화가 되시며 네게 고귀한 은이 되시리니 26 이에 네가 전능자를 기뻐하여 하나님께로 얼굴을 들 것이라 27 너는 그에게 기도하겠고 그는 들으실 것이며 너의 서원을 네가 갚으리라 28 네가 무엇을 결정하면 이루어질 것이요 네 길에 빛이 비치리라 29 사람들이 너를 낮추거든 너는 교만했노라고 말하라 하나님은 겸손한 자를 구원하시리라 30 죄 없는 자가 아니라도 건지시리니 네 손이 깨끗함으로 말미암아 건지심을 받으리라 (욥 22:1-30)

엘리바스_ 너는 교만했노라고 말하라

엘리바스의 억지 주장

욥기에는 반어법이 있고 수사가 있고 비유가 있고 은유가 있고 억지가 있습니다. 또한 자기의 말을 증명하고 상대방을 끄집어 내리려는 교묘한 정죄도 있습니다. 22장부터는 3라운드가 시작됩니다. 그런데 이때까지도 욥이 항복하지 않자 엘리바스가 다시 첫 번째로 나서서 욥의 잘못을 꾸짖습니다. 4절에 보듯이 "하나님이 너를 책망하시며 너를 심문하심이 너의 경건함 때문이냐"라고 따집니다. 네가 잘했으면 하나님이 벌을 주시겠느냐는 말입니다. 욥이 당하는 고난이 벌인지 여부는 사실 모호합니다. 하지만 엘리바스는 '네가 고난을 당하는 것을 보면 틀림없이 뭔가 잘못한 게 있는 것 아니냐' 하면서 계속 억지를 부립니다.

"까닭 없이 형제를 볼모로 잡으며 헐벗은 자의 의복을 벗기며 목마른 자에게 물을 마시게 하지 아니하며 주린 자에게 음식을 주지 아니하였구나"(욥 22:6-7). 이것은 욥이 실제로 그렇게 행동했다는 것이 아니라 '아마 너는 이랬을 것이다. 이 중에 어느 하나를 범했을 것'이라는 추측입니다. 엘리바스가 자기 주장을 관철하려다 보니, 욥이 정당하게 살고 불의한 일이 없는데 고난을 받는 것은 있을 수 없는 일이었던 것입니다. 그런데 하나님이 틀렸을 리는 없으니 욥에게 분명 잘못이 있었을 것이라고 몰아세우는 것입니다. 이런 이야기가 계속 이어집니다. 우리 속담에 '털어서 먼지 안 나는 사람 없다'는 말이 있는데, 말하자면 그런 식으로 욥을 몰아가는 싸움입니다.

엘리바스는 어쩌다 이렇게 됐습니까? 자기 말을 증명하려다 보니 그렇게 되었습니다. 그는 서둘러 결론을 제시합니다. "너는 하나님과 화목하고 평안하라 그리하면 복이 네게 임하리라"(욥 22:21)라고 합니다. 하나님에게 순종하면 모든 것이 해결될 것이니 그만 고집부리라는 말입니다. 29절에 '사람들이 너를 낮추거든 너는 교만했노라고 말하라' 즉 내가 너를 꾸짖는 데는 그만한 이유가 있는 것이니 너는 교만했노라고 말하라는 것입니다. 엘리바스가 결론으로 제시하는 '하나님은 겸손한 자를 구원하시리라'라는 말은 맞는 말인데, 욥에게는 해당되지 않는 이야기입니다.

앞 장에서 우리는 하나님이 신명기의 하나님만은 아니시

고, 시편 103편에서 보듯이 자비롭고 은혜롭고 노하기를 더디 하고 인자와 긍휼이 많으신 분이라는 사실을 확인했습니다. 욥 기에는 얼핏 보기에 사설 같아 보이는 많은 이야기들이 시구(詩 句)처럼 등장하고 있습니다. 왜 그렇습니까? 다른 성경과 균형 을 맞추어야 하기 때문입니다. 신명기의 유형으로 보이는 다른 구약의 내용을 전부 합친 것과 맞대결을 할 만큼 자기 자리가 굳 건해야 하기 때문입니다. 그래서 욥기는 단어 하나도 그냥 버릴 수가 없습니다. 옳은 말이 올무가 되고 고소가 되고 가시가 되어 사람을 찢고 넘어뜨리는 말이 될 수 있다는 것을 보여 주기 때문 입니다. 그래서 이런 말들이 욥기에 반복해서 나오는 것입니다.

우리가 어려움에 처할 때 맨 처음 드는 생각은 '내가 뭘 잘 못했기에'입니다. 이 생각이 드는 것은 인간의 본성 속에 있는 양심 때문입니다. 더 나아가 신자들은 이 양심에다가 성경의 하 나님이 창조주요 생사화복을 주장하시는 분이요 심판주시라는 거대한 진리가 맞물려져서 자연인들이 느끼는 막연한 정죄감보 다 훨씬 더 깊은 두려움을 느낍니다.

죄란 어디에나 따라 들어온다

신앙생활을 하다 보면 누구나 다음 두 주장 중 한쪽에 서게 됩 니다. 하나는 기독교 신앙이란 성경에 나온 절대적 명령을 지 켜야 하는 것이라는 생각입니다. 대표적으로 십계명을 다 지키 자는 생각입니다. 또 원수를 사랑하라, 두 벌 옷을 가진 자는 한

벌 나눠 주라와 같은 예수님의 말씀을 절대 명령으로 삼습니다. 기독교 신앙을 자신이 잘했는지 잘못했는지를 판단하는 절대 기준으로 삼는 것입니다. 이런 생각을 하는 이들은 자신에게 매우 엄격합니다. 안 믿는 사람들에게는 요구할 수 없지만, 예수 믿는 사람이라면 일단 명령을 지켜야 하고, 혹 잘 안 되더라도 지키려고 노력해야 하고, 그러다가 잘못하게 되면 잘못했다고 해야 한다는 주장입니다.

또 하나는 기독교 신앙은 각자가 진실한 존재가 되어야 하는 문제와 관련 있다는 주장입니다. 예수님은 죄인을 위하여 오셨고 성경이 의인은 없다고 선언했으니, 모두가 잘못이 있고 약점이 있다는 사실을 인정해야 한다는 것입니다. 스스로 잘못했다, 부족했다, 연약했다고 인정하여 겸손히 자신의 약점을 돌아보고 무릎 꿇는 자세를 가져야 한다는 주장입니다.

이 두 주장 사이에서 타협점을 찾기란 어렵습니다. 이 둘을 가지고 균형 잡으려고 하다가 자기 편한 대로 써 버리는 경우가 늘 있을 것입니다. 남에게는 전자를 적용해서 엄격한 기준을 들이댈 것이고 자기에게는 후자를 적용해서 나는 잘못했지만 잘못을 인정하고 회개하면 된다고 하여 책임을 면하는 데 사용할 것입니다. 그런데 이 두 주장은 분명히 성경에서 대등하게 등장하는 내용입니다. 하나님의 거룩하심을 본받으라는 부름과 인간은 구세주가 필요하고 용서와 구원이 필요한 존재라는 사실은 성경에 나란히 제시됩니다.

그런데 이 둘 중 어느 것이 옳고 어느 것이 틀리며, 이 둘의 균형을 어떻게 잡느냐 하는 문제보다 우선 알아야 하는 것은 죄가 무엇이냐 하는 것입니다. 욥기에서 죄는 하나님을 인격자로 이해하지 않고 법칙으로 이해하는 것이었습니다. 죄란 어떤 형태나 규칙을 가진 것이 아닌, 하나님으로부터 멀어지게 하는 경향입니다. 로마서에서 "오호라 나는 곤고한 사람이로다 이 사망의 몸에서 누가 나를 건져내랴"(롬 7:24) 하는 비명은 바울의 경험에서 나온 고백입니다. 바울은 어떤 사람입니까? 바울은 살기가 등등하여 예수 믿는 자들을 박해하러 다메섹으로 가다 예수를 만납니다. 바울이 예수를 찾아간 것이 아니라, 예수께서 바울의 앞길을 막아선 것입니다. 빌립보서 3장을 보면, 바울은 자신이 율법으로는 흠이 없는 자였다고 주장합니다. 그런데 그 법을 지킨 것이 도리어 자기를 하나님에게서 멀어지게 했다는 사실 때문에 바울은 놀랍니다. 죄는 명분도 아니고 규칙도 아니고 경향입니다. 죄는 병균처럼 어디에나 따라 들어올 수 있습니다.

죄의 이러한 경향은 예수님이 하신 산상설교의 가르침에서 잘 드러납니다. 예수님은 사람에게 보이기 위해 의를 행하지 말라고 하셨는데, 그 첫 번째 예가 구제였습니다. '구제할 때에 외식하는 자가 사람에게서 영광을 받으려고 회당과 거리에서 하는 것 같이 너희 앞에 나팔을 불지 말라 진실로 너희에게 이르노니 그들은 자기 상을 이미 받았느니라'(마 6:2). 이 구절에서는 구제를 숨어서 해야 한다는 것이 핵심이 아닙니다. 죄는 어디에나 따라 들어올 수 있다는 것입니다. 두 번째 예는 기도,

세 번째로 든 예는 금식입니다. 이처럼 최고의 명분, 최고의 실천에도 죄가 따라 들어와 그것을 부패시킬 수 있다는 점입니다. 이처럼 죄는 무섭습니다.

로이드 존스는《산상설교》라는 책[4]에서 이 대목을 다루다가 한 예를 들었습니다. 어떤 회의가 있었답니다. 총회를 하듯이 목사들이 모여 몇 날 며칠 합숙하는 모임입니다. 첫날 회의를 하는데, 어느 목사님 한 분이 열두 시가 되자 나가시더랍니다. 다음날도 회의하다 말고 나가고 셋째 날도 나가시더랍니다. 그래서 수군수군 말들이 퍼졌는데, 나중에 알고 보니 그 목사님은 매일 열두 시가 되면 아무도 모르는 곳에서 하나님 앞에 기도하기로 약속해서 그 약속을 지키기 위해 열두 시가 되면 무슨 일이 있어도 나갔던 것입니다. 이후에 그 목사님은 '은밀한 곳에서 기도하는 분'으로 알려지게 됩니다. 로이드 존스는 그것이 마태복음 6장 2절에 나오는 '너희 앞에 부는 나팔'이 될 수 있다고 경고합니다. 무섭습니다. 물론 그분은 그런 의도가 없었을 것입니다. 그것을 지킴으로써 자신은 하나님과의 관계를 돈독히 하고 있다고 생각했을 테지만, 사람들은 그 행동이 자신의 신실함과 의지를 드러내는 것이지 하나님의 의를 구하고 엎드리는 것은 아니라고 느꼈던 것입니다.

4) 마틴 로이드 존스 지음, 《산상설교》(베드로서원).

하나님을 필요로 하지 않는 자리로 가게 하는 유혹

우리는 절대적 규칙을 지켜야 한다거나 진실한 존재가 되어야 한다고 주장할 때 굉장히 모호한 근거를 제시하는 경향이 있습니다. 진심, 각오, 희생, 사랑, 이런 추상적 명분으로 자기 주장의 토대를 만듭니다. "기독교인이라면 이 정도 기준은 넘어서야 하는 거 아냐? 그래야 신실한 것이지" 또는 "예수 믿는 사람이라면 솔직하게 자기 죄를 고백하고 무릎 꿇어야지. 그게 진실된 거 아냐?"라는 말들을 합니다. 진실을 동원하여 자신들의 주장을 뒷받침하는 데만 골몰할 뿐, 정작 죄가 무엇인지는 놓치고 있는 것입니다. 이렇게 죄는 진심에도 따라 들어옵니다.

죄란 하나님과의 관계를 방해하는 것입니다. 절대적 규칙을 수호한다거나 진실한 존재가 되어야 한다는 생각은 일리가 있고 당연한 주장입니다. 거기에 진심이 동원되고 희생이 동원되고 성경이 동원될 수 있습니다. 그러나 어떤 주장을 하든지 그것이 우리를 하나님에게 더 가까이 가게 하는가 아니면 하나님으로부터 멀어지게 하는가를 보십시오. 어떤 권면을 했을 때 그 말을 하는 자신과 그 말을 듣는 상대방 사이에서 그 일이 하나님과의 관계를 더 풍성하고 깊게 만드는지 아니면 하나님을 필요로 하지 않는 자리로 가게 만드는지는 생각해 보아야 합니다.

우리가 하는 기도를 잘 생각해 보면 대부분은 하나님을 다시 찾아올 필요 없게 해 달라는 것들입니다. 건강하게 해 주시고 남한테 손 안 벌리게 해 주시고 우리 자식들 큰일 안 당하게 해 주십시오, 그러면 제가 알아서 하나님을 섬기겠습니다, 하는 식입니다. 이렇게 하나님을 찾아올 필요가 없게 해 달라는 기도를 하는데, 하나님이 어떻게 들어주실 수 있겠습니까? 들어주실 수가 없습니다. 세 친구의 주장은 다 옳은 말이지만, 결국에는 하나님이 필요 없는 자리로 가게 하는 주장입니다.

욥기 마지막에 하나님이 등장해야 하는 이유가 여기에서 슬쩍 드러나는 셈입니다. 결국은 하나님과의 관계를 깊게 해야 한다는 답에 이르게 됩니다. 이때 욥이 어떤 고백을 합니까? '내가 주께 대하여 귀로 듣기만 하였사오나 이제는 눈으로 주를 뵈옵나이다'(욥 42:5). 비명과 절망과 고난과 억울함이 욥을 하나님 앞으로 인도한 것입니다. 세 친구는 끊임없이 충고함으로써 욥이 하나님을 대면할 기회와 하나님과 더 깊어질 기회를 막고 있는 꼴이 되어 버렸습니다.

우리는 자책으로 진정한 책임을 면하려는 때가 있습니다. 책임이란 하나님에게로 가는 것인데, 그것을 자책함으로써 면합니다. 기도할 때 이런 식으로 죄책감을 닦아 내지 마십시오. '이런 죄를 지었습니다. 저런 죄를 지었습니다. 늘 죄를 짓습니다' 하는 말로 말입니다. 이런 고백은 하나님 앞에까지 갈 필요가 없게 하는 변명이 될 수 있습니다. 예배 시간에 대표기도 하는 사람이 자신의 죄를 낱낱이 토해 내고 있으면, 눈을 뜨고 쳐다보게 됩니다. '이 사람은 왜 공중 앞에 서서 전체를 위한 기도를 하지 않고 계속 자신의 피부를 뜯어내는가?' 하는 생각이 듭니다.

자신을 흠잡힐 것 없는 존재로 만들어서 하나님 앞에 떳떳하려고 하는 것도 죄에 해당합니다. 옳은 회개를 하는데도 죄가 될 수 있는 것입니다. 이처럼 하나님은 거룩하시고 또 우리에게 홀로서기를 허락하지 않으시는 분이라는 것을 분명히 알아야 합니다. 하나님은 우리와 같이 살자고 하십니다. 당신에게서 도 망가지 말라고 하십니다. 그런데 우리는 도망가려고 합니다. 그렇게 되면 기독교 신앙이 자기 치장에 불과해집니다.

또 다른 결벽증이 있습니다. 불미스러운 일이라도 생기면 그것을 원천봉쇄해 버립니다. 성경에 나와 있는 어떤 말씀을 원 천봉쇄하는 데에 써먹기도 합니다. '네 오른손이 너로 실족하게 하거든 찍어 내버리라'(마 5:30)와 같은 말씀입니다. 문제가 생 기면 다음부터는 그 일을 아예 안 해 버립니다. 우리가 일상에 서 늘 저지르는 실수입니다. 어느 날 자녀가 교통사고를 당했다 고 해 봅시다. 하필 그것도 뺑소니차에 당했습니다. 그러면 우 리는 뭐라고 합니까? "왜 집에 안 붙어 있고 돌아다니다가 다쳤 어?" "엄마가 학원 가라고 해서 나갔잖아." "일찍 갔어야지. 늑 장 부리다가 급해서 뛰니까 부딪쳤지." 우리는 어떻게든 원인 을 찾아내어 문제의 근원을 원천봉쇄하고 맙니다. 그러다 어 디까지 갑니까? 무자식이 상팔자라고 하는 데까지 갑니다. 다 들 그렇게 원천봉쇄를 해 버립니다. 특히 교회 안에 이런 일들 이 더 많습니다.

그러나 그것은 하나님이 누구신지 모르는 것이고 하나님 이 인간을 어떤 목적과 어떤 가치와 어떤 신분으로 부르셨는지 전혀 모르는 것입니다. 자녀를 길러 보면 아는데, 자녀가 약한 만큼 사랑을 더 쏟게 됩니다. 자랑스러운 자녀보다 손이 많이 가는 자녀를 더 사랑할 수밖에 없습니다. 목사는 어떤 성도를 사랑할까요? 늘 기도하게 하는 성도를 사랑합니다. 건강하고 잘 사는 사람을 위해서는 기도할 틈이 없습니다. 잘하니까 놔두게 됩니다. 무관심해서가 아닙니다. 인간관계라는 게 그런 것입니다.

장애아를 둔 부모들을 만나 본 적 있습니까? 그들은 힘들어하지만, 결코 포기하지 않습니다. 후회하지도 않습니다. 어머니가 아니면, 아버지가 아니면 감당할 수 없는 일을 그들은 해냅니다. 바로 하나님이 우리에게 그렇게 하고 계십니다. 우리 일생에 일어나는 일 속에서 하나님이 우리와 늘 함께하신다는 사실과 우리가 겪는 모든 경우와 모든 정황을 하나님이 허락하셨다는 것, 탕자가 집을 나가는 것까지 하나님이 허락하시고 자신의 보호와 능력 안에 끌어안고 계시다는 사실을 모르면, 자책과 불평에 빠져 그 일이 만들어 내는 진정한 결과에 가지 못하게 됩니다.

하나님 앞으로 한 걸음 더

로마서 6장에 가 보겠습니다.

무릇 그리스도 예수와 합하여 세례를 받은 우리는 그의 죽으심과 합하여 세례를 받은 줄을 알지 못하느냐 그러므로 우리가 그의 죽으심과 합하여 세례를 받음으로 그와 함께 장사되었나니 이는 아버지의 영광으로 말미암아 그리스도를 죽은 자 가운데서 살리심과 같이 우리로 또한 새 생명 가운데서 행하게 하려 함이라 만일 우리가 그의 죽으심과 같은 모양으로 연합한 자가 되었으면 또한 그의 부활과 같은 모양으로 연합한 자도 되리라 우리가 알거니와 우리의 옛 사람이 예수와 함께 십자가에 못 박힌 것은 죄의 몸이 죽어 다시는 우리가 죄에게 종 노릇 하지 아니하려 함이니 이는 죽은 자가 죄에서 벗어나 의롭다 하심을 얻었음이라 만일 우리가 그리스도와 함께 죽었으면 또한 그와 함께 살 줄을 믿노니 이는 그리스도께서 죽은 자 가운데서 살아나셨으매 다시 죽지 아니하시고 사망이 다시 그를 주장하지 못할 줄을 앎이로라 (롬 6:3-9)

예수로 말미암아 모든 하나님의 백성이 그리스도와 연합되어 있다는 이야기를 하고 있습니다. '그리스도와 연합된 자'라고 하면 어떤 자격과 수준을 갖춘 모습이 떠오를 것입니다. 그러나 살면서 확인하는 것은 우리가 현실에서 겪는 실패와 실수와 엎어짐 위에 예수님이 당신 자신을 묶으셨다는 사실입니다. 이전보다 우리가 더 나아지거나 나아지지 않거나 하는 문제 정도가 아닙니다. 우리는 혼자가 아니라 그리스도와 연합한 존재입니다. 하나님의 자녀로 부르심을 받으면 그 순간부터 혼자가 아닙니다. 어떤 기만, 어떤 왜곡, 어떤 배신, 어떤 분노에까지, 어느 순간 어느 경우에도 하나님이 우리를 당신에게서 분리하지 않으실 것입니다.

그런데 욥의 세 친구들에 의해 이런 분리가 나타나고 있습니다. 잘못하면 떨어져 나가게 되니, 다시 잘해서 연합하라고 꾸짖습니다. 욥의 울부짖음에는 이런 의미가 들어 있습니다. 자신이 비록 고난받고 있고 그 이유도 알 수 없지만 하나님은 창조의 하나님이시니 그가 만든 창조물에 대하여 아무 대책이 없을 리가 없다는 것입니다. 이것이 욥기의 주제입니다. '나는 하나님이 내게 왜 이러시는지 모르겠다. 너희가 나에게 권면하는 내용을 나도 안다. 그러나 그것으로 답이 되지 않는다. 하나님은 창조주시니 창조를 해 놓고 외면하실 리가 없다. 죽어 없어지는 것이 끝이라면 하나님이 창조주로서의 실력이 부족하다는 뜻이 아니냐? 만일 하나님이 내가 당하는 고난과 이해할 수 없는 현실까지도 싸안고 있다면, 여전히 나를 놓지 않고 있다면, 나는 이제 하나님을 만나고 싶다. 그래서 어두움과 고난과 절망에서도 하나님이 하나님이신 신비를 알고 싶다.'

하나님은 우리가 잠시 받는 고난으로 영원한 영광의 중한 것을 만드십니다. 우리는 잘했을 때보다 못했을 때 더 많이 깨닫습니다. 일부러 죄를 짓자는 이야기가 아닙니다. "그런즉 우리가 무슨 말을 하리요 은혜를 더하게 하려고 죄에 거하겠느냐"(롬 6:1)라는 말씀은 죄지으면 은혜를 더 주신다는 말이 아닙니다. 죄란 하나님과 분리되는 것입니다. '네가 잘못할 때도 하나님이 너를 놓지 않는다. 너는 포기될 수 없는 존재다. 너는 그리스도와 묶여 있고 죽음에서도 승리하게 될 것이다. 그것을 알고 네 인생과 네가 살아가는 현실 속에서 하나님의 일하심을 든든히 믿고 이겨라' 하는 말씀입니다.

여기서 '이겨라'는 절대 기준을 만족시켜라, 진실되게 살아라 하는 것과는 다른 차원입니다. 우리의 연약함과 하나님의 신비가 합력하여 승리로 결과되는 하나님의 기적을 믿으라는 말입니다. 그 신실함을 믿으라는 것입니다. 그것이 어떤 때는 절대적 규칙이나 당연한 명분으로 선언되어야 할 때도 있을 것입니다. 또 어떤 때는 진실한 회개로 고백되어야 할 때도 있을 것입니다. 그러나 그 고백은 어느 경우든지 '하나님 앞으로 한 걸음 더'라는 성경적 권면 위에서 이루어져야 합니다.

우리가 사는 시대, 환경, 처한 현실, 우리가 저지르지 않은 일에 대해 짐을 지게 만드는 것들, 그리고 우리의 불확실한 미래, 그 어느 것도 하나님의 승리를 막을 수 없습니다. 우리에게 일어나는 일 중에 우리를 손해 보게 하는 것은 없다는 말입니다. 도망가지 말고 믿음을 가지고 덤비십시오. 이겨 내야 하는 것도 있고 감당하고 감수해야 하는 것도 있을 것입니다.

욥기는 42장에서 끝이 납니다. 우리는 몇 장쯤 되면 끝날까요? 각자 다를 것입니다. 그러나 몇 장에서 끝나든 하나님이 우리와 함께하시고 우리를 유익하게 하시고 더 가까이 잡아끄신다는 사실에는 차이가 없습니다. 이것을 아는 각자의 실존, 인생, 하루가 되기를 바랍니다.

기도

하나님 아버지, 하나님의 은혜의 깊이와 높이와 넓이와 측량할
수 없는 지혜와 무한하신 사랑과 능력과 성실하심을 고백합니
다. 우리는 스스로를 이해할 수 없고 우리가 사는 시대를 이해할
수 없고 하나님의 일하심도 이해가 되지 않아, 두려워 겁을 먹고
억울해 비명을 지르기에 바쁩니다. 욥기 말씀을 통하여 하나님
이 누구신지 우리의 인생이 무엇인지 서서히 빛이 찾아들어 우
리 눈이 열립니다. 감당하게 하옵소서. 자신을 용서하고 믿음을
가지고 인생을 짊어지고 하나님이 그 속에서 함께 살라고 하신
우리의 이웃들 앞에서 그리스도의 뒤를 따라 십자가를 질 수 있
게 하여 주옵소서. 우리를 깊어지게 하시고 높이시는 하나님의
영광을 맛보고 누리고 나누는 지경에 이르도록 축복하여 주옵
소서. 예수님 이름으로 기도합니다. 아멘.

19　23:1 욥이 대답하여 이르되 2 오늘도 내게 반항하는 마음과 근심이 있나니 내가 받는 재앙이 탄식보다 무거움이라 3 내가 어찌하면 하나님을 발견하고 그의 처소에 나아가랴 4 어찌하면 그 앞에서 내가 호소하며 변론할 말을 내 입에 채우고 5 내게 대답하시는 말씀을 내가 알며 내게 이르시는 것을 내가 깨달으랴 6 그가 큰 권능을 가지시고 나와 더불어 다투시겠느냐 아니로다 도리어 내 말을 들으시리라 7 거기서는 정직한 자가 그와 변론할 수 있은즉 내가 심판자에게서 영원히 벗어나리라 8 그런데 내가 앞으로 가도 그가 아니 계시고 뒤로 가도 보이지 아니하며 9 그가 왼쪽에서 일하시나 내가 만날 수 없고 그가 오른쪽으로 돌이키시나 뵈올 수 없구나 10 그러나 내가 가는 길을 그가 아시나니 그가 나를 단련하신 후에는 내가 순금 같이 되어 나오리라 11 내 발이 그의 걸음을 바로 따랐으며 내가 그의 길을 지켜 치우치지 아니하였고 12 내가 그의 입술의 명령을 어기지 아니하고 정한 음식보다 그의 입의 말씀을 귀히 여겼도다 13 그는 뜻이 일정하시니 누가 능히 돌이키랴 그의 마음에 하고자 하시는 것이면 그것을 행하시나니 14 그런즉 내게 작정하신 것을 이루실 것이라 이런 일이 그에게 많이 있느니라 15 그러므로 내가 그 앞에서 떨며 지각을 얻어 그를 두려워하리라 16 하나님이 나의 마음을 약하게 하시며 전능자가 나를 두렵게 하셨나니 17 이는 내가 두려워하는 것이 어둠 때문이나 흑암이 내 얼굴을 가렸기 때문이 아니로다 (욥 23:1-17)

욥 _ 하나님은 뜻이 일정하십니다

내가 가는 길을 그가 아시나니

욥기 23장에는 엘리바스의 끈질긴 공격에 대한 욥의 답변이 나옵니다. 그런데 욥은 공격하는 엘리바스를 향해 답하는 것이 아니라 계속 하나님에게 하소연합니다. 이제 욥은 친구들의 공격에 대꾸할 필요가 없다고 느낍니다. 그만큼 고난 속에서 나아간 것입니다. 그 진전은 이렇게 표현됩니다. '하나님은 나의 말에 귀 기울여 주실 분이다. 비록 내가 하나님을 찾아도 만나지 못하고 있지만 결국 하나님이 이루실 일의 결과를 나는 기다릴 수밖에 없다.' 이러한 진전은 우리가 많이 들어 온 유명한 구절에 잘 담겨 있습니다. 10절입니다. "그러나 내가 가는 길을 그가 아시나니 그가 나를 단련하신 후에는 내가 순금 같이 되어 나오리라"라는 고백은 욥의 진보를 보여 줍니다. 고난과 비명과 절망에서 한 걸음 나아간 것입니다.

욥은 자기의 진심과 억울함과 순결함을 하나님은 아실 것이라고 생각합니다. 그런데 하나님을 만날 수가 없습니다. 하나님이 자신의 무죄함과 정당함을 들어주시고 옳게 판정을 내려 주실 것이라고 생각합니다. 지금 자신에게 일어나고 있는 일은 자신에게 문제가 있어서가 아니라 하나님에게 문제가 있어서 생긴 것이라고 생각합니다. 여기서 '문제가 있다'는 말은 무슨 잘못이 있다는 의미가 아닙니다. 지금 욥은 자기가 당한 현실이 친구들이 공격하는 바와 같이 자기에게 어떤 잘못이 있어서 해결이 어려운 것이 아니라 이것은 하나님이 해결하실 일이라는 의미입니다. 하나님이 마음에 감춰 두시고 아직 나타내시지 않았기 때문에 자기에게 고난이 있다는 것입니다. 10절에 있는 '내가 가는 길을 그가 아시나니'라는 표현은 하나님이 아직 다 나타내지 않으셨다는 뜻을 함축하고 있습니다. 하나님이 감추고 하시는 일이어서 하나님 손에 달려 있다는 것입니다.

"내 발이 그의 걸음을 바로 따랐으며 내가 그의 길을 지켜 치우치지 아니하였고 내가 그의 입술의 명령을 어기지 아니하고 정한 음식보다 그의 입의 말씀을 귀히 여겼도다"(욥 23:11-12). 욥은 하나님이 알려 주신 것을 한 번도 따르지 않은 적이 없다고 말합니다. 그런데 지금 당하는 일은 하나님이 속에 감추고 계시기 때문에 그 뜻을 모르겠고, 모르기 때문에 따를 방법이 없다는 것입니다. 그러나 하나님은 신실하신 분이니 당신의 뜻을 이루실 것이고 그것을 이루실 때 자기에게 유익이 되리라는 것을 이제 욥은 안다는 것입니다.

그러면서 13절에 이렇게 말합니다. "그는 뜻이 일정하시니 누가 능히 돌이키랴 그의 마음에 하고자 하시는 것이면 그것을 행하시나니"(욥 23:13). 일정하다는 것은 늘 한결같고 신실하고 변함이 없어 아무도 하나님을 돌이킬 수 없다는 뜻입니다. 하나님이 마음에 하고자 하시는 일이면 반드시 하신다는 것입니다. 하나님은 우리와 타협하지 않으십니다. 타협하지 않으신다는 것은 적당히 봐주지 않는다는 뜻입니다. 잘못을 눈감아 주지 않으신다는 뜻이 아니라 하나님이 정하신 일을 이루시기까지 즉 그 아들을 보내어 구원하시기까지 하나님이 가진 의지와 열심을 타협하지 않으신다는 것입니다. 신약적 배경을 가지고 표현하면 예수 외에 다른 구원자의 이름을 주신 적이 없다는 것입니다.

예수로 말미암는 구원이라는 말, 예수를 믿어야 한다는 말에서 가장 중요한 것은 예수로 나타내신 구원의 깊이와 넓이와 폭입니다. 즉 예수의 죽음과 부활의 능력과 관계 없는 구원은 하나님이 허락하지 않겠다는 것입니다. 선택에 관한 이야기를 하는 것이 아닙니다. 하나님이 목적하신 구원의 깊이와 수준을 예수 이외의 것으로 타협하지 않겠다는 뜻입니다. 그래서 이제 욥이 '지금껏 내게 알게 하신 일을 내가 불순종한 적이 없고 내가 외면한 적이 없는데도 이런 고난이 발생했다. 그렇다면 이 일은 내가 지키고 내가 아는 것보다 더 높으신 하나님의 뜻이 있기 때문이다' 하는 것을 알기 시작합니다.

반항하는 마음과 근심이 있나니

"오늘도 내게 반항하는 마음과 근심이 있나니 내가 받는 재앙이 탄식보다 무거움이라"(욥 23:2). 여기에서 '내게 반항하는 마음과 근심이 있나니'라는 구절을 개역한글판 성경에서는 '내가 혹독히 원망하니'라고 해석하였습니다. 혹독히 원망한다는 것은 지금 이 상황을 불편하게 여기고 거부감을 느낀다는 뜻으로 이해됩니다. 그런데 이와 비슷한 표현이 히브리서 5장에도 쓰여 있습니다. 이 표현이 누가 겪은 동일한 경험으로 묘사되어 있는지 알면 놀랄 것입니다. 바로 예수입니다.

"그는 육체에 계실 때에 자기를 죽음에서 능히 구원하실 이에게 심한 통곡과 눈물로 간구와 소원을 올렸고 그의 경건하심으로 말미암아 들으심을 얻었느니라"(히 5:7). 욥이 겪은 것과 같습니다. 심한 통곡은 무엇입니까? 견딜 수 없어서 우는 울음입니다. 이어서 '그가 아들이시면서도 받으신 고난으로'(히 5:8 상)라는 말씀에서 보듯, 성자 예수님이 감당할 수 없는 고난을 당하십니다. 그 고난은 욥이 당한 것과 같습니다. 그것은 감당할 수 없고 이겨낼 수 없는 고난이었습니다.

히브리서 5장 7절을 보면, '그는 육체에 계실 때에' 즉 예수님이 육신을 입고 있을 때에 자기를 죽음에서 능히 구원하실 이에게 심한 통곡과 눈물과 간구와 소원을 올렸다고 합니다. 그런데 그 다음을 보십시오. '그의 경건하심으로 말미암아 들으심을 얻었느니라.' 이 표현은 개역개정판에 따른 것인데, 개역한글판 성경에서는 '그의 경외하심을 인하여'라고 되어 있습니다. 경외한다는 것은 상대방에게 두려움을 가지고 복종하고 신뢰한다는 것입니다. 자식이 부모를 신뢰하듯이 말입니다. 그러니 예수님은 견딜 수 없는 고난 속에서 결정권을 하나님에게 넘겼다는 것입니다. 겟세마네 동산에서 하신 예수님의 기도를 생각해 봅시다. '아버지여 내 뜻대로 마옵시고 아버지의 뜻대로 되기를 원하나이다.' 그 앞은 무엇이었습니까? '만일 아버지의 뜻이거든 이 잔을 내게서 옮기시옵소서.' 감당할 수 없는 것이었습니다. 그러나 예수님은 하나님의 결정에 맡겼습니다. 경외하심으로 맡겼습니다. 그렇게 하셔서 받으신 고난으로 순종함을 배워 온전하게 되셨다고 합니다.

예수님이 육신으로 오사 인생을 겪으시면서 받으신 고난은 감당할 수 없는 고통이었는데, 그 고통으로 예수님이 배우신 것은 무엇입니까? 내 문제를 내가 해결할 수 없다는 것입니다. 그래서 아버지 손에 맡겼습니다. 동일한 맥락 속에서 욥의 고백이 터져 나옵니다. 그는 고난을 통해 인간의 한계를 배웁니다. 인간이란 자기 문제를 자기가 다 풀 수 없는 존재라는 것을 깨닫습니다. 이렇게 말하면, 결국 종교는 그저 굽신굽신해서 복을 얻어 내는 것이라고 손쉽게 생각하려고 합니다. 결코 이런 이야기가 아닙니다. 이 고난으로 인해 욥이 무엇을 배우느냐 하는 문제는 만만치 않습니다.

죽음보다 큰 인간

요한복음 17장 21절에 "아버지여, 아버지께서 내 안에, 내가 아버지 안에 있는 것 같이 그들도 다 하나가 되어 우리 안에 있게 하사 세상으로 아버지께서 나를 보내신 것을 믿게 하옵소서"라고 하는 예수님의 대제사장적 기도가 나옵니다. 이것은 '영생은 곧 유일하신 참 하나님과 그가 보내신 자 예수 그리스도를 아는 것입니다'라는 기도에 이어 나오는 기도입니다. 예수와 하나님의 하나 됨, 그리고 예수와 성도의 하나 됨이 무엇으로 나타납니까? 순종으로 나타납니다.

순종이란 다만 내 뜻을 접고 어떤 대상에 나를 복종시키는 정도가 아닙니다. 나라는 존재의 진정한 내용을 내가 채우려고 하던 자세에서 하나님만이 채우실 수 있다고 인정하는 것이 순종입니다. 인간의 최고 경지를 포기하고 하나님의 은혜가 허락하는 경지로 자신을 넘기는 것입니다. 그렇게 넘어가기 위해서 필요한 것이 바로 자신의 죽음입니다. 인간으로서의 죽음입니다. 인간이 인간으로서 자신의 존재를 확인하고 자기가 발견한 그 한계를 넘기 위해서 겪어야 하는 과정에 죽음이 있습니다. 내가 나를 감당할 수 없다는 한계에 부딪쳐 기존의 자아가 죽어야 비로소 자신을 하나님 앞에 맡길 수 있게 됩니다. 그것이 순종입니다. 순종은 의지의 문제도, 이상에 관한 소원도 아닙니다. 인간이 자신이 원하는 모습으로서는 더 이상 만족할 수 없다는 것을 확인하게 하는 은혜와 인도하심에 의하여 넘어서는 자리입니다. 이것이 욥기의 위치입니다. 이것을 넘어서지 않고는, 예수님이 말씀하신 대로 자기를 부인하지 않고는 아버지께로 갈 수가 없습니다. 이 대목이 어렵습니다.

우리는 쉽게 넘어가고 싶습니다. 세 친구들의 이야기에는 틀린 것이 없습니다. 그러나 그것은 인간이 추구하는 종교의 극치에 불과합니다. 욥기는 그것을 넘어가야 한다고 말합니다. 세 친구들이 말하는 원칙으로는 그것을 넘어갈 수가 없습니다. 그래서 욥이 등장하는 것입니다. 자신이 가진 한계를 깨닫지 못하는 자들을 위하여 욥이 하나님의 신비한 이끄심으로 죽음의 문턱까지 인도받아 자신의 경험을 낱낱이 고백하고 있습니다. 세 친구가 이야기하는 모든 것을 가지고도 해결이 안 되는, 그리고 그것으로 해결되지 못하게 붙드시는 하나님의 손길을 그가 고백하고 있는 것입니다. 이 자리로 넘어와야 합니다. 그러나 넘어가려면 죽어야 합니다.

이제 욥은 더 이상 자신의 죽음을 요구하지 않습니다. 욥은 초반에 자신의 생일을 저주했습니다. 고통이 너무 심해 자기가 태어난 날을 저주한 것입니다. 그러나 23장에 이르러서는 더 이상 죽음을 이야기하지 않는데, 죽는 것은 다만 중단하는 것이기 때문입니다. 고통의 중단, 의심의 중단, 불안의 중단에 불과합니다. 중단하는 대신 그는 생각합니다. 생각하고 고민하는 것은 죽음보다 크다는 것을 욥이 깨닫습니다.

러시아의 시인 푸시킨(A. S. Pushkin)은 〈삶이 그대를 속일
지라도〉라는 시로 유명합니다. 그가 지은 시 중에 〈비가〉(悲歌,
Elegy)라는 시가 있습니다. 고등학교 때 읽었던 기억이 나서 찾
아봤더니 새로운 번역으로 바뀌면서 말 맛이 없어졌습니다. 제
가 옛날에 외웠던 단어로 읊어 보겠습니다.

> 지나간 날들은 숙취와도 같이
> 슬픔으로 내 영혼을 무겁게 누른다
> 내 인생은 고단하고
> 미래는 파도치는 바다 같이 비관적이다
> 그러나 나는 죽고 싶지는 않다
> 나는 살고 싶다
> 살아서 생각하고 괴로워하고 싶다
> 그리하여 근심과 불안 속에 기쁨이 있음을 알고 싶다

그 뒤는 기억이 잘 안 납니다. '나는 살고 싶다. 살아서 생각하고
괴로워하고 싶다. 그리하여 근심과 불안 속에 기쁨이 있음을 알
고 싶다.' 이것이 인간의 정체성의 한 면모입니다. 삶은 죽으면
끝나는 것입니다. 그러기에 인생은 살아 있는 동안 마음껏 욕심
을 부려 보는 정도에 불과한 것이 아닙니다. 이것을 우리 모두가
알고 있습니다. 그것이 욥기의 무시무시한 증언입니다. 우리가
잘못했을 때 하나님이 우리를 그냥 죽여 버리시면 쉬울 텐데, 하
나님은 그렇게 안 하십니다. 그래서 우리 인생이 고단합니다. 하

나님은 당신이 하시는 일을 포기하지 않으시겠답니다. 타협하지 않으시겠답니다. 우리는 이 정도에서 그만해 달라는 것이나 하나님은 그럴 수는 없다고 하십니다.

욥기에 입문하신 것을 축하합니다

본문 13절에서 욥은 하나님에 대하여 '그는 뜻이 일정하시니' 라고 합니다. 출애굽기에 나온 '나는 스스로 있는 자이니라'(출 3:14)와 같은 뜻입니다. '스스로 있는 자'라는 말은 언제나 하나님이신 분, 하나님이시기를 중단하실 수 없는 분이라는 뜻입니다. 이제 욥기에서 그 뜻이 더 분명해졌습니다. 하나님은 언제나 일정하신 분이라고 합니다. 타협할 수 없는 분이라는 뜻입니다. 그래서 예수 믿는 길은 고단합니다. 그러나 바로 그 하나님의 성실하심이 우리를 비명과 절망과 고난으로 인도하여 우리는 우리의 존재가 세상의 것으로는 결코 만족될 수 없다는 사실을 비로소 알게 됩니다. 푸시킨의 〈비가〉에서처럼 죽음이나 도피로 그 존재를 소멸시키거나 축소하여 다른 것으로 대체할 수 없다는 것을 알게 됩니다. 그 지점에 이르러야 비로소 자신을 포함한 인간에 대한 이해를 얻고, 소원을 갖습니다.

히브리서 5장에서는 예수님이 걸으신 길을 이렇게 증언합니다.

그는 육체에 계실 때에 자기를 죽음에서 능히 구원하실 이

에게 심한 통곡과 눈물로 간구와 소원을 올렸고 그의 경건
하심으로 말미암아 들으심을 얻었느니라 그가 아들이시면
서도 받으신 고난으로 순종함을 배워서 온전하게 되셨은
즉 자기에게 순종하는 모든 자에게 영원한 구원의 근원이
되시고 하나님께 멜기세덱의 반차를 따른 대제사장이라
칭하심을 받으셨느니라 (히 5:7-10)

예수님이 자기를 따르는 자들에게 영원한 대제사장이 되셨다
는 사실을 기억하십시오. 그 길로 예수를 부르셨습니다. 그 길
은 어렵습니다. 어려워서 더 깊고, 더 놀랍습니다. 그 길 위에서
우리는 인간이 무엇인지, 인생이 무엇인지를 알게 됩니다. 예수
를 믿는다는 것이 무엇이며 하나님이 그 아들을 보내셨다는 것
이 무엇인지를 깨닫고 새삼 놀라게 됩니다. 정호승 시인의 시를
하나 더 소개합니다. 욥기를 설교하다 시인이 되고 말았습니다.
〈축하합니다〉[5]라는 제목의 시입니다. 무엇을 축하하는지 제가
읊어드리겠습니다.

이 봄날에 꽃으로 피지 않아
실패하신 분 손 들어 보세요.
이 겨울날에 눈으로 내리지 않아
실패하신 분 손 들어 보세요.

5) 정호승 지음,《사랑하다가 죽어버려라》(창비), 40쪽.

괜찮아요. 손 드세요. 손 들어 보세요.

아, 네. 꽃으로 피어나지 못하신 분 손 드셨군요.

바위에 씨 뿌리다가 지치신 분 손 드셨군요.

첫눈을 기다리다가 서서 죽으신 분도 손 드셨군요.

네, 네, 손 들어주셔서 감사합니다.

여러분들의 모든 실패를 축하합니다.

천국이 없어 예수가 울고 있는 오늘밤에는

낙타가 바늘구멍으로 들어갔습니다.

드디어 희망 없이 열심히 살아갈 희망이 생겼습니다.

축하합니다.

아, 이런 시가 있더라고요. 〈축하합니다〉라는 시는 알 것도 같고 모를 것도 같습니다. 기독교 신앙을, 설명한다고 다 알 수 있겠습니까? 설명이 다가 아닙니다. 그렇게 간단하지 않습니다.

시인은 어떤 사람입니까? 말과 말을 이을 수 없어서 띄엄띄엄 써 내려간 사람입니다. 신앙고백은 띄엄띄엄 할 수밖에 없습니다. 돌다리가 끊겨서 건너갈 수 없게 된 곳에는 징검다리가 놓여 있습니다. 돌들이 띄엄띄엄 놓여 있기는 한데, 그것이 건너가라고 놓아둔 디딤돌인지 빠져 죽으라고 몇 개를 치워 놓아서 그렇게 듬성듬성한 것인지 알 수 없게 놓여 있습니다. 그 길을 예수님이 걸어가셨습니다. 욥이 걸어갔습니다.

언제나 하나님이시기를 중단하지 않으시는 그분의 손길이 우리를 붙들고 있습니다. 바다 위를 걷기 소원했던 베드로에게

처럼, 우리에게도 길 없는 길을 걸어오라고 하십니다. 예수를 의지해서 말입니다. 이것이 욥기입니다. 예수님의 성육신이요 그 안에서 허락한 은혜와 능력입니다. 우리 인생이 그런 인생인 줄 알고 희망을 가지십시오. 믿음을 가지십시오. 축하합니다. 욥기에 입문하신 것을 축하합니다.

기도

하나님 아버지, 은혜를 감사합니다. 어찌 욥기를, 함께 울라고 주셨겠습니까? 거기 있는 하나님의 지극하심을, 놀라운 인도하심을 확인하라고 우리에게 욥기를 주셨습니다. 인생을 살다 보면 때로는 길이 안 보이고 답이 안 보입니다. 우리를 향한 하나님의 뜻이 너무 크기 때문입니다. 그러니 우리가 절망 앞에 설 때마다 하나님의 성실하심과 능력을 기억하게 하옵소서. 그 아들을 보내신 사랑을 기억하게 하옵소서. 그 아들이 울고 통곡하여 걸어온 길을 기억하게 하여 주옵소서. 예수님 이름으로 기도합니다. 아멘.

20 24:1 어찌하여 전능자는 때를 정해 놓지 아니하셨는고 그를 아는 자들이 그의 날을 보지 못하는고 **2** 어떤 사람은 땅의 경계표를 옮기며 양 떼를 빼앗아 기르며 **3** 고아의 나귀를 몰아 가며 과부의 소를 볼모 잡으며 **4** 가난한 자를 길에서 몰아내나니 세상에서 학대 받는 자가 다 스스로 숨는구나 **5** 그들은 거친 광야의 들나귀 같아서 나가서 일하며 먹을 것을 부지런히 구하니 빈 들이 그들의 자식을 위하여 그에게 음식을 내는구나 **6** 밭에서 남의 꼴을 베며 악인이 남겨 둔 포도를 따며 **7** 의복이 없어 벗은 몸으로 밤을 지내며 추위도 덮을 것이 없으며 **8** 산중에서 만난 소나기에 젖으며 가릴 것이 없어 바위를 안고 있느니라 **9** 어떤 사람은 고아를 어머니의 품에서 빼앗으며 가난한 자의 옷을 볼모 잡으므로 **10** 그들이 옷이 없어 벌거벗고 다니며 곡식 이삭을 나르나 굶주리고 **11** 그 사람들의 담 사이에서 기름을 짜며 목말라 하면서 술 틀을 밟느니라 **12** 성 중에서 죽어가는 사람들이 신음하며 상한 자가 부르짖으나 하나님이 그들의 참상을 보지 아니하시느니라 **13** 또 광명을 배반하는 사람들은 이러하니 그들은 그 도리를 알지 못하며 그 길에 머물지 아니하는 자라 **14** 사람을 죽이는 자는 밝을 때에 일어나서 학대 받는 자나 가난한 자를 죽이고 밤에는 도둑 같이 되며 **15** 간음하는 자의 눈은 저물기를 바라며 아무 눈도 나를 보지 못하리라 하고 얼굴을 가리며 **16** 어둠을 틈타 집을 뚫는 자는 낮에는 잠그고 있으므로 광명을 알지 못하나니 **17** 그들은 아침을 죽음의 그늘 같이 여기니 죽음의 그늘의 두려움을 앎이니라 **18** 그들은 물 위에 빨리 흘러가고 그들의 소유는 세상에서 저주를 받나니 그들이 다시는 포도원 길로 다니지 못할 것이라 …… **22** 그러나 하나님이 그의 능력으로 강포한 자들을 끌어내시나니 일어나는 자는 있어도 살아남을 확신은 없으리라 **23** 하나님은 그에게 평안을 주시며 지탱해 주시나 그들의 길을 살피시도다 **24** 그들은 잠깐 동안 높아졌다가 천대를 받을 것이며 잘려 모아진 곡식 이삭처럼 되리라 **25** 가령 그렇지 않을지라도 능히 내 말을 거짓되다고 지적하거나 내 말을 헛되게 만들 자 누구랴 (욥 24:1-25)

욥 _ 하나님은 제때에
안 만나 주시더라

본문 말씀은 도움이 없이는 무슨 이야기인지 하나도 모를 내용입
니다. 욥기 23장과 24장은 함께 놓고 보아야 하는데, 23장은 이렇
게 시작합니다. "욥이 대답하여 이르되 오늘도 내게 반항하는 마음
과 근심이 있나니 내가 받는 재앙이 탄식보다 무거움이라"(욥 23:1-
2). 개역개정판에서는 이렇게 번역했는데, 개역한글판에서는 '오
늘도 내가 혹독히 원망하노니'라는 구절로 시작합니다. 이것이 우
리 마음에 좀 더 와닿는 표현입니다. "내가 어찌하면 하나님을 발
견하고 그의 처소에 나아가랴"(욥 23:3). 어떻게 하면 하나님을 만
나 하소연하고 하나님에게서 답을 듣겠냐는 말입니다. '그런데

내가 앞으로 가도 그가 아니 계시고 뒤로 가도 보이지 아니하며 그가 왼쪽에서 일하시나 내가 만날 수 없고 그가 오른쪽으로 돌이키시나 뵈올 수 없'(욥 23:8-9)다고 합니다. 이렇게 23장 전체는 '하나님, 억울합니다. 내 호소를 들으시고 응답해 주십시오. 하나님이 내 말을 그냥 듣기만 하시고 응답하시지 않는다면, 그냥은 못 가십니다' 하는 이야기였습니다.

24장에서 욥이 하는 말은 하나님은 제때에 안 만나 주시더라는 것입니다. '어찌하여 전능자는 때를 정해 놓지 아니하셨는고'라는 한탄으로 24장은 시작합니다. 잘못하면 그때 바로 꾸짖으셔야 하고 잘하면 그때 바로 복을 주셔야 하는데, 그렇게 하지 않으시더라는 말입니다. 그래서 2절에 보면, 이런 일이 횡행합니다. "어떤 사람은 땅의 경계표를 옮기며 양 떼를 빼앗아 기르며 고아의 나귀를 몰아 가며 과부의 소를 볼모 잡으며 가난한 자를 길에서 몰아내나니 세상에서 학대 받는 자가 다 스스로 숨는구나"(욥 24:2-4)라고 합니다. 학대받는 자가 다 스스로 숨는 것은 악한 자가 득세하기 때문이라는 것입니다.

"그들은 거친 광야의 들나귀 같아서 나가서 일하며 먹을 것을 부지런히 구하니 빈 들이 그들의 자식을 위하여 그에게 음식을 내는구나 밭에서 남의 꼴을 베며 악인이 남겨둔 포도를 따며"(욥 24:5-6). 하고 싶은 대로 다 하고 학대하고 착취하고 마음껏 죄를 저지르고 있다고 합니다. 그런데 또 무슨 일이 있습니까? "의복이 없어 벗은 몸으로 밤을 지내며 추위도 덮을 것이 없으며 산중에서 만난 소나기에 젖으며 가릴 것이 없어 바위를 안고 있느니라"(욥 24:7-8). 가릴 것이 없어 바위를 안고 있는 처지는 정말 비참한 상황에 처해 있음을 드러내 줍니다. 이런 말도 안 되는 비극이 있고, 말도 안 되는 악행과 불의가 판을 치고 있습니다. "그 사람들의 담 사이에서 기름을 짜며 목말라 하면서 술 틀을 밟느니라"(욥 24:11). 우리가 악행하는 자들 사이에 치여서 살고 있다는 말입니다. 고래 싸움에 새우 등이 터지면서 산다는 것입니다.

"성 중에서 죽어가는 사람들이 신음하며 상한 자가 부르짖으나 하나님이 그들의 참상을 보지 아니하시느니라"(욥 24:12). 하나님이 제때에 답을 하지 않으신다는 이야기입니다. '하나님, 왜 안 만나 주십니까? 지금 안 만나 주시면 도대체 어떡합니까? 지금 살려 주셔야지 나중에는 만나 주신다 해도 아무 소용이 없습니다.' 그런데 그런 일이 세상에 많더라는 것입니다. 악한 자가 자신이 저지른 잘못에 대해 벌받지 않고, 어려운 일을 당할 이유가 없는 약한 자들이 억울함을 보상받지 못하고 있습니다. 13절 이하는 이렇게 되어 있습니다.

또 광명을 배반하는 사람들은 이러하니 그들은 그 도리를 알지 못하며 그 길에 머물지 아니하는 자라 사람을 죽이는 자는 밝을 때에 일어나서 학대 받는 자나 가난한 자를 죽이고 밤에는 도둑 같이 되며 간음하는 자의 눈은 저물기를 바라며 아무 눈도 나를 보지 못하리라 하고 얼굴을 가리며 어둠을 틈타 집을 뚫는 자는 낮에는 잠그고 있으므로 광명을

알지 못하나니 그들은 아침을 죽음의 그늘 같이 여기니 죽
음의 그늘의 두려움을 앎이니라 (욥 24:13-17)

나쁜 짓은 낮보다 밤에 더 많이 하는 법입니다. 그런데 악한 사
람들은 아침도 밤처럼 여긴다고 합니다. 어두움 속에 숨어서 해
야 할 일을 밝은 때에도 저질러서 사람들이 아침을 죽음의 그늘
처럼 여깁니다. 이것이 욥의 호소입니다. 억울한 일이 한두 개가
아니고 말이 안 되는 일이 한두 가지가 아닌데, 이런 악한 일을
하고도 아무 벌도 받지 않는 자가 있고 정직하게 살지만 오히려
학대를 받고 처참한 인생을 사는 자가 있다고 합니다. "가령 그
렇지 않을지라도 능히 내 말을 거짓되다고 지적하거나 내 말을
헛되게 만들 자 누구랴"(욥 24:25). 그러니 세상에 무슨 공정한 원
칙이 있느냐는 말입니다.

　세상에 원칙은 많습니다. 예를 들어 '지는 것이 이기는 것
이다'라는 말이 있습니다. 그런데 살아 보면 지는 것은 지는 것
이고 이기는 것은 이기는 것입니다. 지는 것이 이기는 것이라는
말은 진 사람들이 모여 만든 말입니다. '권선징악'이라는 원칙도
약한 사람끼리 모여서 만든 원칙입니다. 그럴 수밖에 없어서 그
렇게 말합니다. 선한 사람이 이미 보상을 받았다면 권선징악 같
은 말이 나올 필요가 없지 않았을까요? 악당은 다 죽고 선한 사
람만 남았을 테니 말입니다. 그런데 세상이 정말 그렇습니까?

만나 주시지 않는 하나님

욥기 23장과 24장에 나타난 욥의 호소는 하나님을 만나고자 해도 만날 수가 없다는 것입니다. 24장 1절에서와 같이 전능자가 때를 정해 놓지 않으셨으니 우리가 그의 날을 보지 못합니다. 이호소가 그분에게 상달되지 않고 우리는 그 응답을 받지 못합니다. 하나님이 쳐다보지 않으신다는 것입니다. 과연 하나님은 그런 분일까요? 이 구절은 출애굽기의 한 장면을 생각나게 합니다. 어떤 면에서 그런다고 했는지 출애굽기 3장을 보겠습니다. 여기에 하나님이 모세를 부르시는 장면이 나옵니다. 떨기나무에서 모세가 하나님을 만납니다.

> 또 이르시되 나는 네 조상의 하나님이니 아브라함의 하나님, 이삭의 하나님, 야곱의 하나님이니라 모세가 하나님 뵈옵기를 두려워하여 얼굴을 가리매 여호와께서 이르시되 내가 애굽에 있는 내 백성의 고통을 분명히 보고 그들이 그들의 감독자로 말미암아 부르짖음을 듣고 그 근심을 알고 내가 내려가서 그들을 애굽인의 손에서 건져내고 그들을 그 땅에서 인도하여 아름답고 광대한 땅, 젖과 꿀이 흐르는 땅 곧 가나안 족속, 헷 족속, 아모리 족속, 브리스 족속, 히위 족속, 여부스 족속의 지방에 데려가려 하노라 (출 3:6-8)

하나님은 이스라엘 백성의 고통을 '보고', '듣고', '알고' 계셨습니다. 이에 모세를 보내어 이스라엘 백성을 구출하십니다. 앞서 우리는 욥기가 신명기와 대칭관계에 있어 구약성경의 하나님과 하나님의 통치에 대한 또 하나의 중요한 속성을 드러내 주는 역할로 서 있음을 확인했습니다. 그래서 욥기를 신명기와 나란히 놓고 보아야 한다고 말씀드린 적이 있습니다. 신명기의 내용은 인과응보입니다. 행한 대로 복을 받거나 벌을 받는 것입니다. 신명기 28장이 대표적 본문입니다. '너희가 내 말을 듣고 순종하면 나가도 복을 받을 것이요 들어와도 복을 받을 것이며 너희가 내 말을 듣지 않으면 나가도 저주를 받고 들어와도 저주를 받을 것이라.'

그러나 욥기는 그런 이야기를 하지 않습니다. 시편 103편에서 본 바와 같이 '여호와는 긍휼이 많으시고 은혜로우시며 노하기를 더디 하시고 인자하심이 풍부하'(시 103:8)십니다. 하나님이 인과응보를 벗어나 계시는 분으로 모세에게 또 이스라엘 백성에게 당신을 나타내셨다고 시편 103편이 말씀합니다. 우리가 행한 대로 갚지 아니하시고 동이 서에서 먼 것 같이 우리 죄를 멀리 옮기십니다. 부모가 자식을 불쌍히 여기는 것 같이 우리를 긍휼히 여기십니다. 여기에는 인과응보를 벗어나 있는 하나님과 그분의 통치가 그려져 있습니다.

출애굽기에 나오는 하나님도 그런 하나님이십니다. 구하는 자들의 기도를 들으시고 그들의 현실을 보시고 그들의 형편을 아십니다. 그래서 개입하시고 마땅한 대로 보응하시는 의로우신 하나님이십니다. 이 하나님이 출애굽 사건에서 드러나고 이스라엘 역사를 통해 증명된 하나님이십니다.

그런데 욥기에서는 좀 다릅니다. 하나님이 보지 않으십니다. 듣지 않으십니다. 찾아가도 만나 주지 않으십니다. 그래서 욥기 23장으로 돌아가 이 중요한 고백이 가진 의미를 생각하게 합니다. "그런데 내가 앞으로 가도 그가 아니 계시고 뒤로 가도 보이지 아니하며 그가 왼쪽에서 일하시나 내가 만날 수 없고 그가 오른쪽으로 돌이키시나 뵈올 수 없구나"(욥 23:8-9). 그렇게 말해 놓고 느닷없는 이 말씀이 나옵니다. 욥기에서 알아들을 수 있는 몇 안 되는 대목입니다.

> 그러나 내가 가는 길을 그가 아시나니 그가 나를 단련하신 후에는 내가 순금 같이 되어 나오리라 내 발이 그의 걸음을 바로 따랐으며 내가 그의 길을 지켜 치우치지 아니하였고 내가 그의 입술의 명령을 어기지 아니하고 정한 음식보다 그의 입의 말씀을 귀히 여겼도다 그는 뜻이 일정하시니 누가 능히 돌이키랴 그의 마음에 하고자 하시는 것이면 그것을 행하시나니 그런즉 내게 작정하신 것을 이루실 것이라 이런 일이 그에게 많이 있느니라 (욥 23:10-14)

10절에서 14절까지의 이야기는 사실 앞의 문맥과 전혀 어울리지 않아 보입니다. 그런데 우리는 하나님이 누구신지 알고 예수 안에서 신앙을 가지고 있다는 전제로 억지로 가져다 붙이곤 합니다. 앞에 나온 내용이 무엇인지 모르지만, '하여튼 하나님은 결국 잘해 주실 것이다' 하는 이야기라고 묶어 버리는 것입니다.

욥은 그것을 알고 있었고 또 그것을 지켰기 때문에 훌륭한 사람이라고 이렇게 얼렁뚱땅 묶고 넘어가 버리는 것입니다.

간격을 유지하시는 하나님

신앙생활을 하다 보면, 신실하고 정직하게 살려고 애썼는데 보상받지 못하는 억울한 경우를 당할 때가 있습니다. 분명히 내가 저 사람보다 나아 보이고 저 자리에 내가 앉아야 마땅한데, 나는 재 가운데 앉아 울고 있고 저 사람은 꽃길을 걷고 있습니다. 나보다 못한 사람이 말이 안 되는 보상을 받는 경우를 볼 때면 '주께서 다시 오실 때 결국은 알곡과 가라지를 나누실 거야' 하며 애써 스스로 위로합니다. 현재는 불편하지만 이렇게 대충 싸매고 가는 수밖에 없어서입니다.

이런 일에 대해 욥기에서 하는 이야기는 이것입니다. 내가 가도 하나님을 만날 수는 없지만 하나님이 허락하시지 않는 일이 일어나는 일은 없다, 하나님은 우리의 요구와 기도에도 타협하시지 않고 하나님의 길을 고집하시는 일이 늘 있다는 것입니다. 우리는 이 둘을 하나로 묶으려고 합니다. 그런데 이게 묶여집니까? 안 묶여집니다. 우리는 자신이 이해하고 소원하고 또 자신이 다른 사람보다 나은 조건을 갖고 있으면 하나님이 내 소원을 이루어 주셔야 한다고 생각합니다. 그러나 성경은 그렇게 말하지 않습니다. 우리는 하나님의 길을 알 수 없다고 합니다. 이 하나님을 발견한 욥은 이렇게 이야기합니다. '그는 뜻이 일정하시니 누가 능히 돌이키랴'(욥 23:13). 다른 말로 하면 '하나님은 당신의 예정을, 당신의 목적을 타협하시지 않는다. 다만 우리가 아는 것은 이것이다. 지금 일어나고 있는 일에서는 하나님을 이해할 수 없지만 하나님은 의로우시고 선하신 분이다'라는 것입니다. 그렇게밖에는 묶을 수가 없습니다. 이 내용을 이사야 43장에 가면 다음과 같이 표현해 놓았습니다.

> 나 여호와가 말하노라 너희는 나의 증인, 나의 종으로 택함을 입었나니 이는 너희가 나를 알고 믿으며 내가 그인 줄 깨닫게 하려 함이라 나의 전에 지음을 받은 신이 없었느니라 나의 후에도 없으리라 나 곧 나는 여호와라 나 외에 구원자가 없느니라 내가 알려 주었으며 구원하였으며 보였고 너희 중에 다른 신이 없었나니 그러므로 너희는 나의 증인이요 나는 하나님이니라 여호와의 말씀이니라 과연 태초로부터 나는 그이니 내 손에서 건질 자가 없도다 내가 행하리니 누가 막으리요 (사 43:10-13)

'나는 여호와라', '나는 그라'라고 합니다. 이것은 출애굽기 3장에서 하나님이 모세를 불러 그에게 명령을 내릴 때, 모세의 질문에 대해 하나님이 답하신 내용과 같은 의미입니다. 그때 하나님이 '나는 스스로 있는 자니라'라고 답해 주셨듯이 이사야 43장에서는 '나는 그이니'(사 43:13)라고 한 것입니다. 욥기 23장의 표현으로는 '그는 뜻이 일정하시니'(욥 23:13)입니다.

이 말이 안 되는 현실을 보며 '왜 하나님은 악당에게 벌을 내리시지 않는가? 왜 의인에게 보상하시지 않는가? 왜 하나님은 때를 감추시는가? 지금이 그때가 아닌가?' 하는 질문에 욥기는 이렇게 답하는 것입니다. '하나님에게는 하나님의 뜻이 있다. 그래서 우리의 소원과 요구에 대해서 간격을 유지하시며 당신의 뜻을 이루신다. 이런 일이 많다. 그가 가진 뜻을 누가 돌이키겠느냐?' 이것이 욥기 23장과 24장의 이야기입니다.

우리의 고통은 이런 것입니다. 하나님의 뜻이 있는데, 그 뜻에 도달하기에는 우리가 너무 미흡합니다. 여기에서 미흡하다는 것은 흔히 생각하듯 도덕적, 종교적 미흡만을 말하는 것이 아닙니다. 인간은 이해에 있어서도 미흡하고 소원에 있어서도 미흡합니다. 이렇게 하나님의 뜻에 한참 못 미치는 우리의 부족한 이해, 우리가 원하는 원만한 해결과 하나님의 뜻의 차이로 인해 고통을 겪는 것입니다. 이것이 욥기의 증언입니다. 하나님은 왜 그렇게 하실까요?

이 대목에 이해를 돕는 좋은 시가 있어 소개합니다. 정호승 시인의 〈철길에 앉아〉[6]라는 시입니다.

철길에 앉아 그를 사랑한다고 말했다
철길에 앉아 그와 결혼하고 싶다고 말했다

6) 정호승 지음, 《외로우니까 사람이다》(열림원), 30쪽.

그때 멀리 기차 오는 소리가 들렸다
그는 아무 말이 없었다

기차는 점점 가까이 다가오고 있었다
그는 아무 말이 없었다

코스모스가 안타까운 얼굴로 나를 쳐다보고 있었다
나는 그대로 앉아 있었다

기차가 눈 안에 들어왔다
지평선을 뚫고 성난 멧돼지처럼 씩씩거리며
기차는 곧 나를 덮칠 것 같았다

나는 일어나지 않았다
낮달이 놀란 얼굴을 하고
해바라기가 고개를 흔들며 빨리 일어나라고 소리치고 있
었다

나는 그대로 앉아 있었다
이대로 죽어도 좋다 싶었다

철길이라는 것은 끝까지 만나지 않는 평행선입니다. 철길이 만
나면 큰일 납니다. 이 시를 보면 누군가 철길에 앉아 있습니다.

두 레일에 다 걸터앉을 수는 없습니다. 한 군데밖에 못 앉습니다. 이쪽 레일에 앉아서 저쪽 레일에 앉은 상대방에게 결혼하자고 합니다. 철길을 합치자고 합니다. 상대방은 말이 없고 대답이 없습니다. 철길은 합치면 안 되기 때문입니다. 이쪽에는 욥이 앉아 있고 저쪽에는 하나님이 앉아 있는 셈입니다. 은유입니다. 그에게서는 대답이 없는데 답 없이 그냥 끝나는 것이 아니라 기차가 옵니다. 기차란 무엇입니까? 시간입니다. 결정을, 해결을 촉구하는 것입니다. 기차가 점점 가까이 오고 있습니다. 자신은 비켜날 마음이 없습니다. 상대방은 건너오지를 않습니다. 여기에 누가 뛰어듭니까? 코스모스가 쳐다보고 낮달이 놀라고 해바라기가 고함칩니다. 기차를 타고 가면 풍경이 그렇게 지나갑니다. 레일이 평행선을 달려야 기차가 비로소 지나갑니다. 그래야 사람도 태우고 물건도 실어 나를 수 있습니다.

하나님과 우리 사이에 합의할 수 없는 무엇인가가 있습니다. 묶어 버리면 안 되는 하나님의 높으심과 우리의 연약하고 무지한 실존 사이를 기차가 지나가듯이, 그래서 무엇을 담고 싣고 운반하듯이 하나님이 그 안에서 일하십니다. 하나님이 우리와 대등한 자리에 내려오셔서 그 간격을 유지하심으로써 기차를 달리게 하십니다. 그것이 고통입니다. 우리가 괴로워하며 최후의 순간에 "이렇게 더 이상 답을 주시지 않으면 저는 제 목숨을 끊겠습니다"라고 외쳐도 안 나타나시고 답을 안 하십니다. 이 간격을 유지하며 내내 가십니다.

모자람의 가치

현실에서 하나님은 무엇을 하시는가? 우리의 연약함은 하나님에게 어떤 가치가 있는가? 모든 것이 완벽하고 모든 문제에 답을 내야만 신자인가? 현실의 불공평함에 질문을 던지는 우리에게 성경은 그렇게 되묻고 있습니다. 에베소서 3장을 봅시다. 성경은 모자람의 가치, 부족함의 가치, 죄책감의 가치, 한숨과 눈물의 가치를 이렇게 말씀하고 있습니다.

> 모든 성도 중에 지극히 작은 자보다 더 작은 나에게 이 은혜를 주신 것은 측량할 수 없는 그리스도의 풍성함을 이방인에게 전하게 하시고 영원부터 만물을 창조하신 하나님 속에 감추어졌던 비밀의 경륜이 어떠한 것을 드러내게 하려 하심이라 이는 이제 교회로 말미암아 하늘에 있는 통치자들과 권세들에게 하나님의 각종 지혜를 알게 하려 하심이니 곧 영원부터 우리 주 그리스도 예수 안에서 예정하신 뜻대로 하신 것이라 우리가 그 안에서 그를 믿음으로 말미암아 담대함과 확신을 가지고 하나님께 나아감을 얻느니라 (엡 3:8-12)

여기까지는 아무 문제가 없습니다. 욥기까지 동원할 필요도 없습니다. '충성하자. 하나님을 믿자' 이렇게 하면 답이 됩니다. 그런데 이 구절들에 이어 나오는 13절에 기가 막힌 말씀이 있습니다. '그러므로 너희에게 구하노니 너희를 위한 나의 여러 환난에 대하여 낙심하지 말라'(엡 3:13). '이 큰 믿음과 하나님의 일하심의 그 측량할 수 없는 지혜와 능력을 보았느냐? 나 같은 것을 들어 쓰시는 하나님을 보았느냐? 보았다면, 너희에게 구하노니 너희를 위한 나의 여러 환난에 대하여 낙심하지 말라'라는 것입니다. 믿음과 확신과 담대함이 환난에 연결되어 있습니다. 바울은 이 연결을 당연하게 여겼고 그래서 에베소 교회 성도들에게 낙심하지 말라고 권면한 것입니다.

자기 인생을 사십시오. 고통을 감수하십시오. 우리는 예수를 믿고 사는 사람들 아닙니까? 그런데 무엇을 더 해결해 달라는 것입니까? 도대체 왜 철길을 하나로 묶자고 하는 것입니까? 왜 다시는 떨어지지 않게 두 번 꼬아서 묶자고 하는 것입니까? 그럼 어떻게 됩니까? 기차가 꽈배기가 될 것입니다.

하나님의 일하심의 신비 중 가장 큰 신비가 무엇입니까? 십자가입니다. 죄인과 모자란 사람들을 위해서 오신 주님입니다. 그런데 왜 자꾸 완벽한 사람이 되려고 합니까? 우리의 모자람이 예수 안에서 무엇을 만들어 내는지를 확인해야 합니다. 그런데 우리는 끊임없이 조건과 자격을 갖추려고 합니다. 그러면 하나님의 일하심의 신비를 제대로 못 보는 신자가 되고 맙니다. 명명백백함을 구하고 자신의 무죄를 주장하고 자신의 결백을 증명하여 흠 없음을 확인받는 것 외에 하나님이 얼마나 크신 분인가에 대해 아무런 양보도 믿음도 인내도 없게 됩니다.

삶에 억울한 일이 많습니까? 그러면 억울하게 사십시오. 욥기 23장과 24장이 그 이야기를 합니다. '내 억울함을 해결하는 것이 하나님이 하시는 일의 전부가 아니다. 하나님은 내가 소원하는 해답보다 더 큰 답을 내시는 분이다. 그는 뜻이 일정하시니 누가 능히 막겠는가?' 욥은 비로소 자기 자리를 알게 됩니다. 하나님을 믿는다면, 하나님이 누구신지를 안다면, 이 자리까지 나와야 합니다.

이것이 창세기 32장에서는 얍복 나루에서의 씨름으로 나타납니다. 이 씨름에서 야곱은 이스라엘이라는 이름을 얻고, 이스라엘은 한 나라의 이름이 됩니다. '네 이름을 다시는 야곱이라 부를 것이 아니요 이스라엘이라 부를 것이니'(창 32:28). '이스라엘'이라는 단어는 하나님과 겨루어 이겼다는 뜻입니다. 하나님과의 평행선을 받아들이게 된 것입니다. 끝까지 자신의 욕심을 놓지 않았던 야곱이 이제 하나님에게 빌게 됩니다. 그래서 하나님과 야곱이 평행선을 달리는 철길의 레일이 되었습니다. 야곱이 전 생애를 회개하여 하나님 앞에 항복하고 복을 받아 내는 자로 돌아온 것이 아닙니다. 야곱의 인생이 주권자이신 하나님에게 붙잡힘으로써 하나님의 뜻을 거역하고 걸어간 그의 길을 하나님이 붙잡아 신자의 폭과 넓이와 깊이를 가지도록 하나님이 야곱을 이스라엘로 축복하신 것입니다. 그것이 이스라엘입니다.

이스라엘 역사에 나타나는 그들의 불평과 비명과 기적과 배신과 포로로 쫓겨 가는 것까지 복과 능력과 약속에 다 묶어서 그것으로 하나님이 누구신가, 인간은 누구인가에 대한 증언을 삼습니다. 어떠한 이유로도 무너질 수 없는 이스라엘 역사를 통해 우리는 인간이라는 존재를 향한 하나님의 뜻과 언약의 영원함에 대한 이해를 가지게 됩니다.

못나서 울부짖는 밤이 있습니까? 먼저 흠과 죄책감을 없애고 탓할 것이 없는 사람이 되는 것이 기독교 신앙의 최우선 과제가 아닙니다. 우리가 하나님을 붙잡고 있는 한 우리는 쓸모 있는 존재가 될 것입니다. 이 역전과 반전의 크기를 헤아려 보십시오. '우리가 알거니와 하나님을 사랑하는 자 곧 그의 뜻대로 부르심을 입은 자들에게는 모든 것이 합력하여 선을 이'룬다는 말씀(롬 8:28)이 무슨 뜻인지를 아는 자리에 나아가기 위해 욥기가 마흔 두 장이나 있다고 말씀드렸습니다. 이해가 안 되더라도 더 깊이 생각해 보십시오. 신자로 산다는 것이 무엇인지 더 생각해 보십시오.

답이 없는 것이 정말 답이 없는 것입니까? 해결 안 되는 것이 손해이고 잘못이기만 한 것입니까? 더 생각해 보십시오. 어려움을 겪고 억울함을 당하는 것이 보편적 인생에 대한 증언입니다. 또한 위로이자 격려이며 경고입니다. 못된 사람이나 미련한 사람을 만날 때 손해만 있는 것이 아닙니다. 그때도 유익이 있습니다. 누군가의 순종과 지성과 헌신을 볼 때도 역시 도전이 되고 유익이 됩니다. 이렇게 하나님은 하나님의 무한하심과 인간의 유한함을 공존하게 하셔서 기차를 달리게 하십니다. 그것이 인생입니다.

코스모스도 보고 해바라기에게 인사도 하고 낮달도 만나십시오. 하나님이 우리에게 누구신가를 기억하십시오. 우리에게 일어난 모든 현실이 하나님을 알고 하나님의 일하심을 확인하는 자리임을 기억하십시오. 하나님의 자녀라는 사실에 근거하여 모든 것을 견딜 수 있는 신앙으로 그 현실을 묶으십시오. 이것이 욥기가 주는 교훈입니다.

기도

하나님 아버지, 은혜를 감사합니다. 우리가 평생에 가지는 죄책감, 우리의 못난 것, 한심함, 어찌할 수 없는 죄성, 이런 것들까지 다 합하여 하나님이 일하신다는 사실에 놀랍니다. 하나님, 성경에 기록된 하나님의 모든 사람들이 확인하고 항복한 것은 저들의 위대함이나 저들의 성과가 아니라 하나님에 대한 항복이었습니다. 주의 이름에 놀라고 주의 일하심에 놀랍니다. 하박국이 그랬습니다. 나라가 망해 가는 자리에서도 하나님 한 분만으로 인하여 내가 노래할 수 있다, 찬양할 수 있다고 소리 높여 기록했습니다. 그렇습니다. 그것은 우리 모두에게 허락된, 하나님의 자녀가 가지는 커다란 특권입니다. 그 어느 것도 우리의 인생을 망칠 수 없습니다. 우리는 하나님의 자녀입니다. 우리의 못난 것도 하나님의 은혜와 기적과 자비와 능력 안에서 선을 이룰 것입니다. 그러므로 두렵고 떨림으로 현실을 살겠습니다. 허락하신 인생을 살아 내겠습니다. 다른 것으로 핑계 대지 않겠습니다. 한 번밖에 못 사는 인생입니다. 믿음으로 인생을 제대로 살아 하나님이 일하시는 그 신비와 영광을 목도하는 귀한 삶이 되도록 우리를 붙들어 주옵소서. 힘 주옵소서. 예수님 이름으로 기도합니다. 아멘.

21 25:1 수아 사람 빌닷이 대답하여 이르되 2 하나님은 주권과 위엄을 가지셨고 높은 곳에서 화평을 베푸시느니라 3 그의 군대를 어찌 계수할 수 있으랴 그가 비추는 광명을 받지 않은 자가 누구냐 4 그런즉 하나님 앞에서 사람이 어찌 의롭다 하며 여자에게서 난 자가 어찌 깨끗하다 하랴 5 보라 그의 눈에는 달이라도 빛을 발하지 못하고 별도 빛나지 못하거든 6 하물며 구더기 같은 사람, 벌레 같은 인생이랴 26:1 욥이 대답하여 이르되 …… 11 그가 꾸짖으신즉 하늘 기둥이 흔들리며 놀라느니라 12 그는 능력으로 바다를 잔잔하게 하시며 지혜로 라합을 깨뜨리시며 13 그의 입김으로 하늘을 맑게 하시고 손으로 날렵한 뱀을 무찌르시나니 14 보라 이런 것들은 그의 행사의 단편일 뿐이요 우리가 그에게서 들은 것도 속삭이는 소리일 뿐이니 그의 큰 능력의 우렛소리를 누가 능히 헤아리랴 27:1 욥이 또 풍자하여 이르되 2 나의 정당함을 물리치신 하나님, 나의 영혼을 괴롭게 하신 전능자의 사심을 두고 맹세하노니 3 (나의 호흡이 아직 내 속에 완전히 있고 하나님의 숨결이 아직도 내 코에 있느니라) 4 결코 내 입술이 불의를 말하지 아니하며 내 혀가 거짓을 말하지 아니하리라 5 나는 결코 너희를 옳다 하지 아니하겠고 내가 죽기 전에는 나의 온전함을 버리지 아니할 것이라 6 내가 내 공의를 굳게 잡고 놓지 아니하리니 내 마음이 나의 생애를 비웃지 아니하리라 7 나의 원수는 악인 같이 되고 일어나 나를 치는 자는 불의한 자 같이 되기를 원하노라 8 불경건한 자가 이익을 얻었으나 하나님이 그의 영혼을 거두실 때에는 무슨 희망이 있으랴 9 환난이 그에게 닥칠 때에 하나님이 어찌 그의 부르짖음을 들으시랴 10 그가 어찌 전능자를 기뻐하겠느냐 항상 하나님께 부르짖겠느냐 11 하나님의 솜씨를 내가 너희에게 가르칠 것이요 전능자에게 있는 것을 내가 숨기지 아니하리라 12 너희가 다 이것을 보았거늘 어찌하여 그토록 무익한 사람이 되었는고 …… (욥 25:1–27:23)

빌닷과 욥 _ 하나님의 높으심을 달리 말하다

세 친구의 지적은 동일합니다. 잘못하지 않고서는 어려운 일이 생길 수 없다는 인과응보에 근거한 지적입니다. 이는 성경에도 나와 있는 중요한 원칙 중 하나이며, 이 원칙을 통해 하나님의 공의의 일면이 드러납니다. 신명기에서 모세를 통하여 선언하신 복과 저주의 약속이 대표적 예입니다. 이는 하나님의 통치 질서이자 원칙입니다. 그런데 욥기는 하나님의 다른 속성을 보여주고 있습니다. 곧 시편 103편에서 본 바와 같이 "여호와는 긍휼이 많으시고 은혜로우시며 노하기를 더디 하시고 인자하심이 풍부하시도다"(시 103:8)라는 구절에서 드러나는 하나님의 속성입니다. 율법이 하나님의 의인 것처럼, 예수 그리스도로 말미암는 은혜도 하나님의 의입니다. 이는 로마서 3장에 있는 '이제는 율법 외에 하나님의 한 의가 나타났으니'(롬 3:21)라는 구절에서 확인할 수 있습니다.

욥기는 하나님의 다른 속성인 하나님의 무한하심과 지극하심을 보여 줍니다. 성경에 나타난 하나님의 공의로우심과 무한하심, 이 두 속성을 우리로서는 다른 어떤 단어로 묶을 수 없기 때문에 '거룩하신 하나님'이라고 부릅니다. 거룩하다는 것은 '구별되다'라는 뜻이 전제되어 있습니다. 누구와도 비교할 수 없는 하나님이신 것입니다. 인간과 비교하거나 다른 어떤 개념으로 논할 수 없는 하나님의 속성이요, 우리 생각을 넘어 계시는 하나님인 것입니다. 그래서 거룩하신 하나님입니다. 이것은 다만 도덕적 차원에 관한 문제가 아닙니다.

내 영혼을 뚫고 들어와 앉으신 역사

25장에서는 세 친구 중에 마지막으로 빌닷이 등장하여 욥에게 권면과 꾸중을 합니다. 그 내용은 '하나님에게 무슨 불의가 있겠으며 하나님이 틀리시는 일이 있겠느냐. 하나님이 얼마나 높으신 분이냐. 그러니 네가 어려움을 당하면 빨리 회개하고 빌어야지, 왜 끝까지 우기느냐?' 하는 것입니다. 이러한 빌닷의 권면에 대해 욥이 26장과 27장에 걸쳐 답을 합니다. 그렇지 않다고 답하는 것입니다.

하나님이 높으신 것은 자기도 아는 바라고 욥은 답합니다.

"그가 꾸짖으신즉 하늘 기둥이 흔들리며 놀라느니라 그는 능력으로 바다를 잔잔하게 하시며 지혜로 라합을 깨뜨리시며"(욥 26:11-12). 여기에 나오는 '라합'은 욥기 3장에 이미 나온 적이 있는데, 거기서는 '리워야단'으로 표현되었습니다. "날을 저주하는 자들 곧 리워야단을 격동시키기에 익숙한 자들이 그 밤을 저주하였더라면"(욥 3:8). 욥기 3장에 나오는 '리워야단'이 26장 12절의 '라합'과 같은 말입니다. 직역하면 '큰 괴물'이라는 뜻입니다.

26장 12절을 다시 보면, "그는 능력으로 바다를 잔잔하게 하시며 지혜로 라합을 깨뜨리시며"라고 되어 있고, 이어 13절을 보면 "그의 입김으로 하늘을 맑게 하시고 손으로 날렵한 뱀을 무찌르시나니"라고 되어 있습니다. 이 두 구절은 같은 내용입니다. 라합, 리워야단, 날렵한 뱀은 다 악한 세력을 상징합니다. 12절과 13절 말씀은 이 세상에 하나님을 대적할 세력은 없다고 함으로써 하나님이 얼마나 크신 분인가를 보여 줍니다. 아무리 큰 세력일지라도 하나님이 넉넉히 무찌르실 수 있다는 것입니다. 그리고 14절이 이렇게 이어집니다. "보라 이런 것들은 그의 행사의 단편일 뿐이요 우리가 그에게서 들은 것도 속삭이는 소리일 뿐이니 그의 큰 능력의 우렛소리를 누가 능히 헤아리랴."

25장에 나오는 빌닷의 꾸중을 비롯해서 지금까지 반복된 세 친구의 꾸중은 이런 내용이었습니다. '네가 잘못했기 때문에 지금 고난을 당하고 있다. 하나님이 얼마나 높으신 분인가 보라. 만일 네가 잘못하지 않았는데도 고난을 당하고 있다고 한다면, 하나님이 당신의 통치에서 실수가 있거나 하나님의 힘이 미치지 않은 영역이 있다는 말인데, 이게 말이 되느냐?' 이에 대해 욥은 26장에서 이렇게 대답합니다. '나도 하나님이 잘못했다고는 생각하지 않는다. 그러나 내가 당한 일은 분명히 인과응보의 법칙으로는 설명이 되지 않는다. 하나님이 얼마나 높으신 분인지 아느냐고? 나도 잘 안다. 하나님은 그 능력으로 바다를 잠잠하게 하시고, 지혜로 라합을 깨뜨리시고, 그 입김으로 하늘을 맑게 하시고, 손으로 날렵한 뱀을 무찌르신다. 이렇게 전지전능하시고 무한하신 하나님이 지금 내게 일하고 계신다. 너희 일이 아니라고 그렇게 입바른 소리하지 마라. 나는 지금 천둥같이 달려드는 일을 당하고 있다. 벼락을 맞는 것 같다. 하나님은 내가 아는 그 하나님이실 텐데, 지금 내가 당하는 일을 나는 설명할 수가 없다.'

그래서 27장에 이 말이 나옵니다. "욥이 또 풍자하여 이르되 나의 정당함을 물리치신 하나님, 나의 영혼을 괴롭게 하신 전능자의 사심을 두고 맹세하노니"(욥 27:1-2)라고 한 후 3절 이하에 욥의 맹세가 이어집니다. "나의 호흡이 아직 내 속에 완전히 있고 하나님의 숨결이 아직도 내 코에 있느니라 결코 내 입술이 불의를 말하지 아니하며 내 혀가 거짓을 말하지 아니하리라"(욥 27:3-4). 욥의 맹세는 이런 뜻입니다. '너희가 이해하지 못하듯이 나도 이해하지 못한다. 그러나 하나님의 전능하심과 완전하심과 의로우심이 분명한 것처럼 나에게 일어난 일도 하나님 외에는 누구도 하실 수 없는 일이다. 결코 이것은 거짓말이 아니다. 나는 맹세할 수 있다.'

이어 5절에서 욥은 "나는 결코 너희를 옳다 하지 아니하겠고 내가 죽기 전에는 나의 온전함을 버리지 아니할 것이라"라고 합니다. '너희는 옳지 않다. 너희는 반밖에 모른다. 너희가 하나님을 다 안다고 이야기하지 마라. 나는 이 일을 잊어버릴 수도 없고 없었던 것으로 할 수도 없고 입 다물고 있을 수도 없다. 하나님은 우리가 알던 하나님보다 더 크시더라. 어떻게 크신지는 모르겠는데, 나를 뚫고 들어오셔서 말씀하시며 나를 붙잡고 있는 것은 분명하다. 그래서 나는 도망갈 수도, 외면할 수도 없다. 이 말씀은 멀찍이 떨어져서 하신 것이 아니라 내 영혼을 뚫고 들어와 앉으신 역사다.' 이러한 확신 가운데서 욥은 맹세합니다. "내가 내 공의를 굳게 잡고 놓지 아니하리니 내 마음이 나의 생애를 비웃지 아니하리라"(욥 27:6). 욥의 맹세는 이런 뜻입니다. '나에게 일어난 일은 헛되거나 거짓되지 않다. 내가 엄살을 피우거나 억지를 부리거나 반대해서 그 일을 거스르고 있는 것도 아니다. 나는 하나님의 일하심을 친히 겪고 있는 중이다.'

나의 정당함을 물리치신 하나님

욥기는 세 친구의 질문과 욥의 답변 사이에 있는 간격 곧 그 다른 차원이 무엇인지 이야기하고 싶어 합니다. 그래서 욥의 친구들에게도 그들의 논리와 주장을 충분히 펼칠 기회를 줍니다. 그들의 주장과 고소에 대해 욥은 차근차근히 답해 나가는데, 그는 자신이 잘 알고 있어서 답을 하는 것이 아닙니다. 그들이 다 알고 있다는 하나님, 그들이 경험하고 이해한 하나님보다 욥이 경험한 하나님이 더 크기 때문에 그렇게 할 수밖에 없는 것입니다.

예화를 들어 쉽게 이야기해 보겠습니다. 바다를 한 번도 본 적이 없는 형제가 있었는데, 어느 날 동생이 바다를 처음 보고 와서는 바다가 정말 크다고 형에게 이야기해 줍니다. 형이 두 손으로 원을 그리면서 "이만하더냐?" 했더니, 동생이 "에이, 그것과는 비교가 안 돼" 그랬답니다. 이번에는 형이 두 팔을 크게 벌려서 "이만하더냐?" 했더니, 동생이 "아이고, 형님! 팔을 빼서 저 산에다 집어 던져도 그것보다 커요"라고 했답니다. 원을 크게 그리고 팔을 넓게 벌리고 팔을 빼서 집어 던진다고 해도 그것이 바다와 비슷하기나 하겠습니까? 지금 욥이 하는 이야기가 이런 것입니다.

성경에는 우리를 놀라게 하는 이야기가 많이 있습니다. 아브라함에게 하신 약속, 이스라엘을 부르심, 출애굽, 바벨론 유수, 예수의 오심 등 이 중에 우리가 감당할 수 있는 사건은 하나도 없습니다. 전부 우리가 쉽게 생각하고, 쉽게 안심하려는 것을 넘어서 있는 이야기들입니다. 우리는 성경이 이야기하는 자리까지, 하나님이 예수를 보내어 이야기하시는 자리까지 안 가고 싶어 합니다. 우리는 하나님이 우리에게 요구하시는 것보다 훨씬 단순하게 살고 쉽게 타협하고 싶어 합니다. 그러나 하나님은 그렇게 안 하십니다.

27장 1절을 다시 보겠습니다. "욥이 또 풍자하여 이르되 나의 정당함을 물리치신 하나님, 나의 영혼을 괴롭게 하신 전능자의 사심을 두고 맹세하노니"(욥 27:1-2). 우리는 자신의 진정성을 증명하려고 할 때, 내가 틀렸으면 십억 줄게, 우리 집 줄게, 이런 식으로 맹세합니다. 이렇게 맹세해도 상대가 믿지 않으면 나를 죽여도 좋아, 그럽니다. 그런데 그렇게 해도 안 믿으면 어떻게 합니까? 우리 어머니 산소에 걸고 맹세할게, 하는 데까지 나가게 됩니다. 욥은 지금 그렇게 점점 더 큰 데다 걸어서 하나님에게까지 갔습니다.

여기서는 그 하나님이 어떤 하나님으로 등장합니까? 내 기도에 응답하시는 하나님, 나를 선대하시고 축복하시는 하나님이 아닙니다. 나의 정당함을 물리치신 하나님, 나의 영혼을 괴롭게 하신 전능자라고 합니다. 바로 이런 전능자의 살아 계심을 두고 맹세하는 것입니다. 무시무시한 맹세입니다. 세 친구가 모두 달려들어서 하는 말이 무엇이었습니까? '하나님이 얼마나 높으신 분인 줄 아느냐? 너는 지금 뭐 하고 있느냐?'였습니다. 그러자 욥이 이렇게 답합니다. '그래, 내가 그 하나님을 두고 맹세하겠다. 그 하나님이 어떤 하나님인가 하면, 나의 정당함을 물리치시고 내 영혼을 괴롭게 하시는 전능자시다.'

어떻게 그런 하나님이 욥의 입에서 맹세의 근거로 등장할 수 있을까요? 시편 119편 75절에 가면 하나의 실마리를 얻을 수 있습니다. "여호와여 내가 알거니와 주의 심판은 의로우시고 주께서 나를 괴롭게 하심은 성실하심 때문이니이다." 하나님이 성실하다는 사실을 자신에게 있는 고난으로 증명하고 있습니다. 지난 장에서는 출애굽기 3장을 인용하여 '하나님은 스스로 있는 자'라는 말의 뜻을 설명해 드렸습니다. 또 이사야서를 인용해서 '나는 그이니'(사 43:13)라는 말씀의 뜻을 풀어 보았습니다. 여기서 '나는 그다'라는 말은 '나는 늘 그였다. 즉 공의롭고 전능하고 성실한 하나님이다'라는 의미입니다. '스스로 있는 자'라는 말은 '하나님이기를 중단하실 수 없는 분', '시간과 장소와 환경과 조건에 관계없이 늘 하나님이신 분'이라고 했습니다.

그래서 욥기가 보여 주려는 것이 무엇입니까? 욥기는 우리가 원하는 간단한 종교, 우리가 원하는 단순한 신이 될 것을 거부하시는 하나님을 보여 줍니다. 하나님은 우리가 원하는 선에서 타협하지 않는 분이시기에 우리에게 고난이 있습니다. 우리는 남들이 어려움을 당하면 쉽게 이야기합니다. '하나님의 뜻이 있을 거예요.' 고난을 당해 보면 그 말이 가장 듣기 싫습니다. 그만큼 고난은 매서운 것이기 때문입니다. 앞서 읽은 시편의 구절을 다시 봅시다. "여호와여 내가 알거니와 주의 심판은 의로우시고 주께서 나를 괴롭게 하심은 성실하심 때문이니이다"(시 119:75). 우리는 주의 심판이 의로우시다는 말을 아무데나 씁니다. 그런데 그 의로우심이 우리에게 어떤 모습으로 다가온다고 말씀합니까? '주의 심판은 의로우시고 주께서 나를 괴롭게 하심은 성실하심 때문'이라는 말씀에서 보았듯, 우리를 괴롭게 하는 것으로도 드러난다는 말입니다.

욥은 어떤 하나님을 두고 맹세합니까? 욥은 자신에게 가장 궁극적인 권위, 궁극적인 가치, 그의 존재와 운명의 기반이 되는 주인을 불러서 맹세의 근거로 삼습니다. 앞서 말했듯, 사람은 자기 목숨을 걸고 맹세해도 상대방이 듣지 않으면, 맹세의 근거를 자기 부모에게로까지 가져갑니다. 자기보다 더 큰 존재에다 두는 것입니다. 부모가 없었으면 자신이 존재할 수 없으니 말입니다. 그래서 자신의 아버지의 이름을 두고 '내가 거짓말하는 거면 내 성을 갈아'라는 말까지 합니다. 이 말이 무슨 뜻일까요? 아버지를 죽이라는 말 아닙니까? 자기를 죽이는 것보다 더 근본적인 저주를 가져다가 자기 맹세에 거는 것입니다. 자기의 근원을 계속 거슬러 올라가 보면 맨 끝에 누가 있습니까? 제일 맨 끝, 가장 큰 근거와 운명의 주인이신 하나님이 계십니다.

같은 하나님을 놓고 욥과 세 친구 사이에 싸움이 벌어지고 있습니다. 친구들은 하나님이 높으시다고 하는데, 욥은 '그 하나님은 나의 의를 물리치시고 내 영혼을 고난으로 인도하시는 전능자다. 그 하나님의 살아 계심을 두고 맹세하노니 내가 틀리지 않았다. 내가 겪은 이 고난은 하나님의 영역이다. 너희가 말한 영역을 나도 안다. 그러나 하나님은 더 크시다'라는 것입니다. 욥은 이제 여기까지 왔습니다.

욥기 27장에서 가장 중요한 말씀은 2절입니다. "나의 정당함을 물리치신 하나님, 나의 영혼을 괴롭게 하신 전능자의 사심을 두고 맹세하노니." 욥은 지금 하나님을 가장 궁극적인 권위와 근거로 두고 이 맹세를 하고 있습니다. 욥의 궁극적인 권위는 바로 하나님인 것입니다.

이제 욥은 자신이 제정신으로 이 맹세를 하고 있다고 이야기합니다. 3절을 봅시다. "나의 호흡이 아직 내 속에 완전히 있고 하나님의 숨결이 아직도 내 코에 있느니라"(욥 27:3). 욥이 살아 있다는 것은 그가 맹세의 근거로 제시한 하나님에 의해서인데, 하나님으로 말미암아 살고 있는 그가 한 이 맹세는 하나님에 대한 하나의 증거가 될 수 있다고 이야기하는 것입니다.

죽음을 넘어선 가치로 부르고 계심

제가 신앙생활을 하면서 부딪힌 문제 또 목회를 하면서 성도들에게서 보는 신앙 현실의 바탕에는 기독교 신앙이 간단하기를 바라는 마음이 깔려 있습니다. 이런 생각이 우리의 신앙이 깊어지는 것을 방해합니다. 이 '간단한 기독교 신앙'이란, 잘잘못이 전부인 신앙, 형통과 고난 외에는 비교할 것이 없는 가난한 신앙을 말합니다. 그래서 신앙생활을 잘하면 분명 형통해야 한다고 생각합니다. 그러다가 형통하지 않은 현실을 만나면 어떻게 풀어야 하는지 몰라서 신앙생활을 치열하게 할 수 없게 됩니다.

신앙생활을 해 보면 더 열심을 내고 더 깊이 헌신해서 하나님도 만족하시고 우리도 뿌듯해지는 그 길을 가고 싶은데, 마음처럼 되지 않는 것이 현실입니다. 우리가 아는 답은 무엇입니까? 하나님이 잘못하실 리는 없으니 원인을 자기에게서 찾습니다. 정성이 부족했거나 기도가 미흡했거나 무엇인가 잘못이 있었을 것이라고 생각합니다. 그런데 그렇게 생각하다 보면 자책할 것이 하나 둘이 아닙니다. 중학생 때 커닝한 것부터 시작해서 거짓말한 것 등 다 따지다 보면, 우리가 태어난 것 자체가 죄입니다. 나 같은 건 태어나지 말았어야 했다는 데까지 갑니다.

이처럼 현실에서 겪는 어려움을 해결할 수는 없고, 하나님의 의로우심에 흠집을 내서는 안 된다는 답밖에 모르면 애매한 자리로 도망갈 수밖에 없습니다. 믿는 것도 아니고 안 믿는 것도 아닌 자리에 대강 걸치고 살 수밖에 없게 됩니다. 그래서 신앙의 표현이 다 공식화됩니다. 틀에 박힌 것이 되어 버리죠. 실제로 본인이 참여하지 않는 명분과 고함으로 바뀌어 버리는 것입니다. 기도도 멋없어집니다. 피와 눈물이 없는 메마른 기도만 읊조립니다. 기도를 멋있게 하라는 말이 아닙니다. 기도 속에는 각자의 눈물과 한숨과 땀과 피가 배어 있어야 하는데, 그게 빠진 형식적인 기도를 한다는 말입니다. 기도는 자기를 씻어 내서 흠이 없게 만드는 싸움이 아닙니다. 그런데 우리는 늘 그렇게밖에는 기도할 줄 모릅니다. 모든 문제가 자기의 잘못에 달려 있다고 생각하기 때문입니다.

하나님이 우리를 고난으로 이끌어 일하신다는 사실을 모르면, 우리는 마음 놓고 인생을 신앙에 맡길 수 없게 됩니다. 하나님이 욥을 고난으로 이끄신 것은 시편 119편에서 보듯이 하나님의 성실하심 때문입니다. 하나님은 당신의 뜻을 이루기 위해서는 무엇과도 타협하지 않으시는 분입니다. 이것이 하나님의 무서움입니다. 잘잘못을 가리는 공포가 아니라 하나님이 당신의 뜻을 관철하고야 마시는 진지함입니다. 우리는 거듭해서 쉬운 길로 도망가려고 합니다. 그런데 욥은 이제 배웁니다. '하나님, 하나님이 나를 고통스럽게 하신 것은 창조를 죽음으로 끝

내지 않으시는 하나님의 신실하심 때문입니다.'

욥은 이제 맹세를 하는 자리까지 왔습니다. 욥이 맹세를 한다는 것, 자신이 살아 있다고 고백하는 것, 하나님이 자기를 죽이지 않고 살게 하셔서 이 맹세와 고백을 하게 하신다는 것은 무슨 뜻일까요? 욥기의 시작을 생각해 봅시다. 하나님이 사탄의 도전에 응하셔서 욥의 고난이 시작되었습니다. 욥이 복을 받기 때문에 하나님을 하나님으로 섬기고 있는가, 아니면 그것이 없어도 하나님으로 섬길 수 있는가를 보자는 것이었습니다. 이때 하나님이 무슨 단서를 달았습니까? 생명은 빼앗지 못한다는 것이었습니다. 우리는 이것이 최소한의 조건인 것처럼 생각하는데, 그렇지 않습니다. 죽이지 않는 것이 하나님의 뜻입니다. 죽는 것이 더 쉬운 길입니다. 욥은 처음에 그것을 원했습니다.

답이 없는 고난을 당한 욥이 처음으로 부르짖었던 비명과 소원이 "죽여 주십시오. 죽이십시오. 난 왜 태어났을까요?"였습니다. 죽으면 답이 되지 않겠습니까? "하나님, 저 같은 것 하나가 잘못했다 한들 하나님 앞에 무슨 누가 된다고 저를 이처럼 괴롭히십니까?" 이렇게 시작했습니다. 죽으면 끝이 납니다. 고난도 슬픔도 분노도 없게 됩니다. 하나님 입장에서도 잘못한 사람을 제거하고 다 없애 버리면 평화로워지지 않겠습니까?

그런데 그렇지 않습니다. 그림이라는 것을 한번 생각해 봅시다. 그림이란 백지를 놓고 누구의 백지가 더 하얀지 겨루는 싸움입니까? 아닙니다. 그림은 백지 위에 멋지게 그리는 것입니다. 마찬가지로 하나님이 우리를 그렇게 만들어 가십니다. 이것을 욥이 깨닫게 됩니다. 하나님이 우리에게 고난을 주시는 것은 죽음을 넘어선 가치로 우리를 부르고 있다는 증거입니다. 죽음이 더 쉽고 고통이 더 어렵습니다. 그 고통의 자리에서 욥은 하나님이 단지 우리가 존재하느냐 마느냐를 주관하시는 분이 아니라, 우리가 하나님의 목적과 가치에 응할 때까지 우리를 놓지 않으시는 분이라는 것을 드디어 발견하게 됩니다.

그분 때문에 내가 살아 있고 비명 지르고 있다

어떤 사람의 신앙이 제일 좋은지 아십니까? 아이러니하지만 죄를 많이 지어 본 사람입니다. 그런 사람은 다른 사람을 기다려 줄 줄 압니다. 그럼, 신앙이 제일 나쁜 사람은 누구입니까? 사람이 얼마나 못난 존재인지 모르는 사람입니다. 그 사람에게는 폭이 없습니다. 그에게는 신앙이 간단하고 쉽습니다. 대화를 해 보면 압니다. 평소에 우리가 나누는 대화를 떠올려 봅시다. "나 오늘 참 별일을 다 겪었다. 운전하고 오는 길에 느닷없이 어떤 차가 내 차 앞으로 끼어들어서 깜짝 놀랐는데, 그 놈이 차를 세우고 나와서는 나보고 뭐라고 한 줄 알아? 왜 그 따위로 운전하느냐고 그러더라." 이때 뭐라고 답해 줘야 합니까? "그래? 그렇게 나쁜 놈이 있어? 야, 당장 가자. 내가 때려 줄게. 너 정말 분했겠다." 대화란 이렇게 하는 것입니다. 그런데 우리는 말을 뺏어 가기 바쁩니다. "야, 난 더 억울한 일을 당했어. 내 말 먼저 들어 봐." 지금 누가 더 억울한 일을 당했는지 경쟁하자는 것입니까? 대화를 하려면

"너 진짜 억울했겠다. 너 그거 참고 사는 것 보면 내가 친구 하나는 잘 두었구나" 이렇게 해야 합니다. 누가 더 억울한 하루를 보냈는지 내기할 필요 없습니다. 그렇게 하면 대화가 안 됩니다.

우리의 신앙을 생각해 봅시다. 우리는 하나님을 도대체 어떤 분으로 아는 것입니까? 하나님이 우리를 어떤 존재로 지으셨는지 보십시오. 좋아하고 싫어하고 후회하고 고집부리고 배신하고 애걸하고 복걸하고 아양 떨고 웃고 우는 존재로 우리를 만들었습니다. 이것은 그림을 화폭에 담는 것과 비교가 안 됩니다. 촛불과 달을 어떻게 비교하며, 전등과 해를 어떻게 비교하겠습니까? 그런데 어떻게 하나님을, 하나님이 만드신 것과 비교합니까? 안 될 일입니다.

대개 우리는 욥기를 이렇게 이해해 왔습니다. 성도들이 욥기를 읽기 전에 제게 와서 묻습니다. "목사님, 욥이 결국 어떻게 되었다는 거예요?"라는 질문에 "욥이 결국 복 받았어" 이렇게 답하면 "아, 그럼 됐네요" 하고는 그냥 가 버립니다. 그 과정이 어떠했는지에는 관심이 없습니다. 하나님이 어디서 어떻게 일하시는지 관심이 없는 것입니다.

하나님이 일하고 계십니다. 우리가 회개하고 돌아와야만 만나 주시는 것이 아니라 우리가 잘못할 때도 같이 계십니다. "내가 너와 함께 있어 네가 어디로 가든지 너를 지키며 너를 이끌어 이 땅으로 돌아오게 할지라 내가 네게 허락한 것을 다 이루기까지 너를 떠나지 아니하리라 하신지라"(창 28:15). 야곱이 형을 속인 것이 탄로나 두려워서 도망칠 때 하나님이 나타나셔서 하신 약속입니다.

그런데 우리의 신앙은 왜 이런 하나님을 모를까요? 하나님을 우리 마음대로 만들어 버렸기 때문입니다. 우리가 이해하기 쉽게 만들어 둔 것입니다. 우리는 어떤 일을 한 가지 하면 그에 대한 답을 하나님에게 내놓으라고 합니다. 이번에 내가 이것을 잘했으니까 하나님도 하나 내놓으시라는 것입니다. 또 내가 뭔가 잘못하면 갚아야 한다는 식입니다. 하나님을 그렇게 간단하게 보면 안 됩니다. 이것이야말로 신성모독입니다. 하나님이 당신의 아들을 우리에게 주셨다는 말을 못 알아듣는 것입니다. 만약에 제가 형편이 갑자기 어려워지자 제 친구가 자기 집을 팔아서 제게 돈을 줬다고 하면 얼마나 놀라겠습니까? 그런데 성자 하나님이 와서 우리 손에 죽습니다. 이게 얼마나 말이 안 되는 이야기입니까?

예수를 믿는 것은 그렇게 간단하지 않습니다. 훨씬 깊습니다. 늘 기적 속에 있습니다. 하나님의 지극하심 속에 있습니다. 우리의 인생은 외로움, 간절함, 처절함, 비명, 절망, 막다른 곳에 다다른 느낌 속에서 끝장나지 않고 그렇게 계속 살아야 하는 막막한 삶입니다. 그런데 이 모든 것이 다 기가 막힌 하나님의 지극하심 때문이라는 말입니다. 드디어 욥이 이렇게 부르짖습니다. '나의 궁극적 주인이요 권세요 진리요 근거는 하나님이시다. 그분 때문에 내가 살아 있고 고생하고 있고 비명 지르고 있다.'

실패할 수 없는 존재

시편 139편에 가면 이런 구절이 있습니다.

> 여호와여 주께서 나를 살펴 보셨으므로 나를 아시나이다
> 주께서 내가 앉고 일어섬을 아시고 멀리서도 나의 생각을
> 밝히 아시오며 나의 모든 길과 내가 눕는 것을 살펴 보셨으
> 므로 나의 모든 행위를 익히 아시오니 여호와여 내 혀의 말
> 을 알지 못하시는 것이 하나도 없으시니이다 (시 139:1-4)

하나님은 우리를 만들어 놓은 다음 우리가 어떻게 하나 보자 하
는 식으로 지켜보고만 계시지 않습니다. 하나님이 우리를 만드
셨다는 것은 우리의 생각과 체질과 본성과 능력이 모두 하나님
의 창조물이라는 뜻입니다.

2절을 보면 '주께서 내가 앉고 일어섬을 아'신다고 합니다.
이 말은 내가 언제 앉을지 그리고 언제 일어날지를 아신다는 말
이 아닙니다. 우리가 앉고 일어서는 행동을 하나님이 이미 정
해 놓으셨다는 결정론을 이야기하는 것도 아닙니다. 눈에 고춧
가루를 뿌리면 당연히 눈물이 나듯이, 하나님이 우리를 만드셨
기에 우리의 체질을 아신다는 하나님에 대한 고백인 것입니다.

그래서 13절에서는 이렇게 고백합니다. "주께서 내 내장을
지으시며 나의 모태에서 나를 만드셨나이다 내가 주께 감사하
옴은 나를 지으심이 심히 기묘하심이라 주께서 하시는 일이 기
이함을 내 영혼이 잘 아나이다"(시 139:13-14). 다윗의 시에서나

욥기에서나 동일한 고백이 나오고 있습니다. 하나님이 우리의 변덕, 우리의 실패, 우리의 연약함까지 다 포함해서 선을 이루신다는 고백입니다.

이런 이야기를 들으면 꼭 이렇게 말하는 사람들이 있습니다. "그럼, 우리가 할 일이 없네. 무엇 때문에 열심히 살아?" 이것은 죄가 하는 질문입니다. 죄는 모든 선한 것과 진리를 꼬아버립니다. 그래서 잘하고 있는 사람한테는 "네가 언제까지나 그렇게 잘하기만 할 것 같아?" 하고 시비를 걸다가 안 되면 마지막에 이 말을 해 줍니다. "너 진짜 교만하구나." 욥도 친구들에게 그렇게 당한 것입니다. "네가 다 옳다고? 그렇다고 어떻게 네가 하나님보다 더 옳을 수 있어? 너 진짜 교만하다." 이런 말을 들으면 할 말이 없게 됩니다. 이렇게 말하는 것은 죄성 때문입니다. 은혜를 말하면 무책임해지고, 책임을 말하면 율법으로 가버리는 것, 이것이 죄입니다. 은혜가 가지는 부요함을 누릴 수 없게 만듭니다. 더운 물을 주면 왜 이렇게 뜨겁냐고 하고 시원한 물을 주면 왜 이렇게 차냐고 시비하는 식입니다. 이런 것이 다 죄의 결과입니다.

자신의 인생을 돌아보십시오. 지금 서 있는 자리, 처지, 상황은 하나님이 창조의 능력으로 일하시는 현장입니다. 하나님이 우리를 지으시고는, 어떻게 하나 보자 하고 내버려 두는 것은 창조가 아닙니다. 그것은 역사도 아닙니다. 우리 인생은 하나님과의 거래가 아닙니다. 주께서 나의 내장을 지으셨습니다. 우리가 그런 존재입니다. 그러니 우리는 실패할 수 없는 존재입니다. 우리에게 일어나는 모든 것으로 하나님이 우리를 창조의 완성으로 끌고 가신다고 선언하는 것이 성경의 이야기입니다.

그래서 믿음이 있으면 절망할 수 없습니다. 절망적 상황에서도 하나님의 성실하심을 고백하게 됩니다. 지금 욥이 그런 모습입니다. 하나님이 그만큼 성실하신 분이 아니었다면 진작 우리를 죽여 버렸을 것입니다. 죽이면 쉽습니다. 그러나 주님은 그렇게 하지 않으십니다. 이 사실을 비극이나 협박으로 이해해서는 안 됩니다. 기독교 신앙의 무한한 자유와 감사로 이해해야 합니다.

그 감격으로 각자의 삶을 사십시오. 진정성을 갖고 사십시오. 너무 씻어 내지 마십시오. 너무 결벽을 떨지 마십시오. 물론 도망가거나 무책임하게 굴지 않아야 하겠지만, 거기에만 너무 붙들리지 마십시오. 하나님이 모든 것의 주인이시라는 사실을 기억하십시오.

기도

하나님 아버지, 하나님이 우리를 만드셨고 하나님이 역사의 주인이신데 그 무엇이 주의 통치에서 도망갈 수 있겠습니까. 어찌 우리의 실패와 세상의 위협이 우리 운명에 영향을 미치겠습니까. 이것이 하나님의 일하심의 신비입니다. 해가 뜨고 비가 오고 바람이 불어 곡식을 여물게 하는 것처럼 우리 인생에서 일어나는 모든 일이 주의 뜻을 이루어 완성되게 하시고, 우리로 하나님을 찬양하게 하는 자리까지 인도하실 것입니다. 그렇게 일하시는 오늘입니다. 그리고 내일일 것입니다. 이 믿음을 가지고 살게 하옵소서. 그 아들을 주신 하나님이 예수 안에서 우리에게 무엇인들 은사로 주시지 않겠느냐는 로마서의 고백을 우리 것으로 갖게 하여 주옵소서. 예수님 이름으로 기도합니다. 아멘.

22 **28:1** 은이 나는 곳이 있고 금을 제련하는 곳이 있으며 **2** 철은 흙에서 캐내고 동은 돌에서 녹여 얻느니라 **3** 사람은 어둠을 뚫고 모든 것을 끝까지 탐지하여 어둠과 죽음의 그늘에 있는 광석도 탐지하되 **4** 그는 사람이 사는 곳에서 멀리 떠나 갱도를 깊이 뚫고 발길이 닿지 않는 곳 사람이 없는 곳에 매달려 흔들리느니라 **5** 음식은 땅으로부터 나오나 그 밑은 불처럼 변하였도다 **6** 그 돌에는 청옥이 있고 사금도 있으며 **7** 그 길은 솔개도 알지 못하고 매의 눈도 보지 못하며 **8** 용맹스러운 짐승도 밟지 못하였고 사나운 사자도 그리로 지나가지 못하였느니라 **9** 사람이 굳은 바위에 손을 대고 산을 뿌리까지 뒤엎으며 **10** 반석에 수로를 터서 각종 보물을 눈으로 발견하고 **11** 누수를 막아 스며 나가지 않게 하고 감추어져 있던 것을 밝은 데로 끌어내느니라 **12** 그러나 지혜는 어디서 얻으며 명철이 있는 곳은 어디인고 **13** 그 길을 사람이 알지 못하나니 사람 사는 땅에서는 찾을 수 없구나 **14** 깊은 물이 이르기를 내 속에 있지 아니하다 하며 바다가 이르기를 나와 함께 있지 아니하다 하느니라 **15** 순금으로도 바꿀 수 없고 은을 달아도 그 값을 당하지 못하리니 **16** 오빌의 금이나 귀한 청옥수나 남보석으로도 그 값을 당하지 못하겠고 **17** 황금이나 수정이라도 비교할 수 없고 정금 장식품으로도 바꿀 수 없으며 **18** 진주와 벽옥으로도 비길 수 없나니 지혜의 값은 산호보다 귀하구나 **19** 구스의 황옥으로도 비교할 수 없고 순금으로도 그 값을 헤아리지 못하리라 **20** 그런즉 지혜는 어디서 오며 명철이 머무는 곳은 어디인고 **21** 모든 생물의 눈에 숨겨졌고 공중의 새에게 가려졌으며 **22** 멸망과 사망도 이르기를 우리가 귀로 그 소문은 들었다 하느니라 **23** 하나님이 그 길을 아시며 있는 곳을 아시나니 **24** 이는 그가 땅 끝까지 감찰하시며 온 천하를 살피시며 **25** 바람의 무게를 정하시며 물의 분량을 정하시며 **26** 비 내리는 법칙을 정하시고 비구름의 길과 우레의 법칙을 만드셨음이라 **27** 그 때에 그가 보시고 선포하시며 굳게 세우시며 탐구하셨고 **28** 또 사람에게 말씀하셨도다 보라 주를 경외함이 지혜요 악을 떠남이 명철이니라 (욥 28:1-28)

욥 _ 하나님에게 맡기고 사는 것이 지혜다

욥기 27장에서는 욥의 맹세를 보았습니다. 맹세의 근거는 거룩하신 하나님이었습니다. 욥은 자신이 마주한 현실에 대해 자기의 이해관계나 자기가 납득한 분명한 논리를 근거로 삼지 않고 하나님을 근거로 삼았습니다. 자신의 존재와 운명, 그리고 더 나아가 모든 인류의 보편적인 인생과 역사와 세계의 가장 중요하고 유일한 근거가 하나님이시며, 하나님의 신실하심과 거룩하심에 근거하여 자신이 맹세하고 있음을 고백함으로써 자신의 신앙을 널리 외쳤습니다.

고난을 감수하는 것이 주를 경외하는 것

28장에서 만나는 욥은 자신은 하나님을 근거로 삼으며 오직 하나님으로 말미암아 존재한다고 하면서 하나님에게 자신의 운명을 맡긴 것을 기뻐하고 있습니다. 그러면서 그 기쁨은 설명하여 납득함으로써 얻을 수 있거나 쉽게 조작할 수 있는 것이 아니라는 이야기를 '지혜'라는 말로 펼쳐 냅니다. 1절에서 14절까지는, 지혜는 땅속에서 온갖 귀한 보석을 캐내듯이 그렇게 캐낼 수 있는 것이 아니라는 이야기입니다. 이어 15절부터 22절에서는, 지혜는 값을 주고 살 수 있는 것이 아니라고 합니다. 많은 값을 치른다고 소유할 수 있는 물건이 아니고, 어디서 파내거나 노력해서 얻을 수 있는 것도 아니라고 합니다. 그러면 지혜는 어떻게 얻을 수 있는 것인지 이제 23절에 가면 답이 나옵니다. "하나님이 그 길을 아시며 있는 곳을 아시나니." 하나님만이 지혜를 아시고, 하나님만이 지혜를 가지고 계신다는 고백입니다.

24절부터는 하나님이 이 지혜를 지금도 세상에 펼치고 계신다는 이야기를 합니다. "이는 그가 땅 끝까지 감찰하시며 온 천하를 살피시며 바람의 무게를 정하시며 물의 분량을 정하시며 비 내리는 법칙을 정하시고 비구름의 길과 우레의 법칙을 만드셨음이라"(욥 28:24-26). 이 말씀은 하나님이 비를 만드셨을 뿐 아니라 현재도 그 비를 가지고 일하고 계신다는 뜻입니다. 지금도 땅 끝까지 돌아보시고 천하를 살피시며 일하신다고 합니다. 결국 욥은 자기가 당하는 지금의 현실도 하나님의 능력과 지혜와 선하심과 기뻐하시는 뜻 속에서 일어나고 있는 일이라고 고백하는 것입니다.

28장의 결론이 재미있습니다. 이렇게 일하시는 하나님이 사람에게 '주를 경외함이 지혜요 악을 떠남이 명철이니라'(욥 28:28)라고 말씀하신 것입니다. 어쩌면 우리는 이 말씀을 만나려고 1장에서 여기까지 왔는지 모릅니다. 욥기에서는 사람이 이해관계를 떠나서 하나님을 섬길 수 있는지가 논의의 출발점이었습니다. 그리고 그 문제를 확인하기 위하여 하나님은 가장 신실한 욥에게 시련을 허락하셨습니다. 욥은 자신이 당하는 모든 고통 속에서 '억울합니다' 하는 호소와 '이럴 수는 없습니다' 하는 비명을 질렀습니다. 친구들은 그에게 와서 '네가 고난 당하는 것을 보니 틀림없이 네가 무엇을 잘못했구나. 하나님 앞에 벌을 받은 것이니 회개하라'라는 권면과 충고를 했습니다. 이에 대한 욥의 대답은 '그렇지 않다. 이것이 벌일 수는 없다. 나는 벌받을 짓을 한 적이 없다'였습니다. 욥은 의로운 사람이라는 것이 욥기의 설정이었습니다. 욥의 고난이 사탄의 도전에 대한 하나님의 재가로 시작되었다는 사실을 우리는 알고 있습니다. 그리고 욥이 옳았고 세 친구가 틀렸다는 결론도 압니다.

욥의 고난이 무엇인가 하는 문제에서 친구들은 끝까지 인과응보 외의 다른 해석을 내놓지 못했습니다. 욥도 답을 모르기는 매한가지이지만, '이것은 인과응보의 법칙을 벗어나 있는 일이다. 인과응보가 의로우신 하나님의 통치 질서라면 지금 내게 일어나는 일도 역시 의로우신 하나님의 통치에 속하는 것이다'라고 고백하는 데까지 왔습니다. '금이나 보석은 땅에서 캐낼 수 있고 소원하는 것은 값을 치르고 살 수 있지만 지혜는 그렇게 얻을 수 없더라. 그 이유는 이 지혜가 하나님의 지혜이기 때문이다'라는 데까지 욥은 깨닫습니다.

그리고 28절의 결론에 이릅니다. '주를 경외함이 지혜요 악을 떠남이 명철이니라.' 조심해야 할 결론입니다. 같은 28절을 놓고 세 친구와 욥이 다른 의미로 쓰고 있기 때문입니다. 세 친구는 이 말을 '너 빨리 하나님 앞에 잘못했다고 고백해라. 그러면 하나님이 회복시켜 주실 것이다'라고 하는 데에 썼습니다. 반면 욥은 '지금 내가 당하고 있는 고난을 잘 감수하는 것이 주를 경외하는 것이요, 지혜고 명철이라는 것을 깨달았다'라고 말하는 데에 씁니다.

조건이 아닌 감수

우리는 지혜와 명철 혹은 신앙이라는 것을 어떤 결과를 얻어 내기 위한 조건으로 사용하곤 합니다. 그래서 욥기 28장 28절의 말씀도 우리가 잘 알고 수긍하고 있다고 생각합니다. 그런데 사실 욥의 이 고백은 우리 생각과 전혀 다른 의미로 쓰였습니다. 이 똑같은 말씀을 가지고 세 친구가 욥을 공격했다는 사실은 놀랍습니다. 즉 우리에게 혹은 욥의 세 친구에게 있어서 지혜나 신앙은 내가 원하는 결과를 얻기 위한 조건입니다. 하나님을 움직이고 조종하기 위한 수단인 것입니다. 말하자면 일종의 주문(呪文)처럼 되었습니다. 주문이란 누가 결과를 이루어 주는지는 모르지만 이것을 외우면 초월적 결과가 일어난다는 것은 압니다. 우리가 잘 아는 '열려라 참깨'와 같은 것입니다. 그렇게 주문을 외면 문이 열린다는 것은 압니다. 그러나 누가 열어 주는지, 그 소원을 왜 들어주는지는 모릅니다. 이런 것이 주문입니다.

'주를 경외함이 지혜요 악을 떠남이 명철이니라'(욥 28:28) 라는 말은 우리가 안다고 생각하는 내용보다 훨씬 큽니다. 여호 와를 경외하고 순종한다면 어떤 경우도 감수하라는 말입니다. 하나님의 통치가 우리의 기대나 요구보다 크다는 사실을 기억 하여 도달하게 된 결론입니다. 이 말이 만만치 않기 때문에 우 리는 욥기 28장에서 이야기하는 지혜가 무엇인지를 여기서 분 명하게 이해해야 합니다. 지혜는 주문이 아니라는 것, 지혜는 이 것을 내세우면 좋은 결과가 자동으로 나타나는 법칙이 아니라 는 것을 기억해야 합니다. 욥의 이 고백 즉 '주를 경외함이 지혜 요 악을 떠남이 명철이니라' 하는 말을 이해하기 위해서 성경의 몇 대목을 살펴볼 필요가 있습니다. 먼저 마태복음 11장에 가면 이런 비유가 나옵니다.

이 세대를 무엇으로 비유할까 비유하건대 아이들이 장터에 앉아 제 동무를 불러 이르되 우리가 너희를 향하여 피리를 불어도 너희가 춤추지 않고 우리가 슬피 울어도 너희가 가 슴을 치지 아니하였다 함과 같도다 요한이 와서 먹지도 않 고 마시지도 아니하매 그들이 말하기를 귀신이 들렸다 하더 니 인자는 와서 먹고 마시매 말하기를 보라 먹기를 탐하고

포도주를 즐기는 사람이요 세리와 죄인의 친구로다 하니 지
혜는 그 행한 일로 인하여 옳다 함을 얻느니라 (마 11:16-19)

말을 안 듣고, 호소에 귀 기울이지 않고, 책임을 지지 않는 사람
들에 대한 비유입니다. '피리를 불어도 춤추지 않고 슬피 울어도
가슴을 치지 않는다'라는 구절은 유대인의 속담 중 하나입니다.
우리나라 사람들에게 '발 없는 말이 천리를 간다'라고 하거나
'티끌 모아 태산'이라고 하면 무슨 뜻인지 다 아는 것처럼, 유대
인들에게는 이 말이 유명한 속담인 것입니다. 장터에 앉아 동무
를 불러 피리를 불면 춤을 추고 슬피 울면 가슴을 쳐야 하는데,
피리를 불자 음이 맞느니 안 맞느니 평가나 하고, 슬피 울었더
니 우는 소리가 괴상하다고 이야기하더라는 내용입니다. 친구
라면서 공감해 주거나 고통에 동참해 주지 않더라는 것입니다.
세례 요한이 왔을 때 사람들이 그의 가르침에 아무런 반응도 하
지 않다가, 그가 먹지도 않고 마시지도 않자 귀신이 들렸다고 했
습니다. 그런데 이번에는 예수님이 와서 먹고 마시니까 먹기를
탐하고 포도주를 즐기는 사람이라고 흉만 보았지 정작 그의 말
은 들으려고 하지 않더라는 것입니다. 이들을 보며 예수님이 내
리신 결론은 이것입니다. '지혜는 그 행한 일로 인하여 옳다 함
을 얻느니라'(마 11:19).

신앙이란 하나님을 경외하는 것이고 하나님의 통치에 자
신을 맡기는 것입니다. 하나님이 시간과 공간을 창조하신 다음
그 속에서 일하시는 분이라는 것을 인정하여, 하나님의 통치가

우리의 운명과 시대와 역사와 전 우주에 미친다는 사실에 대한 신뢰가 '믿음'이라는 말로 자신의 삶 속에서 구체화되어야 합니다. 그런데 우리는 그런 것 대신 안심과 만족을 얻으려고 하거나 "이렇게는 못하겠습니다"라는 불평만 늘어놓습니다. 실제로 이 신뢰에 동참하여 순종하고 자신을 하나님의 손에 맡기는 일은 하지 않는다는 말입니다. 그래서 예수님이 이런 비유를 이야기하신 것입니다. 욥이 고백하는 '주를 경외함이 지혜'라는 말은 무슨 의미일까요? 하나님이 잘해 주셔서 자신이 겪고 싶지 않은 결과는 면제받고 자기가 원하는 복을 받는 것이 주를 경외하는 삶이 아니라는 것입니다. 내 인생과 내가 속한 시대와 역사가 하나님의 손에 있으므로 하나님에게 맡기고 살아 나가는 것이 지혜라는 것입니다. 그리고 그것이 믿음이라고 고백하는 자리에 욥이 드디어 다다랐습니다.

답 없는 길을 걸어갈 수 있느냐

로마서 8장 31절을 보면, 하나님의 백성으로 부름받은 자의 궁극적인 승리와 어머어마한 보호 그리고 승리할 수밖에 없는 운명을 이렇게 이야기합니다. "그런즉 이 일에 대하여 우리가 무슨 말 하리요 만일 하나님이 우리를 위하시면 누가 우리를 대적하리요"(롬 8:31). '만일 하나님이 우리를 위하시면 누가 우리를 대적하리요'에서 '누가'에 무엇이든 넣어 보십시오. 그 자리에 시대, 나라, 현실, 정치, 경제, 사회, 국방, 교육, 문화, 무엇을 넣더라도 우리를 위하신다는 이 약속은 공허한 약속이 아닙니다. 왜냐하면 그 약속을 하신 분이 '자기 아들을 아끼지 아니하시고 우리 모든 사람을 위하여 내주신'(롬 8:32) 분이기 때문입니다. 그의 사랑은 공허한 약속이 아닙니다. 조건에 불과한 것이 아닙니다. 그는 자기 아들을 내주심으로 그 사랑을 구체화했습니다.

그런데 우리는 신앙을, 예수를 믿는다는 것을, 하나님을 아버지로 모시고 산다는 말을 늘 왜곡합니다. 우리가 가진 소원을 이루기 위해 최고의 진심을 바치면 되는 것으로 그 의미를 왜곡하는 것입니다. 진심이 실현되어야 한다거나 도덕을 실천하자는 이야기가 아닙니다. 하나님이 누구신가를 이해해야 한다는 말입니다. 우리를 사랑하사 그 아들을 주신 것처럼 당신의 명예와 운명을 인간에게 내주신 분으로 하나님을 이해해야 합니다. 성경이 이야기하는 믿음은 순종하고 인내하는 것입니다. 순종과 인내란 각오나 관념이 아니라 실제로 시간을 바치는 것입니다. 어제와 오늘과 내일을 살아 내는 것입니다. 욥기 28장은 사실 우리가 이 자리로 가지 못하고 있다는 진실을 드러내고 있습니다.

하나님이 선악을 알게 하는 나무의 실과를 먹지 말라고 하셨을 때, 아담은 사탄의 유혹을 받아 그 실과를 먹었습니다. 실과를 먹겠다, 혹은 안 먹겠다 하는 결심에 그친 것이 아니라 실제로 먹어 버렸습니다. 먹었더니 자신이 벌거벗었음을 알게 됩니다. 벌거벗었다는 것은 그가 하나님의 금령을 어김으로써 하나님의 보호에서 벗어났다는 의미입니다. 자기 스스로를 책임질 수 없는 존재가 홀로 내팽개쳐진 것처럼 보호 없이 홀로 노출된 것입니다.

이런 우리에게 예수 그리스도가 오셔서 어떻게 하십니까? 고린도전서 1장 30절에 가 봅시다. "너희는 하나님으로부터 나서 그리스도 예수 안에 있고 예수는 하나님으로부터 나와서 우리에게 지혜와 의로움과 거룩함과 구원함이 되셨으니"(고전 1:30). 예수는 우리의 구원이 됩니다. 그것은 관념도 아니고 설명도 아니고 힘에 불과한 것도 아닙니다. 하나님이 구체적인 시공간 속에 들어오셔서 직접 이루신 것입니다. 그런데 우리는 어떠합니까? 인간에게 있는 죄성이 기독교 신앙 속에 쳐들어옵니다. 말로만 믿으라고, 진심만 내놓으라고, 실제로 살 필요는 없다고 하면서 쳐들어옵니다.

진심을 바치고 금식하고 밤새워 기도했으니 하나님이 좋은 결과를 줘야 한다고 생각하면 안 됩니다. 밤새워 눈물을 흘리며 기도해야 하는 일은 늘 있습니다. 우리는 자기에게 닥친 일을 감당할 수 없기 때문입니다. 우리는 우리의 모든 것을 걸고 하나님 앞에 나아가 우리의 사정을 아뢰어야 합니다. 그러나 기도에 응답하시는 하나님의 뜻이 내 소원과 같지 않을 때, 그 답 없는 길을 걸어갈 수 있느냐 하는 물음으로 자신의 신앙을 점검해야 합니다. 하지만 우리는 그렇게 안 합니다. 사흘 굶어서 안 되면 일주일을 굶고 일주일 굶어서 안 되면 한 달을 굶는 금식기도로 응답을 얻어 내려 합니다. 그래서 내가 원하는 결과를 빨리 보려고 합니다.

그러나 고린도전서 1장 30절에서와 같이 '너희는 하나님으로부터 나서 그리스도 예수 안에 있고 예수는 하나님으로부터 나와서 우리에게 지혜와 의로움과 거룩함과 구원함이 되셨'다고 합니다. 여기 '예수'라는 말은 성자 하나님이 육신이 되어 가지신 이름입니다. 지혜와 의로움과 거룩함을 구체화하여 우리에게 구원을 주시기 위하여 시간과 공간 속에 들어오신 하나님이십니다. 이 시간과 공간이 바로 하나님이 일하시는 역사적, 구체적 실체입니다. 우리의 신앙이 모든 상황에, 우리가 원치 않는 경우나 우리가 예상하지 못했던 현실에 직면하여 세상이 만들어 내는 모든 위협과 시험과 도전과 유혹 앞에서 하나님의 통치에 나를 맡길 것이냐 하는 질문을 지금 욥기가 하는 것입니다.

세 친구들이 이야기한 것처럼 다만 진심, 법칙, 하소연, 회개로 우리 책임이 끝나고 결과는 하나님의 책임으로 다 넘어가느냐에 대해 그렇지 않다고 욥기가 말합니다. 기도하고 소원하고 고백한 하나님의 의로우심과 신실하심과 높으심을 인정했다면, 이제 답 없는 길에 걸어 들어가라는 것입니다. 하나님의 응답이 들리지 않는 길로 걸어 들어가라는 것입니다. 그것이 지금 욥이 고백하는 '주를 경외함이 지혜'라는 것입니다. 사실 우리는 이것에 대해 욥기와는 비교할 수 없이 큰 증거를 가지고 있습니다. 우리는 욥이 아니라 예수를 가지고 있습니다. 이런 의미에서 보면 사실 우리는 예수를 믿는다는 말의 뜻을 제대로 이해하지 못하는 것일 수 있습니다.

고난으로 순종함을 배워 온전하게

히브리서 5장에 가면, 예수 그리스도의 사역에 대한 놀라운 설명이 나옵니다. 예수의 생애, 예수의 사역, 예수의 성육신과 고난에 대해 이렇게 이야기합니다. "그는 육체에 계실 때에 자기를 죽음에서 능히 구원하실 이에게 심한 통곡과 눈물로 간구와 소원을 올렸고 그의 경건하심으로 말미암아 들으심을 얻었느니라"(히 5:7). 예수의 경건하심이 무엇입니까? 욥기 28장 28절에 나오는 주를 경외하는 지혜를 말하는 것입니다. 여기서 지혜는 우리 신약 성도들에게는 믿음일 것입니다.

"그가 아들이시면서도 받으신 고난으로 순종함을 배워서"(히 5:8). 예수께서 시간과 공간 속에 하나님의 신실한 통치를 구체화하셨습니다. 하나님의 통치에 순종하심으로 경배받아 마땅한 하나님을 실체화한 것입니다. 개념이 아닙니다. 약속에 불과한 것이 아닙니다. 한 인격 속에서, 역사 속에서 실제로 살아 내셨습니다. 하나님이 누구신가, 하나님이 어떻게 믿을 만한 분인가가 예수의 성육신으로 구체화된 것입니다. 만질 수 있게, 보고 들을 수 있게, 찌르면 피가 나오고, 우리가 씌운 가시관으로 비명을 지르시고, 우리가 그 비명 소리를 들음으로써 우리가 변명할 수도 속일 수도 외면할 수도 없게 하셨다는 말입니다.

그래서 '온전하게 되셨'(히 5:9)답니다. 시공간 속에서의 구체화를 통한 온전함입니다. 하나님의 신실한 통치의 구체적 실체를 이루셨다는 말입니다. 하나님이 우리를 위하여 우리가 알고, 보고, 만질 수 있도록 움직일 수 없는 증거를 역사 속에 두셨습니다.

'자기에게 순종하는 모든 자에게 영원한 구원의 근원이 되시고' (히 5:9). 예수 그리스도께서 영원한 구원의 근원이 되실 수 있는 이유, 하나님이 시간과 공간을 쥐고 계시는 주인이심을 우리가 이 예수 안에서 보게 됩니다. 인간들의 반역과 배신과 저항과 죄악으로 하나님의 아들, 그 구원자를 죽이는 극악무도한 현실을 끌어안고 그들을 건져내는 하나님의 손길을 보는 것입니다.

그러니 '예수를 믿는다'라는 말의 크기를 이해하십시오. 늘 흠 없고 티 없고 자책할 것이 없는 신앙을 가지려고 자꾸 문질러대지 말고 차라리 실수하십시오. 배반하십시오. 그리고 우리 자신을 믿는 것이 아니라, 이 모든 것을 몸소 겪으신 예수 안에서 우리를 불러내시고 자녀로 삼으신 하나님을 신뢰하십시오. 우리가 잘해야만 받아 주시는 하나님이 아니고, 우리의 변명과 기만과 왜곡과 말할 수 없는 패역함 속에서도 우리를 향하여 당신의 신실하심과 구원과 능력을 베풀고 계시는 하나님이심을 인정하십시오.

자신의 결벽증에서 벗어나시고 현실의 어려움을 이겨 나가십시오. 모든 것이 합력하여 선을 이룬다는 진리를 예수 안에서 확인하지 못하고 그의 죽음이 부활로 가는 길이었음을 이해하지 못하면 신앙생활은 할 수가 없습니다. 늘 와서 씻고 돌아가고 다시 와서 씻고 돌아가고를 반복할 뿐입니다. 우리에게 주어진 인생을 하나님에게 맡기고 두근거림과 막막함과 불안과 공포를 넘어 하나님의 창조 역사에 참여하고 예수 그리스도가 걸어간 길을 걸어가는 일은 시도조차 못하게 됩니다.

쉬운 인생이 어디 있겠으며 우리 인생의 여정 속에 또 세상에 믿을 수 있는 것이 무엇이 있겠습니까? 아무리 보완하고 준비해도 세상에는 인간을 복되게 하는 것이 없다는 사실을 매일 충분히 경험하고 있습니다. 아무리 이겨도, 아무리 떠밀어도 해결되지 않는 일들 속에서 불안과 공포를 각오하고 살아야 하는 현실입니다. "자기 아들을 아끼지 아니하시고 우리 모든 사람을 위하여 내주신 이가 어찌 그 아들과 함께 모든 것을 우리에게 주시지 아니하겠느냐"(롬 8:32)라는 답으로 오지 않고는 신앙생활이 불가능합니다. 그리고 이 자리에 오기 위해서는 욥기 28장까지 지나와야 합니다.

예수를 믿는 일의 무시무시함을 기억하십시오. 우리의 이 짧은 인생, 별것 아닌 인생 속에 하나님이 함께하사 그의 모든 창조의 능력과 부활의 능력으로 우리를 인도하고 계신다는 사실을 기억하십시오. 예수를 믿는 자가 가지는 놀랍고 위대하고 감사한 운명입니다. 그 감사와 믿음이 우리로 담대하게 하고 진심을 발휘하게 하여 우리 인생이 놀라운 인생이 되게 할 것입니다.

기도

하나님 아버지, 예수를 믿는다는 말의 놀라움을 확인합니다. 여호와를 경외하는 것이 지혜요, 악을 멀리하는 것이 명철입니다. 하나님의 신실하심과 의로우심과 선하심과 자비하심과 전능하심을 예수 안에서 확인했습니다. 하나님에게 우리 인생을 맡깁니다. 하나님의 뜻을 따라 사는 인생이 되게 하사 우리의 보잘것 없는 인생, 짧은 인생이 기적이 되게 하옵소서. 주를 향한 찬송이 되게 하옵소서. 하나님의 영광이 드러나게 하옵소서. 예수님 이름으로 기도합니다. 아멘.

23
29:1 욥이 풍자하여 이르되 2 나는 지난 세월과 하나님이 나를 보호하시던 때가 다시 오기를 원하노라 3 그 때에는 그의 등불이 내 머리에 비치었고 내가 그의 빛을 힘입어 암흑에서도 걸어다녔느니라 …… 25 내가 그들의 길을 택하여 주고 으뜸되는 자리에 앉았나니 왕이 군대 중에 있는 것과도 같았고 애곡하는 자를 위로하는 사람과도 같았느니라 30:1 그러나 이제는 나보다 젊은 자들이 나를 비웃는구나 그들의 아비들은 내가 보기에 내 양 떼를 지키는 개 중에도 둘 만하지 못한 자들이니라 …… 31:23 나는 하나님의 재앙을 심히 두려워하고 그의 위엄으로 말미암아 그런 일을 할 수 없느니라 24 만일 내가 내 소망을 금에다 두고 순금에게 너는 내 의뢰하는 바라 하였다면 25 만일 재물의 풍부함과 손으로 얻은 것이 많음으로 기뻐하였다면 26 만일 해가 빛남과 달이 밝게 뜬 것을 보고 27 내 마음이 슬며시 유혹되어 내 손에 입맞추었다면 28 그것도 재판에 회부할 죄악이니 내가 그리하였으면 위에 계신 하나님을 속이는 것이리라 29 내가 언제 나를 미워하는 자의 멸망을 기뻐하고 그가 재난을 당함으로 즐거워하였던가 30 실상은 나는 그가 죽기를 구하는 말로 그의 생명을 저주하여 내 입이 범죄하게 하지 아니하였노라 31 내 장막 사람들은 주인의 고기에 배부르지 않은 자가 어디 있느뇨 하지 아니하였는가 32 실상은 나그네가 거리에서 자지 아니하도록 나는 행인에게 내 문을 열어 주었노라 33 내가 언제 다른 사람처럼 내 악행을 숨긴 일이 있거나 나의 죄악을 나의 품에 감추었으며 34 내가 언제 큰 무리와 여러 종족의 수모가 두려워서 대문 밖으로 나가지 못하고 잠잠하였던가 35 누구든지 나의 변명을 들어다오 나의 서명이 여기 있으니 전능자가 내게 대답하시기를 바라노라 나를 고발하는 자가 있다면 그에게 고소장을 쓰게 하라 36 내가 그것을 어깨에 메기도 하고 왕관처럼 머리에 쓰기도 하리라 37 내 걸음의 수효를 그에게 알리고 왕족처럼 그를 가까이 하였으리라 38 만일 내 밭이 나를 향하여 부르짖고 밭이랑과 함께 울었다면 39 만일 내가 값을 내지 않고 그 소출을 먹고 그 소유주가 생명을 잃게 하였다면 40 밀 대신에 가시나무가 나고 보리 대신에 독보리가 나는 것이 마땅하니라 하고 욥의 말이 그치니라 (욥 29:1–31:40)

욥 — 하나님이 답하실 차례입니다

이제 욥과 친구들 간의 3라운드가 끝나 갑니다. 29장에서 31장까지는 욥이 자신의 말을 마무리하는 일종의 독백인데, 이 독백은 매우 중요합니다.

나는 벌받고 있는 것이 아니다

29장은 하나님이 함께하셨던 지난날 자신의 지위, 형통했던 과거를 욥이 회상하는 장면입니다. 2절 이하를 읽어 봅시다. "나는 지난 세월과 하나님이 나를 보호하시던 때가 다시 오기를 원하노라 그 때에는 그의 등불이 내 머리에 비치었고 내가 그의 빛을 힘입어 암흑에서도 걸어다녔느니라"(욥 29:2-3). 마지막 구절인 25절에서도 지난날에 대한 회상이 잘 드러나 있습니다. "내가 그들의 길을 택하여 주고 으뜸되는 자리에 앉았나니 왕이 군대 중에 있는 것과도 같았고 애곡하는 자를 위로하는 사람과도 같았느니라"(욥 29:25). 이렇게 29장 전체에서 욥은 하나님이 자신을 높이시고 하나님이 자기와 함께하시고 자신을 통하여 일하셨던 과거를 회상합니다. 그때처럼 하나님이 다시 그렇게 해주시기를 바란다는 것입니다.

30장에서는 지금 자신이 겪는 현실이 얼마나 비참한가를 이야기합니다. "그러나 이제는 나보다 젊은 자들이 나를 비웃는구나 그들의 아비들은 내가 보기에 내 양 떼를 지키는 개 중에도 둘 만하지 못한 자들이니라"(욥 30:1). 이 얼마나 무시무시한 표현인가 보십시오. 우리가 상대방의 아버지를 들먹일 때는 상대방의 서열로는 상대가 안 되기 때문에 더 높은 사람을 불러내는 것이 아닙니까? 그들의 아비들은 내 양떼를 지키는 개만도 못했는데, 그 개만도 못한 자의 자식들이 지금은 나를 비웃더라, 하는 것이 자신의 현실이라는 이야기입니다. 30장 내내 그 이야기입니다. 자신이 얼마나 정당한가를 논박하는 것이 아니라 이것이 자신의 현실이라고 합니다. 과거에 하나님이 욥 자신을 높이시고 자신을 통하여 일하셨을 때 하나님의 공의, 하나님의 자비, 하나님의 돌보심이 나타난 것이 현실이었듯, 지금 자기가 억울하고 변명할 여지가 없는 자리에 떨어졌고 그 자리에서 이 비겁한 자들이 자신을 놀리고 조롱하는 것도 현실이라는 것입니다.

그리고 이제 31장으로 넘어옵니다. 31장에서 가장 중요한 내용은 23절에 나와 있습니다. "나는 하나님의 재앙을 심히 두려워하고 그의 위엄으로 말미암아 그런 일을 할 수 없느니라" (욥 31:23). 욥이 하나님을 두려워한다는 것은 욥에게 공포심이 아니라 하나님을 향한 경외심이 있음을 말하고 있습니다. 자신의 과거도 하나님이 일하신 결과이고, 현재도 하나님이 일하고 계시다고 인정합니다. 그런데 세 친구들이 하는 이야기에 대해서는 도저히 수긍할 수 없다고 합니다. 그 이야기가 24절 이하에 나옵니다. "만일 내가 내 소망을 금에다 두고 순금에게 너는 내 의뢰하는 바라 하였다면 만일 재물의 풍부함과 손으로 얻은 것이 많음으로 기뻐하였다면"(욥 31:24-25). 욥의 이 말은 무슨 뜻입니까? '내가 현실과 타협했거나 물질을 전부라고 여겨 하나님을 배반했다면 나는 욕 먹어도 싸다. 저주 받아도 싸다. 그러나 나는 그렇게 살지 않았다. 너희가 와서 다 내가 무엇인가 잘못했기 때문에 하나님에게 벌을 받고 있다고 이야기하는데, 그것만은 아니다. 나는 벌받고 있는 것이 아니다.'

이어 35절을 보겠습니다. "누구든지 나의 변명을 들어다오 나의 서명이 여기 있으니 전능자가 내게 대답하시기를 바라노라 나를 고발하는 자가 있다면 그에게 고소장을 쓰게 하라" (욥 31:35). 욥은 누가 와서 자신을 고발해도 좋다고 합니다. 자기가 잘못한 것이 있다면 고소장을 쓰라고 합니다. 그러면 자기가 그 고소장을 '어깨에 메기도 하고 왕관처럼 머리에 쓰기도' (욥 31:36) 하겠다고 합니다. 누군가, 내가 잘못한 일을 지적해

준다면 기꺼이 그렇게 드러내고 다니겠다고 합니다. 하지만 자기는 그런 일이 없으니 자신 있다고 합니다. 그리고 "내 걸음의 수효를 그에게 알리고 왕족처럼 그를 가까이 하였으리라"(욥 31:37)라고 합니다. 누가 나를 고발한다면 나는 그 사람을 물리치거나 그에게 뭐라고 하지 않고, 기꺼이 내 곁에 두고 마음껏 고소하라고 말하겠다는 것입니다. 거기에 대해 겁날 것이 없다는 이야기입니다.

"만일 내 밭이 나를 향하여 부르짖고 밭이랑이 함께 울었다면"(욥 31:38). 이 구절은 무슨 뜻입니까? 창세기 3장에서 하나님이 범죄한 인류에게 주신 형벌을 기억하십니까? '너는 네 평생에 수고하여야 그 소산을 먹으리라'(창 3:17)라는 형벌을 내리셨습니다. 그런데 욥은 만일 자기가 수고하지 않고 이익을 얻은 것이 있다면, 만일 사기를 쳤거나 훔친 것이 있다면 기꺼이 고소를 당하겠는데, 자신은 그런 적이 없다는 말입니다. '만일 내가 값을 내지 않고 그 소출을 먹고 그 소유주가 생명을 잃게 하였다면 밀 대신에 가시나무가 나고 보리 대신에 독보리가 나는 것이 마땅하니라'(욥 31:39-40). 누구를 해하여 그 소유를 빼앗아서 자기 것을 채웠다면 자신은 이렇게 되어도 마땅하다고 합니다. 그만큼 욥은 이 일에 대해 무흠하다고 합니다. 그러니 이제부터는 하나님이 답하셔야 한다는 것입니다. 욥은 지금 이 말을 하는 자리까지 와 있습니다.

지금 욥은 우리가 아는 일반적인 기독교 정서와는 전혀 동떨어진 이야기를 합니다. 잘못한 것이 없이 벌받게 되어 억울할지라도 잠잠해야 한다, 이유를 알지 못해도 내가 잘못한 것이 있으니까 이런 일이 있는 것이겠지 생각하며 하나님에게 불쌍히 여겨 달라고 기도해야 한다는 것이 일반적 기독교 정서가 아닙니까? 이것이 세 친구들의 계속되는 도전이기도 했습니다. 여기에 대해 욥이 거부합니다. '그렇지 않다. 내가 하나님에게 불경을 저지르거나 거역하는 마음으로 지금 고함을 지르는 것이 아니다. 내 과거가 사실이듯이 현재의 상황이 하나님의 인도하심 속에 있는 것도 사실이다. 하나님이 아니고서는 이런 일이 일어날 수는 없다. 세상과 역사를 주관하시는 분이 하나님이니 이 일도 하나님이 하셨다고 보아야 하는데, 이런 일이 왜 벌어지는지 나는 모르겠다. 나의 이해의 범위를 넘어서 계시는 하나님은 과연 어떤 분이신지, 하나님이 답해 주시기를 바란다'라고 합니다. 욥은 지금 '나는 무고합니다'라고 하는 자리에 서 있습니다.

그날 나는 어른이 되었다

신앙, 아니 범위를 넓혀서 모든 인류가 가지고 있는 종교성에 대해 이야기할 때, 거기에 공통으로 들어 있는 요소는 신비주의입니다. 내면 깊숙한 곳에서 일어나는 신과의 교감을 누구나 본능적으로 원하는 것입니다. 그래서 때로는 소리 질러서 하는 기도보다 소리 없이 깊이 들어가는 기도가 더 와닿을 때가 있습니다. 음악으로 비유하자면, 포르티시모(ff, 매우 세게)로 연주하는 것보다 차라리 피아니시모(pp, 매우 여리게)로 연주할 때, 더 전율하게 되는 것과 같습니다. 그래서 우리는 신앙을 생각할 때, 인격적 존재인 하나님을 찾기보다 종교적 의식과 신비로 들어가는 것을 본능적으로 좋아합니다.

그러나 성경에서 말하는 하나님은 대단히 역동적인 분입니다. 성경은 하나님과 인간의 관계를 정적이며 개념적이며 관념적으로 묘사하지 않고 역동적 관계로 묘사합니다. 즉 온갖 변화와 불확실성이 내재된 가운데 구원이라는 궁극적 목표를 향해 나아가는 관계로 묘사합니다. 성경은 그 전체에서 하나님의 일하심을 다루고 있습니다. 어떤 개념을 이야기하는 것이 아니라 하나님이 하시는 일을 보여 줍니다. 인간에 대한 설명도 마찬가지입니다. 인간의 본질을 추상적으로 그리는 것이 아니라 인간을 구체적 역사 속에 놓아둡니다. 역사란 무엇입니까? 역사는 일어난 사건 즉 사실에 관한 것입니다. 그런데 우리는 신앙에 대해 이렇게 생각하는 경향이 있습니다. 일정 시간을 따로 빼내어서 그 시간 동안에는 일상의 활동과 고민과 갈등을 멈추고 자신을 신비와 종교성으로 묶어서 제물같이 드리는 것이라고 말입니다. 그러나 성경은 반대로 이야기합니다. 하나님은 역사 속에 개입하시고 일하시고 말씀하시고 싸우십니다.

얍복 나루에서의 씨름을 예로 들어 보겠습니다. 대개 우리는 이 사건을 '야곱의 축복 기도'라는 관점에서 생각하는데, 사실이 사건은 대단히 역동적으로 묘사되어 있습니다. 창세기 32장 21절부터 보면, 야곱은 형을 만나기 위해 밤을 지새워 고민합니다. 형과 어떻게 하면 좋게 만날 수 있을지 생각한 끝에 자기 재산을 나누어서 보냅니다. 형한테 줄 예물을 먼저 보내고, 다음으로 자기 재산을 보내고, 마지막으로 자신의 아내와 자식들을 보냅니다. '그 예물은 그에 앞서 보내고 그는 무리 가운데서 밤을 지내다가 밤에 일어나 두 아내와 두 여종과 열한 아들을 인도하여 얍복 나루를 건널새 그들을 인도하여 시내를 건너가게 하며 그의 소유도 건너가게 하고 야곱은 홀로 남았더니'(창 32:21-24 상). 이 장면은 추상적이거나 명상적이지 않습니다. 잊을 수 없는 어느 치열한 밤의 기록입니다. 야곱이 지금 어떤 심정일지 느껴지지 않습니까?

제2차 세계대전 때 노르망디상륙작전을 계획한 연합군이 디데이(D-Day)를 정해 놓고 그날을 기다리며 가졌던 불안, 초조, 긴장을 생각해 보십시오. 그들이 그렇게 날짜만 정해 놓고 가만히 있었던 것이 아닙니다. 군인들을 노르망디로 보내고 날이 개기를 기다려 포를 쏘고 또 총을 맞으면서 들어갑니다. 당시 대부분의 병사들이 나이가 어렸습니다. 무수히 많은 연합군이 죽어 나갔는데, 살아남은 어떤 군인이 이렇게 증언했습니다. "당시 나는 열아홉 살이었는데, 그날 나는 어른이 되었다." 그날 어떻게 어른이 되었을까요? 어른이 져야 할 짐을 그 하루 동안에 다 짊어진 것입니다. 생사가 갈리는 현장 속에서 동료들은 옆에서 죽어 나가고 앞은 안 보입니다. 그 자리에 있으면 결국 차례차례 죽고 말 상황입니다. 후퇴할 길이 없습니다. 배들은 군인들을 상륙시키고 다 뒤로 빠져 있는 상황입니다. 그날 그는 어른이 되었다고 합니다.

우리의 현실도 그러합니다. 하나님은 우리가 하나님을 생각하고 있을 때만 찾아오시는 분이 아니라, 매일 오늘이라는 현실을 우리에게 들이미시는 분입니다. 생각했느냐 안 했느냐, 준비했느냐 안 했느냐, 판단했느냐 안 했느냐가 아닙니다. 살아 보면 하루를 마치고 잠자리에 들 때, 지금이 어젯밤인지 오늘 밤인지 정신이 없을 때가 있습니다. 저는 이제 나이가 들어 건망증이 생긴 것인 줄 알았는데, 그런 것이 아닙니다. 이 나이가 되어서도 하루는 무섭습니다. 지금이 아침인지 저녁인지 분간이 안 되게 몰아칩니다.

순탄한 인생은 없습니다. 하나님이 일하고 계시기 때문입니다. 창조하시고 그 창조를 다스리시고 개입하시고 말씀하시고 보호하십니다. 용서하시고 자비와 긍휼을 베푸십니다. 우리의 모든 생각과 행동에 함께하시고 위로하시고 격려하십니다. 하나님 외에 누가 그 일을 하겠습니까? 이것이 성경이 말하는 하나님입니다.

죽음의 자리까지 쫓아 들어오시는 하나님

다시 창세기 32장으로 가서 계속 봅시다. 재산과 가족을 다 보내 놓고 야곱은 홀로 남았습니다. 그때 어떤 사람이 나타나서 야곱과 씨름합니다. 씨름이 무엇입니까? 요즘은 씨름의 의미가 많이 퇴색했지만, 예전에 씨름이라는 것은 가장 치열하게 맞붙는 것, 그러니까 고집을 꺾지 않는 싸움을 대표하는 상징이었습니다. 온몸을 던져서 '네가 죽나 내가 죽나 보자' 하는 싸움이 씨름이었습니다. 말로 하는 것이 아닙니다. 몸뚱이가 전부인 인간이 그 몸을 다 집어던져 죽기 살기로 싸우는 것이 씨름입니다.

그 씨름이 얼마나 치열했는지 봅시다. 24절을 보면 '어떤 사람이 날이 새도록 야곱과 씨름하다가'(창 34:24 하)라고 되어 있습니다. 주어가 '어떤 사람'입니다. 뒤에 나온 '이는 네가 하나님과 및 사람들과 겨루어 이겼음이니라'(창 32:28 하)라는 구절로 미루어 보면 '어떤 사람'은 하나님입니다. 야곱이 씨름을 건 것이 아닙니다. 25절에 '자기가 야곱을 이기지 못함을 보고'라고 되어 있습니다. 이 '자기'로 표현된 자 곧 하나님이 야곱을 이기지 못하고 있습니다. 하나님이 이기지 못한 상대라면 얼마나 지독한 존재일까, 어떻게 하나님이 이기지 못할 존재가 있을 수 있을까, 야곱은 얼마나 고집이 셌을까, 이런 이야기가 아닙니다. 야곱을 항복시키기 위하여 씨름하시는 하나님을 이야기하는 본문입니다. 밤새워 격론하고, 밀고 당기고, 그 씨름에 목숨을 건 하나님을 말입니다.

〈디어 헌터〉(The Deer Hunter, 1978)라는 영화가 있습니다. 베트남 전쟁 말기에 미국에서는 넘쳐나는 반전 분위기 때문에 결국 미군을 베트남에서 철수하기로 합니다. 그 당시를 배경으로 하는 반전(反戰)영화입니다. 주인공 마이클(로버트 드 니로 분)은 월남전에 참가했는데, 함께 참전했던 친구가 그 전쟁에서 그만 미쳐 버립니다. 아무런 명분이나 이유가 없는 전쟁에 끌려와서 양민을 학살하고 있다가 그만 돌아 버려서 군대를 떠나 사라집니다. 전쟁에서 돌아온 주인공은 그 친구가 갔을 만한 장소를 찾아다니다 드디어 그를 만납니다.

친구는 베트남의 어느 촌마을에서 러시안룰렛 게이머가 되어 있었습니다. 러시안룰렛이라는 내기는 6연발 권총인 리볼 버 탄창에 총알을 하나만 장전하고 총알의 위치를 알 수 없도록 탄창을 돌린 후 몇 사람이 차례로 자기 머리에 총구를 대고 방아 쇠를 당기는, 목숨을 걸고 하는 내기입니다. 마이클이 들어가서 친구를 붙들고 돌아가자고 하는데, 친구는 안 가겠다고 합니다. 왜 안 가겠다고 했을까요? 삶의 의미를 잃어버렸기 때문입니다. 베트남 전쟁을 겪으면서 그는 인간이 무엇인가, 정의가 무엇인 가, 조국이 무엇인가, 인류가 무엇인가에 대한 답을 놓쳤습니다. 그는 마이클이 찾아올 때까지 몇 년 동안 안 죽고 살아남은 대 단한 사람입니다. 그는 유명한 게이머가 되었지만 살 이유를 잃 었습니다. 친구를 발견한 마이클이 같이 가자고 하면서 친구의 게임 상대방을 밀쳐 내고 총을 자기 머리에 대고 쏩니다. 불발되 자 이어 그 친구도 자기 머리에 대고 쏩니다. 그때 '탕!' 하고 총 알이 나와 친구가 죽게 되고, 마이클은 홀로 돌아옵니다. 이 치 열함을 이해하시겠습니까? 삶의 의미를 잃어버린 친구를 되돌 리기 위하여 죽음의 자리까지 뛰어든 주인공을 생각해 봅시다. 친구를 데리고 가기 위해 어디까지 내려가야 하는지를 보셨습 니까? 〈디어 헌터〉는 영화에 불과하지만, 우리 인생에서도 실제 로 이렇게 목숨을 걸어야 하는 일이 너무나 많습니다. 하나님이 야곱에게 그렇게 찾아오신 것입니다.

야곱이 끝까지 말을 듣지 않자 하나님이 그의 허벅지를 쳐서 골절시킵니다. "그가 이르되 날이 새려하니 나로 가게 하라 야곱이 이르되 당신이 내게 축복하지 아니하면 가게 하지 아니하겠나이다"(창 32:26). 우리는 이 표현에 담긴 신비를 다 알지 못합니다. 그때까지 살면서 하나님과의 씨름을 거부한 야곱의 고집은 무엇이고, 막상 이제 하나님이 가려고 하자 보내 주지 않고 축복해 달라고 비는 모습 사이에 어떤 일이 있었는지, 어떤 변화 때문에 극적인 반전이 있었는지를 우리는 다 알지 못합니다. 그러나 분명히 아는 것은 있습니다. 그것은 피 튀기는 싸움에서 일어난 일들이라는 사실입니다. '정신을 차려 보니 내가 피범벅이 되어 있었다' 하는 고백 속에 하나님의 일하심과 하나님이 사랑하신 인간의 가치가 어마어마하게 표현되어 있습니다. 어느 종교에, 어느 경전에, 어떤 가르침과 이치에 이렇게 무시무시하게 인간의 인간 된 무게와 깊이를 더한 이야기가 있겠습니까? 이것이 성경이 말하는 하나님입니다. 성경이 하나님을 이야기할 때, 우리의 이해를 위하여 하나님에게 인간성을 입혀 의인화하고 있다는 점을 기억해야 합니다.

저 높이 구름 위에 앉아, 저 멀리 강 건너에 서서 구정물에 손 하나 담그시지 않는 하나님이 아닙니다. 결백하고 순전하고 거룩한 단어들로 하나님을 한껏 높여 놓고는 '이 아랫것들이 감히 청원하오니 불쌍히 여겨서 이것 하나 해 주옵소서'라고 애원해야 만나 주시는 하나님이 아닙니다. 맨발로 뛰어나오시는 하나님, 우리와 씨름하시다가 피범벅이 되신 하나님이 지금 욥을 그렇게 흔들고 계십니다. 그 피범벅 속에서 욥은 드디어 일어서는 것입니다. '나를 여기까지 밀고 가신 하나님, 이제 당신이 어떤 분인지 말씀하실 차례가 되었습니다.' 욥은 여기까지 왔습니다. 하나님이 허락하신 이 현실에 대해 답할 다른 이가 없습니다. 이것이 욥기 31장 40절 마지막에 나온 '욥의 말이 그치니라'의 뜻입니다.

성경이 이야기하는 하나님은 어떤 분이십니까? 그 아들을 육신으로 보내사 우리 손에 수모를 당하게 하시고 고통 속에 죽게 하셔서, 그 아들로 하여금 "나의 하나님, 나의 하나님, 어찌하여 나를 버리셨나이까" 하는 비명을 지르게 하신 하나님이십니다. 우리 안에 이런 하나님에 대한 이해가 없기 때문에 성경 말씀을 제대로 이해하지 못하는 것입니다. 울고 분노해도 문제가 해결되지 않아 어쩔 줄 모를 때는 그것을 우리 자신의 잘못으로 치부해 버립니다. 하나님이 계시지 않는 것으로 생각합니다. 그러다가 다시 제정신을 차려서 곱게 옷 입고 무릎을 꿇고 하나님 앞에 빕니다. 그래야만 만나 주시는 하나님으로 생각하는 것입니다. 하나님을 자꾸 멀리 더 높이 띄워 두는 겁니다. 감사는 내가 괜찮을 때에만 하고, 감당할 수 없는 현실 앞에서는 마치 하나님이 계시지 않는 것처럼, 하나님이 내 형편을 알아주지 않는 것처럼, 하나님이 내 편이 아닌 것처럼 생각합니다.

그렇지 않다고 욥기는 말합니다. 우리가 답을 찾아야만 비로소 돌아보시는 하나님이 아니라고 합니다. 우리를 흔들어 깨워 당신이 누구신가를 알려 주시고 그 속으로 우리를 끌고 들어

가시는 하나님, 우리와 씨름하시는 하나님입니다. 야곱이 '당신이 내게 축복하지 아니하면 가게 하지 아니하겠나이다'(창 32:26)라고 한 말은 지금 욥의 선언과 매우 흡사합니다. '하나님, 저는 지금 제 현실을 해결할 방법이 없습니다. 이것이 무엇인지 알 방법이 없습니다. 저보고 어떻게 하라는 말입니까?' 하나님의 씨름을 순순히 받아들이지 못하고 항복하지 않았던 현실이 지닌 무게를 드러내 주는 표현입니다. 내 문제를 내 손으로 풀 수 없다는 것도 야곱에게서 발견되는 점입니다. 그것이 욥기와 매우 닮아 있습니다.

밀고 당기며 씨름하시는 하나님

하나님은 욥에게 비명을 지를 수밖에 없는 현실을 겪어 보게 하십니다. '저 비겁한 놈들이, 그 아비들이라도 내 양떼를 지키는 개만도 못한 것들이 와서 나를 비난합니다'라고 분노하게 하는 현실에 욥을 두십니다. '나를 왕 같게 하고 태양 같게 했던 하나님이 어찌 이럴 수 있습니까?'라는 비명은 다만 거부나 의심이 아닙니다. '하나님, 제 현실은 비명을 지를 수밖에 없습니다'라는 절규와 '답은 하나님에게만 있습니다'라는 고백처럼 서로 묶일 수 없는 것이 함께 묶여져 있는 것입니다. 그런데 우리는 어떻게 묶습니까? 하나님에게 도움을 바란다면 화내거나 비명 지르지 말고 곱게 빌라고 합니다. 예쁘게 굴라고 합니다. 그래야 하나님이 받아 주신다는 것입니다. 아닙니다. 야곱도, 욥도 그렇지 않았습니다.

야곱은 어떻게 했습니까? '내게 축복하지 아니하면 가게 하지 아니하겠나이다 그 사람이 그에게 이르되 네 이름이 무엇이냐 그가 이르되 야곱이니이다'(창 32:26-27). 야곱이라는 이름은 '발뒤꿈치를 잡았다'라는 뜻이고, 의역하면 '도둑놈'이라는 뜻입니다. 하나님이 야곱에게 묻습니다. "네 이름이 무엇이냐." 하나님의 물음은 야곱의 정체성을 묻는 질문이었습니다. "너는 네가 누구인지 아느냐?"라는 물음이었습니다. 야곱이 대답합니다. "네. 도둑놈입니다." 무시무시한 간증입니다.

우리에게는 '제가 전에는 도둑놈이었는데, 이제는 회개했습니다'라는 것이 간증인데, 야곱은 아직도 자기가 도둑놈이라는 것입니다. 그런데도 복을 내려 달라고 합니다. 우리에게는 이것이 잘 안 묶입니다. 우리에게는 하나님이 너무 거룩하기만 하신 분이기 때문입니다. 우리 생각 속의 하나님은 눈물도 없고 고민도 없고 사정도 없고 늘 순전하시고 늘 옳으시고 늘 합당하신 재판관으로 남아 있기 때문입니다.

레위기 26장으로 가 봅시다. 성경에 이런 구절들이 있다는 것을 잘 몰랐을 것입니다. '하나님의 인간성'이라고 표현하는 것을 이해해 주십시오. 하나님이 다만 신성만을 가지셔서 늘 저 멀리 계신 채, 우리의 실패에는 관심조차 없는 분이라고 하지 말자는 뜻에서 그렇게 표현해 본 것입니다.

너희가 나를 거슬러 내게 청종하지 아니할진대 내가 너희의 죄대로 너희에게 일곱 배나 더 재앙을 내릴 것이라 내가 들짐승을 너희 중에 보내리니 그것들이 너희의 자녀를 움키고 너희 가축을 멸하며 너희의 수효를 줄이리니 너희의 길들이 황폐하리라 이런 일을 당하여도 너희가 내게로 돌아오지 아니하고 내게 대항할진대 나 곧 나도 너희에게 대항하여 너희 죄로 말미암아 너희를 칠 배나 더 치리라 내가 칼을 너희에게로 가져다가 언약을 어긴 원수를 갚을 것이며 너희가 성읍에 모일지라도 너희 중에 염병을 보내고 너희를 대적의 손에 넘길 것이며 내가 너희가 의뢰하는 양식을 끊을 때에 열 여인이 한 화덕에서 너희 떡을 구워 저울에 달아 주리니 너희가 먹어도 배부르지 아니하리라 (레 26:21-26)

감정의 동요가 담긴 표현입니다. 하나님에게 잘못하면 일곱 배나 벌을 받는답니다. 계수적 비교가 아니라 지금 하나님이 맹렬히 화를 내시고 있다고 강조하는 것입니다. '내 말 안 들어? 너 두고 봐라. 내가 가만히 있나 보자. 너 영화 보러 가? 내가 화면을 찢어 놓을 거야. 너 커피 마시러 가? 내가 혓바닥을 삶아 버릴 거야.' 이런 식으로 분노하시는 것입니다. 이런 하나님을 놓치는 바람에 우리는 멋대가리 없는 신앙을 가지게 되었습니다. 규칙에 묶이고 명분에 묶여서 울 줄도 웃을 줄도 위로할 줄도 받아 줄 줄도 모르는 무정한 신자가 되고 말았습니다. 언제까지 이어질지 모르는 아담 이후의 역사를 아직도 견디고 계시는, 오래 참고 계시는 하나님을 모르는 것입니다. 한순간도, 그 어떤 경우에도 당신의 신실한 통치에서 벗어날 수 없는 하나님의 모습은 어디 갔습니까? 우리 삶의 대부분은 하나님이 없는 곳에 던져 버렸습니다. 배신과 실패와 억울함의 영역은 하나님과 무관하다고 덮어 두느라 우리 신앙은 얼마나 힘이 없어졌습니까? 이것이 욥의 항변입니다.

기도란 무엇입니까? 하나님이 소돔과 고모라를 멸하려 하실 때 아브라함을 만나서 미리 이야기합니다. "내가 소돔과 고모라를 멸하겠다." 아브라함이 묻습니다. "거기에 의인 오십이 있으면, 소돔과 고모라의 잘못 때문에 의인도 같이 죽이시겠습니까?" 하나님이 "의인 오십 명이 있으면, 그들로 인하여 그 도성을 살려 주겠다"라고 하시자 아브라함이 "열 명 모자라면 어떻게 하시겠습니까?"라고 되묻습니다. 하나님이 "그래, 좋다. 사십 명만 있어도 된다"라고 하시자 아브라함이 또 묻습니다. "거기서 열 명이 또 모자라면 어떻게 하시겠습니까?" "그래, 좋다. 서른 명만 있어도 좋다." "거기서 또 조금 모자라면 어떻게 하시겠습니까?" "그래? 스무 명만 있어도 내가 봐주겠다." "마지막으로 한 번 더 말씀드리겠습니다. 거기서 열 명을 찾으시면 어떻게 하시겠습니까?" 아브라함과 하나님의 대화가 마치 흥정하는 것 같지 않습니까? 이렇게 씨름을 하듯 온 존재를 담아 하는 기도가 성경이 말하는 기도입니다. 정성을 다해야만 하나님이 받아 주신다는 의미가 아닙니다. 이렇게 밀고 당기며 씨름하는 기도를 하나님이 허락하신다는 것입니다.

하나님은 우리와 밀고 당기기를 하시는 분입니다. 하나님의 협상은 이래도 좋고 저래도 좋은 타협이라는 의미가 아닙니다. 우리의 요구와 이해와 수준까지 하나님이 눈높이를 낮추셔서 그 구하는 바를 허락하십니다. 그런데 우리는 그런 하나님을 두려워합니다. 신약시대의 백성이 되어 예수의 이름으로 기도할 수 있는데도 말입니다. 우리는 '예수의 이름으로'라는 말을 이해하지 못하고 그 아들까지 아낌 없이 주신 하나님을 이해하지 못하기 때문에 욥의 발언도 이해하지 못합니다. 그래서 우리는 현실에서 일어나는, 아니 대부분을 차지하는 우리의 부족함, 완악함, 억울함, 오해, 실패 등 이해할 수 없는 모든 것들을 신앙에서 제외하고 있습니다. 그래서 자신의 실존과 상관없는, 현실이 아닌 이야기에 붙들려 신앙과 인생을 낭비합니다. 그러지 마십시오.

예전에는 영화관에 안내원이 있었습니다. 영화가 시작된 후에 컴컴한 영화관 안에 들어오면, 안내원이 전등을 들고 발밑을 비춰 줘서 자리를 찾아 앉게 해 줬습니다. 당시 어느 영화관에 단골로 오던 부유한 관객이 있었는데, 그는 일하는 사람들을 하대해서 밉상으로 알려진 사람입니다. 그날도 그 관객이 영화관에 늦게 도착하는 바람에 안내원이 안내를 하게 되었는데, 또 무례한 발언을 하자 그 안내원이 복수를 했답니다. 그날 추리영화를 상영하고 있었는데, 자리로 안내하자마자 "저 여자가 범인이에요" 그러고 갔답니다. 기가 막힌 복수입니다. 이제 무슨 재미로 그 영화를 보겠습니까? 끝까지 모르다가 마지막에 뒤집어지는 반전의 재미 때문에 보는 것이 영화 아닙니까? 그런데 시작부터 범인이 누군지 알고 보면 영화가 재미있겠습니까?

하나님이 세상을 창조하시고 기뻐하셨다고 합니다. 재미있어 하셨다고 합니다. 오늘날에는 '재미'라는 단어가 가벼운 의미로만 전락해 버렸는데요, 아무튼 하나님이 보시기에 좋았다고 합니다. 예수를 믿는다는 것은 주문을 외우거나 멋대가리 없는 소리를 암송하고 다니는 것이 아닙니다. 사는 것입니다. 눈물 흘리는 날이 있고 돌아 버릴 것 같은 날이 있는 인생을 사는 것입니다.

열심히 사십시오. 재미있게 사십시오. 다시는 못 사는 삶을 사는 것이며 못 가 볼 길을 가는 것입니다. 천국에 가면 좋은 일들이 많이 있다고 하지만, 여기 이런 재미만은 없지 않을까 싶은 것이 우리네 인생입니다. 그러니 욥기가 하는 이야기가 무슨 이야기인지, 성경이 무엇을 선언하고 있는지, 우리의 인생과 삶이 무엇인지 알아 가십시오. 우리는 하나님의 넉넉하고 깊으신 간섭과 개입과 역동성 속에 붙잡혀 있습니다. 그러니 이제 두려움에서 벗어나십시오.

옛날 사람들은 바다가 수평으로 되어 있어서 바다 끝에 이르면 절벽에서 떨어질 거라고 생각했다고 합니다. 그런데 그렇지 않다는 것을 알게 되었습니다. 마찬가지로 '이 밖은 하나님의 통치 영역이 아니다' 하는 그런 범주는 없습니다. 우리의 무지한 선택, 우리가 용서할 수 없는 일, 이해할 수 없는 현실, 돌이킬 수 없는 결정적 실수, 이런 것들이 다 끝이 아닙니다. 절벽이 아닙니다. 욥기가 무서운 책이라고 생각하십니까? 아닙니다. 가장 희망에 찬 이야기입니다. 그 속에서 하나님이 얼마나 놀라우신 분이며, 우리의 인생이 얼마나 풍성하고 멋진 것인지를 발견하십시오.

기도

하나님 아버지, 은혜를 감사합니다. 하나님이 우리 하나님이십니다. 우리 아버지십니다. 우리에게 벌어지고 있는 고난은 하나님이 우리에게 허락한 인생이요, 살라고 주신 현실입니다. 그것은 신비와 경이로 가득 찬 길입니다. 인생을 겁내지 말게 하옵소서. 하나님이 함께하시는 줄 알고 하나님의 기적과 인도하심을 믿고 울 수 있게 하옵소서. 비명을 지를 수 있게 하옵소서. 그리고 그것이 우리 안에 어떻게 알알이 보석으로 박혀 우리를 깊어지게 하며 자라게 하는지 깨닫게 하여 주옵소서. 예수님 이름으로 기도합니다. 아멘.

24 32:1 욥이 자신을 의인으로 여기므로 그 세 사람이 말을 그치니 2 람 종족 부스 사람 바라겔의 아들 엘리후가 화를 내니 그가 욥에게 화를 냄은 욥이 하나님보다 자기가 의롭다 함이요 3 또 세 친구에게 화를 냄은 그들이 능히 대답하지 못하면서도 욥을 정죄함이라 4 엘리후는 그들의 나이가 자기보다 여러 해 위이므로 욥에게 말하기를 참고 있다가 5 세 사람의 입에 대답이 없음을 보고 화를 내니라 6 부스 사람 바라겔의 아들 엘리후가 대답하여 이르되 나는 연소하고 당신들은 연로하므로 뒷전에서 나의 의견을 감히 내놓지 못하였노라 7 내가 말하기를 나이가 많은 자가 말할 것이요 연륜이 많은 자가 지혜를 가르칠 것이라 하였노라 8 그러나 사람의 속에는 영이 있고 전능자의 숨결이 사람에게 깨달음을 주시나니 9 어른이라고 지혜롭거나 노인이라고 정의를 깨닫는 것이 아니니라 10 그러므로 내가 말하노니 내 말을 들으라 나도 내 의견을 말하리라 11 보라 나는 당신들의 말을 기다렸노라 당신들의 슬기와 당신들의 말에 귀 기울이고 있었노라 12 내가 자세히 들은즉 당신들 가운데 욥을 꺾어 그의 말에 대답하는 자가 없도다 13 당신들이 말하기를 우리가 진상을 파악했으나 그를 추궁할 자는 하나님이시요 사람이 아니라 하지 말지니라 14 그가 내게 자기 이론을 제기하지 아니하였으니 나도 당신들의 이론으로 그에게 대답하지 아니하리라 15 그들이 놀라서 다시 대답하지 못하니 할 말이 없음이었더라 16 당신들이 말 없이 가만히 서서 다시 대답하지 아니한즉 내가 어찌 더 기다리랴 17 나는 내 본분대로 대답하고 나도 내 의견을 보이리라 18 내 속에는 말이 가득하니 내 영이 나를 압박함이니라 19 보라 내 배는 봉한 포도주통 같고 터지게 된 새 가죽 부대 같구나 20 내가 말을 하여야 시원할 것이라 내 입을 열어 대답하리라 21 나는 결코 사람의 낯을 보지 아니하며 사람에게 영광을 돌리지 아니하리니 22 이는 아첨할 줄을 알지 못함이라 만일 그리하면 나를 지으신 이가 속히 나를 데려가시리로다 (욥 32:1-22)

엘리후_ 내가 사심 없이 말하노라

이제까지 세 친구가 욥에게 충고도 하고 지적도 하면서 자기들이 이해한 바로 욥을 설득하여 욥이 회개하기를 원했지만 성공하지 못했습니다. 욥은 끝까지 '내가 당한 고난은 억울한 것이다. 그것은 하나님이 아신다. 나를 억울하게 하신 하나님이 왜 그렇게 하셨는지를 답해 주지 않으시면 우리는 알 길이 없다'라고 주장하자, 세 친구는 더 이상 할 말이 없게 되었습니다. 마침내 옆에서 지켜보던 엘리후가 마지막 참가자로 나서서 욥을 꾸짖습니다.

진심을 들고 나온 엘리후

욥기 32장에서 37장까지 여섯 장에 걸친 엘리후의 지적 또는 권면은 앞에 나온 세 친구들이 지적한 내용과 거의 비슷합니다. '하나님의 높으심과 공의로우심과 오래 참으심을 무시하지 마라. 그의 권면에 순종해라' 이런 이야기입니다. 그런데 엘리후의 등장과 엘리후의 교훈은 욥기에서 어떤 역할을 하는 것일까요? 앞에 나온 세 친구는 인과응보의 원칙을 갖고서 신앙을 변명하고 욥을 권면했습니다. 엘리후는 여기에 진심이라는 것을 들고 나옵니다. 세 친구들의 주장과 내용은 같지만 거기에 진심을 하나 더 붙이고 권면하는 셈입니다.

욥기 42장에 나오는 결론을 보면 하나님이 세 친구가 틀렸고 욥이 옳았다고 판정을 내리십니다. 하나님이 욥더러 세 친구를 위해 기도하여 그들이 용서받도록 해야 한다고 하시자 그만 세 친구들이 무색해집니다. 거기에 엘리후는 등장하지 않습니다. 그래서 엘리후가 맡은 역할이 무엇인가에 대해 의견이 분분합니다. 어떤 주장에서는 엘리후의 발언에 이어서 하나님이 등장하시니까 엘리후는 하나님의 등장의 서막을 연 사람이라고 합니다. 또한 이와는 반대로 욥기 서두에 있는 사탄의 등장과 마찬가지로 엘리후의 등장에는 긍정적 가치가 없어서 결론에서 배제된 것이라는 주장도 있습니다. 이런 상반된 두 견해가 있습니다.

엘리후가 사탄과 같은 취급을 받을 만한 이야기를 하지는 않았지만, 욥기의 결론에서 엘리후의 자리가 없는 것도 사실입니다. 한편 하나님이 엘리후가 한 말을 이어받는 지점은 있습니다. 나중에 우리는 38장 이후에 나오는 하나님의 대답에서 엘리후의 말이 어떻게 연속성을 갖고 이어지는가를 볼 것입니다. 일단 이번 장에서 엘리후를 통해 살펴볼 수 있는 중요한 사항은 진심이 무엇이고 열정이 무엇인가 하는 것입니다. 다만 이것도 욥기의 결론에 비춰 볼 때 부정적으로 언급되어 있다고 추정해 볼 수 있습니다.

진심이란 무엇입니까? 사전적 정의는 '거짓이 없는 참된 마음'입니다. 신앙이란 지정의(知情意)가 함께 가는 전인격적 문제이기 때문에 당연히 진심이라는 것은 필요합니다. 그런데 이 문제에 좀 더 깊게 들어가 봅시다. '간절히 기도하면 응답을 받는다'라는 말을 들어 보았을 것입니다. 이 말은 맞는 말입니까, 틀린 말입니까? 자신의 기독교 신앙에 비추어 볼 때, 간절히 기도하면 응답을 받습니까? 그리고 그렇게 믿는 것은 기독교 신앙이 맞습니까? 하나만 더 질문해 봅시다. 간절히 기도한 것에 다 응답받으셨습니까? 그렇지는 않았을 것입니다. 그것이 우리가 겪는 현실입니다. 그런데 '간절히 기도하면 응답을 받는다'가 기독교 신앙의 내용인 것은 분명합니다. 하나님은 우리가 간절히 기도하면 받아 주셔야 합니다. 그런데 다 받아 주시지는 않습니다. 제 경험상 가장 간절한 것은 안 받아 주셨습니다. 그보다 사소한 것은 들어주시고 가장 중요한 것은 안 들어주신 것처럼 느껴집니다. 평생 해결되지 않아서 하나님이 왜 안 들어주셨을까 하는 것이 사람마다 꼭 있습니다.

그런데 간절함이 조건일까요? 만일 그렇다고 하면 하나님은 없는 것입니다. 간절함이 조건이 되어 그 조건을 충족함으로써 답이 나오는 것이라면, 그것은 무속신앙입니다. 기도를 들으시는 대상과는 상관없이 내가 간절히 구하면 원하는 결과가 떨어지는 것은 기독교 신앙이 아닙니다.

기독교 신앙을 구약식으로 표현해 보면 '아브라함과 이삭과 야곱의 하나님'을 믿는 것이고 신약식으로 표현해 보면 '그 아들 예수를 우리를 위하여 내주신 하나님'을 믿는 것입니다. 간절히 기도하면 응답을 받는다는 것은, 그 기도가 들어줄 만해서가 아니라 하나님이 측은히 여기셔서 들어주셨다는 이야기입니다. 이 둘이 어떻게 다른지 이해할 것입니다. 하나님은 간절히 기도하는 이를 측은히 여기시는 분입니다. 그래서 때로는 무리한 것도 들어주십니다. 그러나 그것은 '간절함'이라는 조건 때문이 아니라, 하나님이 자비하신 분이기 때문입니다.

옳고 그름이 아닌 하나님과의 관계

지금 엘리후는 욥을 권면하고 있습니다. 엘리후의 이야기는 다 옳습니다. 18절부터 보겠습니다. "내 속에는 말이 가득하니 내 영이 나를 압박함이니라 보라 내 배는 봉한 포도주통 같고 터지게 된 새 가죽 부대 같구나"(욥 32:18-19). 엘리후는 답답해서 미칠 지경입니다. 우리 식으로 이야기하면 엘리후는 '하나님은 그런 분이 아니야. 기독교 신앙은 그런 것이 아니야'라고 말해 주고 싶은 것입니다. "내가 말을 하여야 시원할 것이라 내 입을 열어 대답하리라 나는 결코 사람의 낯을 보지 아니하며 사람에게 영광을 돌리지 아니하리니 이는 아첨할 줄을 알지 못함이라 만일 그리하면 나를 지으신 이가 속히 나를 데려가시리로다"(욥 32:20-22). 지금 자기는 사심 없이 말하고 있다고 강조하는 것입니다.

그런데 사심이 없으면 그만일까요? 사심이 없다고 좋은 신앙이라 할 수는 없습니다. 기독교는 그런 것이 아닙니다. 기독교 신앙은 내가 얼마나 정결해야 하는 싸움이 아니라, 하나님과 연합되어 사는 문제인 것입니다. 요한복음 15장을 봅시다.

> 나는 참포도나무요 내 아버지는 농부라 무릇 내게 붙어 있어 열매를 맺지 아니하는 가지는 아버지께서 그것을 제거해 버리시고 무릇 열매를 맺는 가지는 더 열매를 맺게 하려 하여 그것을 깨끗하게 하시느니라 너희는 내가 일러준 말로 이미 깨끗하여졌으니 내 안에 거하라 나도 너희 안에 거하리라 가지가 포도나무에 붙어 있지 아니하면 스스로 열매를 맺을 수 없음 같이 너희도 내 안에 있지 아니하면 그러하리라 (요 15:1-4)

잘 알려진 포도나무 비유입니다. 가지가 벌레 먹었는가, 썩었는가를 이야기하지 않고 나무에 붙어 있어야 한다는 이야기를 합니다. 진심을 가져라, 사심이 없어야 한다, 정결해야 한다, 이런 싸움이 아닙니다. 도덕성이 필요 없다는 이야기가 아니라, 하나님에게 붙어서 하나님으로부터 생명과 거룩함을 받아야 하는 문제라는 것입니다.

엘리후가 하나님의 이름을 꺼내 들기는 했지만, 그는 스스로 자기를 정결하게 하고 흠 없게 하고 거짓 없게 하는 것으로 하나님을 배제해 버립니다. 그러나 그렇게 더러움을 씻어 내는 자리로 숨어 버리면 신앙도 그만큼 축소됩니다. 이것이 뭐가 그리 잘못인가 하는 생각이 들 수 있을 텐데, 그럼 이렇게 한번 생각해 볼까요. 기독교는 옳고 그름을 가리는 것을 당연히 원칙으로 삼습니다. 그러나 기독교는 옳으냐 그르냐를 따지는 종교가 아니라 옳게 하는 종교입니다. 우리를 의롭게 하기 위해 하나님이 당신의 아들을 보내셨다고 믿는 종교입니다. 그런데 우리는 누가 옳고 누가 그르냐를 지금 가려내자고 합니다. 내 마음이 시원하도록 상대방의 잘못을 지적하여 정결하고 흠이 없게 하려고 자꾸 급박하게 몰아세웁니다. 지금 엘리후가 그렇게 하고 있습니다.

욥기 32장은 이렇게 시작합니다. "욥이 자신을 의인으로 여기므로 그 세 사람이 말을 그치니 람 종족 부스 사람 바라겔의 아들 엘리후가 화를 내니 그가 욥에게 화를 냄은 욥이 하나님보다 자기가 의롭다 함이요"(욥 32:1-2). 엘리후는 왜 화를 냈을까요? "아니, 왜 이런 뻔한 걸 틀려?" 하는 마음이 있는 것입니다. 뻔한 걸 왜 틀리냐는 말속에는 '이 분명한 것을 왜 못해? 이 간단한 것을 왜 못해?'라는 책망이 담겨 있습니다. 그런데 기독교 신앙은 기다리는 것입니다. 우리는 이미 믿었으니까 죄가 무엇인지 알고 또 하나님이 우리의 거룩함을 요구하신다는 것도 압니다. 그래서 옳고 그름이라는 잣대를 사용할 수는 있지만, 하나님이 그 아들을 다시 이 땅에 보내실 때까지 우리에게는 끊임없이 타인을 기다려 주는 역할이 맡겨져 있습니다. 그리고 앞서 믿은 자에게는 더 나아지는 시간이 허락되어 있습니다. 이러한 기독교의 의는 옳고 그름의 문제가 아니라 하나님과의 관계에 관한 것입니다. 여기서 엘리후는 크게 빗나가 있습니다.

기다려 주는 신자

예수를 믿으면 자신에게 혹은 믿음의 형제들에게 어떤 덕목이 갖춰지기를 바랍니까? 한 점 흠이 없기를 바랍니까, 아니면 타인에게 유익한 존재가 되기를 바랍니까? 이런 것은 세상의 기준입니다. 기독교는 용서하고 기다려 주는 종교입니다. 따뜻한 사람이 되기를 바라는 것입니다. 이제 어떻게 하시겠습니까? 엘리후의 등장을 통해 욥기는 우리에게 이 질문을 던지고 있습니다.

하나님의 일하심이 우리의 생각을 넘어서 있다는 사실을 욥기를 통해 배워야 합니다. '저 사람은 왜 예수를 믿나? 저러고도 왜 예수를 믿나?' 싶은 생각이 들게 하는 사람에게까지, 즉 모든 사람에 대해 열어 두는 법을 배워야 합니다. 세 친구와 엘리후처럼 되지 마십시오. 욥이라는 존재를 인정해야 합니다. 내 마음에 안 들고 이해가 안 되는 그 사람을 하나님이 용서하셨고,

구원하기 위하여 기다리셨고, 그를 위하여 자기 아들을 십자가에 매달았다는 사실을 잊지 않아야 합니다.

그러면, 매우 혼란스럽지 않을까 하는 생각이 들 것입니다. 물론 그렇습니다. 그러나 기독교 신앙이란 칼로 무 자르듯 쉽게 나눌 수는 없습니다. 이게 뭔가 싶을 때도 있을 것입니다. 그런데 우리가 늘 놓치고 있는 것은 이것입니다. 상대가 옳든 그르든 그것보다 더 우선하고 더 중요한 내용은 바로 그는 자신의 존재 자체로 의무와 책임을 다하고 있다는 사실입니다. 어쨌든 그 사람이 그리고 내가 존재하고 있습니다. 못났고 아우성치고 내 마음에 안 들게 굴더라도 존재하는 것은 사실입니다. 하나님이 그 사람을 존재하게 하셨고, 하나님이 그 사람을 인도하고 계십니다. 그러니 세 친구와 엘리후의 자리로 가려고 하는 자기 자신을 붙잡아 돌이켜야 합니다. 타인을 기다려 줘야 합니다. 물론 억울하고 답답하고 불편할 것입니다. 하지만 원래 신앙생활은 매우 불편한 것입니다. 세상이 몰라주는 서운함보다 더 큰 불편이 교회 안에 있습니다. 교회 안에서 서로 이것이 우선이다, 이래야 한다고 다투는 것이 신앙생활 하면서 겪는 진짜 어려움입니다. 그것을 감수하는 것이 신앙입니다.

욥기는 42장까지 있습니다. 그중 37장까지가 욥이 고생하는 이야기입니다. 욥이 내내 욕먹고 고생하는 이야기를 하다가 결론에서는 욥이 옳았다고 합니다. 그러나 욥이 옳았으면 뭐 얼마나 옳았겠습니까? 욥은 자신이 억울하다는 하소연 외에는 한 것이 없습니다. 그런데 욥기는 이런 이야기를 합니다. 욥이라는 존재와 그가 고난 당하는 현실이 사실이지 않느냐는 것입니다. 이 말이 우리에게 위로가 되었으면 좋겠습니다. 우리가 누군가에게 무엇을 지적할 때, 사실 그것은 우리 자신의 소원인 경우가 많습니다. 다른 사람에게 그것을 투사하여 자기 책임을 덜고 싶은 것입니다. 국가, 정치, 경제, 사회, 교회에 대해 소원을 이야기하는 것은 사실 자신이 그 부족함을 못 견뎌서 그러는 것입니다. 그러나 기억하십시오. 문제가 해결되는 것보다 우리가 그 현실을 견딜 수 있는 것이 가장 좋습니다.

사랑은 오랜 고통

기독교 신앙에서 다른 사람을 내 마음에 들게 하려고 그를 꺾어 버리는 것은 결국 하나님을 꺾는 것입니다. 포도나무에 가지가 붙어 있도록 돕는 것이 아니라, 가지를 꺾어 버리는 행위입니다. 상대방을 향해 '내 마음에 들게 행동하라'라고 요구하는 것이 교회에서 자주 일어나는 큰 문제입니다. 살다 보면 우리가 당하는 일이 참 많습니다. 그런데 '우리가 당하는 일'이라는 말 자체에 이미 '고립된 존재는 없다'는 의미가 숨어 있습니다. 우리는 사회적 존재입니다. 내가 태어난 나라, 관계를 맺은 이웃, 내 가족, 내 시대라는 상황에서 우리는 도망갈 수 없게 서로 묶여 있습니다. 우리가 어떻게 자신의 문제로만 불편하겠습니까? 얽히고설킨 문제들에 대한 고통과 억울함과 분노가 있을 수밖에 없습니다. 그래서 내 마음에 들도록 다시 판을 짜자, 속 시원하게 해결하자고 하는 것은 사실 하나님의 일하심에 대한 불만을 표출한 것입니다. 이것이 욥이 옳다는 욥기의 결론을 뒷받침해 주는 중요한 근거입니다. 물론 욥이 옳습니다. 우리는 이 문제를 고린도전서 13장에서 확인합니다.

> 내가 사람의 방언과 천사의 말을 할지라도 사랑이 없으면 소리 나는 구리와 울리는 꽹과리가 되고 내가 예언하는 능력이 있어 모든 비밀과 모든 지식을 알고 또 산을 옮길 만한 모든 믿음이 있을지라도 사랑이 없으면 내가 아무 것도 아니요 내가 내게 있는 모든 것으로 구제하고 또 내 몸을 불사르게 내줄지라도 사랑이 없으면 내게 아무 유익이 없느니라 (고전 13:1-3)

고린도전서 13장은 사랑을 이야기합니다. 그 앞에 놓인 12장과 뒤에 놓인 14장은 둘 다 은사를 다룹니다. 은사를 다루는 두 장 사이에 13장이 끼어 있습니다. 은사는 모두의 유익을 위해 주셨답니다. 그래서 똑똑한 이웃이 있으면 옆에 있는 사람이 유익을 누리게 됩니다. 돈이 있으면 옆 사람에게 밥을 사십시오. 건강하면 옆 사람의 짐을 들어 주십시오. 그것이 은사입니다.

그런데 12장 내내 무슨 이야기를 하느냐 하면, 사람들이 은사를 가지고 '나는 너보다 우월하다', '하나님은 나를 더 중하게 생각하신다. 너는 별것 아니다'라며 자신을 증명하는 데 쓴다고 합니다. 그래서 이 이야기를 어떤 결론으로 끌고 가야 하면

'사랑이 최고다' 하는 데로 옵니다. 사랑이 은사라는 말이 아니라 모든 은사를 사랑의 관점에서 이해하고 발휘하지 않으면 잘못이라는 말입니다. 사랑이 무엇입니까? 사랑은 환상도 아니고 능력도 아니고 정열도 아닙니다. 사랑은 오래 참는 것입니다. 원어를 직역하면 '오랜 고통'입니다. 오랜 고통, 결혼해 보면 누구나 겪는 것입니다.

남편들은 늘 이렇게 이야기합니다. "여자랑 사는 것은 어려워." 아내들은 뭐라고 합니까? "남자들은 다 바보야." 얼마나 답답하면 그렇게 말하겠습니까? 사랑은 가슴이 뛰는 설렘이 아니라 죽을 것 같은 고통입니다. 정열에 불타서가 아니고 소원에 불타서가 아니고 사랑이 뭔가 싶어서 그러는 것입니다. 사랑을 하면 무조건 고통을 당해야 하고 손해를 봐야 한다는 뜻이 아닙니다. 사랑은 상대를 강요하는 것이 아니라는 의미입니다. 그래서 고통입니다. 사랑은 강요하지 않습니다. 상대방에게 져 주는 것이 사랑입니다. 사랑은 상대에게 내 마음 같으라고 하는 것이 아닙니다. "해 달라는 것 다 해 줄 테니 내 말 들어!" 사랑은 이런 것이 아닙니다.

하나님이 우리에게 기꺼이 져 주십니다. 우리에게 그 아들을 내주셔서 우리 마음대로 하게 두셨습니다. 하나님이 우리를 사랑하사 당신을 우리에게 내주신 것입니다. 놀랍습니다. 우리는 어떻습니까? 상대방을 내 마음에 들게 하고 싶어 합니다. 엘리후는 어떻게 했습니까? 화를 냈습니다. 진심이었기 때문입니다. 그는 사심이 없었습니다. 자기 편하자고 그런 것이 아닙니다.

그러나 그렇게 해서 어떻게 됩니까? 기다리고 기다리고 기다려서 일하시는 하나님을 믿는 일로부터 멀어지게 됩니다.

우리가 가진 신앙의 가장 중요한 내용이 무엇인가 들여다 보십시오. 욕 안 먹고 쓸모 있어야 하는 것이 신앙의 본질이 아닙니다. 얼마나 많이 참고 웃을 수 있느냐가 신앙의 가장 중요한 내용이라는 것을 기억하십시오. 이 진리를 아는 자의 얼굴로 살아가며 서로 따뜻하게 대해 주기 바랍니다.

기도

하나님 아버지, 은혜를 감사합니다. 하나님이 우리를 사랑하시고 우리에게 서로 사랑하라 하셨으니 아멘으로 받습니다. 용서하시고 기다리시고 다 내주시는 하나님을 아버지라 부르게 하셔서 감사합니다. 우리 인생과 우리의 못난 존재를 하나님의 사랑과 능력에 맡기고 열심히 살겠습니다. 예수님 이름으로 기도합니다. 아멘.

25 34:1 엘리후가 말하여 이르되 2 지혜 있는 자들아 내 말을 들으며 지식 있는 자들아 내게 귀를 기울이라 3 입이 음식물의 맛을 분별함 같이 귀가 말을 분별하나니 4 우리가 정의를 가려내고 무엇이 선한가 우리끼리 알아보자 5 욥이 말하기를 내가 의로우나 하나님이 내 의를 부인하셨고 6 내가 정당함에도 거짓말쟁이라 하였고 나는 허물이 없으나 화살로 상처를 입었노라 하니 7 어떤 사람이 욥과 같으랴 욥이 비방하기를 물마시듯 하며 8 악한 일을 하는 자들과 한패가 되어 악인과 함께 다니면서 9 이르기를 사람이 하나님을 기뻐하나 무익하다 하는구나 10 그러므로 너희 총명한 자들아 내 말을 들으라 하나님은 악을 행하지 아니하시며 전능자는 결코 불의를 행하지 아니하시고 11 사람의 행위를 따라 갚으사 각각 그의 행위대로 받게 하시나니 12 진실로 하나님은 악을 행하지 아니하시며 전능자는 공의를 굽히지 아니하시느니라 …… 23 하나님은 사람을 심판하시기에 오래 생각하실 것이 없으시니 24 세력 있는 자를 조사할 것 없이 꺾으시고 다른 사람을 세워 그를 대신하게 하시느니라 25 그러므로 그는 그들의 행위를 아시고 그들을 밤 사이에 뒤집어엎어 흩으시는도다 …… 29 주께서 침묵하신다고 누가 그를 정죄하며 그가 얼굴을 가리신다면 누가 그를 뵈올 수 있으랴 그는 민족에게나 인류에게나 동일하시니 30 이는 경건하지 못한 자가 권세를 잡아 백성을 옭아매지 못하게 하려 하심이니라 31 그대가 하나님께 아뢰기를 내가 죄를 지었사오니 다시는 범죄하지 아니하겠나이다 32 내가 깨닫지 못하는 것을 내게 가르치소서 내가 악을 행하였으나 다시는 아니하겠나이다 하였는가 33 하나님께서 그대가 거절한다고 하여 그대의 뜻대로 속전을 치르시겠느냐 그러면 그대가 스스로 택할 것이요 내가 할 것이 아니니 그대는 아는 대로 말하라 34 슬기로운 자와 내 말을 듣는 지혜 있는 사람은 반드시 내게 말하기를 35 욥이 무식하게 말하니 그의 말이 지혜롭지 못하도다 하리라 36 나는 욥이 끝까지 시험 받기를 원하노니 이는 그 대답이 악인과 같음이라 37 그가 그의 죄에 반역을 더하며 우리와 어울려 손뼉을 치며 하나님을 거역하는 말을 많이 하는구나 (욥 34:1-37)

엘리후 _ 하나님은 너무도 분명하시다

본문 말씀은 엘리후가 욥을 권고하고 책망하는 대목입니다. 하나님은 의로우시고 대강 넘어가시는 분이 아니다, 네가 어려움을 당하는 것은 네가 잘못했기 때문이니 하나님을 탓할 수 없다, 그러니 빨리 잘못을 인정하고 하나님에게 용서를 빌라고 합니다. 이는 우리에게 익숙한 사고입니다. 그러나 우리가 아는, 우리가 믿는, 우리에게 당신의 아들을 주신 하나님은 우리 생각보다 크십니다. 엘리후의 책망과 권면의 배경을 이루는 판단 잣대는 너무 분명합니다. 그런데 너무 분명하다는 점이 문제입니다. 물론 하나님은 분명하신 분입니다. 하지만 분명함이라는 것은 하나님의 성품 중 하나이지, 그것이 전부는 아닙니다. 하나님은 우리가 이해하고 아는 것과 비교할 수 없이 크신 분인데, 자꾸 분명함만을 강조하려고 하면 우리가 조금 아는 것으로 하나님을 제한해 버리는 실수를 범하게 됩니다.

모든 것을 묶어 선을 이루심

지난 장에서 살펴본 대로 엘리후가 책망하는 근거 중 하나는 진심이었습니다. 그런데 기독교는 내가 얼마나 순결하고 사심 없는 열정을 가졌는가를 묻는 종교가 아니라 사랑의 종교입니다. 사랑이란 상대방을 끌어안고, 상대방을 기다려 주는 것입니다. 그런데 사랑과 달리 진심은 상대방을 위한 것이기보다 자신을 위한 것일 때가 많습니다. 이 차이를 분별할 줄 알아야 합니다. 물론 우리는 늘 거짓되고 잘 틀리니까 진심을 가지면 옳고, 사심을 지니지 않으면 훌륭하고, 거짓말하지 않으면 대단하다고 여깁니다. 하지만 이런 덕목들은 자기 자신에 매이는 것들입니다. 이에 반해 기독교는 죄인을 위하여 찾아오신 하나님을 이야기합니다. 하나님을 사랑하고 이웃을 사랑하는 종교입니다.

무엇을 넘어선다는 것은 대단히 어려운 일입니다. 그런데 진심이라는 말속에는 상대방을 위해 넘어서는 것이 아니라 상대방을 내 욕심껏 움켜쥐려고 넘어선다는 뉘앙스가 내포되어 있습니다. 물론 사심을 넘어서기만 해도 가치가 있지만 기독교는 사심이 없는 것보다 훨씬 큽니다. 사랑의 종교이기 때문입니다.

엘리후에게는 하나님의 통치와 인간에게 허락한 하나님

의 궁극적인 뜻이 옳고 그름이라는 이분법의 기준으로만 나뉘어 있습니다. 성공과 실패, 잘한 것과 잘못한 것, 깨닫는 것과 무지한 것, 회개하는 것과 고집을 부리는 것, 이렇게 이분법으로만 나뉘어 있습니다. 이런 엘리후의 생각은 성경과 어떻게 다른지 살펴보겠습니다. 에베소서 1장에 가 봅시다.

> 우리는 그리스도 안에서 그의 은혜의 풍성함을 따라 그의 피로 말미암아 속량 곧 죄 사함을 받았느니라 이는 그가 모든 지혜와 총명을 우리에게 넘치게 하사 그 뜻의 비밀을 우리에게 알리신 것이요 그의 기뻐하심을 따라 그리스도 안에서 때가 찬 경륜을 위하여 예정하신 것이니 하늘에 있는 것이나 땅에 있는 것이 다 그리스도 안에서 통일되게 하려 하심이라 (엡 1:7-10)

그리스도 안에서 하늘과 땅의 모든 것을 통일되게 하신다는 것을 이야기하는 본문입니다. 7절에서 죄 사함을 받는 것으로 시작하여, 10절에서 하늘과 땅의 모든 것이 그리스도 안에서 통일되는 것으로 끝나고 있습니다. 통일된다는 것이 무엇일까요? 이해를 돕기 위해 구약의 사건을 찾아봅시다. 창세기 22장에 나온 아브라함이 이삭을 잡는 사건입니다. 이 예화가 여기에 필요한 이유를 생각해 봅시다.

> 그 일 후에 하나님이 아브라함을 시험하시려고 그를 부르

시되 아브라함아 하시니 그가 이르되 내가 여기 있나이다 여호와께서 이르시되 네 아들 네 사랑하는 독자 이삭을 데 리고 모리아 땅으로 가서 내가 네게 일러 준 한 산 거기서 그를 번제로 드리라 아브라함이 아침에 일찍이 일어나 나 귀에 안장을 지우고 두 종과 그의 아들 이삭을 데리고 번 제에 쓸 나무를 쪼개어 가지고 떠나 하나님이 자기에게 일 러 주신 곳으로 가더니 제삼일에 아브라함이 눈을 들어 그 곳을 멀리 바라본지라 이에 아브라함이 종들에게 이르되 너희는 나귀와 함께 여기서 기다리라 내가 아이와 함께 저 기 가서 예배하고 우리가 너희에게로 돌아오리라 하고 아 브라함이 이에 번제 나무를 가져다가 그의 아들 이삭에게 지우고 자기는 불과 칼을 손에 들고 두 사람이 동행하더니 이삭이 그 아버지 아브라함에게 말하여 이르되 내 아버지 여 하니 그가 이르되 내 아들아 내가 여기 있노라 이삭이 이르되 불과 나무는 있거니와 번제할 어린 양은 어디 있나 이까 아브라함이 이르되 내 아들아 번제할 어린 양은 하나 님이 자기를 위하여 친히 준비하시리라 하고 두 사람이 함 께 나아가서 하나님이 그에게 일러 주신 곳에 이른지라 이 에 아브라함이 그 곳에 제단을 쌓고 나무를 벌여 놓고 그 의 아들 이삭을 결박하여 제단 나무 위에 놓고 손을 내밀 어 칼을 잡고 그 아들을 잡으려 하니 여호와의 사자가 하늘 에서부터 그를 불러 이르시되 아브라함아 아브라함아 하 시는지라 아브라함이 이르되 내가 여기 있나이다 하매 사

자가 이르시되 그 아이에게 네 손을 대지 말라 그에게 아
무 일도 하지 말라 네가 네 아들 네 독자까지도 내게 아끼
지 아니하였으니 내가 이제야 네가 하나님을 경외하는 줄
을 아노라 (창 22:1-12)

이삭은 아브라함이 백 세에 얻은 아이입니다. 낳을 수 없는 아들
을 하나님이 주신 것입니다. 하나님이 구십구 세의 아브라함에
게 나타나셔서 내년에 아들을 주겠다고 하자, 아브라함이 웃습
니다. 그러자 하나님이 "너 웃었다. 내년에 아들을 낳으면 이름
을 이삭이라고 지어라"라고 하셨습니다. 이삭이라는 이름의 뜻
은 웃음입니다. 그런데 그 아들을 잡으라고 합니다. 동일한 하
나님이 말입니다. 이렇게 데려가실 것이면 아예 안 주셨어야 맞
는 것 아닙니까?

　이 사건을 아브라함이 얼마나 믿음이 좋았는가로 이해하
지 말고 하나님에게로 시선을 옮겨 생각해 봅시다. 하나님에게
는 생명과 사망이 묶여 있습니다. 우리에게는 잘한 것과 잘못한
것이 묶일 수 없습니다. 이 둘은 서로 대척점에 있고, 사망과 생
명은 분명히 이분법으로 나뉘어 존재합니다. 그런데 하나님에
게는 그렇지 않다는 것입니다. 우리는 이 묶임을 예수 안에서 봅
니다. 예수 안에는 용서가 있고, 회복이 있고, 부활이 있습니다.
그러나 우리는 끊임없이 둘을 나누고 있지는 않습니까? 엘리후
가 지금 그렇게 하는 것처럼 말입니다.

　욥은 이것을 어떻게 알았을까요? 그도 몰랐을 것입니다. 이

해할 수가 없었을 것입니다. 그는 자기가 당하는 현실을 엘리후가 지적하는 방식으로는 이해할 수가 없었습니다. 그러니 죽겠는 것입니다. 엘리후는 와서 자꾸 빨리 회개하라고 합니다. 도대체 무엇을 회개하라는 말입니까? 이삭을 준 다음에 잡으라고 하면 이해가 되는데, 이삭이 없는데 와서 잡으라고 하면 이해가 되겠습니까? 아브라함에게는 아들을 주신 다음 잡으라고 한 것이 문제 해결의 열쇠가 됩니다. 아들을 잡으라는 말에는 무슨 뜻이 담겨 있습니까? 줄 수도 있고, 데려갈 수도 있는 하나님이 그 둘을 묶어서 당신의 궁극적인 뜻을 이루시는 하나님인 줄 알게 하는 것입니다. 아들을 주실 수도 있고 없애실 수도 있는 하나님인 줄 알게 하시는 것입니다. 이삭이 없는데 이삭을 잡으라고 하면 웃을 것입니다. 그런데 준 다음에 잡으라고 하면 틀림없이 너무하다고 그럴 것입니다. 없을 때 잡으라고 하니까 웃었습니다. 주고 나서 잡으라고 하니까 이렇게 할 거면 왜 줬냐고 그러는 것입니다. 지금 그 싸움을 하는 것입니다.

자책과 분명함을 넘어

마태복음 16장을 봅시다. 이 본문에는 우리가 자주 놓치는 성경의 중요한 가르침이 들어 있습니다.

예수께서 빌립보 가이사랴 지방에 이르러 제자들에게 물어 이르시되 사람들이 인자를 누구라 하느냐 이르되 더러는 세례 요한, 더러는 엘리야, 어떤 이는 예레미야나 선지자 중의 하나라 하나이다 이르시되 너희는 나를 누구라 하느냐 시몬 베드로가 대답하여 이르되 주는 그리스도시요 살아 계신 하나님의 아들이시니이다 예수께서 대답하여 이르시되 바요나 시몬아 네가 복이 있도다 이를 네게 알게 한 이는 혈육이 아니요 하늘에 계신 내 아버지시니라 또 내가 네게 이르노니 너는 베드로라 내가 이 반석 위에 내 교회를 세우리니 음부의 권세가 이기지 못하리라 내가 천국 열쇠를 네게 주리니 네가 땅에서 무엇이든지 매면 하늘에서도 매일 것이요 네가 땅에서 무엇이든지 풀면 하늘에서도 풀리리라 (마 16:13-19)

주는 그리스도시요 살아 계신 하나님의 아들이라는 베드로의 고백 위에 예수님은 교회를 세우겠다고 하십니다. 음부의 권세가 이기지 못하는 교회, 천국 열쇠를 소유한 교회를 맡기신 것입니다. 그리고 나서 교회를 주신, 교회의 권세와 주인이신 예수가 그 모든 복된 약속을 해 놓고 이제 당신의 죽음을 예고하는 것입니다. 어느 누가 그것을 이해하겠습니까? 그래서 베드로가 나섭니다.

이 때로부터 예수 그리스도께서 자기가 예루살렘에 올라가 장로들과 대제사장들과 서기관들에게 많은 고난을 받고 죽임을 당하고 제삼일에 살아나야 할 것을 제자들에게 비로소 나타내시니 베드로가 예수를 붙들고 항변하여 이르되 주여 그리 마옵소서 이 일이 결코 주께 미치지 아니하리이다 예수께서 돌이키시며 베드로에게 이르시되 사탄아 내 뒤로 물러 가라 너는 나를 넘어지게 하는 자로다 네가 하나님의 일을 생각하지 않고 도리어 사람의 일을 생각하는도다 하시고 (마 16:21-23)

베드로를 칭찬하시며 그의 고백 위에 교회를 세우겠다고 하신 예수님이 이제 베드로에게 사탄이라고 꾸짖습니다. 이 둘이 묶여 다니니 우리로서는 정신이 없습니다. 무엇이 잘하는 것이고 무엇이 못하는 것인지, 무엇이 쓸모없고 무엇이 유익한지, 하나님이 하시는 일이 우리 이해와 얼마나 다르고 큰지 정신이 하나도 없습니다. "바요나 시몬아 네가 복이 있도다 이를 네게 알게 한 이는 혈육이 아니요 하늘에 계신 내 아버지시니라 내가 이 반석 위에 교회를 세우리니"라고 베드로에게 말해 놓고 조금 후에 "사탄아 내 뒤로 물러가라"라고 하시니 말입니다. 그런 다음 이렇게 말씀하십니다.

이에 예수께서 제자들에게 이르시되 누구든지 나를 따라오려거든 자기를 부인하고 자기 십자가를 지고 나를 따를 것이니라 누구든지 제 목숨을 구원하고자 하면 잃을 것이요 누구든지 나를 위하여 제 목숨을 잃으면 찾으리라 (마 16:24-25)

엘리후에게 나뉘어 있던 성공과 실패, 생명과 사망이 예수 안에서는 묶여 있습니다. 어느 것이 맞고 틀리고가 아닙니다. 에베소서 1장의 말씀처럼 하나님이 모든 것을 묶어서 그리스도 안에서 통일되게 하십니다. 합력하여 선을 이루시고 그렇게 하나님의 뜻을 이루십니다. 그러니 우리는 할 말이 없습니다. 이 말을 기억하십시오. 바로 자신을 위해서 말입니다.

신앙생활에서 우리를 가장 괴롭히는 것은 아마도 자책감일 것입니다. 이러고도 예수를 믿는다는 것이 말이 되나? 이래도 하나님이 여전히 내 편일까? 이 못난 사람의 기도를 정말 들어주실까? 이런 것들이 제일 불안합니다. 지금 이 이야기를 하는 것입니다. 칭찬받던 베드로가 졸지에 사탄이 됩니다. 그러고도 그의 이름 위에, 그가 한 고백 위에 교회를 세운다는 약속이 유효할까요? 그렇습니다. 우리가 믿는 기독교란 정말 위대하다는 생각이 들지 않습니까? 빌립보서 2장 5절 이하에 가면 성경학자들이 '그리스도 찬가'라고 이름을 붙인 본문이 나옵니다.

너희 안에 이 마음을 품으라 곧 그리스도 예수의 마음이니 그는 근본 하나님의 본체시나 하나님과 동등됨을 취할 것으로 여기지 아니하시고 오히려 자기를 비워 종의 형체를 가지사 사람들과 같이 되셨고 사람의 모양으로 나타나사 자기를 낮추시고 죽기까지 복종하셨으니 곧 십자가에 죽으심이라 이러므로 하나님이 그를 지극히 높여 모든 이름 위에 뛰어난 이름을 주사 하늘에 있는 자들과 땅에 있는 자들과 땅 아래에 있는 자들로 모든 무릎을 예수의 이름에 꿇게 하시고 모든 입으로 예수 그리스도를 주라 시인하여 하나님 아버지께 영광을 돌리게 하셨느니라 (빌 2:5-11)

그는 하나님의 본체요, 하나님과 동등한 분인데 그것을 내려놓고 종으로 오십니다. '하나님의 영광'과 '종으로 오셔서 자신을 내주어 죽는 것'이 묶여 있으니 둘이 같은 가치, 같은 목적, 같은 내용을 가집니다. 그러니 겁날 것이 없습니다. 생각해 봅시다. 우리가 건강과 물질을 추구하는 이유가 무엇입니까? 남들한테 밀리는 것이 두려운 것입니다. 부끄럽고 고통스럽기 때문입니다. 그러나 진실로 우리에게 두려운 고통은 본래 스스로 가지고 있던 것 아닙니까? 인생, 인간 됨이라는 것 자체에 깊은 허탈감이 드는 것이 가장 무섭습니다.

기독교 신앙의 위대함은 하나님이 우리를 사랑하신다는 데에 있습니다. 우리 죽음의 자리까지 쫓아 들어오시고 우리를 위하여 당신이 죽으실 수 있다는 것입니다. 그 이상 무엇을 바라겠습니까? 그런데 우리는 이것을 놓치고 사는 바람에 언제나 우리의 기도는 다시는 하나님 앞에 빌지 않게 해 달라는 것들을 구하고 있습니다. 세상에서 답을 찾을 수가 없어 하나님 앞에 오게 된 것이 복인 줄 모릅니다. 끊임없이 잘잘못, 성공과 실패로 구분을 지은 다음 인생에서 안 좋은 일이 벌어지면 하나님 앞에 분노를 터트립니다. '왜 이렇게 살게 하십니까? 인생이 이게 뭡니까?' 하고 말입니다. 이삭을 낳게 하신 하나님, 이삭을 잡으라고 하신 하나님, 그것을 통해 아브라함을 믿음의 조상으로 세워 우리 모두에게 걱정말라고 하시는 하나님에게 말입니다. 이런 우리에게 '나는 언제든지 너한테 필요한 것을 다 줄 수도 있고 거둬 갈 수도 있다. 주는 것이 네게 복이고 능력인 만큼 거둬 가는 것도 네게 능력이고 복이니라' 하시는 것입니다. 이것이 어떻게 말이 됩니까? 하나님이 뭐라고 하실까요? "예수를 보라. 성자 하나님이 인간으로 오셔서 고난 당하고 죽었다는 것이 말이 되느냐" 하며 우리에게 되물어 오실 것입니다.

빌립보서 2장 10절을 다시 봅시다. "하늘에 있는 자들과 땅에 있는 자들과 땅 아래에 있는 자들로 모든 무릎을 예수의 이름에 꿇게 하시고." 우리로서는 할 말이 없습니다. 죽음, 비난, 실패, 용서받을 수 없는 최고의 죄, 모든 것이 예수 앞에서 할 말을 잃습니다. 예수님이 용서 못할 사람은 없습니다. 그래서 우리가 예수 믿는 것 아닙니까? 우리는 좀 더 나은 사람들이라서 예수를 믿는 것이 아닙니다. "모든 입으로 예수 그리스도를 주라 시인하여 하나님 아버지께 영광을 돌리게 하셨느니라"(빌 2:11). 모든 무릎을 예수의 이름에 꿇게 하십니다. 엘리후와 세 친구에게 닫혀 있는 이것을 지금 욥기가 열어젖히고 있습니다.

믿음과 사랑에는 경계선이 없다

로마서 4장에 나온 아브라함 이야기로 다시 돌아가 봅시다.

> 아브라함이나 그 후손에게 세상의 상속자가 되리라고 하신
> 언약은 율법으로 말미암은 것이 아니요 오직 믿음의 의로 말
> 미암은 것이니라 만일 율법에 속한 자들이 상속자이면 믿음
> 은 헛것이 되고 약속은 파기되었느니라 율법은 진노를 이루
> 게 하나니 율법이 없는 곳에는 범법도 없느니라 (롬 4:13-15)

'율법으로 말미암은 것이 아니'라는 말씀이 무슨 뜻일까요? 율법은 잘잘못을 나누는 경계선입니다. 그러나 믿음은 그런 경계선으로 구분하는 것이 아닙니다. 믿음과 사랑에는 그런 경계선이 없습니다. 다 끌어안는 것입니다. 제가 제 손녀딸을 왜 사랑할 것 같습니까? 저도 그 이유를 모릅니다. 그런데 이유를 모른다고 사랑하지 않을 수 있습니까? 사랑이 뭔지 아십니까? 믿음이 뭔지 아십니까? 경계를 넘어서는 것입니다. 믿음으로 불렀다는 이야기는 그런 경계 없이, 조건 없이 하나님이 부르셨다는 말입니다. 그래서 아브라함을 세웁니다. 아브라함이 훌륭해서가 아니라, 아브라함을 세우자 아무도 할 말이 없게 된 것입니다.

> 그러므로 상속자가 되는 그것이 은혜에 속하기 위하여 믿
> 음으로 되나니 이는 그 약속을 그 모든 후손에게 굳게 하려
> 하심이라 율법에 속한 자에게뿐만 아니라 아브라함의 믿음
> 에 속한 자에게도 그러하니 아브라함은 우리 모든 사람의
> 조상이라 기록된 바 내가 너를 많은 민족의 조상으로 세웠
> 다 하심과 같으니 그가 믿은 바 하나님은 죽은 자를 살리시

아브라함이 믿은 하나님은 원칙에 매이시는 하나님이 아니라, 무에서 유를 창조하시는 하나님, 죽은 자를 살리시는 하나님입니다. 없는 것에서 있는 것을 만들어 낼 수 있고 거꾸로 가는 것을 뒤집을 수 있는 분입니다. 그 영역 바깥에 있는 사람은 없습니다. 그분의 영역에 안 걸릴 사람은 없습니다. "난 잘했어" 하는 당당한 사람과 "난 잘한 것이 없어"라고 말하는 사람, "그래, 나는 모르겠다. 맘대로 해라"라고 말하는 사람까지 다 들어갑니다. 무에서 유를 만들고 죽은 자를 살리실 수 있는 하나님이 아브라함을 믿음의 조상으로 세워 '아브라함이 누구냐'가 아니라 '하나님이 누구시냐'를 역사 속에서, 후에 오실 예수 그리스도 속에서 장차 하실 일들의 증거로 삼으셨답니다. 이것이 아니라면 예수 믿는 것은 헛것입니다.

만족을 달라고 하나님을 부르는 것이 아닙니다. 살려 달라고 부르는 것입니다. 우리를 위하여 그 아들을 보내신 하나님입니다. 아브라함을 불러 믿음의 조상으로 세운 하나님이시기 때문에 누구든지, 아무 때나, 언제나, 어디서나, 무슨 일로나 부를 수 있습니다. 하나님이 우리에게 당신을 누구라고 부르게 하십니까? 아버지라고 부르게 하십니다. "하나님 아버지!" 그러면 끝입니다. 군말할 것 없습니다. 욥기가 무슨 말을 하려고 여기 있는지 이제 이해하겠습니까? 우리가 하는 '예수를 믿습니다. 하나님은 우리의 아버지십니다'라는 신앙고백이 무슨 뜻인지 아시겠습니까? 그러면 이제 얼굴을 펴고 당당하게 살아갑시다.

기도

하나님 아버지, 은혜를 감사합니다. 하나님은 우리에게 자기 아들을 주신 분입니다. 우리를 사랑하시고 구원하시고 하나님의 영광된 이름을 주시려고 그 아들을 보내신 하나님이십니다. 이제 주의 말씀을 따라 우리의 자리, 우리의 형편, 우리의 못남 속에서 하나님을 부릅니다. 예수 안에서 하늘과 땅의 모든 것이 통일을 이룬 것처럼 우리의 인생과 운명도 예수 안에서 하나로 묶여 있다는 사실에 기뻐하며 자랑하며 승리하도록 우리 믿음의 식구들과 그 삶에 복 주옵소서. 예수님 이름으로 기도합니다. 아멘.

26 36:26 하나님은 높으시니 우리가 그를 알 수 없고 그의 햇수를 헤아릴 수 없느니라 27 그가 물방울을 가늘게 하시며 빗방울이 증발하여 안개가 되게 하시도다 28 그것이 구름에서 내려 많은 사람에게 쏟아지느니라 29 겹겹이 쌓인 구름과 그의 장막의 우렛소리를 누가 능히 깨달으랴 30 보라 그가 번갯불을 자기의 사면에 펼치시며 바다 밑까지 비치시고 31 이런 것들로 만민을 심판하시며 음식을 풍성하게 주시느니라 32 그가 번갯불을 손바닥 안에 넣으시고 그가 번갯불을 명령하사 과녁을 치시도다 33 그의 우레가 다가오는 풍우를 알려 주니 가축들도 그 다가옴을 아느니라 37:1 이로 말미암아 내 마음이 떨며 그 자리에서 흔들렸도다 2 하나님의 음성 곧 그의 입에서 나오는 소리를 똑똑히 들으라 3 그 소리를 천하에 펼치시며 번갯불을 땅 끝까지 이르게 하시고 4 그 후에 음성을 발하시며 그의 위엄 찬 소리로 천둥을 치시며 그 음성이 들릴 때에 번개를 멈추게 아니 하시느니라 5 하나님은 놀라운 음성을 내시며 우리가 헤아릴 수 없는 큰 일을 행하시느니라 6 눈을 명하여 땅에 내리라 하시며 적은 비와 큰 비도 내리게 명하시느니라 7 그가 모든 사람의 손에 표를 주시어 모든 사람이 그가 지으신 것을 알게 하려 하심이라 8 그러나 짐승들은 땅 속에 들어가 그 처소에 머무느니라 9 폭풍우는 그 밀실에서 나오고 추위는 북풍을 타고 오느니라 10 하나님의 입김이 얼음을 얼게 하고 물의 너비를 줄어들게 하느니라 11 또한 그는 구름에 습기를 실으시고 그의 번개로 구름을 흩어지게 하시느니라 12 그는 감싸고 도시며 그들의 할 일을 조종하시느니라 그는 땅과 육지 표면에 있는 모든 자들에게 명령하시느니라 13 혹은 징계를 위하여 혹은 땅을 위하여 혹은 긍휼을 위하여 그가 이런 일을 생기게 하시느니라 (욥 36:26-37:13)

엘리후 _ 하나님은 인과율에 따라 일하신다

본문은 엘리후의 마지막 권면이자 꾸중이며 일종의 변론입니다. 이 내용은 38장 이후에 하나님이 등장하셔서 하시는 말씀과 매우 흡사합니다. 비 이야기가 나오고 눈 이야기가 나오고 바람 이야기가 나옵니다. 이렇게 창조 세계의 엄위함 속에서 엘리후는 하나님의 크심을 발견하고 그것을 들어 욥의 반대와 고집을 꺾으려 하고 있습니다.

보상을 끊으신 하나님

이 시점에서 우리는 욥기의 대전제를 다시 한번 기억할 필요가 있습니다. 욥기는 이렇게 시작했습니다. 하늘 회의에 참석한 사탄이 하나님과 논쟁을 벌입니다. 사탄의 주장은 이랬습니다. "욥이 받은 복은 그의 성실함에 대한 하나님의 보상이었습니다. 그러니 이제 보상해 주지 말아 보십시오." 사탄의 내기에 대해 하나님이 흔쾌히 동의하셨습니다. 욥의 잘못 때문에 고난을 주신 것이 아니라, 욥의 성실함에 대해 보상을 안 하기로 하신 것입니다. 그러자 욥은 고난 때문에 괴로워하고, 친구들은 이 고난이 욥의 잘못으로 일어난 결과라고 지적했습니다. 욥의 답답하고 억울한 심정이 이해됩니까? 욥의 입장에서 보면, 자기가 잘못한 것이 아니라 하나님이 잘못한 것입니다. 욥은 자기 할 일을 다 했고 하나님이 보상하시지 않은 것인데, 친구들이 와서 뭐라고 찔렀습니까? "네가 잘못해서 이런 결과가 뒤따른 것이다." 이에 대해 욥은 "그렇지 않다. 나는 잘못한 것이 없다." 그렇게 긴 논쟁이 이어졌고 이제 논쟁이 끝나자 친구들은 할 말이 없어졌습니다. 왜냐하면 욥에게서 잘못을 찾을 수 없고, 하나님이 잘못했을 리도 없으니 할 말이 없어진 것입니다. 그래서 엘리후가 등장합니다.

엘리후가 맡은 역할은 무엇입니까? 그는 세 친구들의 비난으로 만신창이가 된 욥에게 와서 확인 사살을 합니다. '하나님이 얼마나 공의로우신 분인가. 하나님이 얼마나 크신 분인가. 너와 하나님 중에 하나님이 잘못했겠는가 아니면 네가 잘못했겠는가' 하고 묻습니다. 엘리후는 창조 세계를 근거로 이야기를 펼칩니다. '창조 세계를 보라. 그 질서와 경이로움을 보라. 천둥소리를 들어 보라. 번갯불을 보라. 폭풍우를 보라. 바람이 부는 것을 보았느냐? 비가 헛되이 내리는 것을 보았느냐? 이해할 수 없고 측량할 수 없는 하나님의 지혜와 능력과 솜씨를 보라.' 엘리후는 신앙의 견고한 틀을 재차 강조하면서 창조 세계에 나타난 하나님의 완전하심을 근거로 논리를 펼칩니다. 잘못이 있다면 전적으로 인간에게 있지 하나님에게는 있을 수 없다는 방향으로 몰고 갈 뿐, 욥에게 답을 요구하지는 않습니다. 이 문제에 대해 욥은 이미 세 친구들에게 대답했기 때문입니다. 엘리후의 말이 그치자 곧바로 하나님이 말씀하십니다. 엘리후와 하나님 사이에 어떤 연속성과 어떤 불연속성이 있는가는 이어지는 하나님의 답변 속에서 찾아볼 것입니다.

사탄과 하나님의 싸움에서 가장 중요한 것은 '욥에게 보상을 중단해도 그가 과연 신앙을 지키는가' 하는 문제였습니다. 이해할 수 없는 고난 속에서 욥이 찾은 단 하나의 해결책은 '죽어 버리자'였습니다. 우리도 자주 하는 말입니다. '죽어 버리자!' 그런데 욥의 시험에 단서가 붙어 있었던 것 기억나십니까? 사탄이 건 내기에서 하나님이 '욥을 죽이지는 마라!'라고 단서를 붙이셨습니다.

죽을 수도 없는 욥

욥기 후반부로 갈수록 우리는 서두에 나왔던 조건들을 놓치곤 합니다. 하나님이 보상을 중단했다는 사실과 욥이 죽을 수 없다는 두 가지 조건 말입니다. 죽어 버리는 게 제일 간단해 보이는 상황에서 욥은 죽을 수도 없는 것입니다. 우리도 삶에 문제가 닥치면 자책과 회개로 돌아가서 문제를 쉽게 풀려고 하거나 아니면 죽어 버리려고 합니다. 그런데 고난은 그렇게 간단히 풀 수 있는 문제가 아닙니다. 욥기 설교를 시작할 때 했던 이런 표현을 기억하실 것입니다. '하나님은 당신의 명예를 욥에게 걸었다.' 욥의 고난은 그저 한 사람을 시험하는 이야기에 불과한 것이 아니라 사탄의 거부와 불만 앞에 하나님이 공정하게 수락하신 내기입니다. 사실 우리 모두는 우리가 겪는 신앙 현실 속에서 단지 자신의 인생만을 책임지면 되는 평범한 한 사람으로 존재하는 것이 아니라 하나님의 명예를 위탁받은 자로 존재합니다. 대단한 명예입니다. 그런 시각에서 욥기를 읽어야 합니다.

욥기 31장을 다시 봅시다. 욥이 세 친구들의 입을 막고 마지막 선언을 하는 자리인데, 막판에 이렇게 고함을 지릅니다.

내가 언제 다른 사람처럼 내 악행을 숨긴 일이 있거나 나의 죄악을 나의 품에 감추었으며 내가 언제 큰 무리와 여러 종족의 수모가 두려워서 대문 밖으로 나가지 못하고 잠잠하였던가 누구든지 나의 변명을 들어다오 나의 서명이 여기 있으니 전능자가 내게 대답하시기를 바라노라 나를 고발하는 자가 있다면 그에게 고소장을 쓰게 하라 내가 그것을 어깨에 메기도 하고 왕관처럼 머리에 쓰기도 하리라 내 걸음의 수효를 그에게 알리고 왕족처럼 그를 가까이 하였

으리라 만일 내 밭이 나를 향하여 부르짖고 밭이랑이 함께
울었다면 만일 내가 값을 내지 않고 그 소출을 먹고 그 소
유주가 생명을 잃게 하였다면 밀 대신에 가시나무가 나고
보리 대신에 독보리가 나는 것이 마땅하니라 하고 욥의 말
이 그치니라 (욥 31:33-40)

욥은 지금 자신이 옳다고 고함을 지르는 것이 아닙니다. '나는
비겁하게 도망가지 않겠다. 나에게 일어난 일에 대하여 하나님
의 답을 듣고 싶다. 이것은 분명히 내가 이전에 이해하던 것과는
다른 경험이다. 나는 잘못한 것 없이 이 자리에 왔다. 만일 내가
잘못한 일이 있다고 한다면 대충 얼버무리며 넘어가고 싶지 않
다. 내가 걸어온 길에 어떤 책임질 일이 있어서 꾸중을 들어야
한다면 그 꾸중도 달게 받겠다' 하는 자리까지 나온 것입니다.
이 자리까지 어떻게 나오게 되었습니까? 죽을 수도 없으니 나오
게 되었습니다. 이 대목이 중요합니다.

　　신앙 인생에서 죽는 것조차 내 마음대로 되지 않았던 경험
을 해 본 적이 있습니까? 어려움에 봉착하면 제일 많이 떠올리
는 해결책이 죽음입니다. 속 썩이는 자식들을 보며 '저것들, 내
가 확 죽어 버리면 부모 그늘이 얼마나 큰지 그때 가서야 알 거
야' 하는 생각이 치밀 때가 있습니다. 그런데 그렇다고 죽어 버
리면 안 됩니다. 말만 그렇게 하고, 살아서 애들 크는 것을 봐야
합니다. 마지막에 엘리후가 나타나 창조를 거론하면서 욥을 무
릎 꿇리려는 논리, 그의 이해와 확신은 이것입니다. '하나님은

이 큰 세계, 이 경이로운 세계를 만드신 높으신 분인데, 그 세계 속의 한 인간에 불과한 네가 어떻게 옳겠느냐? 네가 이해되지 않는다고 해서 하나님에게 불의나 부조리가 있을 수 있겠느냐?' 바로 이 자리가 답이 풀리는 자리입니다. 창조 자체만으로도 말입니다.

열려 있는 창조의 틀

엘리후가 이해하는 하나님의 속성과 관련하여 생각해 볼 신약의 본문이 있습니다. 마태복음 25장에는 달란트 비유가 나옵니다. 여기서는 한 달란트를 받은 사람에 초점을 두어 살펴보겠습니다. 24절부터 봅시다.

> 한 달란트 받았던 자는 와서 이르되 주인이여 당신은 굳은 사람이라 심지 않은 데서 거두고 헤치지 않은 데서 모으는 줄을 내가 알았으므로 두려워하여 나가서 당신의 달란트를 땅에 감추어 두었었나이다 보소서 당신의 것을 가지셨나이다 그 주인이 대답하여 이르되 악하고 게으른 종아 나는 심지 않은 데서 거두고 헤치지 않은 데서 모으는 줄로 네가 알았느냐 그러면 네가 마땅히 내 돈을 취리하는 자들에게나 맡겼다가 내가 돌아와서 내 원금과 이자를 받게 하였을 것이니라 하고 그에게서 그 한 달란트를 빼앗아 열 달란트 가진 자에게 주라 무릇 있는 자는 받아 풍족하게 되

고 없는 자는 그 있는 것까지 빼앗기리라 이 무익한 종을 바깥 어두운 데로 내쫓으라 거기서 슬피 울며 이를 갈리라 하니라 (마 25:24-30)

이 비유에서 한 달란트 받은 사람이 이해하는 주인의 이미지는 굳은 사람입니다. 경직된 사람이고, 융통성이 없는 사람이라고 생각하는 것입니다. 주인은 법칙을 기계적으로 적용하는 사람에 불과할 뿐 인격자가 아니라는 것입니다. '당신은 굳은 사람이라 심지 않은 데서 거두고 헤치지 않은 데서 모으는 줄을 내가 알았으므로 두려워하여 나가서 당신의 달란트를 땅에 감추어 두었었나이다 보소서 당신의 것을 가지셨나이다'(마 25:24-25). 우리 식으로 표현하면 '주인님은 일을 맡기고 나서는 결과만 체크하는 사람인 줄을 제가 알았기 때문에 감히 모험을 할 수 없었습니다. 그래서 여태 감추어 놓았다가 그대로 돌려 드립니다'라는 말입니다. 이에 주인이 뭐라고 합니까? '악하고 게으른 종아'(마 25:26)라며 꾸짖습니다. 욥기 37장에서 창조 세계를 들어 하나님을 설명하려고 했던 엘리후가 드러낸 치명적 약점은 무엇입니까? 하나님에 대해 오직 인과율로 통치하시는 분이라고 이해했다는 점입니다. 인과율이 전부인 하나님이니 그 앞에 항복하라고 소리 높였던 것입니다.

여태 예수를 안 믿다가 어느 날 결단해서 믿게 된 사람이라면 대개 회개의 눈물을 흘려 보았을 것입니다. 그 눈물은 잘못을 고백하는 눈물이기보다 자기가 잘못한 줄도 몰랐을 때, 자신이 죄인이었을 때 하나님이 예수 안에서 자기를 받아 주셨다는 사실을 확인하는 눈물입니다. 회개란 그렇습니다. 회개의 결과로 우는 것이 아니라 자신의 존재가 받아들여졌다는 감동이 눈물로 터져 나오는 것입니다. 흔히 이 순서를 오해하는데, 회개의 감격은 죄인인 자신을 받아 준 은혜에 대한 것입니다.

흔히 기독교의 핵심으로 손꼽는 단어는 구원입니다. 구원은 누가 와서 꺼내 준 것입니다. 보상도 아니고 심사도 아닙니다. 그러니 예수 믿고 나서 잘하라는 뜻이 아닙니다. 예수는 우리가 아직 죄인이었을 때 우리를 위하여 죽으러 오셨습니다. 시작이 그렇습니다. 그런데 우리는 엘리후가 하듯이, 자꾸 기독교를 제한하고 닫아 버립니다. 옳고 그름을 가려내서 닫아 버립니다.

구약성경을 보면, 아브라함이 믿음이 좋아 하나님을 찾아간 것이 아니라 하나님이 먼저 당신을 아브라함에게 나타내 보이신 사실을 확인하게 됩니다. 하나님이 아브라함을 불러 '내가 너로 열국의 아비가 되게 하고 내가 너로 복의 근원을 삼겠다'라고 말씀하시며 아브라함의 하나님이 되어 주십니다. 하나님이 세상을 살피시다가 그중 제일 괜찮은 사람을 불러 당신의 임무를 위탁한 것이 아니라, 갈대아 우르에서 하나님을 믿지 않고 살아가던 한 이름 없는 사람을 불러 그와 약속하십니다. 거룩한 백성과 나라와 후사를 약속하십니다. 그렇게 아브라함은 믿음의 조상이 됩니다. 구약에서나 신약에서나 동일하게 예수는 죄인을 위하여 오십니다. 가난한 자와 병든 자를 위하여 오십니다. 용서하러 오십니다. 섬김을 받으러 오시지 않고 우리를 섬기러 오십니다. 심판하러 오시지 않고 구원하러 오십니다. 높으신 하나님이 우리를 사랑하십니다. 그의 자비와 긍휼과 용서와 능력으로 얼마든지 부르시는 것입니다. 활짝 열려 있습니다.

누가복음 15장에 가면, 창조라는 것이 얼마나 열려 있는 틀인가를 보여 주는 탕자의 비유가 나옵니다. 탕자의 비유는 이런 내용입니다. 두 아들이 있는데, 둘째가 아버지에게 자기 몫의 재산을 미리 떼어 달라고 합니다. 그래서 아버지가 나눠 줍니다. "너 제정신이냐? 너 어디 가려고 그러냐?" 하지 않고 나눠 줍니다. 그래서 아들이 그 재산을 가지고 나가서 허랑방탕하게 지내다가 쫄딱 망해서 굶어 죽게 되는 자리까지 이릅니다. 돼지가 먹는 쥐엄 열매를 먹으려고 구하는데, 그것마저도 얻을 수 없자 무슨 생각을 하게 됩니까?

> 이에 스스로 돌이켜 이르되 내 아버지에게는 양식이 풍족한 품꾼이 얼마나 많은가 나는 여기서 주려 죽는구나 내가 일어나 아버지께 가서 이르기를 아버지 내가 하늘과 아버지께 죄를 지었사오니 지금부터는 아버지의 아들이라 일컬음을 감당하지 못하겠나이다 나를 품꾼의 하나로 보소서 하리라 하고 (눅 15:17-19)

밖에 나가 살아 보니까 아버지가 얼마나 자비하고 공정한 분인지를 알게 된 것입니다. 이 세상에 아버지만한 사람이 없다는 것을 깨닫고 아들로서의 환대는 바라지도 않고 다만 품꾼의 하나로 써 달라며 돌아옵니다. 그런데 아버지가 어떻게 나옵니까? "이에 일어나서 아버지께로 돌아가니라 아직도 거리가 먼데 아버지가 그를 보고 측은히 여겨 달려가 목을 안고 입을 맞추니"(눅 15:20). 발 벗고 쫓아 나와서 잘 왔다고 와락 품어 주는 장면입니다. 목을 안고 입을 맞춥니다. 작은아들은 '아버지 내가 하늘과 아버지께 죄를 지었사오니 지금부터는 아버지의 아들이라 일컬음을 감당하지 못하겠나이다'(눅 15:21) 하며 돌아옵니다.

이 비유에서 눈여겨볼 점은 작은아들이 집 나갔다가 돌아오는 이야기를 아홉 절에 걸쳐 묘사한 반면, 그 이후의 이야기를 위해서는 더 많은 구절이 할애되어 있다는 점입니다. 아들이 나갔다가 돌아왔다는 데에 비유의 초점이 있지 않다는 것입니다. 그렇다면 이 비유로 말하고자 하는 바는 무엇일까요? 예수님은 이 비유를 통해 무슨 이야기를 하시려는 걸까요? 아들이 돌아온 이후의 이야기를 살펴봅시다. 아버지가 돌아온 아들을 위하여 잔치를 베풀자, 일을 마친 맏아들이 귀가하다가 이 소식을 듣고 분노합니다.

그가 노하여 들어가고자 하지 아니하거늘 아버지가 나와서 권한대 아버지께 대답하여 이르되 내가 여러 해 아버지를 섬겨 명을 어김이 없거늘 내게는 염소 새끼라도 주어 나와 내 벗으로 즐기게 하신 일이 없더니 아버지의 살림을 창녀들과 함께 삼켜 버린 이 아들이 돌아오매 이를 위하여 살진 송아지를 잡으셨나이다 아버지가 이르되 얘 너는 항상

나와 함께 있으니 내 것이 다 네 것이로되 이 네 동생은 죽
었다가 살아났으며 내가 잃었다가 얻었기로 우리가 즐거
워하고 기뻐하는 것이 마땅하다 하니라 (눅 15:28-32)

작은아들은 죽었다가 살아났습니다. 죽었다가 살아났다는 것은
그전에는 진정한 의미에서 아버지의 아들이 아니었다는 뜻입니
다. 나갔다가 돌아와서 비로소 아버지의 진정한 아들이 된 것입
니다. 그런 의미에서 보면 큰아들은 지금 죽은 상태일지 모릅니
다. 이 비유의 중요한 핵심입니다. 그래서 큰아들이 "나는 집 나
가지도 않고 성실히 일했는데 한 번도 잔치를 열어 주지 않으시
더니 나가서 재산을 다 날린 놈에게 웬 잔치입니까?" 하자, 아버
지가 "이 철없는 놈아, 내 것이 다 네 것 아니냐" 했다는 이야기
입니다. 얼마나 고마운 말씀인지 모릅니다.

이처럼 창조 세계는 성실한 조건과 그것을 만족시키는 보
상 즉 인과관계로 설명되는 세계가 아니라 하나님이 우리를 깨
우치시기 위해 더 큰 자리를 열어 놓고 부르시는, 모험과 선택
이 허락되어 있는 열린 세계입니다. 나가겠다고 하면 내보내시
는 아버지의 무시무시한 다스리심을 창조 세계가 증언하고 있
습니다.

성경에는 온갖 사람이 다 등장합니다. 위대한 사람만이 아
니라 비열한 사람도 등장합니다. 거기에는 투정이 있고 돌이킴
이 있습니다. 회복이 있고 기적이 있습니다. 위로하심이 있으며
다시 주어지는 기회가 있습니다. 우리가 흔히 생각하는 것처럼

옳고 그름이 분명하게 나뉘며 모든 사람에게 규칙대로 정의가 시행되는 공명정대함 정도가 아닙니다. 훨씬 더 크고 깊고 풍성한 내용과 자유가 있습니다. 이것이 욥기가 하고 싶은 이야기입니다.

영광으로 초대된 인생

창조는 인과관계와 같은 틀 속에 가둘 수 있는 것이 아니라 하나님이 일하시는 무대이며, 하나님의 능력과 하나님이 우리에게 허락하신 무한한 자유 속에 열어 놓으신 하나님의 초대입니다. 우리 인생이 그런 것처럼 말입니다. 그런데 우리는 매일 밤 잠자리에 들기 전, "하나님, 오늘 하루도 말씀대로 살지 못했습니다. 잘못했습니다. 내일은 말씀대로 살 힘을 주옵소서" 이렇게 기도하고 하루를 묻어 버립니다. 그리고 다음 날 똑같은 잘못을 반복하면서 살아갑니다. 매 주일 예배 시간에 대표기도를 들으며 모두가 아멘 하는 내용이 무엇입니까? "지난 일주일 동안 말씀대로 살지 못했습니다. 용서해 주십시오. 이제 다시 잘 살겠습니다." 매주 이런 기도를 반복합니다. 한 번도 개선된 적 없는 기도입니다.

이는 잘잘못의 문제가 아닙니다. 정답은 분명히 알고 있는데, 현실에서는 그렇게 살지 못합니다. 도전해 오는 현실이 어렵기도 하거니와 우리 자신이 그것을 이겨 내지 못합니다. 왜 그런 역사를 하나님은 몇 천 년 동안 끌어오고 계실까요? 예수님이 오신 이후에도 왜 이천 년을 끌고 계실까요? 그것은 다 부정적이고 말이 안 되는 유보와 연장에 불과한 것일까요? 그렇게 생각하는 것은 하나님을 너무 무시하는 것입니다. 그렇게 이야기하는 것은 말씀으로 천지를 지으신 하나님, 그 아들을 보내신 하나님을 무책임한 분으로 여기는 것입니다.

각자의 인생을 생각해 봅시다. 답답하고 자책할 것밖에 없고 내세울 것 없고 그렇다고 도망갈 수도 없는 보통의 삶 말입니다. 모두에게 자책거리만 있을 뿐 자랑할 것이 없고 선택의 여지도 없이 내몰리는 도망갈 곳 없는 그 속에서 하나님은 무엇을 묻고 계실까요? "너 이래도 믿을래? 무엇을 기대하고 있어?" 하고 물으십니다. 우리는 무엇을 믿고 있습니까? 엘리후가 이야기한 것처럼, 세 친구가 이야기한 것처럼, 정답은 너무 뻔한데 그 정답으로는 우리의 인생이 다 담아지지 않고 설명되지도 않습니다. 그것을 열어 놓는 책이 욥기입니다.

하나님이 누구신지, 우리 아버지가 어떤 분인지 더 많이 배워야 합니다. 하나님이 나타나서 정의를 실현하고 우리의 간구에 답하시는 것만으로는 얻을 수 없는 가치가 있습니다. 각자의 인생을 살아가면서 자신의 무지와 유한함과 나태함과 무력함을 지닌 채 살아가야 하는 나날들에 대한 회한과 분노와 체념과 간절함 때문에 우리 안에 생기는 무엇인가가 있다는 뜻입니다.

일차적으로 우리는 입바른 소리를 할 수 없는 존재라는 것을 배웁니다. 다른 사람에게 일어나는 일에 대해 함부로 말할 수 없는 경우들이 생깁니다. 자신의 인생에 대해 자랑할 수 없는 것은 물론입니다. 그것은 다만 어두움일까요, 실패일까요, 잘못일까요? 그런데 어두움 같고 실패 같고 잘못인 것 같은 인생들이 더 많습니다. 아브라함 링컨 같은 특별한 인생을 살았던 사람은 매우 드뭅니다. 그렇다면 이런 특별한 사람 말고 나머지는 다 죽으라는 이야기입니까? 역사 속에 그냥 이름 없이 살다간 무수한 사람들의 생애는 다 무시하고, 몇몇 사람들만 데리고 일하기로 작정한 하나님이란 말입니까? 세상을 구원하기 위하여 당신의 아들을 보내고 '누구든지 그를 믿으면'이라고 했는데, 우리는 그냥 다 꽝이란 말입니까? 그럴 수는 없습니다. 욥기는 이 이야기를 하는 것입니다.

우리는 엘리후처럼 '하나님이 얼마나 크신가, 하나님이 얼마나 높으신가'라는 설명으로 끝내서는 안 됩니다. 그보다 더 나아가서 '범상하고 평범하고 내세울 것 없고 아무것도 아닌 우리 인생이 예수의 보혈로 값 주고 사실 만큼 하나님에게 필요한 존재란 말인가'라는 물음으로 자신의 생애를 돌아보기 시작해야 합니다. 그때 비로소 하나님이 누구신가에 대하여 무엇으로도 설명할 수 없는 이해의 자리로 나아가게 될 것입니다. 무한한 사랑과 관련한 이러한 하나님의 속성에 대해서는 우리에게 새롭게 주신 계명을 통해 확인해 볼 수 있습니다.

예수께서 사두개인들로 대답할 수 없게 하셨다 함을 바리새인들이 듣고 모였는데 그 중의 한 율법사가 예수를 시험하여 묻되 선생님 율법 중에서 어느 계명이 크니이까 예수께서 이르시되 네 마음을 다하고 목숨을 다하고 뜻을 다하여 주 녀의 하나님을 사랑하라 하셨으니 이것이 크고 첫째 되는 계명이요 둘째도 그와 같으니 네 이웃을 네 자신 같이 사랑하라 하셨으니 이 두 계명이 온 율법과 선지자의 강령이니라 (마 22:34-40)

가장 큰 계명은 무엇입니까? 율법은 무엇입니까? 율법은 잘못을 범하지 않고 틀리지 않아야 하는 것이 아니라고 합니다. 그것은 나가고 더 나가고 끝없이 더 나가는, 무한하게 열려 있는 영광과 축복으로의 초대입니다. 이 율법 즉 '네 마음과 뜻과 정성을 다하여 하나님을 사랑하고 네 이웃을 사랑하라'라는 요구 속에는 우리를 향하신 하나님의 마음이 반영되어 있습니다. 하나님은 마음을 다하고 뜻을 다하고 능력을 다하여 우리를 사랑하십니다. 그것은 예수 그리스도를 통하여 역사 속에서 증명된 사실입니다. 또한 우리를 그렇게 부르십니다. 그것이 기독교 신앙이며 성경이 말하는 하나님입니다. 우리가 늘 조마조마해하고 미안해하고 민망해하면서 기도하는 대상입니다.

자신감을 가지십시오. 우리의 실수와 부족함과 못난 것에도 불구하고 하나님은 우리의 하나님이기로 작정하셨고 그 뜻을 멈추지 않기로 하셨습니다. 우리가 누구에게나 욕먹고 다닐 수 있지만, 하나님에게는 아니기 때문에 이 신앙에 감사하는 것입니다. 이 예수를 '모두'에게 전하는 것입니다. 그 모두라는 말에 제한을 두지 마십시오. 모두에게 열 수 있다면 우리 자신에게도 열 수 있습니다. 이것이 욥의 자리입니다. 기독교 신앙의 주인이신 우리 아버지가 누구신지를 기억하여 삶을 기쁘고 자신 있고 담대하게 사십시오.

기도

하나님 아버지, 은혜를 감사합니다. 하나님을 아버지라 부르니 무슨 다른 조건이 필요하겠습니까? 우리는 종종 스스로를 제한하고 하나님을 제한합니다. 하나님은 그 아들까지 주셨는데, 우리는 그 사랑을 이해하지 못하고 있습니다. 우리의 못난 것에 붙들려 늘 허우적대고 있습니다. 이제 믿음을 가지고 우리 인생을 자신 있게 살아가게 하옵소서. 지고 틀리고 후회하고 울면서도 하나님의 자녀라는 믿음 갖고 견디게 하옵소서. 하나님이 우리에게 권능과 기적과 복을 내리신다는 것을 알게 하사 기다릴 줄 아는 믿음을 주옵소서. 우리의 못난 것을 감내할 믿음을 주옵소서. 예수님 이름으로 기도합니다. 아멘.

27 38:1 그 때에 여호와께서 폭풍우 가운데에서 욥에게 말씀하여 이르시되 2 무지한 말로 생각을 어둡게 하는 자가 누구냐 3 너는 대장부처럼 허리를 묶고 내가 네게 묻는 것을 대답할지니라 4 내가 땅의 기초를 놓을 때에 네가 어디 있었느냐 네가 깨달아 알았거든 말할지니라 5 누가 그것의 도량법을 정하였는지, 누가 그 줄을 그것의 위에 띠웠는지 네가 아느냐 6 그것의 주추는 무엇 위에 세웠으며 그 모퉁잇돌을 누가 놓았느냐 7 그 때에 새벽 별들이 기뻐 노래하며 하나님의 아들들이 다 기뻐 소리를 질렀느니라 8 바다가 그 모태에서 터져 나올 때에 문으로 그것을 가둔 자가 누구냐 9 그 때에 내가 구름으로 그 옷을 만들고 흑암으로 그 강보를 만들고 10 한계를 정하여 문빗장을 지르고 11 이르기를 네가 여기까지 오고 더 넘어가지 못하리니 네 높은 파도가 여기서 그칠지니라 하였노라 (욥 38:1-11)

하나님 _ 너는 이것들을 알아야 한다

드디어 하나님이 등장하셨습니다. 긴 싸움과 고통이 이제 끝날 것 같습니다. 그러나 만만치 않습니다. 하나님이 등장하셔서 단순히 누가 잘했는지 누가 잘못했는지 판결을 내린 다음 보상해 주시는 것으로 끝나지 않고 여태껏 일어난 일들이 어떤 결론으로 가야 하는지, 어떻게 인도되고 결말지어지는지가 명확하지 않고 어렴풋이 드러나기 때문입니다. "무지한 말로 생각을 어둡게 하는 자가 누구냐"라는 2절 말씀은 누구에게 하신 말씀입니까? 그냥 읽으면 욥에게 하신 말씀 같습니다. 그런데 혹시 엘리후에게 하신 말씀은 아닐까요? 앞 장에서도 말씀드렸듯이, 하나님은 엘리후의 강화, 주장, 권면을 근거로 해서 혹은 엘리후의 말에 이어서 등장하시기 때문입니다. 엘리후가 다루는 주제의 끝자락을 잡고 하나님이 결론으로 이어가시기 때문에, 하나님이 엘리후를 보강하는 것인지 아니면 하나님이 엘리후와 대비되는 것인지 사실 이해하기가 쉽지 않습니다.

너는 내 말에 대답하라

먼저 본문 3절에 나온 "너는 대장부처럼 허리를 묶고 내가 네게 묻는 것을 대답할지니라"라는 말씀을 생각해 봅시다. '너는 대장부처럼 내 말에 대답하라'라는 말은 한마디로 '너는 누구냐'를 묻는 것입니다. 그런 다음에 이어지는 "너 내가 이런 일, 저런 일 할 때 보았느냐? 너 그것 아느냐? 네가 아느냐?"라는 말은 하나님이 홀로 일하셨다는 말씀이기도 하고, 한편으로는 너는 당연히 이런 일들을 알아야 하지 않느냐는 말이기도 합니다. 이를 전문용어로는 수사적 반어법이라 하는데, 욥에게 '너는 여기까지는 올 수 없다'라며 그의 한계를 지적하는 말일 수도 있고, 당연히 알아야 하는데 뭐하고 있느냐고 꾸짖는 말일 수도 있습니다.

38장 내내 나오는 '너는 아느냐'라는 말과 3절에 나오는 '너는 대장부처럼 허리를 묶고 내가 묻는 것을 대답할지니라'라는 말씀은 마찬가지로 '너 감히 대들지 마라'인지 아니면 '너 그렇게 도망가지 마라'인지 알 수가 없습니다. 둘은 엄연히 다릅니다. 우리는 보통 '너 감히 대들지 마라'로 읽습니다. 엘리후나 세 친구가 집요하게 주장했던 공통된 내용은 '하나님은 높으시고 공의로우신 분이다. 네가 틀렸지 하나님이 틀렸을 리는 없다. 그리고 다 알려고 하지 마라'였습니다. 그런데 욥은 지지 않고 계속 '아니다. 나는 하나님에게 물어봐야겠다. 너희가 하는 이야기로는 답이 되지 않는다'라며 반박하였습니다. 그런데 만일 이 말을 하나님이 욥에게 '너 감히 나한테 대드느냐'라는 말씀으로 이해하면, 세 친구가 틀렸고 욥이 세 친구를 용서해야 하는 것으로 끝나는 욥기의 결론과는 사실 맞지 않습니다. 욥이 옳았다는 결론이라면 '너는 감히 대들지 마라. 알려고 하지 마라'가 아니라 '이것은 네가 당연히 알아야 하는 일이다. 너는 더욱 용감해야 하고, 더욱더 앞으로 나아가야 한다'라는 뜻이어야 합니다. 이것이 무슨 이야기인지 출애굽기 3장에 나온 모세의 이야기에 비추어 살펴봅시다. 하나님이 모세를 부르시는 장면입니다.

여호와께서 그가 보려고 돌이켜 오는 것을 보신지라 하나님이 떨기나무 가운데서 그를 불러 이르시되 모세야 모세야 하시매 그가 이르되 내가 여기 있나이다 하나님이 이르시되 이리로 가까이 오지 말라 네가 선 곳은 거룩한 땅이니 네 발에서 신을 벗으라 또 이르시되 나는 네 조상의 하나님이니 아브라함의 하나님, 이삭의 하나님, 야곱의 하나님이니라 모세가 하나님 뵈옵기를 두려워하여 얼굴을 가리매 여호와께서 이르시되 내가 애굽에 있는 내 백성의 고통을 분명히 보고 그들이 그들의 감독자로 말미암아 부르짖음을 듣고 그 근심을 알고 내가 내려가서 그들을 애굽인의

손에서 건져내고 그들을 그 땅에서 인도하여 아름답고 광
대한 땅, 젖과 꿀이 흐르는 땅 곧 가나안 족속, 헷 족속, 아
모리 족속, 브리스 족속, 히위 족속, 여부스 족속의 지방에
데려가려 하노라 이제 가라 이스라엘 자손의 부르짖음이
내게 달하고 애굽 사람이 그들을 괴롭히는 학대도 내가 보
았으니 이제 내가 너를 바로에게 보내어 너에게 내 백성 이
스라엘 자손을 애굽에서 인도하여 내게 하리라 (출 3:4-10)

무시무시하고 영광스러운 하나님의 부르심입니다. 이 부르심에
모세는 이렇게 답합니다. "모세가 하나님께 아뢰되 내가 누구이
기에 바로에게 가며 이스라엘 자손을 애굽에서 인도하여 내리이
까"(출 3:11). 개역개정 성경에는 '내가 누구이기에'라고 되어 있
는데, 개역한글 성경에서는 '내가 누구관대'라고 되어 있어 조금
더 구어체에 가까워 의미가 확 와닿습니다. '내가 누구관대 바로
에게 가며'라는 모세의 말은 무슨 뜻입니까? '하나님이 하나님
이신 것은 알겠습니다. 하지만 여태껏 침묵하시다가 어느 날 갑
자기 나타나셔서는 저더러 가라고 하면 저는 그냥 가야 하는 것
입니까? 저를 설득하시든가 바로 앞에 설 만큼 준비를 시키든가
하셔야지 양 떼를 치다 생각 없이 여기까지 이르렀는데 갑자기
밑도 끝도 없이 가라고 하실 수 있는 것입니까?'라는 뜻입니다.
'밑도 끝도 없이'라는 말, 이해되십니까?

욥기 7장에 가면, 욥이 어려움을 당하자 정신이 나가서 맨
처음 보인 반응이 나옵니다. 욥은 자기가 당한 고통이 해결되지

도 않고 그렇다고 하나님을 외면할 수도 없어서 이렇게 부르짖었습니다.

> 사람이 무엇이기에 주께서 그를 크게 만드사 그에게 마음을 두시고 아침마다 권징하시며 순간마다 단련하시나이까 주께서 내게서 눈을 돌이키지 아니하시며 내가 침을 삼킬 동안도 나를 놓지 아니하시기를 어느 때까지 하시리이까 사람을 감찰하시는 이여 내가 범죄하였던들 주께 무슨 해가 되오리이까 어찌하여 나를 당신의 과녁으로 삼으셔서 내게 무거운 짐이 되게 하셨나이까 주께서 어찌하여 내 허물을 사하여 주지 아니하시며 내 죄악을 제거하여 버리지 아니하시나이까 내가 이제 흙에 누우리니 주께서 나를 애써 찾으실지라도 내가 남아 있지 아니하리이다 (욥 7:17-21)

욥이 하는 불평이 무엇입니까? '하나님, 내가 하나님 편을 든다고 하나님에게 무슨 도움이 되겠으며 나 하나 잘못한다고 하나님에게 무슨 누가 되겠습니까? 뭐 굳이 이런 일까지 벌이십니까? 내가 뭐길래.' 고난을 당하면 우리 역시 제일 먼저 나오는 반응입니다. '하나님, 다른 것 원하지 않습니다. 살아 있는 동안 그냥 자존심 하나 지키고 살게 놔두십시오. 나는 죽어 없어지는 것으로 괜찮습니다.' 그러나 하나님이 그렇게는 못하겠다고 하십니다. 이것이 욥기입니다.

인간은 창조 사역의 동역자

하나님이 욥기 38장에 등장하셔서 맨 처음 하신 이야기는 '너는 대장부로 부름을 받았느니라. 그러니 꼬리 내리고 도망가지 마라'입니다. 우리는 뭐라고 답합니까? '제가 당한 모든 일에 대하여 저도 더 이상 바라지 않을 테니 그냥 없었던 걸로 합시다.' 하나님은 그렇게는 안 하겠다고 하십니다. 하나님은 '너는 이 일을 마땅히 알아야 하는 존재이다. 너는 내가 땅의 기초를 놓은 사실을 알아야 하는 존재이다. 내가 이런저런 일을 하는 하나님인 줄 너는 알아야 한다. 욥아, 이것을 보았느냐? 욥아, 이것을 아느냐'라고 하십니다.

앞서 엘리후는 욥에게 이렇게 이야기했습니다. '하나님은 천지를 창조하신, 이 큰 세계 위에 계시는 분이다. 이 창조 세계에서 하나의 작은 인간에 불과한 네가 어떻게 하나님에게 대드냐'라는 꾸짖음이었습니다. 그런데 하나님은 욥이 이 창조 세계라는 무대의 배경이나 소품 정도가 아니라 하나님이 따로 구별해 두신 주인공이라고 말씀하신 것입니다. 하나님은 '이것을 보았느냐? 이것을 아느냐? 이것을 네가 했느냐?' 하는 말로 욥을 다른 피조물들과 구별해 두고 계십니다. 욥을 창조 세계 안에 다만 피조물로 두시지 않고, 창조주 하나님과 대등한 관계에 있는 대화자로 대우하여 친히 그에게 설명해 주시고 그를 설득하십니다. 욥을 대단한 존재로 대우하시는 것입니다. 욥에게 닥친 모든 고난이 왜 일어났느냐에 대한 대답으로, 욥은 다만 자연 질서의 한 부분이거나 거기에 속한 작은 존재가 아니기 때문이라고 답하는 것입니다. 욥은 그것보다 훨씬 큰 존재이기 때문에 이런 고난이 일어나 욥을 이 자리까지 오도록 허락하고 인도하셨다고 이야기하는 것입니다. 하나님이 땅의 주춧돌을 놓듯이 말입니다.

이해를 돕기 위해 구약의 한 사건을 생각해 보겠습니다. 사무엘하 7장에 가면 다윗이 성전을 짓겠다고 하자, 하나님이 '그것은 안 된다. 성전은 네 아들이 지을 것이다'라고 하시면서 다윗에게 복을 주시는 말씀이 나옵니다. 다윗이 거기에 대해 이렇게 답합니다.

그런즉 주 여호와여 주는 위대하시니 이는 우리 귀로 들은 대로는 주와 같은 이가 없고 주 외에는 신이 없음이니이다 땅의 어느 한 나라가 주의 백성 이스라엘과 같으리이까 하나님이 가서 구속하사 자기 백성으로 삼아 주의 명성을 내시며 그들을 위하여 큰 일을, 주의 땅을 위하여 두려운 일을 애굽과 많은 나라들과 그의 신들에게서 구속하신 백성 앞에서 행하셨사오며 주께서 주의 백성 이스라엘을 세우사 영원히 주의 백성으로 삼으셨사오니 여호와여 주께서 그들의 하나님이 되셨나이다 여호와 하나님이여 이제 주의 종과 종의 집에 대하여 말씀하신 것을 영원히 세우시며 말씀하신 대로 행하사 사람이 영원히 주의 이름을 크게 높여 이르기를 만군의 여호와는 이스라엘의 하나님이라 하게 하옵시며 주의 종 다윗의 집이 주 앞에 견고하게 하옵

다윗은 자기가 하나님을 위하여 무엇인가를 해 드리는 것으로 만족하고자 했고 그것이 신앙의 전부인 줄 알았는데, 하나님은 성전을 짓겠다고 하는 다윗의 청을 물리치십니다. 그런 다음 다윗과 그의 가문과 그의 왕권을 영원히 지키겠다고 약속하십니다. 그러자 다윗은 '여호와여, 제가 도대체 무엇입니까? 어떻게 이런 큰 약속을 주십니까? 제가 도대체 남들과 뭐가 달라서 저에게 이런 일을 하십니까?'라고 물으며 과거를 돌아봅니다. '생각해 보니 하나님은 처음부터 그러셨습니다. 하나님은 이스라엘을 구원하실 때도 하나님의 은혜와 능력과 성실하심으로 하셨습니다. 하나님이 애굽을 깨고 우리를 꺼내셨고, 약속의 땅에 불러들여 복을 주사 오늘에 이르게 하셨습니다. 그것들은 우리가 한 일에 대한 보상이 아니었습니다.' 이것이 다윗의 고백입니다. 그런데 우리는 늘 이 문제에서 틀립니다.

종이 아니라 아들

욥기를 읽으며 생각해 보니, 얍복 나루 사건은 무시무시한 사건이었습니다. '다시는 네 이름을 야곱이라 하지 말고 이스라엘이라 하라. 이는 네가 하나님과 더불어 겨루어 이기었음이라.' 그동안 저는 이 대목이 사실 잘 안 풀렸는데, 욥기에 와서야 비로소 풀렸습니다. 하나님이 야곱을 찾아오셔서 그와 씨름하시는

데 밤이 새도록 야곱이 내내 항복하지 않습니다. 마침내 하나님은 야곱의 허벅지 관절을 치신 다음 가겠다고 하시고 야곱은 자신에게 축복해 주지 않으면 하나님을 보내 드릴 수 없다고 버팁니다. 그때 하나님이 묻습니다. "너의 이름이 무엇이냐?" "야곱입니다." 그러자 하나님이 야곱에게 '이스라엘'이라는 이름을 주십니다. 우리 식으로 하면 이런 뜻입니다. '아니다. 이제 너는 더 이상 야곱이 아니다. 너는 이스라엘이다. 너는 내게 빌고 내게서 빼앗아 가고 내게 구걸해야 하는 자가 아니다. 너는 사람으로서 하나님과 씨름한 자다. 하나님이 그렇게 대접해 주신 자다.' 이스라엘이라는 이름은 하나님과 씨름할 수 있는 자라는 말입니다.

"너는 대장부처럼 허리를 묶고 내게 대답하라. 너는 더 이상 야곱이 아니다. 너는 너 하나 잘되면 그만인 존재가 아니다. 너는 그것보다 크다. 너는 내 아들이다. 너는 아버지가 한 일을 알아야 한다. 아버지가 어떤 존재인지 알아야 한다. 와서 빌지 마라. 가슴을 펴라. 머리를 들어라." 그렇게 이야기하는 장면입니다. 혹시 "에잇, 이런 거 다 없어도 좋으니 그냥 형통하게만 해 주세요"라고 말하고 싶습니까?

신앙이란 결국 이런 싸움입니다. 인간이 무엇인지, 인생이 무엇인지에 대한 이해의 싸움입니다. 살아 있는 동안 의미 있게 살다 죽으면 그만인가? 쓸 만한 존재가 되기 위해 예수를 믿는가? 우리의 운명은 예수로 말미암아 결정되는가? 인간의 가치가 한 평생이 전부인가, 아니면 영원한 것인가? 나라는 존재의 시작과 결말이 이 세상으로 전부인가, 아니면 더 큰 약속 안에서 준비되고 만들어져 가는 것인가? 이런 질문들을 어떻게 이해하느냐에 따라 신앙은 달라집니다. 현세에서 우리의 소원을 다 이루길 원한다면 우리는 결코 예수의 죽음을 이해할 수 없습니다. 예수님이 다시 오신다는 것도 우리를 만족시킬 수 없습니다. 하나님이 우리 안에서 만들려고 하시는 것을 놓치게 되면 '하나님, 다 그만두시고 살아생전에 이 조그마한 부탁 하나 들어주십시오'로 전락할 수밖에 없습니다. 이처럼 기독교 신앙이란 무시무시한 것입니다.

요한복음 15장에는 하나님이 우리를 얼마나 존귀하게 대접하는지를 깨닫게 하는 예수님의 말씀이 나옵니다. "이제부터는 너희를 종이라 하지 아니하리니 종은 주인이 하는 것을 알지 못함이라 너희를 친구라 하였노니 내가 내 아버지께 들은 것을 다 너희에게 알게 하였음이라"(요 15:15). 이것이 '이스라엘'이라는 이름에 담긴 신자의 지위입니다. 종은 주인이 하는 것을 알지 못합니다. 엘리후는 바로 그 문제에서 틀렸습니다. '하나님은 이렇게 높고 그분이 만드신 세상은 이렇게 크고 너는 거기서 일개 인간에 불과하다. 그런데 뭐라고? 하나님을 이해할 수 없다고? 감히 하나님을 만나 보겠다고? 네 주제를 알라'라는 것이 엘리후의 발언이었습니다. 이에 반해 예수님의 말씀은 무엇입니까? '너희는 내 종이 아니라 내 친구다. 종은 주인이 하는 일을 알지 못하지만 나는 너희에게 아버지로부터 들은 것을 다 알려 주러 온 너희의 친구다.'

욥기 38장에서 하나님은 계속 말씀하십니다. '욥아, 너는 이것을 알아야 한다. 이것도 알아야 한다.' 아버지가 아들한테 하는 말입니다. 종한테 하는 명령과 아들에게 주는 가르침은 다릅니다. 종에게는 시킬 일을 이야기하고 아들에게는 아들이 알아야 할 일을 가르칩니다. 누가 더 마음 편하게 삽니까? 종이 더 마음 편하게 삽니다. 종은 해 지면 나가서 놀아도 됩니다. 그런데 아들은 종이 나가 놀 때 부름을 받습니다. 종이 나간 다음에 "애야, 안방에 들어오너라. 내가 할 말이 있다." 그러는 것 아닙니까?

내가 주께 대하여 귀로 듣기만 하였사오나

욥기 42장에 가면 이 이야기가 결론으로 나옵니다.

> 욥이 여호와께 대답하여 이르되 주께서는 못 하실 일이 없사오며 무슨 계획이든지 못 이루실 것이 없는 줄 아오니 무지한 말로 이치를 가리는 자가 누구니이까 나는 깨닫지도 못한 일을 말하였고 스스로 알 수도 없고 헤아리기도 어려운 일을 말하였나이다 내가 말하겠사오니 주는 들으시고 내가 주께 묻겠사오니 주여 내게 알게 하옵소서 내가 주께 대하여 귀로 듣기만 하였사오나 이제는 눈으로 주를 뵈옵나이다 그러므로 내가 스스로 거두어들이고 티끌과 재 가운데에서 회개하나이다 (욥 42:1-6)

나중에 더 깊이 살펴볼 대목이지만, 지금 욥은 '내가 이제 아버지를 뵈옵니다'라고 답하고 있습니다. 주인을 뵙는 것이 아니라 아버지를 뵙는 것입니다. 이 놀라운 설명을 예수 안에서 우리가 어떻게 가지고 있는가를 살펴봅시다. 고린도후서 5장 17절입니다. "그런즉 누구든지 그리스도 안에 있으면 새로운 피조물이라 이전 것은 지나갔으니 보라 새 것이 되었도다"(고후 5:17). '새것이 되었'다는 말씀은 무슨 뜻입니까? 그리스도 예수 안에서 새로운 존재, 새로운 인생, 새로운 세계가 되었다는 의미입니다. 13절부터 보면 '우리가 만일 미쳤어도 하나님을 위한 것이요 정신이 온전하여도 너희를 위한 것이니 그리스도의 사랑이 우리를 강권하시는도다'(고후 5:13-14 상). 권력과 힘으로 강요하거나 누른 것이 아니고 그리스도의 사랑이 우리를 강권한다고 말씀합니다. 사랑은 대등해야 할 수 있습니다. 사랑의 반대말로는 증오도 있고 무관심도 있습니다. 그런데 성경에서는 사랑의 반대말을 '동정'이라고 이야기하는 것 같습니다. 동정을 받고 결혼할 수는 없습니다. 대등해야 합니다.

> 그리스도의 사랑이 우리를 강권하시는도다 우리가 생각하건대 한 사람이 모든 사람을 대신하여 죽었은즉 모든 사람이 죽은 것이라 그가 모든 사람을 대신하여 죽으심은 살아 있는 자들로 하여금 다시는 그들 자신을 위하여 살지 않고 오직 그들을 대신하여 죽었다가 다시 살아나신 이를 위하여 살게 하려 함이라 (고후 5:14-15)

자신을 위하여 사는 삶은, 자기가 아는 세상이 전부인 삶입니다. 자기가 소원하는 것을 얻기 위해 하나님에게 요구하는 것이 전부인 삶입니다. 우리가 누려야 하는 삶은 그런 삶이 아니고 아버지를 만나는 삶입니다. 아버지의 세계로, 아버지의 뜻에 부름을 받는 것입니다.

> 그러므로 우리가 이제부터는 어떤 사람도 육신을 따라 알지 아니하노라 비록 우리가 그리스도도 육신을 따라 알았으나 이제부터는 그같이 알지 아니하노라 그런즉 누구든지 그리스도 안에 있으면 새로운 피조물이라 이전 것은 지나갔으니 보라 새 것이 되었도다 (고후 5:16-17)

이전 것은 지나가고 새것이 되었으니 이제는 사람을 성격이나 능력이나 취향에 따라 취급하지 않게 됩니다. 하나님이 아버지이기 때문입니다. 기독교에서 요구하는 모든 덕목이 여기서 나옵니다. '용서해라. 기다려라. 믿음을 가져라.' 하나님이 아버지시기 때문에 할 수 있는 말입니다. 예수를 믿으면 새로운 세상이 열립니다. 이 세상이 모든 것을 가지고 있는 것이 아니라 하나님이 모든 것을 가지고 계시다는 사실을 깨닫습니다. 고난을 감당할 수 있게 됩니다. 지는 것도 감수할 수 있게 됩니다. 그것이 하나님의 손안에 있는 줄 알기 때문입니다. 최종 심판자는 세상이 아니라 하나님입니다. 그래서 세상을 이길 믿음을 가질 수 있게 되는 것입니다. 놀랍습니다.

그러니 믿음으로 각자의 생각을 깨고 나와야 합니다. 우리의 존재와 삶과 형편을 하나님에게 믿고 맡겨야 합니다. 그렇지 않으면 신앙생활을 할 수 없습니다. 그 아들을 십자가에 못 박기까지 주신 하나님입니다. 그 믿음이 없으면 언제나 세상보다 더 많은 것을 가져야만 이길 수 있다고 생각합니다. 그래서 그것들을 놓고는 못 살게 됩니다. 그렇게 살지 마시고 대장부처럼 담대하게 살아가십시오.

기도

하나님 아버지, 예수를 믿는다는 신앙고백은 얼마나 큽니까? 당연히 세상보다 큽니다. 하나님이 우리로 그 큰 것을 가지게 하셨습니다. 그렇게 우리를 부르시고 붙드십니다. 우리는 도망갈 수 없습니다. 하나님이 타협하지 않으시기 때문입니다. 그러니 하나님의 부르심 앞에 순종해야 할 뿐만 아니라 믿음을 가지고 더 큰 세상을 살아가기로 이제 결심합니다. 우리가 원하지 않는 것, 혹은 우리가 욕심내는 것 모두 다 주의 손에 맡기겠습니다. 그리하여 위대하고 놀랍고 경이롭고 감사한 인생을 살아가겠습니다. 그 삶을 살아 내는 우리 모두 되게 하여 주옵소서. 예수님 이름으로 기도합니다. 아멘.

28 38:4 내가 땅의 기초를 놓을 때에 네가 어디 있었느냐 네가 깨달아 알았거든 말할지니라 **5** 누가 그것의 도량법을 정하였는지, 누가 그 줄을 그것의 위에 띄웠는지 네가 아느냐 **6** 그것의 주추는 무엇 위에 세웠으며 그 모퉁잇돌을 누가 놓았느냐 **7** 그 때에 새벽 별들이 기뻐 노래하며 하나님의 아들들이 다 기뻐 소리를 질렀느니라 **8** 바다가 그 모태에서 터져 나올 때에 문으로 그것을 가둔 자가 누구냐 **9** 그 때에 내가 구름으로 그 옷을 만들고 흑암으로 그 강보를 만들고 **10** 한계를 정하여 문빗장을 지르고 **11** 이르기를 네가 여기까지 오고 더 넘어가지 못하리니 네 높은 파도가 여기서 그칠지니라 하였노라 **12** 네가 너의 날에 아침에게 명령하였느냐 새벽에게 그 자리를 일러 주었느냐 **13** 그것으로 땅 끝을 붙잡고 악한 자들을 그 땅에서 떨쳐 버린 일이 있었느냐 **14** 땅이 변하여 진흙에 인 친 것 같이 되었고 그들은 옷 같이 나타나되 **15** 악인에게는 그 빛이 차단되고 그들의 높이 든 팔이 꺾이느니라 **16** 네가 바다의 샘에 들어갔었느냐 깊은 물 밑으로 걸어 다녀 보았느냐 **17** 사망의 문이 네게 나타났느냐 사망의 그늘진 문을 네가 보았느냐 **18** 땅의 너비를 네가 측량할 수 있느냐 네가 그 모든 것들을 다 알거든 말할지니라 **19** 어느 것이 광명이 있는 곳으로 가는 길이냐 어느 것이 흑암이 있는 곳으로 가는 길이냐 **20** 너는 그의 지경으로 그를 데려갈 수 있느냐 그의 집으로 가는 길을 알고 있느냐 **21** 네가 아마도 알리라 네가 그 때에 태어났으리니 너의 햇수가 많음이니라 (욥 38:4-21)

하나님 _ 나는 폭풍같이
일하고 있다

38장에서 41장까지는 하나님이 등장하셔서서 결론을 이야기하시는 대목인데, 우리로서는 읽어도 선뜻 그 맥락이 눈에 들어오지 않습니다. 본문은 폭풍우 속에서 찾아오신 하나님이 엘리후의 권면과 책망의 끝자락을 붙잡고 들어오셔서 말씀하시는 대목입니다. 땅과 바다, 하늘과 저승에 관해 이야기하시는데, 말하자면 창조 세계의 모든 영역을 망라하여 말씀하고 계시는 것입니다.

거친 바다도 깜깜한 밤도

본문에서는 하나님이 무소부재하시다, 안 계신 곳이 없다는 이야기를 합니다. 욥이 친 아우성은 '하나님, 만나 주십시오'라는 절규였습니다. '하나님이 계시다면 이런 일이 있을 수 없습니다. 하나님은 지금 제 현실에 부재하십니다'라는 욥의 탄원에 대하여 하나님은 '나는 어디에나 있다'라고 답하십니다. '네가 나를 없다고 할 때도 나는 없을 수 없다. 나는 하나님이다. 나는 폭풍 속에서 맹렬하게 있었다'라고 하십니다. 그러니 이 대목은 맹렬하게 읽어야 합니다.

이어 땅, 바다, 하늘, 저승까지 망라하는 이야기를 하는데, 그중 8절에서 바다를 이야기하는 대목이 흥미롭습니다. "바다가 그 모태에서 터져 나올 때에 문으로 그것을 가둔 자가 누구냐." 가둔 자가 누구냐고 묻는데, '가둔다'는 말은 막는다는 뜻입니다. 그런데 '가뒀다, 막았다'라는 단어는 욥기 서두에서도 등장한 적이 있습니다. 하나님이 사탄에게 "나의 의로운 종 욥을 보았느냐?"라고 하시자, 사탄은 "하나님이 산울로 그를 두른 탓입니다. 울타리로 막아 그를 보호했기 때문에 그가 하나님에게 잘하는 것입니다"라고 반박합니다. 여기에서 '두른다', '막아 보호한다'라는 단어가 등장합니다. 하나님은 사탄의 제안을 수락하시며, "그래? 그러면 그것을 무너트려 보아라"라고 해서 욥의 고난이 시작되었습니다.

'바다가 그 모태에서 터져 나올 때에 문으로 그것을 가둔 자가 누구냐 그 때에 내가 구름으로 그 옷을 만들고 흑암으로 그 강보를 만들고 한계를 정하여 문빗장을 지르고 이르기를 네가 여기까지 오고 더 넘어가지 못하리니'(욥 38:8-11 상). 육지가 바다를 막았다는 말입니다. 해변에 가 보면 으르렁거리는 파도를 볼 수 있습니다. 그런데 으르렁거리며 왔다가 물러갈 뿐 넘어오지는 못합니다. 밤낮 으르렁거리기만 할 뿐입니다. 넘어오지 못하게 하나님이 막으셨다는 것입니다. 넘쳐나는 난폭함, 무질서를 간신히 막고 있다는 개념보다 한 단계 더 나아가서 바다를 명령하여 '막아서 넘어오지 못하게 했다'는 이야기입니다. 11절에 '네가 여기까지 오고 더 넘어가지 못하리니 네 높은 파도가 여기서 그칠지니라'라고 하는 것이 그 뜻입니다.

9절은 어떻게 되어 있나 보십시오. "그때에 내가 구름으로 그 옷을 만들고 흑암으로 그 강보를 만들고"(욥 38:9). 강보가 무엇입니까? 어린아이 포대기입니다. 하나님에게는 바다가 으르렁거리는 난폭한 존재가 아니라 갓난아이와 같아 아이를 강보로 안듯이 바다를 감싸 안으신다는 것입니다. 바다는 넘실대며 쳐들어올 것 같기도 하지만 이렇게 한군데 모여서 뭔가 감싸 안고 있습니다. 돌고래, 연어, 복, 돔, 이렇게 다 감싸 안고 있는 곳이기도 합니다. 넘실대는 무서운 바닷속에 이런 풍부한 생물들이 존재하고 있었다는 사실을 놓치고 살았으나 여전히 존재하듯, 여기서 드러나는 진리는 '내가 없다고 네가 아우성쳤던 그때도 나는 있었다'는 것입니다.

이어 12절을 보겠습니다. "네가 너의 날에 아침에게 명령하였느냐 새벽에게 그 자리를 일러 주었느냐 그것으로 땅 끝을 붙잡고 악한 자들을 그 땅에서 떨쳐 버린 일이 있었느냐"(욥 38:12-13). 아침과 새벽은 무엇을 지나야 오는 자리입니까? 밤을 지나야 오는 자리입니다. 밤을 전제하는 자리입니다. 우리는 광명한 시간만 의롭고 의미 있는 자리이고 어둡고 캄캄한 시간은 차단되고 억압되고 버려진 시간이라고 생각하지만 그렇지 않다는 것입니다. 바다를 막았다고 표현하지 않고 바다를 감싸 안았다는 식으로 말하는 것처럼 말입니다. 이런 말이 있습니다. '밤은 천 개의 눈을 가지고 있다. 낮은 오직 한 개의 눈을 가지지만.' 멋있는 말입니다. 낮에는 보이는 대로 볼 뿐이지만, 밤에는 상상력이나 시상(詩想)에 따라 다르게 보입니다. 밤에 숲을 본 적이 있습니까? 낮에 보면 평범한 숲인데, 밤에 볼 때는 곳에 따라 다르게 보입니다. 밤은 별이 뜨는 시간 아닙니까? 해도 나오고 별도 나오고 그럴 수는 없습니다. 지금 그 이야기를 하는 중입니다.

그래서 19절에 가면 이런 이야기가 나옵니다. "어느 것이 광명이 있는 곳으로 가는 길이냐 어느 것이 흑암이 있는 곳으로 가는 길이냐"(욥 38:19). 낮과 밤, 이 둘이 대등하게 자리를 허락받고 있습니다. 낮만이 아니라 밤도, 형통만이 아니라 고난도, 자랑만이 아니라 억울함도 공존하고 있습니다. 낮과 밤 중 하나는 옳고 하나는 그른 것이 아닙니다. 이 둘은 마치 피아노의 건반 같습니다. 흰건반과 검은건반이 있듯이 낮과 밤이 있는 것입니다. 그래서 본문은 '하나님의 창조 속에서, 하나님의 통치와 주권 속에서 하나님의 의로우심과 선하심과 성실하심을 벗어난 일이 있을 수가 있느냐?'라고 이야기하는 것입니다. 우리는 언제나 이분법의 눈으로만 봅니다. 옳고 그름, 성공과 실패, 자랑과 수모와 같은 이분법의 구별밖에는 없는 것입니다.

지난 시간에 '아브라함에게 이삭을 바치라고 했을 때 이삭의 죽음과 생명은 묶여 있었다. 아브라함이 이삭을 잡는 순간 사망과 생명이 서로 손을 잡았다'라고 말씀드렸던 것을 기억하십니까? 예수께서 십자가에서 죽으시고 부활하신 사건을 통해 우리가 아는 최고의 절망과 실패가 승리로 가는 문과 손잡고 있다는 사실을 확인했습니다. 이 확인이 없으면 우리는 신앙생활을 할 수 없습니다.

우리가 늘 옳을 수는 없습니다. 우리의 것을 쌓아서 하늘에 닿으려는 것은 바벨탑 사건처럼 무모합니다. 층을 쌓아서 하늘까지 이를 수는 없습니다. 하나님이 우리의 부족함과 연약함과 변덕과 배신과 이 모든 것을 가지고 우리를 생명이 되게 하십니다. 예수 안에서 부활과 영광의 승리를 주십니다. '너희의 존재와 경험 속에서 만나는 어떤 일도 나의 성실과 능력과 선한 것을 방해할 수 없다'라고 말씀하십니다. 그래도 우리 마음에는 썩 내키지 않을 것입니다. 고통스럽기 때문입니다.

시작부터 함께하셨던 하나님

얍복 나루 씨름에서 하나님은 야곱의 이름을 바꾸십니다. "너는 이제 야곱이 아니고 이스라엘이다." 하나님이 야곱을 대등한 관계로 대우하시는 것입니다. 욥기 38장을 시작하면서 하나님이 욥에게 등장하여 맨 처음에 "너는 대장부같이 허리를 동이고 내가 묻는 말에 대답하라"라고 말씀하신 것은 '너는 피고가 아니

다. 심사의 대상도 아니다. 너는 내 아들이다. 너는 대장부다'라
는 뜻입니다. 마찬가지로 "저는 야곱입니다"라고 답한 야곱에게
"아니다. 너는 하나님과 겨루어 이긴 자다"라고 말씀하셨습니다.
하나님을 이겼다는 것은 승패의 관점에서 나온 표현이 아닙니
다. 부모가 자식을 이기지 못하는 것과 같은 뉘앙스입니다. 자식
을 이기는 부모는 없습니다.

　　부모가 되어 제일 듣고 싶어 하는 칭찬이 무엇인지 아십니
까? 유명한 사람을 닮았다는 말보다 "아들이 아버지보다 낫네"
라는 말에 모든 부모가 만족합니다. 자기보다 잘난 자식을 둔 부
모가 되는 것보다 더 큰 영광은 없습니다. 하나님이 야곱에게 그
영광을 바라시는 것입니다. 하나님이 졌다는 뜻이 아닙니다. 하
나님이 가진 아버지로서의 영광과 기쁨을 그렇게 표현한 것입
니다. 부모를 이긴 자식이라는 말입니다.

　　욥기 42장에 나온 욥이 받은 복을 보면 전부 가족과 관련
되어 있습니다. 자식을 몇 명 낳아 어떻게 복을 받고 딸이 얼마
나 예쁘고 하는 식입니다. 고생 끝에 이게 뭐냐고 할 수도 있지
만, 이런 복이 무엇인지는 경험해 본 사람만이 알 것입니다. 자
식이 잘한다는 칭찬을 듣는 것이 최고의 영광입니다. 목사에게
는 무엇이 영광입니까? 교인들이 잘한다는 칭찬을 듣는 것입니
다. "아, 남포교회 교인들은 다르더라." 이런 이야기를 들으면 저
는 기분이 제일 좋습니다.

　　욥기에서 만나는 하나님이 우리에게 이런 마음을 갖고 계
신 것입니다. 하나님에게는 유머 센스가 있습니다. 피가 흐르고

눈물과 웃음이 있습니다. 그것을 모르면 성경을 제대로 못 읽습니다. 하나님이 빙그레 웃으십니다. 속 깊이 웃으십니다. 호세아 12장 말씀을 봅시다.

> 에브라임은 바람을 먹으며 동풍을 따라가서 종일토록 거짓과 포학을 더하여 앗수르와 계약을 맺고 기름을 애굽에 보내도다 여호와께서 유다와 논쟁하시고 야곱을 그 행실대로 벌하시며 그의 행위대로 그에게 보응하시리라 야곱은 모태에서 그의 형의 발뒤꿈치를 잡았고 또 힘으로는 하나님과 겨루되 천사와 겨루어 이기고 울며 그에게 간구하였으며 하나님은 벧엘에서 그를 만나셨고 거기에서 우리에게 말씀하셨나니 여호와는 만군의 하나님이시라 여호와는 그를 기억하게 하는 이름이니라 그런즉 너의 하나님께로 돌아와서 인애와 정의를 지키며 항상 너의 하나님을 바랄지니라 (호 12:1-6)

3절에 보면, '야곱은 모태에서 그의 형의 발뒤꿈치를 잡았고 또 힘으로는 하나님과 겨루되 천사와 겨루어 이기고 울며 그에게 간구하였으며 하나님은 벧엘에서 그를 만나셨'(호 12:3-4 상)다고 합니다. 이 구절에서는 얍복 나루 사건이 먼저 나오고 벧엘 사건이 뒤에 나오는데, 시간상으로는 벧엘 사건이 얍복 나루 사건보다 앞서 있습니다.

얍복 나루 사건은 우리가 잘 아는 사건입니다. 야곱은 형에서를 피해 외삼촌의 집에 피난 갔다가 20년 동안 종살이를 합니다. 부자가 되었지만 쫓기는 신세가 되어 형에게 돌아올 수밖에 없는 상황에 처하게 됩니다. 수십 년의 세월이 흘렀으나 형은 아직도 야곱에게 보복을 준비하고 있습니다. 더 이상 도망갈데가 없는 상황에 몰린 야곱은 얍복 나루에서 하나님과 씨름합니다. 그럼 벧엘은 어떤 곳입니까? 야곱이 형을 속여서 장자의명분을 빼앗자 형이 그를 죽이려고 합니다. 도망갈 수밖에 없는처지에 놓인 야곱이 외삼촌 집으로 피난 가는 길에 돌베개를 베고 자던 곳이 바로 벧엘입니다. 하나님이 그를 찾아오신 자리인 것입니다.

> 야곱이 브엘세바에서 떠나 하란으로 향하여 가더니 한 곳에 이르러는 해가 진지라 거기서 유숙하려고 그 곳의 한 돌을 가져다가 베개로 삼고 거기 누워 자더니 꿈에 본즉 사닥다리가 땅 위에 서 있는데 그 꼭대기가 하늘에 닿았고 또본즉 하나님의 사자들이 그 위에서 오르락내리락 하고 또본즉 여호와께서 그 위에 서서 이르시되 나는 여호와니 너의 조부 아브라함의 하나님이요 이삭의 하나님이라 네가누워 있는 땅을 내가 너와 네 자손에게 주리니 네 자손이땅의 티끌 같이 되어 네가 서쪽과 동쪽과 북쪽과 남쪽으로퍼져나갈지며 땅의 모든 족속이 너와 네 자손으로 말미암아 복을 받으리라 내가 너와 함께 있어 네가 어디로 가든지너를 지키며 너를 이끌어 이 땅으로 돌아오게 할지라 내가

네게 허락한 것을 다 이루기까지 너를 떠나지 아니하리라
하신지라 (창 28:10-15)

하나님이 참고 참다가 얍복 나루에서 야곱에게 나타나신 것
이 아닙니다. 또한 욥이 어떻게 하나 지켜보고만 있다가 나타
나신 것이 아닙니다. 욥이 부르짖었던 자리에서, 거부했던 모
든 고난과 억울함 속에서 하나님은 계속 일하고 계셨습니다.
지금까지 욥의 생애가 하나님이 폭풍같이 일하고 계셨던 나날
들이었다고 욥에게 나타나 말씀하셨듯이, 야곱의 삶도 마찬가
지입니다.

기다리다 지친 하나님이 얍복 나루터에서 야곱과 담판을
지으러 내려오신 것이 아닙니다. 하나님은 그가 태어나기도 전
에 리브가에게 이렇게 알려 주셨습니다. '네가 쌍둥이를 낳을
것이다. 그런데 아우가 형을 이길 것이다.' 그때 이미 약속하셨
습니다. 그리고 벧엘에서도 야곱에게 나타나 '내가 너와 함께
있어 네가 어디로 가든지 너를 지키며 너를 이끌어 이 땅으로
돌아오게 할지라 내가 네게 허락한 것을 다 이루기까지 너를
떠나지 아니하리라'(창 28:15)라고 확증해 주셨습니다.

야곱이 자기 혼자 힘으로 살아야 하는 줄 알고 외삼촌 집
에서 외롭고 어렵게 목숨을 연명하며 재산을 늘리기 위해 몸
부림쳤던 그 모든 나날들이 사실은 하나님이 함께하신 날들이
었습니다. 하나님이 얍복 나루터에서 야곱을 만나 씨름하셨듯
이 야곱의 인생 내내 그의 선택과 결정과 방황에도 함께하셨

던 것입니다.

맹렬히 간섭하시는 오늘

야곱과 욥을 본보기로 말씀드려도 우리는 오늘 하루가 바로 하나님이 우리 인생에 맹렬히 간섭하고 계시는 날이라고 잘 느끼지 못합니다. 제가 시를 하나 또 준비했습니다. 정호승 시인의 〈우박〉[7]이라는 시입니다. 하나님이 어떻게 폭풍 속에서 매일 맹렬하게 개입하시는지가 이 시에 이렇게 잘 나타나 있습니다.

하늘에 무슨 슬픈 일이 저리 있어서
또 누구의 서러운 죽음 있어서
저리도 눈물마저 단단해져서
배추밭에 우박으로 쏟아지는가
나는 픽픽 구멍 뚫리는 배추잎이 되어
쏟아지는 우박마다 껴안고 나뒹군다
하늘에 계신 누님의 눈물 같아서
하늘에 계신 어머님의 눈물 같아서
온몸이 아프도록
온몸에 숭숭 구멍이 뚫리도록

7) 정호승 지음, 《외로우니까 사람이다》(열림원), 46쪽.

정말 그렇게 느끼십니까? 하나님이 정말 쏟아지는 우박처럼 느껴지십니까? 하나님이 외면하시고 우리 기도에 응답하시지 않는 날이란 없습니다. 우리가 하나님을 잘못 생각할 때가 많을 뿐입니다. 이 문제를 확연하게 드러내 주는 장면이 있습니다. 시편 105편입니다.

> 그가 또 그 땅에 기근이 들게 하사 그들이 의지하고 있는 양식을 다 끊으셨도다 그가 한 사람을 앞서 보내셨음이여 요셉이 종으로 팔렸도다 그의 발은 차꼬를 차고 그의 몸은 쇠사슬에 매였으니 곧 여호와의 말씀이 응할 때까지라 그의 말씀이 그를 단련하였도다 (시 105:16-19)

요셉의 생애는 요셉의 뜻과 전혀 무관하게 펼쳐집니다. 이 시편 본문에서 '그'는 하나님입니다. 하나님이 주어입니다. 그가 기근을 부르고 그가 한 사람을 앞서 보내십니다. 그가 요셉을 감옥에 보내고 그의 손발을 족쇄에 묶고 그의 몸을 쇠사슬로 묶습니다. 왜 그렇게 합니까? 그의 말씀이 응하도록 하기 위함입니다. '그의 말씀이 그를 단련하였도다.' 단련이란 천 번 만 번 굽는 것입니다. 우리 인생도 그렇지 않습니까? 하나님이 외면하고 돌아보지 않는 나날은 없다고, 그런 경우는 없다고 성경은 이야기합니다.

　욥의 비명과 불만과 억울한 외침에 하나님이 어떻게 등장하십니까? 폭풍 속에서 등장하십니다. 엘리후가 '하나님은 인과

법칙에 따라서만 일하신다'라는 말로 닫아 버리려는 세상을 하나님은 '그렇지 않다'라는 대답으로 날려 버리십니다. 인과법칙이 무효하다는 이야기가 아니라 하나님은 그것보다 크시다는 것입니다. 질서가 필요하고 법이 필요하지만 하나님은 그것들보다 크십니다. 우리의 모든 삶과 현실과 희망의 잣대와 근거도 하나님 위에 세워야 합니다. 의로우시고 선하시고 자비로우시고 전능하시고 은혜로우신 하나님 위에 세우십시오. 그러면 우리가 겪는 어떤 경우도 우리를 손해나게 할 것은 없다는 사실을 깨닫게 될 것입니다. 이것이 '내가 네게 허락한 것을 다 이루기까지 너를 떠나지 아니하리라'(창 28:15)라는 약속이 주어진 나날들을 살아가는 신자가 가진 힘이고 현실입니다. 그 감사와 기적을 누리는 인생 되기를 바랍니다.

기도

하나님 아버지, 은혜를 감사합니다. 우리는 우리가 겪는 나날들 속에서 옳음과 그름이라는 이분법밖에 이해하지 못합니다. 그러나 그렇지 않습니다. 우리는 자라나고 있습니다. 우리는 깊어지고 있습니다. 우리는 복을 받고 있습니다. 우리는 하나님의 자녀입니다. 우리가 겪는 어떤 것도 하나님의 사랑과 하나님의 복 주심을 방해할 수 없습니다. 이것은 성경에서 가장 중요한, 절대 흔들릴 수 없는 하나님의 약속입니다. 우리의 믿음 없음을 주 앞에 고백하오니 믿음을 갖게 하옵소서. 하나님의 복 주심으로 인하여 모든 경우를 이기는 우리 인생이 되도록 주 앞에 무릎 꿇는 신자가 되게 하여 주옵소서. 예수님 이름으로 기도합니다. 아멘.

29

38:22 네가 눈 곳간에 들어갔었느냐 우박 창고를 보았느냐 23 내가 환난 때와 교전과 전쟁의 날을 위하여 이것을 남겨 두었노라 24 광명이 어느 길로 뻗치며 동풍이 어느 길로 땅에 흩어지느냐 25 누가 홍수를 위하여 물길을 터 주었으며 우레와 번개 길을 내어 주었느냐 26 누가 사람 없는 땅에, 사람 없는 광야에 비를 내리며 27 황무하고 황폐한 토지를 흡족하게 하여 연한 풀이 돋아나게 하였느냐 28 비에게 아비가 있느냐 이슬방울은 누가 낳았느냐 29 얼음은 누구의 태에서 났느냐 공중의 서리는 누가 낳았느냐 30 물은 돌 같이 굳어지고 깊은 바다의 수면은 얼어붙느니라 31 네가 묘성을 매어 묶을 수 있으며 삼성의 띠를 풀 수 있겠느냐 32 너는 별자리들을 각각 제 때에 이끌어 낼 수 있으며 북두성을 다른 별들에게로 이끌어 갈 수 있겠느냐 …… 35 네가 번개를 보내어 가게 하되 번개가 네게 우리가 여기 있나이다 하게 하겠느냐 36 가슴 속의 지혜는 누가 준 것이냐 수탉에게 슬기를 준 자가 누구냐 37 누가 지혜로 구름의 수를 세겠느냐 누가 하늘의 물주머니를 기울이겠느냐 38 티끌이 덩어리를 이루며 흙덩이가 서로 붙게 하겠느냐 39 네가 사자를 위하여 먹이를 사냥하겠느냐 젊은 사자의 식욕을 채우겠느냐 40 그것들이 굴에 엎드리며 숲에 앉아 숨어 기다리느니라 41 까마귀 새끼가 하나님을 향하여 부르짖으며 먹을 것이 없어서 허우적거릴 때에 그것을 위하여 먹이를 마련하는 이가 누구냐 39:1 산 염소가 새끼 치는 때를 네가 아느냐 암사슴이 새끼 낳는 것을 네가 본 적이 있느냐 2 그것이 몇 달 만에 만삭되는지 아느냐 그 낳을 때를 아느냐 …… 5 누가 들나귀를 놓아 자유롭게 하였느냐 누가 빠른 나귀의 매인 것을 풀었느냐 …… 9 들소가 어찌 기꺼이 너를 위하여 일하겠으며 네 외양간에 머물겠느냐 …… 13 타조는 즐거이 날개를 치나 학의 깃털과 날개 같겠느냐 …… 19 말의 힘을 네가 주었느냐 그 목에 흩날리는 갈기를 네가 입혔느냐 …… 26 매가 떠올라서 날개를 펼쳐 남쪽으로 향하는 것이 어찌 네 지혜로 말미암음이냐 27 독수리가 공중에 떠서 높은 곳에 보금자리를 만드는 것이 어찌 네 명령을 따름이냐 …… (욥 38:22–39:30)

하나님 _ 너는 대장부처럼 허리를 묶고

38장부터는 하나님이 등장하셔서 그동안 욥이 겪어 온 고난과 세 친구와의 논쟁에 대하여 답하시는 장면이 나옵니다. 우리는 38장 전반부에서 땅과 하늘 그리고 우주의 전 영역이 하나님의 통치 아래 있다는 것을 살펴보았습니다. 38장 22절부터는 눈, 우박, 폭우, 비가 등장합니다. 그리고 39장에서는 들나귀, 들소, 산 염소, 말, 매, 독수리가 등장합니다.

가슴 속의 지혜는 누가 준 것이냐

우리는 하나님이 등장하시면 이제 논쟁을 종식하고 해답을 주신 다음 잘한 점, 못한 점, 보완할 점, 고칠 점 등을 제시해 주실 것이라고 기대했으나 뜻밖에 하나님은 무슨 뜻인지 모르겠는 말씀을 하십니다. 욥기 38장부터 40장에 걸쳐 하나님은 전혀 다른 이야기를 하시는 듯한 답을 제시하고 있습니다. 먼저 모든 자연현상이 그들 나름의 고유한 법칙을 가지거나 우연히 질서와 틀을 갖게 된 것이 아니라는 이야기를 합니다. 이것이 욥기 38장에 나온 우박, 폭우, 비를 하나님이 끌어와 말씀하시는 내용의 핵심입니다. 이사야 55장에 가 봅시다.

> 너희는 여호와를 만날 만한 때에 찾으라 가까이 계실 때에 그를 부르라 악인은 그의 길을, 불의한 자는 그의 생각을 버리고 여호와께로 돌아오라 그리하면 그가 긍휼히 여기시리라 우리 하나님께로 돌아오라 그가 너그럽게 용서하시리라 이는 내 생각이 너희의 생각과 다르며 내 길은 너희의 길과 다름이니라 여호와의 말씀이니라 이는 하늘이 땅보다 높음 같이 내 길은 너희의 길보다 높으며 내 생각은 너희의 생각보다 높음이니라 이는 비와 눈이 하늘로부터 내려서 그리로 되돌아가지 아니하고 땅을 적셔서 소출이 나게 하며 싹이 나게 하여 파종하는 자에게는 종자를 주며 먹는 자에게는 양식을 줌과 같이 내 입에서 나가는 말도 이와 같이 헛되이 내게로 되돌아오지 아니하고 나의 기뻐하는 뜻을 이루며 내가 보낸 일에 형통함이니라 (사 55:6-11)

비는 우연히 내리거나 자연법칙을 따라 내리는 것이 아니라 인격자의 생각과 계획과 목적과 의지에 의해서 오는 것이라고 합니다. 비가 오는 것이 창조 세계의 주관자이신 하나님의 선하심과 자비하심과 지혜 속에 있듯이 우리가 만나는 일 중에 하나님이 간섭하시지 않고 생각 없이 주시는 것은 없다고 합니다. 여태껏 욥이 겪은, 죽을 것 같고 억울하고 답이 없는 현실에 대한 분노와 자폭과 절망과 비명을 넘어온 자리에서 펼치시는 하나님의 답입니다. "지금 너는 내가 없었다고 그러는 거지? 내가 네 생각을 안 했다는 거지? 응답을 안 했다고 그러는 거지?" 욥의 비명과 절망에 대해 창조자 하나님이 그럴 리가 있겠냐는 것입니다. 지금 우리가 앉아 있는 자리가 하나님이 간섭하시고 일하시고 함께하시는 그의 선하심과 붙드심의 손길이라고 말씀하시는 것입니다.

앞에서 우리는 자연주의가 결국 허무주의로 귀결된다는 것을 살펴보았습니다. 사람은 특별히 어떤 종교를 선택하지 않는 한, 누가 가르치지 않아도 거의 다 자연주의자가 됩니다. 엄연한 현실이기 때문입니다. 거부할 수 없는 현실에 대한 짙은 실망이 마음 깊은 곳에서 자연주의라는 것을 따르게 합니다. 그 짙은 허무감이 무엇이겠습니까? 쉽게 이해할 수 있는 예가 있습니다.

우리가 산이나 바다에 가 보면 자연의 크기에 놀랍니다. 그래서 자연을 보고 경이롭다고 이야기하며 자연을 벗하는 것이 큰 기쁨이라고 이야기합니다. 그러나 자연의 가장 큰 특징은 무심함입니다. 자연은 무심합니다. 내가 슬픈 날에도 해는 뜹니다. 내가 배고픈 날에도 달은 뜹니다. 생각이 없습니다. 그것이 자연의 무시무시함입니다. 자연을 의인화해서 말해 보면 자연은 자신들의 호불호, 기쁨과 슬픔에 관계없이 자기 자리를 지키고 있습니다. 이것이 우리에게는 자연의 위대함으로 나타납니다. 자연의 웅장함, 그 말없는 감수, 이것이 우리를 놀라게 합니다.

그런데 자연이 그러하도록 자연을 다스리시는 분이 있습니다. 하나님의 성실하심과 원대하심이 우리의 감격과 감사와 거부와 분노마저 뛰어넘어 일하고 계시다는 것이 창조된 자연에 그대로 새겨져 오늘날까지 하나님의 신실함을 증거하고 있습니다. 알 듯 모를 듯, 눈으로 확인했다가 놓쳤다가 그러면서 우리는 서서히 철이 듭니다.

엘리후가 법칙과 인과응보로 세계를 붙들어 맬 때, 그의 이야기의 끝자락을 붙잡고 뛰어들어 오셔서 그런 것이 아니라고 말씀하시는 하나님의 모습을 욥기에서는 '폭풍우 가운데에서 나타나신 하나님'이라고 묘사했습니다. 같은 표현이 38장에도 나오고 40장에도 나옵니다. 욥기 38장 1절에서 "그 때에 여호와께서 폭풍우 가운데에서 욥에게 말씀하여 이르시되"라고 하여 하나님의 등장을 묘사하고 40장 6절에서도 "그 때에 여호와께서 폭풍우 가운데에서 욥에게 일러 말씀하시되"라고 하여 재차 묘사합니다. 하나님의 역동적인 개입과 열정을 보여 주는 표현입니다. 하나님은 가만히 계시지 않습니다. 하나님은 무정하지 않으십니다. 비정하지 않으십니다. 말없이 판단만 하시는 심판관이 아니십니다. 하나님은 이 세상을 만들어 놓고 어떻게 되는가 지켜보고만 계시는 분이 아닙니다. 뒷짐 지고 감상하시는 분이 아닙니다. 뛰어들어 오시는 하나님입니다.

39장에서 보는 산 염소, 들나귀, 들소, 타조, 말, 매, 독수리는 다 무엇입니까? 가축이 아닌 것들입니다. 길들여진 것들에 대해 이야기하는 것이 아니라 창조된 모든 피조물의 가치를 논하고 있습니다. 우리에게 길들여진 것, 우리에게 유익한 것, 우리에게 필요한 것만을 이야기하지 않고, 말하자면 모든 자연 만물과 모든 생명체가 하나님의 지혜와 능력과 복 주심과 선하심 속에서 마음껏 그 생명을 뽐내며 살아가고 있다고 이야기합니다. 하나님은 욥에게 창조 세계로 답을 주십니다. 모든 창조물은 '왜'라는 이유와 '어떻게'라는 수단과 방법을 넘어 실재하는 하나님의 창조물이라는 것입니다.

이런 창조의 궁극적 완성은 어떤 모습으로 나타날까요? 이사야 11장을 보겠습니다. 예수 그리스도로 말미암는 하나님 나라의 완성을 이렇게 묘사하고 있는 본문입니다.

이새의 줄기에서 한 싹이 나며 그 뿌리에서 한 가지가 나서 결실할 것이요 그의 위에 여호와의 영 곧 지혜와 총명의 영이요 모략과 재능의 영이요 지식과 여호와를 경외하는 영이 강림하시리니 그가 여호와를 경외함으로 즐거움을 삼을 것이며 그의 눈에 보이는 대로 심판하지 아니하며 그의 귀에 들리는 대로 판단하지 아니하며 공의로 가난한 자를

심판하며 정직으로 세상의 겸손한 자를 판단할 것이며 그
의 입의 막대기로 세상을 치며 그의 입술의 기운으로 악인
을 죽일 것이며 공의로 그의 허리띠를 삼으며 성실로 그의
몸의 띠를 삼으리라 (사 11:1-5)

공의롭고 성실하신 하나님의 통치와 그 궁극적인 약속의 완성이
우리에게 승리로, 복으로 주어질 것이라는 말씀입니다. 그 완성
된 모습은 이러할 것입니다.

그 때에 이리가 어린 양과 함께 살며 표범이 어린 염소와
함께 누우며 송아지와 어린 사자와 살진 짐승이 함께 있
어 어린 아이에게 끌리며 암소와 곰이 함께 먹으며 그것들
의 새끼가 함께 엎드리며 사자가 소처럼 풀을 먹을 것이며
젖 먹는 아이가 독사의 구멍에서 장난하며 젖 뗀 어린 아
이가 독사의 굴에 손을 넣을 것이라 내 거룩한 산 모든 곳
에서 해 됨도 없고 상함도 없을 것이니 이는 물이 바다를
덮음 같이 여호와를 아는 지식이 세상에 충만할 것임이니
라 (사 11:6-9)

하나님이 만드신 세상의 궁극적 완성, 하나님 통치의 궁극적 영
광을 보여 주는 본문입니다. '거기에서는 들나귀와 산 염소와 말
과 타조와 매와 독수리가 모두 다 창조의 진정한 완성과 영광과
복을 누릴 것이다'라는 이야기입니다.

내가 땅의 기초를 놓을 때에 어디 있었느냐

하나님은 욥에게 왜 이런 이야기를 꺼내신 것일까요? 하나님은 욥에게 하나님 나라의 영광과 승리를 약속하시고 그것들의 증거로 모든 생명체를 보라고 하십니다. 이 이야기를 하실 때 하나님이 욥을 어떻게 대우하는지 봅시다. 창세기 1장을 보면 하나님이 인간을 창조하실 때 인간에게 목적을 두시고 약속하시고 책임을 부여하십니다.

> 하나님이 이르시되 우리의 형상을 따라 우리의 모양대로 우리가 사람을 만들고 그들로 바다의 물고기와 하늘의 새와 가축과 온 땅과 땅에 기는 모든 것을 다스리게 하자 하시고 하나님이 자기 형상 곧 하나님의 형상대로 사람을 창조하시되 남자와 여자를 창조하시고 하나님이 그들에게 복을 주시며 하나님이 그들에게 이르시되 생육하고 번성하여 땅에 충만하라, 땅을 정복하라, 바다의 물고기와 하늘의 새와 땅에 움직이는 모든 생물을 다스리라 하시니라 (창 1:26-28)

욥기에서 하나님이 욥에게 나타나 답을 주실 때, 욥은 하나님의 동반자로 서 있습니다. "내가 땅의 기초를 놓을 때에 네가 어디 있었느냐 네가 깨달아 알았거든 말할지니라"(욥 38:4)라는 말씀은 너와 나의 간격이 이만큼 크다는 이야기를 하는 것이 아닙니다. 너는 마땅히 창조 세계를 알아야 하는 존재라는 이야기입니다. 왜 알아야 합니까? 폭풍우 속에서 나타난 하나님이 욥을 이렇게 불렀기 때문입니다. "너는 대장부처럼 허리를 묶고 내가 네게 묻는 것을 대답할지니라"(욥 38:3). 하나님은 욥에게 '너는 여느 피조물과 다른 존재다. 너는 대장부다. 예수 그리스도 안에서 나타난 증언과 계시를 빌어 말하면 너는 내 자식이다. 너는 여느 존재와 다르다. 너는 내가 만들어 놓은 모든 창조물을 다스리는 일의 동역자, 청지기로 살도록 지어진 존재다. 너 하나 잘 먹고 잘 살면 전부인 인생이라고 이야기하지 마라. 고통을 면하는 것이 전부인 것처럼 이야기하지 마라'라고 말씀하십니다.

그런데 우리는 이런 것이 싫습니다. 예수 믿고 신앙이 깊어지면 짐도 같이 커집니다. 그래서 나중에는 차라리 몰랐으면 좋았겠다는 생각까지 합니다. 그냥 이 정도에서 멈추면 좋겠다고 생각합니다. 그러나 그렇게는 안 됩니다. 우리를 구원하시기 위해 하나님이 자기 아들까지 주셨습니다. 우리가 그런 존재입니다. 그러니 쉽게는 못 갑니다. 거기까지 가야 합니다. 그런데 믿는다고 누구나 다 그 길을 가는 것 같지는 않습니다. 우리 눈에 보기에는 하나님이 좀 봐주는 사람도 있는 것 같고 맡겨진 책임이 적은 사람도 있는 것 같습니다. 어느 인생이 더 낫다는 이야기를 하는 것이 아닙니다. 역사 속에서 자기 시대를 감당해야 할 책임을 면제받은 사람은 없습니다. 자기가 속해 있는 시대의 도전 앞에서 예수를 믿는 자로 대답하며 살아야 합니다. 마치 하나님이 모든 창조물에 대하여 책임 있게 주인 노릇을 하시듯이 말입니다.

우리가 하나님에 대해 다 설명할 길이 없어서 인간적 표현으로 하나님의 일하심을 의인화해 보면 이렇습니다. 아침마다 물을 길어 올리듯이, 하나님이 해를 띄우십니다. 물론 천동설은 아닙니다. 수사학적 표현일 뿐입니다. 매일 해를 길어 올리십니다. 매일 밤 이부자리를 펴듯이, 밤하늘에 별을 펼치십니다. 불을 켜듯이, 달을 켜시고 매일 그렇게 일하십니다. 그리고 우리에게도 그렇게 하라고 하십니다. 믿고 각오하는 것으로 끝나지 않습니다. 우리의 시대를, 시간과 공간 속에 있는 우리의 자리를 살아서 책임지라고 하십니다. 하나님이 모든 창조물의 주인으로서 우리를 통하여 당신의 영광을 나타내시며 당신의 일을 하겠다고 하십니다. 그러니 우리에게도 하나님의 자녀답게 하루하루를 살라고 하십니다. 나에게 주어진 일들을 외면하지 말라고 하십니다.

고난을 통해서만 빚어지는 영광과 명예

우리는 무엇이 더 큰지 모릅니다. 태양이 되는 것이 큰지, 밤하늘에 반짝이는 별이 큰지, 밤이 되면 다 가려지는 숲속의 작은 이파리가 큰지 모르지만, 그것들은 다 귀한 것들입니다. 세상이 평가하는 상품의 가치는 희소성에 있지만 하나님에게는 그렇지 않습니다. 가장 중요한 것, 꼭 필요한 것은 모두에게 주십니다. 꼭 필요한 것은 성실, 순종, 자기 자리를 지키는 것, 감춰진 대로 존재하기와 같은 소박한 것들입니다. 아무래도 상관없는 것은 똑똑한 것, 능력 있는 것, 잘난 것들입니다. 이런 것은 특별한 사람의 짐인 것 같습니다. 앞서 자연의 경이, 자연의 위엄이 무엇 때문이라고 했습니까? 무심함입니다. 자신의 생각대로 뒤집지 않는 것입니다. 그러니 하나님이 욥에게 이 답을 주신 것입니다.

이런 의미에서 보면 히브리서 5장에 나타난 예수님의 고난에 관한 증언은 굉장히 중요합니다.

> 그는 육체에 계실 때에 자기를 죽음에서 능히 구원하실 이에게 심한 통곡과 눈물로 간구와 소원을 올렸고 그의 경건하심으로 말미암아 들으심을 얻었느니라 그가 아들이시면서도 받으신 고난으로 순종함을 배워서 온전하게 되셨은즉 자기에게 순종하는 모든 자에게 영원한 구원의 근원이 되시고 하나님께 멜기세덱의 반차를 따른 대제사장이라 칭하심을 받으셨느니라 (히 5:7-10)

이 본문은 성자 하나님이 억울한 인생을 사셨다는 이야기를 하려는 것이 아닙니다. 예수님의 생애에서 가장 중요한 사역은 제한된 자신의 자리를 지키는 순종이었다고 말하고 있습니다. 온 하늘에 울려 퍼지며, 온 땅에 영향력을 행사하는 일 말고 자기 자리에 붙잡히는 그 조건을 감수하셨습니다. 그가 '육체에 계실 때에' 아무도 몰랐습니다. 제자들도 오해했습니다. 그가 베푸는 기적에만 관심을 두고 그 기적을 확대하여 자기들의 정치적 바람과 경제적 소원을 이룰 생각만 했지 그가 어떠한 인생을 사셨는지는 아무도 몰랐습니다. 하나님의 뜻을 이루기 위해 '온 하늘에 울려 퍼지는' 길이 아니라 육신을 입고 시간과 공간에 묶여 함께 갈 수 없는 외길을 순종하여 가셨습니다. 모두의 외면을 받는 길이며 아무도 알아주지 않는 길입니다. 감춰진 모든 사람이 삶을 겪는 방식입니다. 그런 인생길을 예수님이 몸소 걸어와 우리의 영원하신 대제사장이 되셨습니다.

그런데 우리는 무엇이 되고 싶은 것입니까? 정치력, 능력, 모두의 문제를 해결해 줄 수 있는 권력을 가짐으로써 하나님에게 영광을 돌리고 싶어 합니다. 그런 것이 아니라고 히브리서는 말합니다. "그는 육체에 계실 때에 자기를 죽음에서 능히 구원하실 이에게 심한 통곡과 눈물로 간구와 소원을 올렸고 그의 경건하심으로 말미암아 들으심을 얻었느니라"(히 5:7). 무엇이 경건입니까? 하나님이 일하시는 방식에 대한 순종, 하나님이 일하시는 지혜와 능력에 대한 항복, 이것이 경건입니다. 예수님은 눈물과 통곡으로 기도하며 걸어야 했던 그 제한된 길, 아무것도 아닌 길, 거슬림을 받는 길을 내내 걸으셨습니다.

우리가 늘 하는 "하나님, 이게 뭡니까?"라는 불평은 욥이 한 이야기입니다. "이렇게 살게 하실 것이라면, 저를 왜 태어나게 하셨습니까? 저는 죽으면 그만인데, 왜 저를 과녁으로 삼으십니까? 저 하나 범죄한들 하나님에게 무슨 누가 되겠습니까?" 이것이 욥의 불평이고 또 우리의 불평 아닙니까? 그런데 하나님이 뭐라고 하십니까? "너는 그런 존재가 아니다. 너는 내 아들이다." 이것이 하나님의 대답입니다.

우리는 이 영광과 명예를 고난을 통해서만 얻을 수 있다는 것이 선뜻 마음에 안 들 것입니다. 그러나 살아 보십시오. 하나님이 타협하시는 인생은 없습니다. 하나님은 우리를 대강 살도록 놔두지 않으십니다. 이미 예수에게서 확인했습니다. 겟세마네 기도에서 "나의 원대로 마시옵고 아버지의 원대로 하옵소서"라고 기도하였더니 하나님이 예수를 정말 십자가에 달아 죽이지 않으셨습니까? 그래서 예수님이 뭐라고 비명을 지르셨습니까? "나의 하나님, 나의 하나님, 어찌하여 나를 버리셨나이까"라고 절규하셨습니다. 아버지의 원대로 해 달라는 겟세마네의 기도를 드리고 하나님에게 항복하고 오자, 하나님이 예수를 그 처절한 비명을 질러야 하는 길에 내놨다는 말입니다. '심한 통곡과 눈물로 간구와 소원을 올렸고 그의 경건하심으로 말미암아 들으심을 얻었느니라'(히 5:7). 그래서 어떻게 되었다고 합니까? '그가 아들이시면서도 받으신 고난으로 순종함을 배'(히 5:8)웠다고 합니다. 어떤 고난입니까? 육체에 붙잡혀 하나님이 일하시는 방식에 자기를 내어놓은 것입니다. 그렇게 해서 하나님이 영광을 받으신다는 사실에 대한 증인이 됩니다. 우리 모두의 삶이 그 길이라고 합니다. 예수를 믿는다는 것은 그런 것입니다. 욥에게 하시는 이야기가 바로 그것입니다.

말씀이 육신이 되어 오신 예수, 그의 약속을 구체화하여 우리 모두의 삶이 어떤 삶이고 우리 존재와 운명이 무엇인지를 보이신 하나님, 친히 폭풍우 속에 찾아오신 하나님은 우리의 아무것도 아니고 사소해 보이고 무심해 보이는 세계 속에서 물으십니다. "보라. 네가 산 염소 새끼 치는 때를 아느냐?" 무슨 뜻입니까? "너는 너 자신이 어떤 존재인지 아느냐? 다만 고통을 면하는 것이 전부라고? 넌 내 자식이다."

하나님이 드디어 보이게 나타나셨습니다. 욥이 억울한 비명과 아우성을 지를 때도 하나님은 그와 함께 계셨습니다. 하나님이 그를 그 길로 밀어 넣으신 것입니다. 그러니 우리에게 주어진 현실을 기꺼이 감수해야 합니다. 억울해하며 감수하라는 것이 아닙니다. 경이로운 하나님의 일하심이기 때문에 흔쾌히 감수해야 합니다. 예수께서 걸으신 바로 그 길이 산 증거입니다. 어떻게든 문제를 해결하고 자존심을 세우는 정도로 만족해서는 안 됩니다.

하나님은 오늘도 맹렬하게 도전해 오십니다. "너는 너 자신을 누구라고 생각하느냐? 너는 이 문제를 어떻게 해결할래? 아직도 고통을 면하는 것이 전부라고 생각하느냐? 기억하여라. 너는 내 자녀니라." 이렇게 찾아오십니다. 억울하지 않습니다. '힘들지만 우리를 죽이지 못하는 것은 결국 우리를 유익하게 할 뿐이다'라는 명언이 있습니다. 그 이야기대로입니다. 예수 믿는 일의 위대함을 기억하고, 하나님이 답하시고 매일 옆에 계시다는 사실을 인정하고 고백하는 우리 삶이 되기를 바랍니다.

기도

하나님 아버지, 하나님을 아버지라 부르는 이들은 우리밖에 없습니다. 하나님은 우리를 그렇게 지으셨고 그래서 그 아들을 우리에게 보내시고 구원하셨습니다. 그런데 우리는 그것이 얼마나 큰 것인지 늘 잊습니다. 예수님은 필요 없으니 그냥 편하게만 해 달라고 떼씁니다. 하나님은 그럴 수 없다고 답하시는데, 우리는 늘 못 알아듣습니다. 하나님을 원망하고 우리의 존재와 우리의 운명을 한탄합니다. 못난 짓입니다. 예수를 믿는다는 말이 가지는 위대함과 명예와 권능 아래에 우리를 붙들어 항복하게 하사 위대한 인생 살도록 복 내려 주옵소서. 예수님 이름으로 기도합니다. 아멘.

30 40:1 여호와께서 또 욥에게 일러 말씀하시되 2 트집 잡는 자가 전능자와 다투겠느냐 하나님을 탓하는 자는 대답할지니라 3 욥이 여호와께 대답하여 이르되 4 보소서 나는 비천하오니 무엇이라 주께 대답하리이까 손으로 내 입을 가릴 뿐이로소이다 5 내가 한 번 말하였사온즉 다시는 더 대답하지 아니하겠나이다 6 그 때에 여호와께서 폭풍우 가운데에서 욥에게 일러 말씀하시되 7 너는 대장부처럼 허리를 묶고 내가 네게 묻겠으니 내게 대답할지니라 8 네가 내 공의를 부인하려느냐 네 의를 세우려고 나를 악하다 하겠느냐 9 네가 하나님처럼 능력이 있느냐 하나님처럼 천둥 소리를 내겠느냐 10 너는 위엄과 존귀로 단장하며 영광과 영화를 입을지니라 11 너의 넘치는 노를 비우고 교만한 자를 발견하여 모두 낮추되 12 모든 교만한 자를 발견하여 낮아지게 하며 악인을 그들의 처소에서 짓밟을지니라 13 그들을 함께 진토에 묻고 그들의 얼굴을 싸서 은밀한 곳에 둘지니라 14 그리하면 네 오른손이 너를 구원할 수 있다고 내가 인정하리라 (욥 40:1-14)

하나님 _ 네가 모두를
이길 수 있느냐

욥의 비명과 분노와 아우성에 대한 하나님의 답은 우리가 이해
하고 기대하는 식으로 등장하지 않습니다. 훨씬 크고 또 우회하
는 식으로 서술되어 있어서 우리에게는 막막해 보입니다. 38장
에서 시작되는 하나님의 답은 사실 우리로서는 무슨 말씀을 하
시는지 얼른 이해가 가지 않습니다. 하늘과 땅을 이야기하고 온
우주와 사후 세계를 포함한 모든 영역과 산 염소, 들나귀, 말, 이
런 모든 야생 동물을 동원하여 설명하시는 내용이 우리 눈에
는 혼란스럽기도 하고 그 초점도 얼른 눈에 들어오지 않습니다.

놓을 수 없는 하나님

본문 말씀에서 '네 의를 세우려고 나를 악하다 하겠느냐'(욥 40:8)라는 표현은 욥에게 되물으시는 하나님의 반문입니다. 네가 옳다고 하려고 나를 틀리다고 말할 수 있느냐는 질문에 욥은 할 말을 잃습니다. 지금껏 욥은 자신의 고난 속에서, 의문 속에서, 시험 속에서도 하나님을 놓지 않았습니다. 이런 욥의 인내하는 모습에 관한 다른 성경의 증언은 비교적 긍정적으로 묘사되어 있습니다. 이는 야고보서에 가 보면 잘 나와 있습니다(약 5:11). 그러나 욥기를 읽어 보면 분명히 욥의 비명에는 하나님의 일하심을 이해할 수 없다는 불만과 자신의 이해 범주를 벗어나 있는 하나님의 통치에 대한 의문과 반문으로 가득 차 있습니다. 하나님을 믿고 있고 그 믿음을 놓을 수는 없는데, 하나님이 일하시는 방법을 이해할 수 없어서 비명을 지르는 것입니다.

이것은 욥에게만 일어나는 일이 아닙니다. 모든 신자가 매일 겪는 현실입니다. 우리는 예수 안에서의 궁극적 승리를 알고 있습니다. 또한 무엇으로도 방해받을 수 없는, 무엇으로도 실패하게 할 수 없는, 우리를 향한 하나님의 사랑을 압니다. 우리는 그 무엇도 '우리를 우리 주 그리스도 예수 안에 있는 하나님의 사랑에서 끊을 수 없'(롬 8:39)다는 사실을 알고 있습니다. 그런데도 신앙생활에 만족하며 항복하고 사는 사람은 언제나 소수입니다. 그러면 자신의 인생에 불만이 있거나 고난을 이해하지 못하는 사람은 믿음이 없는 것입니까? 결코 그렇지 않습니다.

욥이 그러했듯이 우리는 어떤 경우에도 하나님을 놓지는

못합니다. 이것을 '신비한 붙잡힘'이라고 말씀드린 적이 있습니다. 모든 신자의 실제적인 신앙 현실은 스스로 믿는 것이 아니라 하나님한테 붙잡혀 있느라 도망갈 수가 없는 것입니다. 우리는 그 하나님이 창조주요 구원자요 심판자인 것을 압니다. 우리는 우주와 역사와 자신의 운명에서 하나님의 선하심과 의로우심이 결국 승리할 것을 압니다. 그 증거를 예수 안에서 가지고 있습니다. 그러나 현실은 만족스럽지 않습니다. 바로 욥의 이야기가 우리 모두의 이야기입니다. 이제 현실감이 좀 생기십니까? 욥기는 우리 모두의 이야기라는 것이 답입니다. 본문 말씀 10절 이하에 하나님이 다음과 같이 말씀하십니다.

> 너는 위엄과 존귀로 단장하며 영광과 영화를 입을지니라 너의 넘치는 노를 비우고 교만한 자를 발견하여 모두 낮추되 모든 교만한 자를 발견하여 낮아지게 하며 악인을 그들의 처소에서 짓밟을지니라 그들을 함께 진토에 묻고 그들의 얼굴을 싸서 은밀한 곳에 둘지니라 그리하면 네 오른손이 너를 구원할 수 있다고 내가 인정하리라 (욥 40:10-14)

"네가 옳다고? 그럼 네 마음에 들지 않는 자들을 다 짓밟아라. 굴복시켜라. 싸워 이겨라" 이런 이야기입니다. 우리가 한 교회에서 믿음의 식구가 되어 교제해 보면 이해가 안 되는 사람이 꼭 있습니다. 왜 저렇게 불만에 가득 차서 신앙생활을 하는지, 왜 저렇게 성의 없이 봉사하는지, 왜 최소한의 책임도 지지 않으려 하는지 답답한 경우가 많습니다. 그러나 그것은 우리가 이해를 못 하는 것이지 답답해할 일이 아닙니다. 왜 이렇게 못하느냐고 가서 물어보십시오. 말 못할 사정이 있다는 것을 알게 될 것입니다. 각자에게 일어나는 일들을 옆에 있는 사람은 모릅니다. 우리가 도망갈 수 없는 현실에 붙잡혀 있듯이, 그도 도망갈 수 없는 현실에 붙잡혀 있습니다. 그 사람도 답이 없어서 그 얼굴을 하고 사는 것입니다. 옆에서 구경하는 우리로서는 말하기 쉬울 뿐입니다.

권투는 서로 치고받고 하는 싸움입니다. 그런데 누군들 맞아 터지고 싶겠습니까? 상대방 선수가 더 잘하니 어쩔 도리가 없이 맞고 있는 것입니다. 해설하는 사람만 숨이 찹니다. "아휴, 먼저 잽을 던지세요. 피하세요. 그리고 때리세요." 상대방이 때리는 것 다 피하고 자신이 더 세게 때린다면 훌륭한 권투 선수입니다. 그러나 시합에서는 그렇게 잘 안 됩니다. 그래서 눈이 퉁퉁 붓고 경기에서 집니다. 정신 차리고 보니까 케이오패를 당한 것입니다. 본인인들 억울하지 않겠습니까? 불만스러운 상대들을 다 항복시키려고 대들어 보십시오. 답 없는 일이 한두 가지가 아닙니다. 옳은 게 언제나 정답은 아니라는 것을 우리 인생과 현실에서 매일 확인하게 됩니다.

들나귀는 왜 그렇게 생겼는지, 산 염소는 또 왜 그렇게 생겼는지 우리로서는 희한합니다. 산에서 사는 염소는 뿔이 엄청 강하고 큰데, 자기네들을 잡아먹으러 오는 놈들한테는 절대 안 쓰고 저희들끼리 싸울 때만 씁니다. 이들이 박치기하는 것을 본

적 있습니까? 온 힘을 다하여 골통이 깨지게 박치기를 하는데 자기들끼리 싸울 때만 그러지 표범이나 늑대가 덤빌 때는 꽁무니를 뺍니다. 그런데 꽁무니에는 뿔이 없습니다. 하나님이 생각이 없거나 능력이 모자라서 염소를 그렇게 만드신 것일까요?

본문 말씀은, 이렇게 말이 안 되고 답이 안 되고 모순과 혼란이 가득한 모호한 일에 대해 하나님이 방치하고 계시는 것이 아니라고 답합니다. 앞에서 본 산 염소, 들나귀, 타조, 말, 매, 독수리, 이런 짐승들을 통해 하신 말씀이 무엇이었습니까? '길들여야만 쓸모 있는 것이 아니다. 가축으로 붙들어 너희 식량으로 쓰게 하려고 그들을 창조한 것이 아니다. 그들에게 준 생명의 충만함과 자유와 기쁨이 있다.' 이 이야기를 하는 것입니다. 우리에게 일어나는 이해가 되지 않는 모든 것, 예를 들면, 밤, 악, 실패, 한계 같은 것이 하나님의 허락 없이는 존재할 수 없습니다. 그것들이 존재하는 것은 하나님이 그것들을 통하여 일하시기 때문입니다. 이것이 답입니다.

그런데 욥으로서는 뭐가 말이 안 된다는 것이었습니까? 하나님의 궁극적 권위와 통치는 인정하겠는데, 하나님이 일하시는 방식, 자기가 당한 고난, 답 없는 길, 억울함에 대해서는 불만이었습니다. 욥에게는 이 둘이 분리되어 있는 것입니다. 하나님은 인정하지만 하나님이 일하시는 방법에는 불만이 있는 것입니다. 이 문제를 어떻게 풀어야 할까요? 하나님을 인정했다면 하나님이 일하시는 방식도 인정해야 합니다. 그러나 그렇게 하기에는 욥의 이해가 턱없이 부족합니다. 욥이 이해하는 범위 내에서 하나님이 일하신다면 욥으로서는 좋겠지만 하나님은 하나님이기를 포기하셔야 합니다. 우리가 하나님을 모든 창조물에 대하여 주권자요 공의로우신 분이요 목적을 가지고 일하시는 분이라고 인정한다면 하나님은 우리가 다 이해할 수도 없는 존재요 또 우리의 상상을 뛰어넘는 방법으로 일하신다는 것을 인정해야 합니다. 그렇지 않으면 하나님은 하나님이 아니고, 그저 우월한 존재에 불과할 것입니다. 그런데 하나님의 일하심을 인정하고 열어 놓는다는 것은 여간 어려운 일이 아닙니다.

하나님의 성실한 손에 붙들린 인생

앞서 욥의 인내를 긍정적으로 언급한 야고보서 5장을 봅시다. "보라 인내하는 자를 우리가 복되다 하나니 너희가 욥의 인내를 들었고 주께서 주신 결말을 보았거니와 주는 가장 자비하시고 긍휼히 여기시는 이시니라"(약 5:11). 여기에 욥이 인내하는 자로 등장합니다. 어떤 맥락에서 욥이 그런 존재로 등장하는지 그 앞에 있는 구절부터 읽어 봅시다.

그러므로 형제들아 주께서 강림하시기까지 길이 참으라 보라 농부가 땅에서 나는 귀한 열매를 바라고 길이 참아 이른 비와 늦은 비를 기다리나니 너희도 길이 참고 마음을 굳건하게 하라 주의 강림이 가까우니라 형제들아 서로 원망하지 말라 그리하여야 심판을 면하리라 보라 심판주가 문

밖에 서 계시니라 형제들아 주의 이름으로 말한 선지자들
을 고난과 오래 참음의 본으로 삼으라 (약 5:7-10)

이런 맥락에서 욥을 언급하고 있습니다. 인내하라는 것은, 하나
님의 선하심과 은혜로우심, 그 일하심의 궁극적인 승리를 기억
하여 우리 이해를 벗어나 있는 일을 감수하라는 것입니다.

　이해를 벗어나 있는 일을 감수하는 존재로 살아가는 일은
어렵습니다. 그렇다면, 이해와 존재는 어느 것이 우선할까요? 신
학적으로 살펴보면, 신학과 신앙이 인식론에 기초하는가, 계시
론에 기초하는가 하는 문제가 첨예한 대립각을 이루고 있습니
다. 우리가 보통 이해하기로는 자유주의자란 인식론을 근거로
신학과 신앙을 이해하고 설명하려는 사람들이고, 보수주의자란
계시론을 근거로 신학과 신앙을 이해하는 사람들입니다. 이 둘
의 가장 중요한 차이는, 인간이라는 존재가 인식해서 존재하게
되었는가 아니면 존재하기 때문에 인식이라는 기능을 갖게 되
었는가 하는 것입니다. 무엇이 선(先)이고 무엇이 후(後)입니까?
이해해서 존재하는 것이 아니라, 존재해서 이해하는 것입니다.
이해라는 것은 존재한 다음에 주어지는 기능일 뿐입니다. 하나
님이 만드신 인간이라는 존재에게는 이해하는 기능이 있습니
다. 이해를 해서 존재가 생겨난 것이 아닌 것입니다.

　인식론을 근거로 하게 되면, 이해하는 것이 기본이니까 이
해가 되지 않을 때는 틀렸다고 하게 됩니다. 하나님이 의로우신
분이라는 점을 근거로, 하나님의 일하심은 인간의 항복을 받아

내기 위해서라고 생각하게 되는 것입니다. 그래서 생각하고 고민하고 노력하고 애쓰는 것이 신앙의 가장 중요한 행위이며 본질이 되고 맙니다. 그런데 이런 시각에 따르면 하나님이 인간의 이해 범주 안으로 들어와야 하는 문제가 생깁니다. 하나님의 자유, 하나님의 크심이 제한되는 것입니다. 그래서 이런 인식론에 바탕을 두고 신학을 하는 사람들의 신앙은 대단히 단단하고 분명하고 치열하다는 장점이 있지만, 하나님을 이해 범주 안에 묶을 수밖에 없는 한계에 부딪힙니다.

하나님을 우리의 이해 범주 안에 묶어 둘 수 없다는 것은, 욥기의 커다란 주제입니다. 그래서 우리는 인식론에서 출발할 수가 없습니다. 욥은 결국 자기의 이해를 벗어나는 하나님을 만나게 되기 때문입니다. 결국 계시론으로 가는 것입니다. 계시론에 따르면, 우리라는 존재가 주어졌기 때문에 우리에게 이해가 주어졌다는 것입니다. 그것을 알고 우리라는 존재와 우리의 역할이 우리를 만든 자의 목적에 복종해야 한다고 믿는 것입니다. 그래서 우리는 모르고 믿는 것이 많습니다. 모르고 믿기 때문에 맹신의 위험이 물론 있습니다. 인식론자만큼의 치열함이 없을 수도 있습니다. 그러나 기독교 신앙에서 가장 중요한 내용은 이해에 관한 것이 아니라 관계에 관한 것임을 알아야 합니다.

사랑이란 대단히 모호한 조건 위에 서 있습니다. 자녀를 사랑하십니까? 자녀가 사랑스러워서 사랑하십니까? 오죽하면 〈무자식이 상팔자〉라는 드라마가 나왔겠습니까? 그런 원수가 또 없기 때문입니다. 사랑이 만족스럽고 달콤한 것이라고요? 누가 그럽니까? 그것은 일찍 죽은 사람들만 하는 말입니다. 사랑은 무서운 것입니다. 아무리 주고 또 줘도 모자라서 마음이 짜릿짜릿한 게 사랑입니다. 유치환의 〈바위〉라는 시가 있습니다. "내 죽으면 한 개 바위가 되리라 …… 아예 애련에 물들지 않고 …… 소리하지 않는 바위가 되리라." 차라리 한 개의 바위가 되리라는 이런 이야기는 왜 했을까요? 사랑이 무서워서 그렇습니다. 이해할 수 없어서 그렇습니다.

기독교 신앙을 대표하는 두 단어는 믿음과 사랑일 것입니다. 둘 다 관계에 관한 것입니다. 그런데 믿는다는 것만큼 우리를 속이는 게 어디 있습니까? 누군가를 믿는다는 것은 기대요 책임이요 운명이지 않습니까? 믿었는데, 사실 속은 것이라면 할 수 없는 일입니다. 할 수 없죠. 그러나 사랑하면 믿습니다. 속는 것이라도 달게 여깁니다. 차라리 속아 주는 것이 사랑이지 "너는 가짜다"라고 밝힐 수 없는 것이 사랑 아니던가요. 그게 믿음 아니던가요. 지금 하나님이 그렇게 답을 펼쳐 보이고 계십니다.

하나님이 우리 모든 소원과 만족의 최고 권위자라는 것을 인정하십니까? 이것은 이해의 문제가 아닙니다. 기독교 신앙은 우리의 결심과 이해 위에 서 있지 않습니다. 어떤 성실한 손에, 운명적인 손아귀에 붙들려 있습니다. 그것은 이해할 수 없는 것이고, 매 순간 다 만족스럽지 못할지라도 외면할 수 없고 도망갈 수 없는 운명에 붙잡혀 있는 것입니다. 이것이 기독교 신앙의 본질입니다.

너는 대장부처럼 허리를 묶고

이제 다시 욥기 40장으로 돌아와서 하나님이 욥에게 하시는 말씀을 봅시다. "그 때에 여호와께서 폭풍우 가운데에서 욥에게 일러 말씀하시되 너는 대장부처럼 허리를 묶고 내가 네게 묻겠으니 내게 대답할지니라"(욥 40:6-7). 이 말씀은 '너 그렇게 바보냐? 너 그것도 모른단 말이냐?'가 아니라 '너는 알아야 한다. 내가 얼마나 큰지 알아야 하고, 내가 큰 것만큼 네가 큰 존재라는 사실도 알아야 한다'라는 말씀입니다.

우리가 하나님을 다 이해할 수 없듯이 우리 자신에 대해서도 다 이해하지 못합니다. 하나님은 힘으로 이기려는 우리나, 꽉꽉 옳다고 주장하는 우리보다 크십니다. 하나님의 일하심이 산염소와 들나귀를 통하여 증거되었듯이 말입니다. 우리의 우리됨도 그저 해결, 안심, 유능, 이런 것으로 이루어져 있지 않습니다. 그것보다 훨씬 복잡하고 훨씬 깊습니다. 생각하고 고민하고 후회하고 울고 돌이키는 존재로, 생산적이고 창의적인 존재로, 나 하나의 인간 속에 우주가 들어 있는 존재로 부름받았습니다. 우리는 이 부르심 앞에 지금 서 있습니다.

하나님의 답변 속에 이런 내용이 나옵니다. 욥기 40장 10절부터 14절에 나온, '네가 모두를 이길 수 있느냐'라는 말씀 속에는 '너는 네 존재와 하나님의 자녀 됨과 하나님의 통치 아래에 있다는 것이 무슨 의미인 줄 알겠느냐? 그것은 다만 대적을 물리치고 자신이 싫어하는 것들을 다 파묻어 버림으로써 가지는 권력이 아니다. 내가 창조와 역사 속에서 보인 것처럼, 그리고 욥 네가 경험한 것처럼 이해할 수 없는 현실의 경험에서 더 깊고 더 놀라운 자리로 이끄는 하나님의 인도하심이다'라는 뜻이 들어 있습니다.

공부를 하면 지식만 쌓이는 것이 아닙니다. 사람에게 필요한 것을 만들어 내는 훈련에 왕도가 없음을 깨닫게 됩니다. 하나의 지식을 습득하는 과정에도 반복과 노력과 훈련과 끊임없는 인내가 필요하다는 것을 배우게 됩니다. 공부를 하면 훌륭해진다는 말은, 다만 성적이 오르거나 시험을 잘 보게 된다는 것이 아니라 가만히 앉아서는 결코 만들어 낼 수 없는 가장 고급한 가치를 배우게 된다는 뜻입니다. 고통과 형통, 이 하나의 기준밖에는 없던 가장 가난한 수준에서 훈련을 받습니다. 그것은 매우 깊은, 하루에 할 수 없는, 전 인생에 걸쳐 배워야 하는 진리를 깨닫는 길입니다. 공짜가 없다는 것을 배웁니다. 돈으로 살 수 없는 가치가 있다는 것을 배웁니다. 모든 훌륭한 덕목이 그렇습니다. 그것은 창고에 모아 둘 수 없고, 은행에 맡길 수도 없는, 실제로 자신이 그렇게 되어야 하는 것입니다. 뇌 속에 저장하거나 가슴에 품는 꿈이 아니라 자신에게 이차적 본성으로 새겨져야 하는 것입니다. 타고난 본성이 아니라 훈련하여 쌓인 본성 말입니다. 하나님이 욥에게 그것을 가르치는 것입니다.

시편 105편에는 요셉의 고난이 나옵니다. "그가 한 사람을 앞서 보내셨음이여 요셉이 종으로 팔렸도다 그의 발은 차꼬를 차고 그의 몸은 쇠사슬에 매였으니 곧 여호와의 말씀이 응할 때까지라 그의 말씀이 그를 단련하였도다"(시 105:17-19). 하나님이 요셉을 단련하십니다. 감옥에서도 필요한 덕목은 성실함인 것입니다. 그래서 어떻게 됩니까? "왕이 사람을 보내어 그를 석방함이여 뭇 백성의 통치자가 그를 자유롭게 하였도다 그를 그의 집의 주관자로 삼아 그의 모든 소유를 관리하게 하고 그의 뜻대로 모든 신하를 다스리며 그의 지혜로 장로들을 교훈하게 하였도다"(시 105:20-22). 요셉이 이 실력을 갖추게 됩니다. 요셉이 괜히 옥에 붙잡혀 갔다가 기적적으로 풀려난 사실이 중요한 것이 아니라, 이 실력이 만들어지는 동안 그가 하나님의 손에서 도망갈 수 없었던 점이 중요합니다. 누가 붙들고 있었습니까? 족쇄가 그를 붙잡고 있었던 것이 아닙니다. 말씀이 그를 붙들고 있었습니다. '여호와의 말씀이 응할 때까지라 그의 말씀이 그를 단련하였도다'(시 105:19).

그러니 징징거리지 마십시오. 우리가 단련되기까지 다른 것으로는 때울 방법이 없습니다. 하나님이 하시는 일의 의로우심과 성실하심, 은혜로우심과 선하심을 기억하고 우리가 처한 현실, 하나님이 인도하시는 각자의 길을 걸으십시오. 가장 막막할 때 우리의 훌륭함과 믿음이 빛을 발하게 하십시오.

기도

하나님 아버지, 우리 마음에 별을 주옵소서. 은하수를 흘려보내시고 무지개를 펼치옵소서. 하나님이 낮에도 일하시고 밤에도 일하시는 줄 알게 하옵소서. 하나님의 의로우심과 성실하심과 거룩하심을 기억하게 하옵소서. 우리가 다 이해할 수 없는 하나님의 이끄심이 우리를 기어코 하나님의 자녀라는 이름에 걸맞는 승리의 자리로 가게 하는 줄 알게 하옵소서. 믿음을 가지고 가슴을 펴고 얼굴에 웃음을 짓고 하나님이 부르신 내 인생을 살게 하시고 이웃을 돌아보고 용서하게 하옵소서. 예수님 이름으로 기도합니다. 아멘.

31

40:15 이제 소 같이 풀을 먹는 베헤못을 볼지어다 내가 너를 지은 것 같이 그것도 지었느니라 16 그것의 힘은 허리에 있고 그 뚝심은 배의 힘줄에 있고 17 그것이 꼬리 치는 것은 백향목이 흔들리는 것 같고 그 넓적다리 힘줄은 서로 얽혀 있으며 18 그 뼈는 놋관 같고 그 뼈대는 쇠 막대기 같으니 19 그것은 하나님이 만드신 것 중에 으뜸이라 그것을 지으신 이가 자기의 칼을 가져 오기를 바라노라 20 모든 들 짐승들이 뛰노는 산은 그것을 위하여 먹이를 내느니라 21 그것이 연 잎 아래에나 갈대 그늘에서나 늪 속에 엎드리니 22 연 잎 그늘이 덮으며 시내 버들이 그를 감싸는도다 23 강물이 소용돌이칠지라도 그것이 놀라지 않고 요단 강 물이 쏟아져 그 입으로 들어가도 태연하니 24 그것이 눈을 뜨고 있을 때 누가 능히 잡을 수 있겠으며 갈고리로 그것의 코를 꿸 수 있겠느냐 41:1 네가 낚시로 리워야단을 끌어낼 수 있겠느냐 노끈으로 그 혀를 맬 수 있겠느냐 2 너는 밧줄로 그 코를 꿸 수 있겠느냐 갈고리로 그 아가미를 꿸 수 있겠느냐 3 그것이 어찌 네게 계속하여 간청하겠느냐 부드럽게 네게 말하겠느냐 4 어찌 그것이 너와 계약을 맺고 너는 그를 영원히 종으로 삼겠느냐 5 네가 어찌 그것을 새를 가지고 놀 듯 하겠으며 네 여종들을 위하여 그것을 매어두겠느냐 6 어찌 장사꾼들이 그것을 놓고 거래하겠으며 상인들이 그것을 나누어 가지겠느냐 7 네가 능히 많은 창으로 그 가죽을 찌르거나 작살을 그 머리에 꽂을 수 있겠느냐 8 네 손을 그것에게 얹어 보라 다시는 싸울 생각을 못하리라 9 참으로 잡으려는 그의 희망은 헛된 것이니라 그것의 모습을 보기만 해도 그는 기가 꺾이리라 10 아무도 그것을 격동시킬 만큼 담대하지 못하거든 누가 내게 감히 대항할 수 있겠느냐 11 누가 먼저 내게 주고 나로 하여금 갚게 하겠느냐 온 천하에 있는 것이 다 내 것이니라 (욥 40:15-41:11)

하나님 _ 너는 그들을
다스릴 자다

하나님보다 조금 못하게

우리가 현재 보는 성경은 개역개정 성경입니다. 이전에는 개역
한글 성경을 보았는데, 거기서는 40장 15절에 나오는 '베헤못'
을 '하마'로 표현했고, 41장 1절에 나오는 '리워야단'을 '악어'로
표현했습니다. 베헤못과 리워야단이 정확히 무엇을 의미하는지
몰라서 문맥상 앞에 있는 것은 하마, 뒤에 있는 것은 악어로 이
름을 붙였다가 개역개정은 원문의 의미를 살렸습니다. 쉽게 말
하면 '큰 괴물'이라는 말입니다. 개역한글 성경에서처럼 처음 것
을 하마, 뒤의 것을 악어라고 해도 이해에 별 상관은 없습니다.

　본문에서 중요한 문제는 하나님이 왜 베헤못과 리워야단,

즉 하마와 악어를 끌어들여서 이야기하시는가 하는 점입니다. 하나님이 욥에게 하마와 악어를 꺼내 놓고 이들을 네가 다 감당할 수 있겠냐는 질문을 하십니다. '네가 어찌 그것을 새를 가지고 놀 듯 하겠으며'(욥 41:5 상), "아무도 그것을 격동시킬 만큼 담대하지 못하거든 누가 내게 감히 대항할 수 있겠느냐"(욥 41:10).

욥의 어려움은 그가 하나님 믿는 것을 잠시도 포기하거나 의심하지 않았는데도 자신의 경험 속에서 하나님의 하나님 되심을 온전히 이해할 수 없다는 데에 있습니다. 그것이 지금 욥이 받고 있는 이해할 수 없는, 원인 모를 고난입니다. 친구들은 이 문제를 욥이 이미 알고 있는 인과응보로 풀어내서 '네가 뭔가 잘못했기 때문에 이 재앙이 임한 것이다'라고 이야기합니다. 그러나 사실 욥은 이유 없이 고난을 당했습니다. 욥의 고난에 대해 욥 자신에게서 답을 찾으려고 하면 욥기를 잘못 읽을 수밖에 없습니다. 욥 스스로도 그랬습니다. 하나님의 통치를 벗어나 있는 일은 있을 수 없는데, 말이 안 되는 일이 왜 현실에 일어나는가 하고 질문을 던졌습니다.

하나님이 폭풍우 가운데 나타나셔서 욥의 질문에 답변하시면서 하마와 악어를 끌어들이십니다. '네가 하마를, 악어를 네 마음대로 노리개같이 주무를 수 있느냐? 그럴 수 없다. 그것을 주무를 수 있는 이는 나밖에 없다. 너를 짓듯이 그것들도 내가 지었다'라고 말씀하십니다. 즉 '너에게 일어난 고난을 네가 물리칠 수 있느냐? 이유 없는 재난을 네가 해결할 수 있느냐? 그럴 수 없지 않느냐?' 그렇게 묻는 것입니다. 하마와 악어를 하나님이 만드셨고 하나님이 얼마든지 그 모든 피조물을 당신의 손안에 부릴 수 있듯이 '너에게 일어난 재앙도 나만이 다룰 수 있지 너는 해결할 수 없다'라고 말씀하시는 것입니다.

하마와 악어가 없다면, 괴물이 없다면 놀랄 일도 없을 것입니다. 마찬가지로 욥에게 재난이 없다면 불평할 일도 없을 것입니다. 그런데 하나님은 하마와 악어도 만드셨고 욥에게 재난도 주셨습니다. 그것들이 실제로 있습니다. 이것은 무슨 의미일까요? 이에 대한 중요한 실마리가 시편 8편에 등장합니다.

여호와 우리 주여 주의 이름이 온 땅에 어찌 그리 아름다운지요 주의 영광이 하늘을 덮었나이다 주의 대적으로 말미암아 어린 아이들과 젖먹이들의 입으로 권능을 세우심이여 이는 원수들과 보복자들을 잠잠하게 하려 하심이니이다 주의 손가락으로 만드신 주의 하늘과 주께서 베풀어 두신 달과 별들을 내가 보오니 사람이 무엇이기에 주께서 그를 생각하시며 인자가 무엇이기에 주께서 그를 돌보시나이까 그를 하나님보다 조금 못하게 하시고 영화와 존귀로 관을 씌우셨나이다 주의 손으로 만드신 것을 다스리게 하시고 만물을 그의 발 아래 두셨으니 곧 모든 소와 양과 들짐승이며 공중의 새와 바다의 물고기와 바닷길에 다니는 것이니이다 여호와 우리 주여 주의 이름이 온 땅에 어찌 그리 아름다운지요 (시 8:1-9)

이 시는 하나님이 지으신 창조물이 얼마나 아름다운가, 인간이 얼마나 존귀한 존재인가에 대한 다윗의 고백입니다. 인간이 얼마나 존귀합니까? 하나님 다음으로 존귀합니다. 하나님이 우리를 하나님보다 조금 못하게 하셨습니다. '조금 못하다'는 것은 비슷하다는 뜻입니다. 차이가 없다는 뜻입니다. 물론 우리가 하나님과 대등한 존재는 결코 아니지만 매우 존귀해서 다른 피조물과 구별되는 존재인 것입니다. 이러한 존귀한 인간으로 하여금 다른 모든 피조물을 다스리게 하셨습니다. "주의 손으로 만드신 것을 다스리게 하시고 만물을 그의 발 아래 두셨으니 곧 모든 소와 양과 들짐승이며 공중의 새와 바다의 물고기와 바닷길에 다니는 것이니이다"(시 8:6-8).

지금껏 하나님이 하신 답변 중에 어떤 것들이 나왔습니까? 들나귀, 낙타, 산 염소, 말, 매, 독수리가 나왔습니다. 또 무엇이 나왔습니까? 베헤못, 리워야단이 나왔습니다. 이처럼 큰 짐승, 큰 괴물뿐 아니라 모든 피조물을 인간에게 다스리게 하셨습니다. 여기에 아주 중요한 의미가 있습니다. '너에게 일어나는 어떤 일도 네가 동등한 차원에서 맞서야 할 대상이 아니다. 너는 그것들을 다스릴, 그들 위에 있는 존재다. 네가 악어나 하마보다 힘이 더 세서 그것들을 물어뜯고 물리쳐야 한다는 말이 아니라 너는 그것들을 다스리는 존재라는 뜻이다. 그것들이 네 발아래 있다. 너에게 일어나는 모든 재난은 네가 수평적이고 대등한 차원에서 상대하고 해결해야 하는 문제가 아니라 너를 그들 위에 있게 하려고 하나님이 그것으로 네 속사람을 채우는 일들이다.' 이것이 하나님의 답변에 담긴 의미입니다.

우리는 자신이 당하는 억울함이나 버거움 같은 것들을 없애야 하고 해결해야 하는 것이라고 생각하지만 욥기는 그렇지 않다고 이야기합니다. 시편 8편 1절과 끝 절인 9절에서는 수미쌍관법을 써서 "여호와 우리 주여 주의 이름이 온 땅에 어찌 그리 아름다운지요"라고 동일하게 고백합니다. 하나님이 지으신 창조물에 대한 감탄이 강조된 것입니다. 그렇다면 베헤못과 리워야단을 보고도 우리는 "여호와 우리 주여 주의 이름이 온 땅에 어찌 그리 아름다운지요"라고 고백할 수 있을 것입니다. 이제 그것들과 부딪히고 충돌하는 차원에서 한발 나아가 하나님이 우리에게 씌우신 존귀와 영화의 면류관, 즉 통치자의 입장에서 그 모든 피조물의 존재 가치를 볼 수 있게 된 것입니다. 이것이 인간에게 부여된 특권과 지위입니다.

너는 위엄과 존귀로 단장하며

욥이 처음에 친구들과 논쟁하고 불평한 것은, 자신을 그저 죽어 없어지면 모든 것이 해결되는 존재로 이해하고, 사는 동안 그저 하나님이 평탄하게 해 주시면 된다고 생각하는 수준이었기 때문입니다. 그런데 그 자리에서 이제 앞으로 성큼 나아가게 됩니다. 우리가 자기 자신에 대해 기대하는 바와 비교할 수 없이 큰 목적과 권세를 하나님이 우리에게 허락하셨다는 사실을 알게 된 것입니다. 이것이 욥기의 결론입니다. 이 깨달음은 참으로 놀랍습니다. 앞서 욥기 40장 10절 이하를 읽었을 때도 살펴

본 문제입니다.

> 너는 위엄과 존귀로 단장하며 영광과 영화를 입을지니라
> 너의 넘치는 노를 비우고 교만한 자를 발견하여 모두 낮추
> 되 모든 교만한 자를 발견하여 낮아지게 하며 악인을 그들
> 의 처소에서 짓밟을지니라 그들을 함께 진토에 묻고 그들
> 의 얼굴을 싸서 은밀한 곳에 둘지니라 그리하면 네 오른손
> 이 너를 구원할 수 있다고 내가 인정하리라 (욥 40:10-14)

하나님이 욥에게 한 질문은 이런 의미입니다. '네가 하마를 맨손
으로 당할 수 있느냐? 네가 악어를 네 맘대로 주무를 수 있느냐?
그럴 수 없지 않느냐. 네가 네 고난을 불만스러워 한다면 네 고
난을 스스로 해결해 보아라. 그럴 수 있다면 내가 너를 능력자라
고 인정해 주겠다.' 그런 다음 이어서 말씀하십니다. "너는 위엄
과 존귀로 단장하며 영광과 영화를 입을지니라"(욥 40:10). 이 구
절에 담긴 의미는 이렇습니다. '네 영광을 너 자신의 힘으로 스
스로 채워 보라. 네가 원하는 영광을 네 힘으로 해결해 보라. 그
러면 내가 너를 인정해 주겠다. 하마를 맨손으로 잡고 악어를 맨
손으로 잡아 보라. 네가 그렇게 할 수 없듯이 네가 당한 고난을
너 스스로 해결할 수 없는 것 아니냐? 네 영광은 네 손으로 만드
는 영광보다 큰, 하나님이 만드시는 영광이다.'

욥이 생각하는 것처럼 자기 마음에 들지 않는 것들을 처치
해 버리고 해결해 버리는 것이 인간의 영광이거나 인간이 가야

할 궁극적 자리가 아닙니다. 우리의 손이 우리를 구원하는 것이 아니라 우리보다 위에 계신 하나님이 우리를 구원하시고 당신이 목적하시는 높은 자리로 우리를 부르시기 위하여 우리 자신의 힘으로는 해결할 수 없는 일들을 주십니다. 하나님만이 해결해 줄 수 있는 문제들을 경험하는 자리로 자신도 모르게 승격되는 인생을 살게 해 주십니다. 이것이 하나님의 특별한 은총입니다.

반항적 자기 연민에서 돌이키다

예레미야 15장에 가 봅시다. 예레미야는 유다가 망하기 직전에 선지자로 부름받아서 유다가 망하는 내내 선지자 역할을 합니다. 당시 예레미야는 예루살렘의 멸망이 유대 민족에게 주시는 하나님의 벌이니 그것을 받아들이라고 외치고 다녀서 자기 백성들로부터 매국노 취급을 받게 됩니다. 예레미야가 자신의 처지를 이렇게 한탄합니다.

여호와여 주께서 아시오니 원하건대 주는 나를 기억하시며 돌보시사 나를 박해하는 자에게 보복하시고 주의 오래 참으심으로 말미암아 나로 멸망하지 아니하게 하옵시며 주를 위하여 내가 부끄러움 당하는 줄을 아시옵소서 만군의 하나님 여호와시여 나는 주의 이름으로 일컬음을 받는 자라 내가 주의 말씀을 얻어 먹었사오니 주의 말씀은 내게

기쁨과 내 마음의 즐거움이오나 내가 기뻐하는 자의 모임
가운데 앉지 아니하며 즐거워하지도 아니하고 주의 손에
붙들려 홀로 앉았사오니 이는 주께서 분노로 내게 채우셨
음이니이다 나의 고통이 계속하며 상처가 중하여 낫지 아
니함은 어찌 됨이니이까 주께서는 내게 대하여 물이 말라
서 속이는 시내 같으시리이까 (렘 15:15-18)

하나님이 예레미야를 선지자로 세워 놓고는 붙들어 주지 않고
내버려 두십니다. 그러자 예레미야가 불평합니다. '하나님, 언제
까지 저를 저 대적하는 자들에게 어려움을 당하고 수모를 당하
도록 놔두실 것입니까? 선지자로 세워 놓고는 지켜 주지 않으
실 것입니까?' 예레미야의 불평에 대해 하나님이 답하십니다.

여호와께서 이와 같이 말씀하시되 네가 만일 돌아오면 내가
너를 다시 이끌어 내 앞에 세울 것이며 네가 만일 헛된 것을
버리고 귀한 것을 말한다면 너는 나의 입이 될 것이라 그들은
네게로 돌아오려니와 너는 그들에게로 돌아가지 말지니라 내
가 너로 이 백성 앞에 견고한 놋 성벽이 되게 하리니 그들이
너를 칠지라도 이기지 못할 것은 내가 너와 함께 하여 너를
구하여 건짐이라 여호와의 말씀이니라 내가 너를 악한 자의
손에서 건지며 무서운 자의 손에서 구원하리라 (렘 15:19-21)

예레미야는 어디까지 내려간 것입니까? 사역에 지쳐서 "난 못

하겠습니다. 하나님이 말씀을 전하라고 저를 불러 놓고는 붙들어 주시지 않고 수치와 고난을 당하게 버려 두시면 어떡합니까? 그 어느 누가 이 일을 할 수 있겠습니까?" 하며 절규하는 데까지 갔습니다. 이런 예레미야를 하나님이 붙들어 세우시는 장면입니다. 이 대목에 대해 누군가가 '반항적 자기 연민의 상태에서 돌아서기를 하나님이 촉구하시는 장면'이라고 이름을 붙였습니다. 욥기의 결론도 이런 관점에서 읽어 볼 수 있을 것입니다.

욥은 반항적 자기 연민의 상태에 빠져서 '나는 억울하다. 하나님은 너무하신다'라고 한탄하는데, 사실 하나님은 너무하신 적이 없습니다. 우리를 향한 하나님의 목적이 있기 때문입니다. 그 목적이 이루어지기 전에는 하나님은 절대 타협하지 않으실 것입니다. 중간에 포기하지 않으실 것입니다. 그래서 예수 믿는 것은 대단히 어렵습니다. 그러니 시편 8편에 나오는, 하나님이 우리로 만물을 다스리게 하신다는 의미를 이해해야 합니다. 만물을 다스리려면 권력을 가져야 하는 것이 아니라 그들 위에 설 수 있는 권위가 필요합니다. 다른 모든 피조물들 위에 설 수 있는 권위 말입니다. 하나님과 방불해야 합니다. 이것은 신성모독적인 비교가 아닙니다. 우리에게 허락하신 존귀함, 청지기로 세우신 우리의 직분에 대한 하나님의 훈련이 있습니다. 하나님의 교육이 있습니다. 이처럼 아무 생각을 하지 않아도 되는 인생은 없습니다. 예수를 믿으면서 생각할 필요가 없어지길 바라는 것은 예수 믿는 것이 무엇인지 모르는 것입니다. 예수를 믿으면 더 많이 생각해야 합니다. 욥처럼 말입니다.

욥을 채우고 높이는 고난

믿지 않는 사람들이 세상을 살아가는 원리는 적자생존입니다. 그러나 우리는 그렇지 않습니다. 신앙을 고백할 때마다 '예수를 믿는다'는 말의 의미를 명심해야 합니다. 예수는 오해받고 억울하게 죽으신 하나님입니다. 예수를 떠나서는 기독교 신앙을 논할 수도 없고 비켜 갈 수도 없고 타협할 수도 없습니다. 예수님은 우리를 구원하기 위하여 하나님의 권세를 힘입어 죽으십니다. 예수님은 제자들에게 자신은 섬김을 받으러 온 것이 아니라 섬기러 왔다고 누누이 말씀하십니다. 마가복음 10장을 봅시다.

세베대의 아들 야고보와 요한이 주께 나아와 여짜오되 선생님이여 무엇이든지 우리가 구하는 바를 우리에게 하여 주시기를 원하옵나이다 이르시되 너희에게 무엇을 하여 주기를 원하느냐 여짜오되 주의 영광중에서 우리를 하나는 주의 우편에, 하나는 좌편에 앉게 하여 주옵소서 예수께서 이르시되 너희는 너희가 구하는 것을 알지 못하는도다 내가 마시는 잔을 너희가 마실 수 있으며 내가 받는 세례를 너희가 받을 수 있느냐 그들이 말하되 할 수 있나이다 예수께서 이르시되 너희는 내가 마시는 잔을 마시며 내가 받는 세례를 받으려니와 내 좌우편에 앉는 것은 내가 줄 것이 아니라 누구를 위하여 준비되었든지 그들이 얻을 것이니라 (막 10:35-40)

두 제자가 요구한 것은 무엇입니까? 세상의 권력과 영광입니다. 주를 믿었으니 영원한 나라에서 영광스런 보좌 우편과 좌편에 앉혀 달라고 합니다. 예수님이 뭐라고 답하십니까? '내가 마시는 잔을 너희가 마실 수 있으며 내가 받는 세례를 너희가 받을 수 있느냐'(막 10:38 하). 너희는 내가 받는 고난을 대신할 수 있느냐, 너희는 결단코 못한다, 그런 말입니다. 이들은 예수님의 말씀을 알아듣지 못하면서 할 수 있다고 대답하였습니다. 그러자 주께서 말씀하십니다. '너희는 내가 마시는 잔을 마시며 내가 받는 세례를 받으려니와'(막 10:39 하). 주께서만 하실 수 있는 일과 주께서 하신 일로 모두가 동참해야 하는 그 잔과 세례는 무엇일까요? 그것은 섬기는 일입니다.

모든 위험한 존재들을 없애 버리는 것, 베헤못을 없애고 리워야단을 쳐부수는 것이 다스리는 자의 영광이 아니듯이, 피조물들이 창조주를 향하여 "여호와 우리 주여 주의 이름이 온 땅에 어찌 그리 아름다운지요"라고 감탄하지 않는다면 그는 진정한 통치자가 아닐 것입니다. 진정한 통치자에 대한 찬미가 시편 8편에 이렇게 기록되어 있습니다. '여호와 우리 주여 주의 이름이 온 땅에 어찌 그리 아름다운지요 주의 영광이 하늘을 덮었나이다 주의 대적으로 말미암아 어린아이들과 젖먹이들의 입으로 권능을 세우심이여'(시 8:1-2). 어린아이들과 젖먹이들의 입으로 권능을 세우신다고 합니다. 고난을 당하면 마치 자기가 지는 자 같고 약한 자 같고 망하는 자 같으나 하나님의 통치는 그런 방법으로 이루어지는 것입니다. 하나님이 욥에게 고난을 허락하신 것은 다만 사탄의 시험 앞에 욥이 누구 편을 드는지 보자는 것이 아닙니다. 하나님이 사탄의 도전을 받아들여 오히려 그것으로 욥을 채우시고 높이십니다. 이처럼 우리에게 일어나는 일 중에 우리를 손해 보게 하거나 망하게 하는 일은 없습니다. 욥은 결코 억울한 인생이 아닙니다.

예수님은 자기를 부인하고 자기 십자가를 지고 나를 좇지 않는 자는 나를 따라올 수 없다고 말씀하십니다. 제자도입니다. 제자도는 권능의 문제도 헌신의 문제도 아닌 정체성의 문제입니다. 우리는 누구입니까? 예수를 믿는다는 것은 무슨 뜻입니까? 이 대목을 통과하지 못하면 평생 불평하다가, 평생 무서워하다가 인생이 끝납니다. 안심하는 것 이외에는 아무것도 필요하지 않는 존재로 살다가 끝납니다.

사람의 위대함은 어디에 있을까요? 섬기는 것에 있습니다. 나이 들면 젊었을 때와 확연히 구별되는 능력이 하나 있는데, 바로 감수하는 능력입니다. 억울함을 삼켜야 하는 현실을 감수할 수 있게 됩니다. 그것은 나이가 들지 않으면 하지 못합니다. 나이가 든다는 것은 다만 힘이 빠지고 쇠퇴하고 쇠잔해지는 것이 아닙니다. 영그는 것입니다. 드디어 감춰진 자리에 있을 수 있게 되는 것입니다. 비로소 나라를 위하여 기도할 수 있고, 우리 후손을 위하여 기도할 수 있게 됩니다. 하나님이 이 말씀을 하기 위하여 폭풍 속에서 욥에게 찾아오신 것입니다. '네가 당하는 고난과 네가 한 모든 불평은 내가 진정성을 가지고 개입한 폭풍 같은 간섭 때문이었다. 성의를 다하고 진심과 모든 노력을 기울여 개입한 내 손길이었다. 너 그것을 아느냐?'

억울함과 고난만 걷어 내면 끝이더냐

하나님이 고난을 통해 우리가 자라가기 원하시는 궁극의 자리는 어디일까요? 에베소서의 말씀을 함께 봅시다.

> 우리가 다 하나님의 아들을 믿는 것과 아는 일에 하나가 되어 온전한 사람을 이루어 그리스도의 장성한 분량이 충만한 데까지 이르리니 이는 우리가 이제부터 어린 아이가 되지 아니하여 사람의 속임수와 간사한 유혹에 빠져 온갖 교훈의 풍조에 밀려 요동하지 않게 하려 함이라 오직 사랑 안에서 참된 것을 하여 범사에 그에게까지 자랄지라 그는 머리니 곧 그리스도라 그에게서 온 몸이 각 마디를 통하여 도움을 받음으로 연결되고 결합되어 각 지체의 분량대로 역사하여 그 몸을 자라게 하며 사랑 안에서 스스로 세우느니라 (엡 4:13-16)

온전한 사람을 이루어 그리스도의 장성한 분량이 충만한 자리까지 가야 합니다. 우리에게 요구되는 자리는 그리스도의 장성한 분량이 충만한 자리입니다. 그러니 쉽게 충고하지 말고 쉽게 정죄하지 마십시오. 쉬운 길이 아닙니다. 예수는 우리 죄를 위해 죽으신 분 아닙니까? 우리는 입이 있어도 할 말이 없는 자들입니다. 우리는 우리 마음에 안 들면 뭐라고 한마디 해야 직성이 풀리는데, 예수님은 우리 죄 때문에 우리 대신 죽으셨습니다. 우리가 이런 분을 믿는 것입니다. 그러니 예수를 믿는다는 말은 무시무시한 표현인 줄 알아야 합니다. 성경은 예수를 믿으면 우

리 소원이 다 이루어지고 어려운 일은 없어진다는 식의 약속을
한 적이 없습니다.

"오직 사랑 안에서 참된 것을 하여 범사에 그에게까지 자랄
지라 그는 머리니 곧 그리스도라 그에게서 온 몸이 각 마디를 통
하여 도움을 받음으로 연결되고 결합되어 각 지체의 분량대로
역사하여 그 몸을 자라게 하며 사랑 안에서 스스로 세우느니라"
(엡 4:15-16). 다른 것으로는 안 됩니다. 하나님이 나를 사랑하신
다는 것을 깨닫지 못하면 이 길은 갈 수 없습니다. 다른 것으로
보상되거나 확인되지 않습니다. 하나님이 나를 사랑한다는 사실
이 유일한 이유가 되지 않으면 신앙생활을 할 힘을 다른 데서는
얻어 낼 수가 없습니다. 이것을 욥이 배웁니다. 자신이 당한 모
든 일은 하나님이 그를 사랑하셔서 타협하시지 않는 그분의 신
실하심 때문이라는 것을 배우는 자리까지 옵니다. 내가 당한 모
든 고난이 나를 괴롭히는 장애물이 아니라 하나님이 나를 위하
여 준비하신 것이요, 내가 소원하는 것과는 하나님이 타협하지
않으신다는 사실을 배우는 자리입니다.

스스로를 돌아보십시오. 예수를 믿으십니까? 삶에 조금만
어려움이 닥치면 하나님이 뭐 하고 계신지 또 다시 의문을 품지
는 않습니까? 그렇다면 자신의 믿음이 좋았다고 생각하는 순간
은 언제입니까? 고민하지 않아도 되는 때는 괜찮은 것이고, 어
려움이 생기면 하나님이 계시는지 의심하는 생활을 반복하고
있지는 않습니까? "하나님, 억울합니다." 욥이 내내 그 이야기
를 합니다. 여기에 하나님이 답하십니다. "너는 어떻게 하면 좋

겠느냐? 너한테 일어난 모든 억울함과 고난을 걷어 내는 것으로 끝이었으면 좋겠느냐? 나는 그렇게 못한다." 신앙생활의 명예가 어디에 있습니까? 하나님이 나를 사랑하신다는 것이 나의 유일한 명예요 자랑이 아니라면 우리는 신앙생활을 할 수가 없습니다. 이것이 예수를 믿는다는 말입니다. 평안을 믿는 것도 안심을 믿는 것도 아닙니다. 이것이 욥기가 증언하는 자리라는 것을 기억하십시오.

기도

하나님 아버지, 생각해 보면 우리는 늘 어린아이 같습니다. 하나님이 우리를 위하여 우리 인생을 놓지 않고 적극적으로 개입하고 붙들고 계십니다. 우리가 하나님의 사랑을 받는 자인 줄 깨닫게 하옵소서. 그리하여 우리의 연약한 것, 못난 것, 남들이 돌아보지 않는 모든 것 속에 하나님의 손길이 있음을 발견하게 하옵소서. 예수님이 그 길을 걸으셨고, 그 길로 우리를 부르십니다. 이 길 걸을 수 있게 붙들어 주옵소서. 하나님의 자녀인 것을 기억하고 사는 명예와 믿음의 담력을 주옵소서. 예수님 이름으로 기도합니다. 아멘.

32 **42:1** 욥이 여호와께 대답하여 이르되 **2** 주께서는 못 하실 일이 없사오며 무슨 계획이든지 못 이루실 것이 없는 줄 아오니 **3** 무지한 말로 이치를 가리는 자가 누구니이까 나는 깨닫지도 못한 일을 말하였고 스스로 알 수도 없고 헤아리기도 어려운 일을 말하였나이다 **4** 내가 말하겠사오니 주는 들으시고 내가 주께 묻겠사오니 주여 내게 알게 하옵소서 **5** 내가 주께 대하여 귀로 듣기만 하였사오나 이제는 눈으로 주를 뵈옵나이다 **6** 그러므로 내가 스스로 거두어들이고 티끌과 재 가운데에서 회개하나이다 (욥 42:1-6)

욥 _ 이 자리에서
하나님이 일하십니다

비로소 한계를 넘어서다

욥기가 어렵게 느껴지는 것은 마지막 결론이 시원하지도 않고 분명하지도 않기 때문입니다. 또 하나님의 답이라는 것도 쉽게 이해되지 않습니다. 이것이 어째서 욥기의 결론인지 의아스럽습니다. 아마 부정적인 것을 모조리 제거하거나 모든 의문을 속 시원히 해소하는 답이 나올 것이라는 우리의 기대가 이해를 어렵게 하는지도 모르겠습니다. 욥이 가진 억울함이 명쾌하게 해결되지 않고 욥에게나 욥기를 읽는 독자들에게나 하나님의 답이 시원하고 분명한 답으로 주어지지 않아 답답합니다. 왜 하나님의 답은 시원하지도 분명하지도 않게 제시되어 있을까요?

욥이나 세 친구는 다 인과응보라는 법칙에 묶여 있는 신앙을 가지고 있었습니다. 그런데 하나님이 등장하셔서 우리의 예상과는 동떨어진 답을 주십니다. 우리가 볼 때는 잘못되어서 일어났다고 생각하는 일들, 예를 들어 낮과 밤에서는 밤, 형통과 고난에서는 고난, 성공과 실패에서는 실패, 이런 것들은 없어야 좋을 것 같은데, 하나님은 이것들이 하나님의 통치 안에서 없어져야 하는 것들이 아니라고 하십니다. 이런 것들이 이분법으로 나뉜 채, 배제되어서는 안 된다는 것입니다. 그래서 욥기의 결론은 어렵습니다. 그러면 하나님이 실패를 조장하신다는 말인가, 하나님이 불의를 방관하신다는 말인가, 하는 생각이 들어서 그렇습니다. 지난 장에서 베헤못과 리워야단을 들어 살피면서 이 문제가 그리 간단한 것은 아니라고 했습니다. 하마와 악어가 길들여지지 않고 난폭하고 두려운 것들이라고 해서 그것들을 제거해 버리는 것이 답이냐고 묻는 것처럼 말입니다.

하나님은 욥의 생각이 얼마나 좁고 닫혀 있는지를 지적하셨습니다. 본문에서 보는 바와 같이 하나님은 못 하실 일이 없는 분입니다. "욥이 여호와께 대답하여 이르되 주께서는 못 하실 일이 없사오며 무슨 계획이든지 못 이루실 것이 없는 줄 아오니"(욥 42:1-2). '못 하실 일이 없으며 못 이루실 것이 없다'는 말은 하나님에 대한 우리의 경외이며 고백입니다. 욥기 내내 나왔던 내용은 우리가 쓸데없거나 억울하다고 생각했던 일들, 필요 없다고 생각했던 일들이 하나님의 뜻에서 벗어나 있는 일이 아니었다는 것입니다. 하나님은 하나님의 의로우심과 선하심으로 그 모든 것을 만들었고, 제어하고 계시다는 것입니다. 따라서 우리에게 생기는 고난이나 어려움이나 한계는 우리를 제한하는 것이 아니라 하나님이 우리로 어딘가를 뛰어넘게 하시는 과정이라고 가르칩니다. 그리하여 결국 욥에게서 "그렇습니다. 하나님은 못 하실 일이 없으십니다"라는 고백을 받아 내십니다. 하나님의 답변을 통해 비로소 욥이 자신의 이해와 자기 확인이라는 닫힌 방을 열어젖히게 된 것입니다.

이런 내용은 신약에도 나타나 있습니다. 베드로가 예수님을 세 번 부인한 사건을 생각해 봅시다. 예수님이 돌아가시기 전 나눈 최후의 만찬 자리에서 예수님은 베드로가 닭 울기 전에 당신을 세 번 부인할 것이라고 하자, 베드로는 "다 주를 버릴지라도 저만은 주를 따르겠나이다. 죽는 자리까지도 함께 가겠습니다"라고 장담해 놓고는 예수님 말씀대로 세 번이나 부인하고 맙니다. 이후에 부활하신 주님이 갈릴리 바닷가에 나타나셔서 함께 식사를 하시며 베드로에게 묻습니다. "시몬아, 네가 이 사람들보다 나를 더 사랑하느냐?" 베드로가 뭐라고 대답합니까? "내가 주를 사랑하는 줄 주께서 아시나이다." 이 말은 무슨 뜻입니까? '주님, 제 진심을 아시지 않습니까?'라는 뜻이 전부가 아닙니다. '진심은 있으나 사랑할 능력이 제게 없는 것까지 주님은 아시지 않습니까? 그러니 제가 고백한 자리까지 실제로 가도록 주께서 저를 붙들어 주셔야 합니다. 이것을 주께서도 알고 저도 이제 압니다'라고 하는 데까지 이어집니다. 욥이 바로 그 이야기를 하는 것입니다. 다시 읽어 봅시다.

욥이 여호와께 대답하여 이르되 주께서는 못 하실 일이 없사오며 무슨 계획이든지 못 이루실 것이 없는 줄 아오니 무지한 말로 이치를 가리는 자가 누구니이까 나는 깨닫지도 못한 일을 말하였고 스스로 알 수도 없고 헤아리기도 어려운 일을 말하였나이다 내가 말하겠사오니 주는 들으시고 내가 주께 묻겠사오니 주여 내게 알게 하옵소서 내가 주께 대하여 귀로 듣기만 하였사오나 이제는 눈으로 주를 뵈옵나이다 그러므로 내가 스스로 거두어들이고 티끌과 재 가운데에서 회개하나이다 (욥 42:1-6)

이제 고백이 터져 나오는 것입니다. 욥이 지금껏 이해하고 확인하고 상상했던 세계를 하나님과의 만남을 통해 넘어섭니다. 하나님이 보여 주신 증거는 무엇이었습니까? 자연이었습니다. '창조 세계에서 네가 다루고 조작할 수 있는 것이 무엇이 있더냐? 그럼에도 너는 그것들보다 얼마나 큰 존재인지 생각해 보아라.' 마태복음 6장에서도 예수님은 이 창조에 기대어 말씀합니다. '공중 나는 새를 보라. 들에 핀 백합화를 보라. 오늘 있다가 내일 아궁이에 던져지는 들풀도 하나님이 이렇게 입히시거든 하물며 너희일까 보냐. 믿음이 적은 자들아.' 주님을 세 번 부인했던 베드로도 자신의 이해와 한계를 벗어나 하나님을 붙잡습니다. "내가 주를 사랑하는 줄 주께서 아시나이다"라는 고백이 그것입니다. '하나님은 무소부재하시며 전지전능하십니다. 그러니 저를 붙잡아 제가 겪은 한계와 무지했던 모든 것을 합하여 선을 이루어 주시지 않는다면 저에게는 답이 없습니다'라는 고백으로 자신을 바친 것입니다.

우리를 몰아가시는 하나님

자신의 한계를 인정하여 하나님에게 자신을 가져다 묶는 모습을 가장 극명하게 확인할 수 있는 사건이 창세기 22장에 나옵니다. 아브라함이 이삭을 바치는 장면입니다. 9절부터 보겠습니다.

> 하나님이 그에게 일러 주신 곳에 이른지라 이에 아브라함이 그 곳에 제단을 쌓고 나무를 벌여 놓고 그의 아들 이삭을 결박하여 제단 나무 위에 놓고 손을 내밀어 칼을 잡고 그 아들을 잡으려 하니 여호와의 사자가 하늘에서부터 그를 불러 이르시되 아브라함아 아브라함아 하시는지라 아브라함이 이르되 내가 여기 있나이다 하매 사자가 이르시되 그 아이에게 네 손을 대지 말라 그에게 아무 일도 하지 말라 네가 네 아들 네 독자까지도 내게 아끼지 아니하였으니 내가 이제야 네가 하나님을 경외하는 줄을 아노라 아브라함이 눈을 들어 살펴본즉 한 숫양이 뒤에 있는데 뿔이 수풀에 걸려 있는지라 아브라함이 가서 그 숫양을 가져다가 아들을 대신하여 번제로 드렸더라 아브라함이 그 땅 이름을 여호와 이레라 하였으므로 오늘날까지 사람들이 이르기를 여호와의 산에서 준비되리라 하더라 여호와의 사자가 하늘에

서부터 두 번째 아브라함을 불러 이르시되 여호와께서 이
르시기를 내가 나를 가리켜 맹세하노니 네가 이같이 행하
여 네 아들 네 독자도 아끼지 아니하였은즉 내가 네게 큰 복
을 주고 네 씨가 크게 번성하여 하늘의 별과 같고 바닷가의
모래와 같게 하리니 네 씨가 그 대적의 성문을 차지하리라
또 네 씨로 말미암아 천하 만민이 복을 받으리니 이는 네가
나의 말을 준행하였음이니라 하셨다 하니라 (창 22:9-18)

창세기 22장을 보면, 하나님이 아브라함에게 백 살에 얻은 아들
을 바치라고 하자 아브라함이 순종합니다. 우리가 욥기를 이해하
는 관점에서 창세기 22장 사건을 보면 아브라함은 어쩔 수 없는
자리에 내몰린 것입니다. '이삭을 잡거나 아브라함 자신이 죽거
나' 하는 데까지 몰려갔다고 볼 수 있습니다. 욥이 이해를 했든 안
했든 그에게 일어난 재난은 현실입니다. 친구들이 와서 하는 이야
기는 '네가 재난을 당하는 것을 보니 분명 너는 죄를 지었다'라는
것입니다. 죄를 지었는지 안 지었는지는 욥과 친구들의 말이 서로
다르지만 욥은 지금 자신이 고난을 받고 있으니 할 말이 없습니
다. 그러니 욥은 그 원망을 누구에게 돌리겠습니까? 친구들하고
야 어떻게 더 이상 이야기하겠습니까? 고난이 현실인데 말입니
다. 하나님에게 항의하고 하나님을 물고 늘어질 수밖에 없습니다.
　　아브라함 역시 이런 자리까지 몰려온 셈입니다. 그리고 그
시험을 통과해서 하나님이 약속하신 자리까지 갑니다. '네가 순
종했기 때문이 아니라 네가 이 어려움을 지나 네 한계를 넘어왔

으니 이제 분명히 하자. 내가 나를 가리켜 맹세하여 이 일을 이룰 것임을 너에게 분명히 선언하노라.' 하나님이 아브라함에게 하신 시험과 복의 의미를 비로소 욥이 자신의 고난을 통해 깨달은 것입니다. '하나님은 제 생각보다 크십니다. 제가 당한 고난은 손해가 아닙니다. 억울한 일이 아닙니다. 하나님이 하마와 악어를 만드셨고 저들의 삶을 기뻐하시고 온 창조물을 좋게 여기시는 것처럼 제게 일어난 그 어떤 일도 하나님의 선하심과 약속에서 벗어난 것은 없습니다. 그것은 하나님만이 하시는 일이고, 또 하나님만이 하실 수 있는 일이기에 이제 제가 회개합니다.' 이것이 욥의 답입니다. '무지한 말로 이치를 가리는 자가 누구니이까'(욥 42:3)라는 말과 '내가 나를 가리켜 맹세하노니'(창 22:16)라는 말이 이렇게 대조를 이루는 것입니다. 무소부재하시며 전지전능하신 하나님이 우리를 이런 자리까지 내몰아 가는 까닭에 같은 자리에 있을 수 없는 것들이 함께 묶이게 됩니다.

티끌과 재 가운데서 회개하나이다

하나님이 얼마나 크신 분인가는 다만 물리적인 개념이나 공간적인 개념으로 말하는 것이 아닙니다. 성경이 거듭 확인하고 강조하는 바는 하나님은 깊고 무한하시고 측량할 수 없는 분이라는 사실입니다. 그런 하나님을 만난 욥의 중요한 고백이 이렇게 나옵니다. "그러므로 내가 스스로 거두어들이고 티끌과 재 가운데에서 회개하나이다"(욥 42:6).

티끌과 재 가운데에서 회개한다는 것은 무슨 뜻입니까? '이 낮아진 자리, 이 고난의 자리에서 다시 일어섭니다. 하나님의 통치와 선하신 뜻 아래서는 헛된 것도 몹쓸 것도 없습니다. 모든 것이 가치 있습니다. 티끌과 재도 가치 있습니다. 그 자리에서 일어설 수 있습니다. 제가 티끌이고 재에 불과하다고 하더라도 상관없습니다. 일어서겠습니다. 왜냐하면 하나님은 창조주시기 때문입니다.' 이런 고백이 터져 나오는 것입니다.

욥은 '내가 이 자리에서 일어설 뿐만 아니라 하나님이 이런 형편을 가지고서도 일하신다는 것을 인정합니다'라고 하는 데까지 나아갑니다. 예수님이 가신 십자가의 길이 예수님의 영광을 이루어 내는 길이라고 확인했기 때문입니다. 십자가와 죽음은 말이 안 되는 것처럼 보입니다. 억울한 것처럼 보입니다. 창조주가 피조물들에 의하여 모욕당하고 자신을 저들의 결정대로 맡겨 저들의 손에 넘겨져 죽습니다. 그러나 그것으로 부활을 이루셨으므로 신자에게는 겁날 것이 없습니다. 성경 어디에서나 발견되는 강조입니다.

그러나 우리는 이 지점에서 겁을 냅니다. 내가 아는 조건이 있으면, 그 방법대로 사용되어야 한다고 믿고 있어서 하나님의 일하심이 늘 부족하게 여겨지는 것입니다. 더 많이 울어야 답을 주시는 것인지, 더 많은 조건을 만족시켜야 해결되는 것인지 하고 말입니다. 우리는 그 깊은 골을 메우지 못하고 체념과 불안 속에 신자의 인생을 보냅니다. 그러나 나에게 생기는 억울한 일뿐만이 아니라 나의 부족한 것까지 사용하셔서 하나님이 나를 만드십니다. 그래서 예수께서 인간으로 오신 것입니다. 죽을 수 있는 연약한 자리에 오신 것입니다. 이제 욥이 티끌과 재 가운데서 일어나 "티끌과 재로 살 수 있습니다" 이렇게 고백할 수 있게 된 것입니다.

시편 8편으로 가 봅시다. 여기서 중요한 말씀을 하나 확인하려고 합니다. "여호와 우리 주여 주의 이름이 온 땅에 어찌 그리 아름다운지요 주의 영광이 하늘을 덮었나이다 주의 대적으로 말미암아 어린 아이들과 젖먹이들의 입으로 권능을 세우심이여 이는 원수들과 보복자들을 잠잠하게 하려 하심이니이다"(시 8:1-2). 하나님이 어린아이와 젖먹이들을 사용하여 일하신답니다. 하나님이 어린아이와 젖먹이의 입으로 권능을 세우실 것입니다. 하나님의 팔로 하십니다. 마태복음 11장에 가면 이런 하나님의 일하심이 다음과 같이 소개되어 있습니다.

> 그 때에 예수께서 대답하여 이르시되 천지의 주재이신 아버지여 이것을 지혜롭고 슬기 있는 자들에게는 숨기시고 어린 아이들에게는 나타내심을 감사하나이다 옳소이다 이렇게 된 것이 아버지의 뜻이니이다 내 아버지께서 모든 것을 내게 주셨으니 아버지 외에는 아들을 아는 자가 없고 아들과 또 아들의 소원대로 계시를 받는 자 외에는 아버지를 아는 자가 없느니라 (마 11:25-27)

지혜롭고 슬기로운 자와 어린아이가 대조되어 있습니다. 자기가 아는 것, 자기가 할 수 있는 것을 전부로 여기는 사람들의 세계와 하나님이 기르시고 승리를 주시는 사람들의 세계가 대조되어 있습니다. 자기가 만든 세계에 갇혀 있는 자를 하나님이 주시는 것을 받아들이는 자와 대조하는 것입니다. 그래서 이제 터져 나오는 외침이 '수고하고 무거운 짐 진 자들아'입니다. 이 수고하고 무거운 짐 진 자들이 욥기에서는 바로 욥과 그의 세 친구들입니다. "하나님! 어떻게 인생이 이렇습니까? 이렇게 열심히 믿는데, 왜 저에게 보상이 없습니까? 이게 뭡니까?"

'수고하고 무거운 짐 진 자들아 다 내게로 오라 내가 너희를 쉬게 하리라 나는 마음이 온유하고 겸손하니 나의 멍에를 메고 내게 배우라'(마 11:28-29 상). 이제 욥이 대답합니다. "티끌과 재 가운데서 회개하나이다. 아니, 티끌과 재를 뒤집어써도 좋습니다." 주님의 죽으심과 주님이 받은 모욕과 수치와 고난을 생각해 보십시오. 욥의 의문이 여기에 와서 풀리는 것입니다.

이사야 53장에 소개된 메시아에 관한 예언에서 하나님의 종은 고난받는 종으로 묘사됩니다. '그는 자라나기를 연한 순 같고 볼품이 없어서 사람들에게 싫은 바 되고 외면당했다'라고 소개됩니다. 욥도 마찬가지로 예수와 동일한 길을 가면서 자신이 하나님의 일하심의 동반자로 부름받았음을 깨닫게 됩니다.

너는 저들과 다른 존재다

욥기 38장을 보면 하나님이 욥을 어떻게 대우하십니까? 이 창조 세계에서 욥은 하나님의 초대를 받은 귀한 손님 같습니다. 손님이란 극진한 대접을 받는 존재입니다. 하나님이 욥을 귀한 손님처럼 존귀하게 대접하시는 것입니다. '너는 피조물이지만 내 자식으로 세움을 받고 나와 함께 이 세상을 다스리도록 부름받았다. 너는 저들과 다른 존재다'라는 것입니다. 그러면서 하나님의 통치가 얼마나 큰지를 보여 주십니다. 옳고 그름이 전부인 이분법의 통치가 아닌, 하나님의 권능과 지혜와 선하심과 능력의 통치를 보여 주십니다.

왜 그런 일을 보여 주실까요? 욥을 통치자의 자리로 부르셨기 때문입니다. 그러자 욥이 '무지한 말로 이치를 가리는 자가 누구입니까? 주께서는 무소부재하시고 전지전능하시니 못하실 일이 없습니다. 나를 붙드소서'라는 고백을 합니다. 이런 고백은 강요에서 나오지 않습니다. 자유에서 나옵니다. 자신의 선택인 것입니다. 강요받는 것이 아니라 납득하는 것입니다. 스스로 자원하는 것입니다. 하나님은 욥에게 그것을 요구했던 것입니다.

앞서 언급했던 제럴드 젠슨이 이 부분에 대해 좋은 표현을 했는데, 다듬어 보면 이렇게 말할 수 있습니다. '하나님을 섬기는 일에 고난 당하고, 그 고난으로 하나님을 섬기는 것, 그 고난으로 온전해지는 것을 욥기는 증언한다.'[8] 고난으로 하나님을 섬기고 고난으로 온전해지는 이야기가 히브리서 5장에도 나옵니다. '그가 아들이시면서도 받으신 고난으로 순종함을 배워서 .

8) J. 제럴드 젠슨 지음,《현대 성서 주석_욥기》(한국장로교출판사), 337쪽.

온전하게 되셨은즉'(히 5:8-9 상). 그가 아들이시라도 받으신 고난으로 순종함을 배워서 온전하게 되셨다고 합니다. 우리는 고난으로 온전하게 되는 일의 증거를 구약의 욥에게서, 신약의 예수에게서 확인합니다. 하늘에 선포된 어떤 개념, 주장, 권면이 아니라 한 개인의 구체적인 인생을 통하여 확인합니다. 예수께서 실제로 십자가를 지고 죽는 인생을 살아 우리 모두를 끌어안으신 것처럼 우리 모두는 그의 역사적 실존에서 벗어날 수 없습니다. 그 넓은 포옹을 예수의 성육신과 고난과 죽음에서 보듯이 욥의 생애에서도 볼 수 있습니다.

젠슨은 계속해서 이렇게 말합니다. '창조에 나타난 질서와 자유의 변증법에 인간이 참여하는 것을 보여 주는 행위를 수반한다고 욥기는 증언한다.'[9] 욥에게 자유란 무엇입니까? 하나님이 욥을 강요하거나 조종하지 않고 그를 불러 단련하여 인간의 가치가 무엇이냐, 하나님을 찾는다는 것이 무슨 의미냐, 하나님을 안다는 것이 무슨 뜻이냐고 다그쳐 물으셨습니다. 우리에게서도 이 답을 들으실 때까지 하나님은 포기하거나 타협하지 않으십니다.

우리 모두는 욥입니다. 그래서 신자의 인생은 고단할 수밖에 없습니다. 다른 것으로 대신하거나 스스로를 속일 수 없습니다. 하나님 앞에서 그분의 사랑을 받는 자로 일어서기까지 하나님은 포기하지 않으십니다.

9) J. 제럴드 젠슨 지음,《현대 성서 주석_욥기》(한국장로교출판사), 338쪽.

우리라는 인생과 존재의 가치는 쉽게 타협할 수 있는 것이 아니라고 하십니다. 하나님의 형상으로 지음을 받아 티끌과 재가 되는 자리까지 내몰릴 수 있지만 그것이 하나님의 창조와 권능으로 빚으신 자리인 것을 깨닫게 하셔서 높고 낮음, 자신의 취향과 기호를 초월하는 하나님의 통치에 항복하게 하십니다. 하나님이 우리를 독립된 인격으로 지으신 다음 우리에게 하나님의 명예를 부여하시고 그의 통치의 동반자로 부르셨다는 사실을 깨우쳐 주십니다. 이러한 하나님의 간섭과 신자들의 확인, 우리의 자유로운 선택과 기쁜 책임이 욥기의 결론이며 증언입니다. 우리의 신앙고백과 믿음을 말씀에 더 깊이 비추어 확인하여 위대한 신자로 살아가기를 바랍니다.

기도

하나님 아버지, 은혜를 감사합니다. 하나님을 아버지라 부르고 예수를 믿는다고 고백하는 것이 얼마나 큰 기쁨인지 배웁니다. 우리는 쉬운 것으로 만족하고 싶어 합니다. 대강 살고 싶고 고통을 면하는 것만이 전부이며 욕심을 내 봤자 자랑하는 게 다입니다. 하나님은 그렇게 우리를 놔두실 수 없다고 욥기에서 말씀하십니다. 늙어 보니 인생이 참 별것 아닙니다. 그런데 기독교 신앙은 이런 별것 아닌 인생이 소중하다고 이야기합니다. 그러니 예수를 믿는 것은 굉장한 것이라고 고백하는 우리의 인생이 되게 하여 주옵소서. 예수님 이름으로 기도합니다. 아멘.

33 42:1 욥이 여호와께 대답하여 이르되 2 주께서는 못 하실 일이 없사오며 무슨 계획이든지 못 이루실 것이 없는 줄 아오니 3 무지한 말로 이치를 가리는 자가 누구니이까 나는 깨닫지도 못한 일을 말하였고 스스로 알 수도 없고 헤아리기도 어려운 일을 말하였나이다 4 내가 말하겠사오니 주는 들으시고 내가 주께 묻겠사오니 주여 내게 알게 하옵소서 5 내가 주께 대하여 귀로 듣기만 하였사오나 이제는 눈으로 주를 뵈옵나이다 6 그러므로 내가 스스로 거두어들이고 티끌과 재 가운데에서 회개하나이다 (욥 42:1-6)

고난 _ 하나님의 축복

하나님의 임재와 부재의 연속성

욥기가 어려운 이유는 그 결론이 우리가 기대하는 바와 좀 다르기 때문이라고 말씀드렸습니다. 욥기는 우리가 기대하던 속 시원하고 분명한 결론 대신에 창조의 깊이와 넓이, 하나님의 통치의 즐거움에 대한 설명으로 답을 갈음하고, 마지막 장인 42장에서 욥의 항복과 회개에 대해 짧게 묘사한 후 끝이 납니다. 물론거기에 욥이 받은 일종의 보상으로 자녀의 복과 재산의 복이 나오지만 우리에게는 조금 미흡해 보이는 결말입니다.

욥기의 결론에서 핵심은 42장 1절부터 6절에 있는 욥의 고백인데, 5절에 나온 "내가 주께 대하여 귀로 듣기만 하였사오나 이제는 눈으로 주를 뵈옵나이다"라는 구절이 가장 함축적입니다. 물론 "주께서는 못 하실 일이 없사오며 무슨 계획이든지 못 이루실 것이 없는 줄 아오니"라는 2절도 매우 중요한 고백이지만, 이번 장에서는 5절에 담긴 표현을 집중적으로 생각해 보겠습니다. '귀로 듣기만 하던 하나님을 눈으로 본다'는 말의 의미는 욥기 전체에 깔려 있는 욥의 비명과 불평을 전제해야만 바르게 이해될 수 있습니다. 다시 말해 '하나님이 저를 외면하셔서 답이 없는 억울한 고통 속에 있습니다'라는 불평에 대한 해답을 이제 욥이 얻었다는 뜻입니다.

세 친구들은 욥이 재난을 겪고 하나님에게 외면당하는 이유가 욥이 먼저 하나님을 외면했기 때문이라고 지적합니다. 그러나 욥의 주장은, 자기는 하나님을 외면한 적이 없는데 하나님이 자기를 외면하시니 이유라도 알고 싶다는 것이었습니다. 즉 하나님의 임재와 부재 사이의 혼란, 그 불가해함이 욥기의 중요한 소재입니다.

욥이 어려움을 당한 것은 하나님이 외면한 탓일까요? 물론 우리는 욥의 친구들이 제일 먼저 제기했던 "욥, 네가 하나님을 외면해서 하나님 없는 자리에 들어와 이 재앙이 생긴 것 아니더냐"라는 질문에는 이미 답을 했습니다. 욥은 의로운 사람이라는 것이 욥기 전체를 관통하는 설정입니다. 욥은 죄를 짓지 않았는데, 하나님과 사탄 사이에 벌어진 내기 때문에 그의 고난이 시작된 것입니다.

욥에게는 하자가 없었습니다. 그러므로 우리는 욥의 비명에 귀 기울여야 합니다. 욥은 '나는 하나님을 외면한 적이 없는

데, 왜 하나님은 나를 외면하시는가?' 하는 물음에 대한 해답을 이제 듣습니다. 그래서 "내가 주께 대하여 귀로 듣기만 하였사오나 이제는 눈으로 주를 뵈옵나이다"라고 고백할 수 있었던 것입니다.

욥이 하나님의 부재라고 느꼈던 상황도 실제로는 하나님의 임재의 현장이었다는 뜻입니다. 욥은 자신이 당한 고난이 하나님의 외면으로 말미암아 생긴 재앙이 아니라 하나님이 자신에게 힘껏 복을 주시는 또 다른 방법이었다고 이해하게 된 것입니다.

도대체 이런 이야기가 어디 있습니까? 아무 근거 없이 이런 논리를 펴면 그것은 도무지 납득할 수 없는 억지 주장처럼 보입니다. 그런데 열왕기상에 나온 엘리야 이야기를 생각해 보면 달라집니다. 그는 하나님의 임재와 부재를 경험했던 대표적 인물입니다.

이에 일어나 먹고 마시고 그 음식물의 힘을 의지하여 사십 주 사십 야를 가서 하나님의 산 호렙에 이르니라 엘리야가 그 곳 굴에 들어가 거기서 머물더니 여호와의 말씀이 그에게 임하여 이르시되 엘리야야 네가 어찌하여 여기 있느냐 그가 대답하되 내가 만군의 하나님 여호와께 열심이 유별하오니 이는 이스라엘 자손이 주의 언약을 버리고 주의 제단을 헐며 칼로 주의 선지자들을 죽였음이오며 오직 나만 남았거늘 그들이 내 생명을 찾아 빼앗으려 하나이다 여호와께서 이르시되 너는 나가서 여호와 앞에서 산에 서라 하시더니 여호와께서 지나가시는데 여호와 앞에 크고 강한 바람이 산을 가르고 바위를 부수나 바람 가운데에 여호와께서 계시지 아니하며 바람 후에 지진이 있으나 지진 가운데에도 여호와께서 계시지 아니하며 또 지진 후에 불이 있으나 불 가운데에도 여호와께서 계시지 아니하더니 불 후에 세미한 소리가 있는지라 엘리야가 듣고 겉옷으로 얼굴을 가리고 나가 굴 어귀에 서매 소리가 그에게 임하여 이르시되 엘리야야 네가 어찌하여 여기 있느냐 그가 대답하되 내가 만군의 하나님 여호와께 열심이 유별하오니 이는 이스라엘 자손이 주의 언약을 버리고 주의 제단을 헐며 칼로 주의 선지자들을 죽였음이오며 오직 나만 남았거늘 그들이 내 생명을 찾아 빼앗으려 하나이다 (왕상 19:8-14)

갈멜 산 전투에서 승리한 엘리야가 바알과 아세라를 따르는 제사장들을 다 죽이고 백성들의 마음을 돌려 하나님의 살아 계심을 확신시켜 줍니다. 그런 다음 삼 년 반 만에 내리는 비를 맞으며 아합의 마차를 앞질러 궁전으로 뛰어 들어갑니다. 그런데 아합의 부인 이세벨은 아직도 살기가 등등해서 반드시 엘리야를 죽이고야 말겠다고 합니다. 이 이야기를 들은 엘리야가 놀라서 호렙 산까지 도망갑니다.

엘리야의 이야기는 열왕기상 17장에서 출발하는데, 사역의 초기부터 하나님은 그에게 그릿 시냇가에 가 있으라고 합니다. 엘리야는 거기서 하나님의 종으로 대기하고 있다가 가뭄으로 시냇물이 마르자 사르밧 과부에게 보내집니다. 하나님이 엘리야를 불러 놓고는 큰 능력으로 사역할 기회는 주시지 않고 늘 도망 다니고 숨어 지내게만 하십니다. 그래서 엘리야는 늘 불만이 가득했습니다. 엘리야가 할 수 있는 것이라고는 고작 자기를 죽이러 오는 아합의 척후병들을 기도로 무찌른 것뿐입니다. 이렇게 별 볼일 없이 살아갑니다. 그러다가 드디어 갈멜 산에서 '하나님과 우상들 사이에 누가 진짜 신이냐'를 확인하는 대전투가 열리는데, 하나님이 엘리야에게 응답하시고 불을 내리셔서 그가 준비한 제물을 사르십니다. 이것은 굉장한 승리입니다. 하나님의 임재를 확실히 경험한 엘리야는 이제 하나님이 나와 함께하시고 나를 통해 하나님의 통치를 이루신다고 믿고 빗길을 달려서 아합의 마차를 앞질러 궁전까지 뛰어 들어갑니다.

그런데 그 뒷이야기가 어떻게 이어집니까? 이세벨이 여전히 시퍼렇게 살아서 엘리야를 위협하고, 엘리야는 놀라서 도망치고 맙니다. 숨어 있는 엘리야에게 하나님이 찾아와 이렇게 묻습니다. "엘리야야, 네가 왜 여기 있느냐? 네가 있어야 할 자리에 있지 않고 왜 여기에 있느냐?" 그런데 이것은 오히려 엘리야가 묻고 싶은 질문일 것입니다. "하나님, 어떻게 된 것입니까? 이스라엘 백성이 하나님을 버리고, 하나님의 선지자들마저 다 죽였습니다. 이제 저만 남았는데 어떻게 하라는 말입니까?" 이것이 엘리야의 불만이자 반론이며 항의입니다. 하나님은 엘리야 앞에 강한 바람을 보내시고 불을 보내셨지만 그중에 계시지 않고 세미한 음성 속에 계셨는데, 엘리야는 이를 깨닫지 못했던 것입니다. 하나님이 엘리야에게 다시 물으십니다. "엘리야야, 네가 어찌하여 여기 있느냐?" 엘리야가 대답 대신 되묻습니다. "저 하나 남았습니다. 이제 어찌하란 말씀입니까?" 15절 이하에 하나님의 답이 나옵니다.

> 여호와께서 그에게 이르시되 너는 네 길을 돌이켜 광야를 통하여 다메섹에 가서 이르거든 하사엘에게 기름을 부어 아람의 왕이 되게 하고 너는 또 님시의 아들 예후에게 기름을 부어 이스라엘의 왕이 되게 하고 또 아벨므홀라 사밧의 아들 엘리사에게 기름을 부어 너를 대신하여 선지자가 되게 하라 하사엘의 칼을 피하는 자를 예후가 죽일 것이요 예후의 칼을 피하는 자를 엘리사가 죽이리라 (왕상 19:15-17)

하나님이 일하고 계신다는 말씀입니다. 심지어 누구와 일하신다고 합니까? 아람은 당시 이스라엘의 적국인데, 하나님은 아람 왕을 세우라고 하십니다. 북 왕조 이스라엘은 모든 왕이 하나님을 순종하지 않았고 틈만 나면 다른 나라와 손잡고 남 왕국 유다를 괴롭혔습니다. 반면에 남 왕조 유다에는 간혹 가다 하나님을 순종하는 왕이 나오곤 했습니다. 그런데 하나님은 북 왕조 이스라엘에 속한 님시의 아들 예후에게 기름을 부어 왕으로 세우라고 엘리야에게 말씀합니다. 예후도 아합 못지않게 악한 왕이 될 것입니다. 또 하나님은 엘리사를 엘리야의 후계자로 지목하십니다. 이 모든 과정을 통해 하나님이 주시는 메시지는 '내가 비운 자리, 내가 외면한 시간은 없다'라는 것입니다. 엘리야 선지자의 가장 중요한 사역을 한마디로 표현하면, 하나님은 드러나게도 일하시고 보이지 않게도 일하신다는 사실을 알려 주는 것이었습니다. 이것이 엘리야의 사역입니다.

우리는 이 문제가 다만 엘리야에게서만 나타났던 것이 아니라 다윗의 생애에서도 동일하게 나타난 사실을 알고 있습니다. 다윗의 생애에서 가장 어려웠던 일은 무엇이었을까요? 다윗은 어린 나이에 물맷돌로 적장 골리앗을 쓰러뜨리고 그의 목을 베어 이스라엘의 영웅이 되었는데, 나중에는 블레셋으로까지 피난을 가야 하는 신세가 됩니다. 블레셋은 이스라엘과 앙숙 관계인데 말입니다. 다윗은 블레셋의 장군을 죽여 구국의 영웅이 된 사람인데, 그런 다윗이 목숨을 부지하기 위해 다른 곳도 아닌 적국 블레셋으로 피난을 가게 된 것입니다. 얼마나 기가 막힙니까. "너는 칼과 창을 의지하여 나오지만 나는 만군의 여호와의 이름으로 네게 가노라"라고 다윗이 외칠 때 그와 함께하시던 하나님은 어디 가고, 그가 짓밟았던 적국으로까지 도망가서 목숨을 구해야 했을까요?

여기에서 다시 하나님의 임재와 부재 사이의 이해할 수 없는 연속성을 봅니다. 바로 하나님이 일하시는 성실함과 기적의 연속성입니다. 이것은 '하나님이 함께하시면 우리가 복 받고, 외면하시면 벌받는다'라는 이분법적 설명을 벗어나 있는 더 깊고 큰 성경의 주장입니다. 하나님이 일하시는 방식의 기이함은 우리의 이해를 초월합니다. 하나님이 주시는 것이라면, 고난도 복이라는 것이 바로 하나님의 일하심의 신비입니다. 우리는 하나님이 고난으로 일하시는 것이 싫습니다. 우리는 하나님이 복으로 주실 수 있는 것을 고난으로 주신다는 것을 납득할 수 없지만, 그렇다고 해서 우리가 잘할 때 복 주시고 못할 때 벌 달라고는 감히 말할 수 없습니다. 왜냐하면 우리는 잘하는 것은 거의 없고 잘못하는 일은 매일 저지르고 있기 때문입니다. '잘하면 복 주고 못하면 벌 주십시오'라고 하면 남아날 자가 없습니다. 그래서 우리가 늘 하는 '우리는 잘하는 때가 없고 못난 것뿐이지만, 하나님은 복을 주셔야만 합니다'라는 기도는 사실 '하나님은 형통뿐만 아니라 고난으로도 복을 주신다'라는 말과 동일한 원리를 부지중에 표현한 것입니다.

네 무지와 한계와 고집 위에 나의 성실함이 있다

우리가 얻은 복된 결실은 우리가 심은 것으로 결정되는 것이 아니라는 가르침을 신약에서도 확인해 볼 수 있습니다. 마태복음 13장에 나오는 '씨 뿌리는 비유'에 대한 예수님의 설명을 보겠습니다.

제자들이 예수께 나아와 이르되 어찌하여 그들에게 비유로 말씀하시나이까 대답하여 이르시되 천국의 비밀을 아는 것이 너희에게는 허락되었으나 그들에게는 아니되었나니 무릇 있는 자는 받아 넉넉하게 되되 없는 자는 그 있는 것도 빼앗기리라 그러므로 내가 그들에게 비유로 말하는 것은 그들이 보아도 보지 못하며 들어도 듣지 못하며 깨닫지 못함이니라 이사야의 예언이 그들에게 이루어졌으니 일렀으되 너희가 듣기는 들어도 깨닫지 못할 것이요 보기는 보아도 알지 못하리라 이 백성들의 마음이 완악하여져서 그 귀는 듣기에 둔하고 눈은 감았으니 이는 눈으로 보고 귀로 듣고 마음으로 깨달아 돌이켜 내게 고침을 받을까 두려워함이라 하였느니라 그러나 너희 눈은 봄으로, 너희 귀는 들음으로 복이 있도다 내가 진실로 너희에게 이르노니 많은 선지자와 의인이 너희가 보는 것들을 보고자 하여도 보지 못하였고 너희가 듣는 것들을 듣고자 하여도 듣지 못하였느니라 (마 13:10-17)

예수님은 왜 비유로 말씀하셨을까요? 못 알아듣게 하려고 그렇게 하셨다는 것이 성경의 설명입니다. 그런데 일부러 못 알아듣게 하려고 말씀하셨다는 것은 사실 이해가 되지 않습니다. 여기에 큰 비밀이 숨어 있습니다.

씨 뿌리는 비유를 보겠습니다. 씨를 뿌리는데 더러는 길가에 떨어지고 더러는 돌밭에 떨어지고 더러는 가시떨기에 떨어지고 더러는 좋은 땅에 떨어졌습니다. 길가에 떨어진 것은 새가 먹어 버렸고, 돌밭에 떨어진 것은 뿌리를 못 내렸고, 가시떨기에 떨어진 것은 가시에 막혀서 자라지 못했고, 좋은 땅에 떨어진 것만 자라났습니다. 예수님의 비유는 이런 말씀처럼 들립니다. '밭이 낼 수 있는 것은 아무것도 없다. 밭은 나오려고 하는 싹도 방해만 했을 뿐이다. 밭이 무엇을 만든 게 아니라, 내가 뿌린 씨가 결실한 것이다. 그러니 좋은 밭이 되는 것이 문제가 아니라 씨가 떨어져야 한다. 너희는 돌짝밭이고, 사람들이 늘 밟고 다니는 굳은 길가이고, 가시밭이다. 내가 씨를 뿌릴 뿐만 아니라 그것이 자라도록 옥토로 만들지 않는 한, 땅이 결실할 수 있는 것은 아무것도 없다. 그런데 너희는 씨를 달라고 하지도 않고, 씨를 품어 결실해 낼 그런 실력도 안목도 생각도 없다. 그래서 내가 이렇게 말해도 너희는 알아듣지 못한다.'

예수님은 왜 이런 이야기를 하셨을까요? 이 비유의 핵심은 여기에 있습니다. '너희는 스스로 씨를 만들 수도 없고 씨를 키워 낼 실력도 없는 밭이다. 그럼에도 불구하고 내가 이 말을 하는 것은 그렇게 할 수 있는 능력과 생명을 가진 이가 여기 왔기 때문이다. 너희는 아무 준비도 되지 않았고 아무런 소원도 생각도 없는데 내가 왔다.' 이 말이 정말일까 하는 생각이 들면 로마서 5장에 가 보십시오. "우리가 아직 연약할 때에 기약대로 그리스도께서 경건하지 않은 자를 위하여 죽으셨도다 의인을 위하여 죽는 자가 쉽지 않고 선인을 위하여 용감히 죽는 자가 혹 있거니와 우리가 아직 죄인 되었을 때에 그리스도께서 우리를 위하여 죽으심으로 하나님께서 우리에 대한 자기의 사랑을 확증하셨느니라"(롬 5:6-8). 그리스도가 우리를 위하여 오셔서 말씀하실 때도 우리는 몰랐고 우리를 위하여 죽으실 때도 우리는 몰랐습니다.

이런 이해를 가지고 욥기로 돌아오면, 욥에게 주신 하나님의 답은 이런 것입니다. '네 이해와 동의와 간절함 위에 나의 은총이 서 있는 것이 아니라 네 무지와 한계와 고집 위에 이 모든 것을 초월하는 나의 성실함과 거룩함이 있다.' 우리가 불가능하다고 생각하는 일들과 우리가 무력하게 느끼는 일들 모두에 하나님의 거룩하심과 자비하심과 능력이 역사하지 않는다면 우리 모두는 희망을 가질 수 없을 것입니다. '내가 그 모든 것을 초월하여 나의 성실함과 자비와 긍휼과 능력으로 일한다는 것을 안다면 네게 일어나는 어떤 일도 겁낼 필요가 없다.' 하나님은 고난을 통해 이런 말씀을 하고 계신 것입니다.

욥은 하나님이 보여 주신 창조 세계에서 하나님의 이 대답을 발견한 것입니다. 이에 욥은 "내가 주께 대하여 귀로 듣기만 하였사오나 이제는 눈으로 주를 뵈옵나이다"(욥 42:5)라고 고백하게 됩니다. 욥은 자신이 세상 밖에 홀로 떨어져 있다고 생각했는데, 드디어 이 생각이 깨어집니다. 하나님은 고난당하는 욥에게 창조 세계를 보여 주시면서 여러 피조물들에 대해 말씀하셨습니다. 설마 하나님의 영역 안에 있을 거라고 생각하지 못했던 것까지도 하나님의 창조 세계 안에 있었음을 비로소 욥이 깨닫습니다. 그러면서 자신도 내내 하나님의 세계 속에 있었음을 깨닫게 된 것입니다.

우리가 한 번도 본 적 없는 대상에 대해서는 아무리 설명을 들어도 그 모습이 잡히지 않는 법입니다. 마치 맹인이 코끼리를 만져서 코끼리를 그려 내는 것과 같습니다. 전체를 본 적이 없다면 아무리 한 군데를 열심히 만져 본다고 해도 코끼리 모습이 그려지지 않습니다. 자기가 만진 것만으로는 전체를 그려 낼 수 없습니다. 자기가 아는 것으로 전체를 그려 내려고 할 뿐인데, 그 전체는 실제 모습과 너무 다릅니다. 마찬가지로 자신의 한계 속에 갇혀 제한된 이미지로만 하나님을 상상하던 욥을 하나님이 와서 깨뜨리십니다. 부분을 전체라고 믿고 있던 욥을 고난으로 깨뜨리고 깨우십니다. 창조주이신 하나님이 창조 세계를 보여 주시자, 한계 안에 갇혀 있던 욥이 비로소 하나님의 세계와 하나님을 보게 됩니다. 고난을 통해서 보게 된 것입니다.

욥의 고백은 이런 것입니다. '맞습니다. 하나님, 저는 하나님이 저와 함께할 때도 있고 저를 떠나 계실 때도 있다고 생각했습니다. 그러나 이제 알겠습니다. 귀로 듣기만 했던 하나님을 이제 제 눈으로 봅니다. 하나님이 없다고 생각했던 모든 순간에도 하나님은 저와 함께하셨고 일하셨습니다. 티끌과 재 가운데서, 수치스럽고 절망스러운 자리에 처해 있어도 괜찮습니다. 하나님, 제가 티끌과 재 가운데서 회개합니다.' 하나님의 성실하심이 우리의 가장 못난 자리를 덮으실 수 있고, 싸매실 수 있고, 구원하실 수 있다고 욥은 드디어 항복합니다.

하나님의 긍휼에서 도망갈 수 없다

이런 내용을 더 깊이 이해하기 위해 로마서 11장에 가 봅시다.

> 너희가 전에는 하나님께 순종하지 아니하더니 이스라엘이
> 순종하지 아니함으로 이제 긍휼을 입었는지라 이와 같이
> 이 사람들이 순종하지 아니하니 이는 너희에게 베푸시는
> 긍휼로 이제 그들도 긍휼을 얻게 하려 하심이라 하나님이
> 모든 사람을 순종하지 아니하는 가운데 가두어 두심은 모
> 든 사람에게 긍휼을 베풀려 하심이로다 (롬 11:30-32)

이해하기 만만치 않은 대목입니다. 구원이 어떻게 이방에게 넘
어갔는가를 이야기하는 본문입니다. 본래 구원의 약속을 받았
던 이스라엘 백성이 하나님을 배신하는 바람에 그 축복이 이방
으로 넘어갔다고 합니다. 마치 이쪽 그릇에 물을 담으려고 했는
데, 이 그릇이 도망가는 바람에 원래는 담을 생각도 하지 않았던
저쪽 그릇에 물을 부었다는 느낌이 들지만, 그런 이야기가 아닙
니다. 원래는 이스라엘이라는 그릇이 넘쳐야 이방에게로 넘어
갈 수 있었던 것입니다. 이스라엘은 제사장 국가였기 때문에 하
나님이 누구신가를 증거할 책임이 있고 그 증거의 책임을 다해
야만 하나님이 누구신지가 이방에까지 전파될 수 있는 것입니
다. 그런데 이스라엘의 실패로 말미암아 복음이 이방으로 넘어
갔다는 것은 하나님의 은혜가 순전히 하나님의 긍휼하심에 달
려 있다는 점을 부각합니다. 그러니 그 무조건적인 긍휼의 속성
에 비추어 볼 때 배신한 이스라엘도 구원을 받을 것이라는 생각
이 바울의 논리입니다.

32절을 다시 보겠습니다. "하나님이 모든 사람을 순종하지

아니하는 가운데 가두어 두심은 모든 사람에게 긍휼을 베풀려 하심이로다"(롬 11:32). 마치 긍휼을 불순종에 묶어 놓고 하나님이 생색을 내시는 것처럼 읽힐 수 있는 구절인데, 그런 말이 아니라 불순종하는 자들을 그냥 흘러가 버리게 놔두시지 않고 떨어져 나가지 않게 막아 놓으셨다는 뜻입니다. 불순종의 자리 끝에 울타리를 하나 더 쳐 두어서 순종의 자리에서 불순종의 자리로 넘어간 자들도 최후의 보루인 불순종의 울타리 안에 가두어 두심으로 하나님이 베푸시는 긍휼을 받게 하셨다는 뜻입니다.

우리는 지금 어느 울타리 안에 있습니까? 순종의 울타리 안에 있습니까, 아니면 불순종의 울타리 안에 있습니까? 불순종의 울타리 안에 있는 자들에게도 긍휼이 주어집니다. 이것이 은혜입니다. 이것이 모두의 입을 다물게 하는 기독교의 복음입니다. 모두가 아닐 것이라고 생각하는 자리도 하나님의 긍휼에서 벗어날 수 없는 자리라고 성경이 말씀합니다. 이를 위해 예수님이 죽음으로 증명하셨습니다. 그러나 우리는 언제나 그 앞에 눈금을 만들어서 석차를 매깁니다. 자기가 어디쯤에 있는지 알고 싶은 것입니다. 사도 바울이 자신을 죄인 중의 괴수라고 했으니 우리는 어디쯤에 와 있을까요?

이어지는 33절에 결론이 나옵니다. "깊도다 하나님의 지혜와 지식의 풍성함이여, 그의 판단은 헤아리지 못할 것이며 그의 길은 찾지 못할 것이로다." 하나님은 측량할 수 없는 분인데, 우리는 하나님을 다 헤아렸다고 오해합니다. '하나님은 이런 분이다. 그러니 너는 이렇게 살아야 한다. 그런데 지금 너는 그렇게 못 해서 고난을 받는 것이다.' 이것이 세 친구의 주장이며 우리가 자주 하는 말이기도 합니다. 하지만 그것 가지고는 안 된다는 이야기입니다. "그의 판단은 헤아리지 못할 것이며 그의 길은 찾지 못할 것이로다"라고 했습니다. 너무 깊어서, 너무 넓어서 그렇다는 이야기입니다. 계속 더 보겠습니다. "누가 주의 마음을 알았느냐 누가 그의 모사가 되었느냐 누가 주께 먼저 드려서 갚으심을 받겠느냐 이는 만물이 주에게서 나오고 주로 말미암고 주에게로 돌아감이라 그에게 영광이 세세에 있을지어다 아멘"(롬 11:34-36). 여기서 '누가 주께 먼저 드려서 갚으심을 받겠느냐'라는 표현은 욥기 41장에 있는 말을 인용한 것입니다. "누가 먼저 내게 주고 나로 하여금 갚게 하겠느냐 온 천하에 있는 것이 다 내 것이니라"(욥 41:11). 어떤 원칙이나 논리나 힘이 하나님을 떠밀지 못합니다. 하나님에게 뭐라고 할 자격이 있는 존재는 없습니다. 하나님은 그 모든 것을 다 감싸고 채우고도 넘치는 분입니다.

이제 욥은 하나님이 안 계신다고 생각했던 자리, 하나님이 외면하신다고 생각했던 경험, 자신에게 일어난 모든 일에 대한 이해할 수 없는 고통까지도 전부 하나님의 긍휼과 자비와 능력의 손길이라는 것을 알게 되자 "내가 주께 대하여 귀로 듣기만 하였사오나 이제 눈으로 보나이다. 이제 내가 티끌과 재 가운데서 회개합니다"라고 고백합니다.

회개하십시오. 잘못했다고 비는 회개가 아니라, 하나님이 우리의 못난 대로 갚지 않으시고 내가 잘못한 것으로도 나에게 복을 주시는 것을 인정하는 회개를 하십시오. "하나님이 나를 안 돌아보셨다. 내 편을 안 들어주셨다는 말은 다시 하지 않겠습니다. 이제는 재와 티끌 가운데서도 살 수 있습니다. 누가 나를 뭐라고 하겠습니까?"라고 말할 수 있는 경지에 이르십시오.

그런 경지를 마태복음 6장에서도 볼 수 있습니다. "오늘 있다가 내일 아궁이에 던져지는 들풀도 하나님이 이렇게 입히시거든 하물며 너희일까보냐 믿음이 작은 자들아"(마 6:30). 믿음이 어느 만큼 있기에 작다고 하실까요? 잘하면 복 받고 못하면 벌 받는 정도로밖에는 하나님을 알지 못하는 믿음이기 때문에 그렇습니다. 하나님은 그런 분이 아니라고 합니다. 욥기 42장은 욥이 자신의 경험과 인생에서 하나님을 대면한 다음 "하나님은 그런 분이 아니다"라고 하나님에게 항복하는 자리입니다. 이것이 우리 모두에게 주는 간증입니다.

이사야 65장에 가 보면, 하나님이 이스라엘에게 포로생활에서 해방시켜 주시겠다고 하는 약속이 나옵니다.

> 보라 내가 새 하늘과 새 땅을 창조하나니 이전 것은 기억되거나 마음에 생각나지 아니할 것이라 …… 그들이 부르기 전에 내가 응답하겠고 그들이 말을 마치기 전에 내가 들을 것이며 이리와 어린 양이 함께 먹을 것이며 사자가 소처럼 짚을 먹을 것이며 뱀은 흙을 양식으로 삼을 것이니 나의 성산에서는 해함도 없겠고 상함도 없으리라 여호와께서 말씀하시니라 (사 65:17-25)

특히 24절이 중요합니다. "그들이 부르기 전에 내가 응답하겠고 그들이 말을 마치기 전에 내가 들을 것이며." 우리는 하나님이 누구신지 알아야 합니다. 하나님이 어떤 분인지 모르고 믿으면 늘 조마조마합니다. 내 뜻과 방식에 비추어서 하나님을 확인하려 하기 때문에 자꾸 초조해집니다. 고난을 감당할 실력을 갖지 못하고 하나님의 일하심의 깊이와 신비를 모르게 됩니다.

예수 안에 다 묶다

앞서 인용했던 정호승 시인의 〈내가 사랑하는 사람〉이라는 시 기억나십니까? "나는 그늘이 없는 사람을 사랑하지 않는다"로 시작하는 시입니다. 그늘이란 나무가 있어야 생기는 것입니다. 사막에는 그늘이 없습니다. 나무가 풍성하고 무성해야만 그늘도 있는 것입니다. 녹음이 우거졌다는 것, 그늘이 졌다는 것은 그곳이 외면당하는 자리라는 것이 아니라 무성한 생명을 품고 있다는 뜻입니다. 우리는 하나님이 그 신비를 말씀으로만 들려 주신 것이 아니라 예수 안에서 역사를 통해 구체적으로 증거하셨다는 사실을 알고 있습니다.

예수께서 마태복음 13장의 내용을 왜 비유로 말씀하셨습니까? 이사야 선지자의 말과 같이 '듣기는 들어도 깨닫지 못할 것이요 보기는 보아도 알지 못'(마 13:14; 사 6:9)하게 하려 함이라고 설명합니다. 들어도 소용없고 보아도 소용없는 이들을 위하여 예수께서 오셨다는 뜻입니다. '너희가 알아들은 적이 있더냐? 그래서 내가 찾아왔느니라. 내가 너희를 위하여 왔고 너희를 위하여 죽었고 너희를 데리고 부활하였느니라. 너희는 귀로 듣고 눈으로 보면서도 아무것도 알지 못했다. 그런 너희를 위하여 내가 왔노라. 내가 죽었노라. 그리고 내가 다시 살아났노라.' 성육신, 죽음, 부활이 예수 안에 묶여 있습니다. 같이 놓일 수 없을 것 같은 단어들이 한데 묶여 있습니다.

하나님이 죄인을 위하여 오셨습니다. 죄인을 위하여 찾아오신 하나님, 영광을 버리고 우리에게 당신을 맡겨 죽음을 맞이하신 하나님, 죽음에서 부활을 만들어 내신 하나님이 바로 예수의 존재와 생애를 통해 드러나는 것입니다. 찾아오심, 죄인을 위해 죽음의 자리까지 내주심, 실제로 죽으심 그리고 죽음을 뒤집으심, 이 모든 것이 한 존재, 실제 역사상의 한 인생 속에, 예수라는 실존 안에 하나로 묶여 있습니다. 그러니 우리 인생과 우리 존재 속에 등장하는 모든 것, 무지와 실패와 게으름과 비난받을 모든 것까지 통틀어서 하나님이 우리를 사랑하셨고 우리를 위하여 당신의 아들을 주셨으며 그를 믿는 자에게는 영생을 허락하신다는 약속을 믿으십시오. 이 약속 안에 우리가 다 묶여 있습니다. 예수를 믿는다는 고백으로 예수 안에서 증거된 하나님의 신실하심과 거룩하심과 전능하심과 자비하심에 우리가 붙잡혀 있다는 것을 깨달으십시오.

"내가 주께 대하여 귀로 듣기만 하였사오나 이제는 눈으로 주를 뵈옵나이다 그러므로 내가 스스로 거두어들이고 티끌과 재 가운데서 회개하나이다"(욥 42:5-6)라는 말씀이 욥기의 결론입니다. 어떤 형편도 예수 안에서 우리를 붙드시는 하나님의 은총과 능력에서 제외될 수 없다는 것이 우리의 신앙고백이며 인생인 줄 아는 복이 있기를 바랍니다. 주를 본다는 것은 창조 세계의 실재를 보는 것입니다. 이상과 원칙만이 아니라 실제 현실을 보는 것이며, 바로 거기서 일하시는 하나님의 은혜와 기적을 보는 것입니다. 우리의 이해와 상상을 넘어서 있는 하나님의 신비를 발견하는 은혜를 누리길 바랍니다.

기도

하나님 아버지, 우리는 그저 우리의 못난 것밖에 고백할 것이 없습니다. 그래서 성경이 예수를 믿으라고 선포한 것인 줄 압니다. '너의 이해, 너의 결심, 너의 능력 같은 것은 묻지 않겠다. 하나님의 자비와 은혜와 사랑을 받아라.' 하나님은 이렇게 찾아오셨습니다. 그러니 참 감사합니다. 우리를 예수 안에 있는 하나님의 사랑에서 끊을 수 있는 것은 아무것도 없습니다. 그 사랑을 받고 하나님이 일하시는 신실하심과 능력을 믿고 티끌과 재 가운데서 떨쳐 일어서게 하여 주옵소서. 스스로를 용서하고 이웃을 용서하고 하나님을 사랑하는 복된 길을 걷는 기쁨과 자랑을 주옵소서. 예수님 이름으로 기도합니다. 아멘.

34 **42:7** 여호와께서 욥에게 이 말씀을 하신 후에 여호와께서 데만 사람 엘리바스에게 이르시되 내가 너와 네 두 친구에게 노하나니 이는 너희가 나를 가리켜 말한 것이 내 종 욥의 말 같이 옳지 못함이니라 **8** 그런즉 너희는 수소 일곱과 숫양 일곱을 가지고 내 종 욥에게 가서 너희를 위하여 번제를 드리라 내 종 욥이 너희를 위하여 기도할 것인즉 내가 그를 기쁘게 받으리니 너희가 우매한 만큼 너희에게 갚지 아니하리라 이는 너희가 나를 가리켜 말한 것이 내 종 욥의 말 같이 옳지 못함이라 **9** 이에 데만 사람 엘리바스와 수아 사람 빌닷과 나아마 사람 소발이 가서 여호와께서 자기들에게 명령하신 대로 행하니라 여호와께서 욥을 기쁘게 받으셨더라 **10** 욥이 그의 친구들을 위하여 기도할 때 여호와께서 욥의 곤경을 돌이키시고 여호와께서 욥에게 이전 모든 소유보다 갑절이나 주신지라 **11** 이에 그의 모든 형제와 자매와 이전에 알던 이들이 다 와서 그의 집에서 그와 함께 음식을 먹고 여호와께서 그에게 내리신 모든 재앙에 관하여 그를 위하여 슬퍼하며 위로하고 각각 케쉬타 하나씩과 금 고리 하나씩을 주었더라 **12** 여호와께서 욥의 말년에 욥에게 처음보다 더 복을 주시니 그가 양 만 사천과 낙타 육천과 소 천 겨리와 암나귀 천을 두었고 **13** 또 아들 일곱과 딸 셋을 두었으며 **14** 그가 첫째 딸은 여미마라 이름하였고 둘째 딸은 굿시아라 이름하였고 셋째 딸은 게렌합북이라 이름하였으니 **15** 모든 땅에서 욥의 딸들처럼 아리따운 여자가 없었더라 그들의 아버지가 그들에게 그들의 오라비들처럼 기업을 주었더라 **16** 그 후에 욥이 백사십 년을 살며 아들과 손자 사 대를 보았고 **17** 욥이 늙어 나이가 차서 죽었더라 (욥 42:7-17)

고난_ 세상과 다른
기독교의 길

욥의 중재가 필요한 까닭

어느덧 욥기 마지막 장에 왔습니다. 욥기는 끝이 좋습니다. 일단 우리의 관심사는 끝이 어떻게 되었느냐 아닙니까? 욥기의 결말은 의미심장합니다. 욥이 고난 끝에 갑자기 복을 받았다는 한마디로 얼버무릴 수 없습니다. 본문 7절 이하에 나온, 하나님이세 친구에게 노하시고 욥에게 가서 용서를 구하도록 하신다, 하나님이 욥의 중재로 그들의 잘못을 용서하신다, 하는 결말을 깊이 생각해 보아야 합니다. 세 친구는 여호와께서 자기들에게 명하신 대로 욥을 찾아가서 제물을 하나님 앞에 드리고 용서를 받습니다.

이 장면에 엘리후가 등장하지 않고 세 친구만 나온다는 점이 의미심장하고 그 해석도 만만치 않습니다. 우리는 엘리후를 다루면서 닫힌 세계와 열린 세계 이야기를 했습니다. 닫힌 세계는 우리가 이해하고 우리 눈으로 확인할 수 있는 세계이고 그 세계를 지배하는 법칙은 인과율입니다. 그것은 원인과 결과의 법칙입니다. 그다음에는 합리성이 있습니다. 욥기는 인과응보의 법칙과 합리성의 틀을 넘어서 있는 하나님의 일하심을 창조세계를 통해 보여 줍니다. 세 친구의 말이 그 자체로 틀린 것은 아니지만 그들의 폭 좁은 이해로 보다 큰 틀을 닫아 버린 점에서는 틀린 것입니다. 욥이 그들을 수용해서 더 큰 틀 안으로 이끌어 가야 했기 때문에 하나님은 욥에게 중재하라고 하신 것입니다. 이렇게 닫힌 세계에서 열린 세계로 넘어가는 길목에 엘리후가 있습니다.

엘리후는 욥이 세 친구들과의 논쟁에서 끝내 굴복하지 않자 분노를 터뜨립니다. 그도 세 친구들과 마찬가지로 이 문제를 '욥과 하나님 사이에 누가 옳은가'의 문제로 이해하고 있었습니다. 당연히 하나님이 옳고 욥이 그르다고 생각했습니다. 그렇지 않다면 현실 세계는 근거와 질서를 잃게 될 것이기 때문입니다. 그래서 엘리후는 하나님의 권위와 지위를 변호합니다. 그런데 그의 변호는 이론과 설명을 넘어, 존재하는 모든 자연 세계가 하나님에 근거하며 그분의 권세를 증명하고 있다는 것을 가리키는 데로 나아갑니다. 바로 이러한 엘리후의 변증이 세 친구들이 붙잡고 있는 닫힌 세계 밖으로 눈을 돌리게 하는 출구가 됩니다. 논리와 이해를 넘어서 있는 창조 세계를 열어젖히기 때문입니다.

욥은 잘못한 것이 없는데 고난을 당하는 불가해한 일을 겪습니다. 이것이 욥기의 배경입니다. 그런데 세 친구는, 고난은 죄에 대한 하나님의 심판이라는 확신이 있었기에 계속해서 욥을 책망합니다. 욥은 그 상황을 이해할 수 없었고 세 친구들은 욥이 우기는 것만 봐도 욥이 잘못한 게 분명하다고 판단했습니다. 그런데 결론은 세 친구가 사라져야 한다는 것이 아니라 그들이 욥이라는 더 큰 이해 범주 안으로, 욥의 경험 속으로 들어와야 한다는 것이었습니다. 그 셋이 주장한 세계가 전부가 아니고 욥이 경험한 세계 즉 더 큰 세계가 있다는 것입니다.

하나님이 하시는 일에는 합리성이나 인과율보다 더 큰 법칙이 있습니다. 바로 '하나님 마음대로'라는 원리입니다. '하나님 마음대로'라는 말을 들으면, 우리는 금방 '엿장수 마음대로'에서 오는 뉘앙스를 떠올리지만 그것과는 전혀 다릅니다. 엿장수는 사람이고 하나님은 하나님이시기 때문입니다. 그 하나님의 공의로우심이 인과율과 합리성에서 드러납니다. 또한 도덕률에서 드러납니다. 하나님이 이스라엘에게 주신 율법이나 그들을 거룩함으로 부르신 것을 통해 우리는 '하나님 마음대로'라는 것이 무질서나 혼란이 아니며, 아무래도 좋다는 것도 아님을 알 수 있습니다.

그렇다고 하나님이 거기에 매여 있는 분은 아닙니다. 율법을 만드시고 거룩으로 우리를 부르신 분은 율법이나 거룩함보다 더 크신 분입니다. 율법이나 거룩함은 하나님이 우리를 사랑하셔서 복 주려고 세우신 것입니다. 그러므로 욥기는 욥이 고난을 통과하여 복을 받았다는 것이 결론이 아닙니다. 모든 존재하는 것들 즉 하나님이 생명을 주시고 존재하게 하신 창조 세계는 그것을 지으신 분의 궁극적 목적인 그의 선하심과 복 주심과 영광을 찬미하는 길로 인도되고 있다는 것이 욥기의 결론입니다.

우리는 이 문제를 조금 더 확인할 필요가 있습니다. 아마도 하나님의 궁극적인 목적은 '옳을 의'(義)가 아니라 '착할 선'(善)일 것이라고 생각합니다. 의는 자꾸만 그른 것을 생각나게 합니다. 대개 우리는 옳음을 어떻게 씁니까? 우리는 옳음을 긍정적 의미로 쓰기보다는 부정적인 것의 반대편에 서게 해서 스스로를 확인하는 데 씁니다. 그런데 선을 이야기할 때는 별로 그렇게 하지 않습니다. 악한 것을 통해 선을 규정하려는 경향이 덜하다는 것입니다. '의'라고 하면 반사적으로 '불의'가 반대개념으로 떠오르지만, '선'을 이야기할 때는 반대개념으로 '악'을 떠올려서 이야기하는 사람은 별로 없기 때문입니다. 선과 악은 굉장히 멀어 보이고, 의와 불의는 경계선에 붙어 있다는 느낌이 듭니다. 그런 의미에서 '선하신 하나님'이라는 표현은 하나님의 적극적인 의지와 긍정적인 목적을 이해하는 데 '의로우신 하나님'이라는 표현보다 더 도움이 되는 말 같습니다. 그것이 욥기가 제시하는 결말입니다.

아무래도 좋다, 하나님이 하시는 일이라면

욥기 결말에서 하나님이 욥에게 주신 복이 무엇이었습니까? 딸 셋, 아들 일곱을 주셨다고 합니다. 아들을 언급해서는 그가 받은 복의 크기나 아름다움을 다 설명하기 어려워서인지 새로 얻은 딸들에 대한 묘사만 나옵니다. 첫째는 여미마, 둘째는 굿시아, 셋째는 게렌합북인데, 이 이름들의 뜻이 특이합니다. 여미마는 비둘기, 굿시아는 계피, 게렌합북은 아이섀도의 꼭지라는 뜻입니다. 이 이름들에 대해 엘렌 데이비스(Ellen F. Davis)라는 구약신학자가 해석해 놓은 글을 읽었는데, 흥미로워서 좀 적어 왔습니다. "욥기의 시작과 끝에 나오는 아버지 욥의 초상은 그의 변화를 제대로 보여 준다. 한때 매우 신중하고 하나님을 두려워하고, 자녀들이 지을 수도 있는 죄를 두려워했던 이 성실한 남자 욥이 마지막에는 규칙을 아랑곳하지 않고 아들과 함께 딸도 귀하게 여겨 관습을 깨고 그들에게 유산을 주고 특이한 이름도 지어 준다. 이러한 대책 없는 부모 역할의 모델과 영감은 물론 창조주 하나님으로부터 얻은 것이다. 하나님이 폭풍우 속에서 말씀하실 때 욥은 배웠다. 그리고 이제 욥은 이렇게 자유분방한 하나님의 사랑으로 사랑한다. 혁명적으로 자유를 추구하며 각 자녀의 길들여지지 않은 아름다움을 만끽하면서 말이다."[10] 인간의 상상과 기대를 뛰어넘는 하나님의 창조 세계를 경험한 욥은 그제야 다 필요 없고 하나님이 하시는 일이라면 아무래도 좋다

10) 엘렌 데이비스 지음, 《하나님의 진심》(복있는사람), 202쪽.

는 생각이 들었던 것입니다.

하나님은 폭풍 속에서 마지막에 나타나십니다. 그의 나타 나심이 폭풍 속에서 일어난다는 것도 의미심장하고 폭풍 속에 서 나타나셔서는 예쁜 딸들을 복으로 주셨다는 것도 좀 어울리 지 않습니다. 드라마 중간에 갑자기 작가가 바뀌기라도 한 듯 이 분위기가 확 달라졌습니다. 그러나 거기에 멋진 연속성이 있 습니다.

욥기를 읽는 내내 우리는 하나님이 한발 떨어진 곳에서 지 켜보고만 계시는 것 같은 느낌이 듭니다. 고난 당하는 욥을 두 고 사탄과 내기를 하시는 하나님, 친구들과 욥의 논쟁을 지켜보 고 계시는 하나님을 보면, 마치 제삼자의 입장에서 욥이 어떻게 하는지 관찰하는 심사위원처럼 느껴집니다. 그런데 폭풍우 속에 서 하나님이 나타나셨다는 표현은 하나님이 그 모든 과정을 주 관하시고 개입하셨음을 나타내 주는 비유입니다. 하나님의 마음 이 이렇게 폭풍이 몰아치듯 맹렬했다는 의미입니다. 호세아 11 장에도 하나님의 이런 마음이 표현되어 있습니다. 죄를 범한 북 왕조 이스라엘을 꾸짖으신 다음 애가 타시는 하나님의 마음이 이렇게 드러나 있습니다.

이스라엘이 어렸을 때에 내가 사랑하여 내 아들을 애굽에 서 불러냈거늘 선지자들이 그들을 부를수록 그들은 점점 멀리하고 바알들에게 제사하며 아로새긴 우상 앞에서 분 향하였느니라 그러나 내가 에브라임에게 걸음을 가르치고 내 팔로 안았음에도 내가 그들을 고치는 줄을 그들은 알지 못하였도다 내가 사람의 줄 곧 사랑의 줄로 그들을 이끌었고 그들에게 대하여 그 목에서 멍에를 벗기는 자 같이 되었으며 그들 앞에 먹을 것을 두었노라 그들은 애굽 땅으로 되돌아 가지 못하겠거늘 내게 돌아 오기를 싫어하니 앗수르 사람이 그 임금이 될 것이라 칼이 그들의 성읍들을 치며 빗장을 깨뜨려 없이하리니 이는 그들의 계책으로 말미암음이니라 내 백성이 끝끝내 내게서 물러가나니 비록 그들을 불러 위에 계신 이에게로 돌아오라 할지라도 일어나는 자가 하나도 없도다 (호 11:1-7)

당시 이스라엘의 현실을 묘사하는 본문인데, 심판을 자초하는 그들의 악행이 잘 드러나 있습니다. 에브라임은 열두 지파 중 하나로, 특별히 북 왕조 이스라엘을 대표하는 지파입니다. 아드마와 스보임은 소돔과 고모라가 멸망할 때 그곳에 같이 있던 평원의 성읍들입니다. 8절에서 이렇게 이어집니다.

에브라임이여 내가 어찌 너를 놓겠느냐 이스라엘이여 내가 어찌 너를 버리겠느냐 내가 어찌 너를 아드마 같이 놓겠느냐 어찌 너를 스보임 같이 두겠느냐 내 마음이 내 속에서 돌이키어 나의 긍휼이 온전히 불붙듯 하도다 내가 나의 맹렬한 진노를 나타내지 아니하며 내가 다시는 에브라임을 멸하지 아니하리니 이는 내가 하나님이요 사람이 아

님이라 네 가운데 있는 거룩한 이니 진노함으로 네게 임하
지 아니하리라 (호 11:8-9)

7절까지는 너희가 멸망을 자초했고 그래서 너희는 망한다는 말
씀이었습니다. 그런 다음 뭐라고 하십니까? "내가 어찌 너희를
포기하겠느냐? 나는 하나님이다. 나는 사람이 아니다." 사람에
게는 인과관계를 넘어설 수 있는 수단이 없습니다. 인간은 잘못
된 것을 돌이킬 능력이 없습니다. 그런데 죽으면 끝인 인생을 하
나님이 예수 안에서 뒤집으셨습니다. 사망을 뒤집으셨습니다.
그렇기 때문에 우리에게는 절망이 있을 수 없는 것입니다. 이것
이 기독교가 가지는 힘입니다. 이것이 하나님이 모든 역사와 개
인의 인생에 개입하시는 방식입니다. 하나님은 그저 지켜보고
만 계시는 것이 아니라 뛰어들어 오셔서 우리와 씨름하십니다.
그래서 하나님이 아브라함에게 "아브라함아, 네 아들 이삭을 바
쳐라"라고 말씀하실 수 있는 것입니다. 우리로서는 말이 안 되
는 이야기같지만 말입니다. 아브라함이 이삭을 잡으려고 하자
여호와의 천사가 나타나서 아브라함을 말립니다. 거기까지 함
께하고 계신 것입니다.

하나님이 가시는 자리까지

하나님은 아브라함에게 왜 그렇게까지 요구하신 것일까요? 욥
기가 말씀하는 대로 창세기 22장 사건을 이해하자면, 하나님이

우리에게 거기까지 나아오기를 요구하신다는 것입니다. 자기 자식을 잡을 만큼 깊이 들어오지 못하면 하나님이 우리에게 이루시려는 일들을 따라가지 못할 것입니다. 하나님은 우리에게 고약한 시험으로 테스트하시며 희생을 요구하시는 분이라는 생각이 듭니까? 그런 의미가 아닙니다. 여기서 기독교가 말하는 부활이 암시되고 후에 예수 안에서 그것이 무엇인지가 밝히 드러납니다. 하나님도 자기 아들을 잡지 않았습니까? 그런데 잡은 것으로 끝이 아니었습니다. '여호와 이레'를 이야기할 때 우리는 아브라함이 순종하여 이삭을 바치기로 하자 하나님이 살려 주신 이야기라고 생각하는데, 사실은 이삭을 죽여도 이삭은 살아난다는 의미입니다. 그러니 우리도 죽이고 죽어야 합니다. 그런데 가장 소중한 것을 죽이고 자신도 죽는 것은 쉽지 않습니다. 죽이는 것도 어렵고 죽는 것도 어렵습니다.

이제 야곱의 이야기로 가 보겠습니다. 창세기 28장에서 형을 피해 외삼촌의 집으로 도망가는 야곱에게 하나님이 나타나십니다. 벧엘에서 야곱을 만나 주신 하나님은 그에게 약속한 것을 다 이루기까지 그를 떠나지 않겠다고 약속하십니다. 그런 후 얼마나 시간이 흘렀습니까? 이십 년이 지난 후에 얍복 나루에서 하나님이 그를 붙들고 씨름합니다. 야곱이 항복을 안 합니다. 환도뼈가 부러져도 매달립니다. "제게 축복하지 않으면 못 보내 드립니다." 이에 하나님이 뭐라고 말씀하십니까? "네 이름이 뭐냐?" 하시며 그의 정체성을 물으십니다. 그가 "야곱입니다"라고 하자 "네 이름을 다시는 야곱이라 하지 마라. 너는 이스라엘이니라"라고 하셨습니다.

'이스라엘'이라는 이름은 사람이 하나님과 더불어 겨루어 이겼다는 뜻입니다. 아버지가 아들에게 자기보다 낫다고 한 것입니다. 아들이 성공하니까 찾아와서 자기가 아버지라고 밝히는 것이 아니라, 씨름하고 씨름해서 아들을 만들어 놓고는 "너 잘났다. 너는 뛰어나다. 네가 내 아들이어서 고맙다"라고 하는 것입니다. 탕자의 비유에서는 어떻습니까? 탕자가 돌아와서 자기를 아들로 대해 주지 말고 종으로 여겨 달라고 했을 때 아버지가 뭐라고 하십니까? "무슨 소리냐. 너는 내 아들이다." 요셉의 이야기에서는 어떻습니까? 하나님이 요셉을 옥에 가두셨습니다. '그의 몸은 쇠사슬에 매였'(시 105:18)다고 했는데, 실상은 쇠사슬이 그 혼을 꿰뚫었다는 의미입니다. 언제까지입니까? '여호와의 말씀이 응할 때까지라 그의 말씀이 그를 단련하'(시 105:19)기까지입니다.

하나님이 폭풍 속에서 나타나셨다는 말은 이런 모든 경우와 정황을 함축한 표현입니다. 하나님은 구경만 하고 계시지 않습니다. 하나님은 욥이 어떻게 되나 두고만 보고 계시지 않습니다. 함께 계십니다. 필요한 시간만큼 기다리시고 필요한 시간만큼 말씀하시고 필요한 시간만큼 지켜보십니다. '내가 어찌 너를 아드마 같이 놓겠느냐 어찌 너를 스보임 같이 두겠느냐'(호 11:8)라고 하신 하나님이십니다. 놓아두고 계셨다고 생각되는 순간에도 지켜보고 계셨습니다. 고난을 당하게 놔두신 것도 욥이 어떻게 하나 보자는 뜻이 아니라 그것이 결국은 하나님의 뜻을 이루는 데 필요한 과정이기 때문에 허용하셨던 것입니다. 하나님의 마음이 불붙듯 그를 붙들고 계셔서, 이제 막 불 위에서 끓기 시작한 냄비의 뚜껑을 여러 번 열어 보다가 마지막에 확 열어 젖히듯이 폭풍 속에서 욥에게 뛰어들어 오신 것이 욥기의 결말입니다.

시편 136편에 가 봅시다. 이 시편은 감사의 시입니다. "여호와께 감사하라 그는 선하시며 그 인자하심이 영원함이로다"라는 후렴이 반복되는 시입니다. 23절을 보면 "우리를 비천한 가운데에서도 기억해 주신 이에게 감사하라 그 인자하심이 영원함이로다"라고 합니다. 이 구절을 욥기와 관련해서 생각해 보면, 우리를 비천한 가운데서 봐주셨다는 것만이 욥기의 주제는 아닙니다. 티끌과 재 가운데서 회개하여 낮은 자리에 처했다는 것이 아니라, 어떤 낮은 자리도 하나님이 함께하시면 영광의 자리라는 것입니다. 감수할 수 있다는 것입니다.

24절에서는 "우리를 우리의 대적에게서 건지신 이에게 감사하라 그 인자하심이 영원함이로다"라고 했는데, 여기서 대적은 누구입니까? 우리 인간이 생각하는 최고의 적, 신앙인이 가진 최고의 적은 자폭과 타협입니다. 자폭과 타협은 하나님의 일하심과 능력과 지혜를 인간 스스로 포기해 버리는 것입니다. 우리에게 최고의 원수입니다. 하나님이 얼마나 크고 얼마나 깊으신 분인지 몰라서 자폭하거나 타협하는 것입니다.

자폭이 드러나는 행위 중 하나는 계속 회개하는 것입니다. 회개했다는 것으로 안심하려는 것입니다. 그렇게 해서 고난과 이해할 수 없는 일들이 끝나기를 바라지 마십시오. 언제까지 울어야 하는지, 어디까지 이르러야 하는지 우리는 모릅니다. 하나님이 가자고 하는 데까지 가야 합니다. 그가 폭풍우 속에 계시다는 사실을 기억하십시오. 그가 '나의 긍휼이 온전히 불붙듯 하도다'라고 말씀하신 것을 늘 기억하십시오. 그런 하나님이 함께하시는 하루하루를 우리가 사는 것입니다.

구별하는 옳음에서 품어 주는 옳음으로

고린도전서 12장과 14장에는 은사 이야기가 나오는데, 그 가운데 있는 13장은 '사랑 장'입니다. 은사에 대해 이야기하다가 뜬금없이 사랑 이야기가 나옵니다. 사랑 장이 좋은 이야기, 달콤한 이야기를 하는 중에 나오는 것이 아니라 은사로 인해 생긴 갈등과 분쟁이 있는 가운데 끼어 있습니다. 은사의 다양함과 조화로움을 가르치는 중에 사랑에 대해 언급하여 시기와 경쟁과 자랑을 경계하고 있습니다. 무슨 뜻입니까? 은사란 누군가의 우월함을 증거하기 위해 주신 것이 아니라는 이야기입니다. "각 사람에게 성령을 나타내심은 유익하게 하려 하심이라"(고전 12:7). 은사는 모두를 유익하게 하려고 주신 것이라고 합니다. 잘난 사람이 있다면 주변 사람들에게 유익을 끼쳐야 합니다.

욥기의 결말에서 재미있는 점은 '욥이 옳고 세 친구는 틀렸다'로 끝나는 것이 아니라 욥의 옳음이 세 친구들을 부둥켜안는 데로 간다는 점입니다. 최고의 의, 하나님의 의는 옳고 그름의 구별이 아니라 관계의 회복입니다. 그래서 우리가 신앙적으로 옳으면 옳을수록 더 많은 사람과 기쁨을 나눌 수 있어야 합니다. 우리의 옳음이 다른 사람과 불화를 일으키면 그것은 옳은 것이 아닙니다. '누구든지 예수를 믿으면 구원을 얻으리라'에서 '누구든지'라는 단어를 기억해야 합니다. 누구든지입니다. 이것이 기독교 신앙의 무시무시함입니다. 하나님이 다 열어 놓고 계시니 누구든지 어디에서도 뛰어들어 올 수 있습니다.

신앙을 가진 것이 자신의 우월함을 드러내는 조건이 될 수 없습니다. 인정받기 위한 유능은 필요 없습니다. 유익을 주기 위한 유능함이어야 합니다. 유익을 끼치는 은사를 발휘하려면 어떻게 해야 할까요? 사랑 장에 들어가기 전 고린도전서 12장 말미에는 이런 가르침이 나옵니다.

다 사도이겠느냐 다 선지자이겠느냐 다 교사이겠느냐 다 능력을 행하는 자이겠느냐 다 병 고치는 은사를 가진 자이겠느냐 다 방언을 말하는 자이겠느냐 다 통역하는 자이겠느냐 너희는 더욱 큰 은사를 사모하라 내가 또한 가장 좋은 길을 너희에게 보이리라 (고전 12:29-31)

큰 은사를 사모해야 하는 이유는 더 많은 사람을 유익하게 하기 위해서입니다. 그러니까 사랑이 은사라는 이야기가 아니라, 은사는 유익을 위한 것이고 그 유익한 길을 사랑으로 걸으라는 것입니다. 사랑은 어떤 것입니까? 사랑은 상대를 위하여 있는 것입니다. 자기를 위한 것이 아니요, 상대를 위한 것입니다. 또한 사랑은 우리가 전부일 수 없다는 것에 대한 확인입니다. 이런 내용이 사랑 장인 고린도전서 13장 8절부터 나옵니다.

사랑은 언제까지나 떨어지지 아니하되 예언도 폐하고 방언도 그치고 지식도 폐하리라 우리는 부분적으로 알고 부분적으로 예언하니 온전한 것이 올 때에는 부분적으로 하던 것이 폐하리라 내가 어렸을 때에는 말하는 것이 어린 아이와 같고 깨닫는 것이 어린 아이와 같고 생각하는 것이 어린 아이와 같다가 장성한 사람이 되어서는 어린 아이의 일을 버렸노라 우리가 지금은 거울로 보는 것 같이 희미하나 그 때에는 얼굴과 얼굴을 대하여 볼 것이요 지금은 내가 부분적으로 아나 그 때에는 주께서 나를 아신 것 같이 내가 온전히 알리라 그런즉 믿음, 소망, 사랑, 이 세 가지는 항상 있을 것인데 그 중의 제일은 사랑이라 (고전 13:8-13)

지금은 우리가 부분적으로 알 뿐이라고 합니다. 세 친구가 틀리지는 않았지만 그들의 앎은 '부분'에 그친 것이었습니다. 욥도 옳았으나 그의 옳음도 '부분'에 그친 옳음이었습니다. 하나님은 욥이 '구별하는 옳음'에서 '품어 주는 옳음'으로 나아가기를 원하셨습니다. 하나님이 욥에게 세 친구를 중재하여 하나님 앞에 용서를 구하라고 요구하신 이유도 이 때문입니다. 세 친구를 품으라는 것입니다. "욥, 네가 옳다. 그러나 네가 저 세 친구를 품어야 한다. 인과율과 합리를 품어야 한다." 하나님의 뜻은 인과율이나 합리보다 더 큽니다. 그것을 품고 있기 때문입니다. 이 것과 저것이 수평적으로 대등한 위치에 있는 것이 아니라 더 큰 틀, 하나님이 누구신가라는 열려 있는 틀 속에 인과율이 포함되어 있는 것입니다. 우리는 하나님의 거룩하심과 하나님의 질서를 드러내기 위하여 그것보다 더 큰 하나님의 용서와 일하심과 궁극적 승리를 믿어야 합니다.

고난을 통해 영광으로

기독교 신앙의 위대함은 무엇입니까? 하나님입니다. 하나님을 믿는 '믿음'이 위대한 것이 아니라 그 믿음의 대상인 '하나님'이 위대합니다. 믿는 우리가 아니라 하나님이 위대합니다. 우리를 사랑하시는 하나님, 우리에게 믿음의 관계를 요구하시는 하나님, 이것이 기독교의 위대함입니다. 그런데 우리는 언제나 우리 자신에게로 돌아옵니다. 은사를 이야기하다가도 자신의 우월함으로 돌아오고, 신앙의 이해와 확인에서도 냉정한 논리로 돌아와 남들을 평가합니다. 나와 다르면 구별하고 분리합니다. 그러나 신앙은 묶고 감싸는 것입니다. 하나님이 그런 자리로 우리를 부르십니다.

욥기의 결말도 묶고 감싸는 것으로 이루어집니다. 무엇을 통해서입니까? 고난을 통해서입니다. 고난 당하고 억울한 것이 다 보상받는다는 것이 욥기의 결론이 아니라 고난으로만 이 영광스러운 자리에 이를 수 있다는 것이 욥기의 결론입니다. 욥은 억울함을 경험했고, 세 친구들은 분명함만을 이야기했습니다. 누가 더 큽니까? 억울함을 경험한 욥이 분명함을 이야기한 그들보다 더 큽니다. 누가 누구를 감쌀 수 있습니까? 억울한 자가 분명한 자를 감쌀 수 있습니다. 이 사실을 우리는 예수에게서 확인합니다. 히브리서 5장에 가 봅시다.

> 그는 육체에 계실 때에 자기를 죽음에서 능히 구원하실 이에게 심한 통곡과 눈물로 간구와 소원을 올렸고 그의 경건하심으로 말미암아 들으심을 얻었느니라 그가 아들이시면서도 받으신 고난으로 순종함을 배워서 온전하게 되셨은즉 자기에게 순종하는 모든 자에게 영원한 구원의 근원이 되시고 하나님께 멜기세덱의 반차를 따른 대제사장이라 칭하심을 받으셨느니라 (히 5:7-10)

예수께서 이 고난을 통과하여 어떻게 되신 것입니까? 멜기세덱의 반차를 따른 대제사장직을 수행할 수 있게 되었습니다. 인간의 약함을 체휼하시고 최악의 자리까지 내려가 보셨기 때문에 모든 사람을 변호할 수 있고 모든 사람의 편이 되어 주실 수 있는 것입니다. 가룟 유다도 회개했으면 되는 것이었습니다. 베드로에게도 '너는 돌이킨 후에 네 형제를 굳게 하라'(눅 22:32)라고 말씀하셨고, 십자가에 달린 한 편 강도에게도 '오늘 네가 나와 함께 낙원에 있으리라'(눅 23:43)라고 약속하신 예수입니다. 예수께서 이 고난의 자리를 통과하심으로써 그들을 다 끌어안을 만큼 깊고 넓어지신 것입니다. 고난을 통하여 순종함을 배우고 온전하게 되어 그 감싸 안은 보자기가 튼튼해지고 무한히 넓어진 것입니다.

이것이 욥기의 결론입니다. 자기를 내줌으로써만 싸매는 것이 하나님의 방식입니다. 상대방을 무릎 꿇려 자기 소유로 삼는 방식이 아니라 자기를 내줌으로써 감싸 안는 방식으로 하나님의 하나님 되심을 증명하신 것입니다. 기독교는 하나님이 예수를 십자가에 못 박아 죽음의 자리에 가기까지 요구하시고 그의 부활로 말미암아 우리가 영광을 얻게 되는 종교입니다. 여기까지 와야 세상을 이길 수 있습니다. 세상은 늘 우리에게 이렇게 저렇게 하면 안심할 수 있고 문제를 해결할 수 있고 자기를 증명해 보일 수 있다고 속입니다. 그러나 세상에는 답이 없습니다. 역사가 증명해 왔고 우리가 살면서 경험하고 있습니다. 기독교가 이것을 말하고 있습니다. 눈물을 흘리고 부둥켜안는 감성적인 이야기가 아니라 무시무시한 사실입니다.

욥기를 통해서 그리고 하나님이 지금까지 우리를 끌어와 살게 하신 구체적 현실을 통해서 확인하십시오. 성경이 제시하는 답을, 우리가 갖고 있는 증거를 예수 안에서 확인하십시오. 예수님은 하늘 보좌 우편에서 우리를 위하여 기도하시는 분임을 기억하고 승리하십시오. 자폭하지 말고 타협하지 마십시오. 쉽게 해결을 보려는 인생을 살지 마십시오. 하나님의 무시무시한 도전 앞에, 폭풍 속에서 나타나신 하나님의 열심에 순종하여 영광스러워지십시오. 아름답고 멋있고 찬란해지십시오. 하나님의 영광의 찬송이 되십시오.

기도

하나님 아버지, 은혜를 감사합니다. 우리에게 욥기를 들려주시고 하나님의 거룩하심과 두려우심과 선하심과 그 기가 막힌 사랑을 가르치셨습니다. 하나님, 세상의 도전이 그렇듯이 오늘의 현실은 만만치 않습니다. 하나님이 누구신지 알지 못하면, 그 사랑을 제대로 알지 못하면, 예수 안에서 증거하신 부활의 능력을 알지 못하면 우리는 하루를 살아갈 수가 없습니다. 자폭과 타협에서 구하시고 하나님의 일하심과 함께하심을 믿는 믿음으로 하루하루를 걷게 하사 마침내 욥기와 동일한 결론 앞에 서게 하옵소서. 하나님의 자녀인 것을 감사하게 하옵소서. 예수님 이름으로 기도합니다. 아멘.